2009-2011

中国政法大学法律硕士

·优秀学位论文集·

中国政法大学法律硕士学院 编

 中国政法大学出版社

2014·北京

序

在我近三十年的教师生涯中，指导、评阅过的硕士和博士学位论文超过了五百篇。教学相长，这些论文不仅使我花费了大量心血，同时也给了我许多收益。

但是，不知从何时开始，学位论文逐渐成为了一些学生的负担。尤其是研究生们为求职等现实压力所累，已无暇专注于论文观点的时代性思考与文字的斟酌与推敲，大多数论文的写作普遍成了关于某个问题的枯燥推演，或者成了一种知识谱系的梳理，往往是认真、规矩有余，而缺少观点独到、生机勃勃的文字。我也经常问学生：你喜欢研究哪些问题？自己想过吗？而多数人往往答不上来。由此，我意识到：原来很多人对学问并无喜欢，写作论文不过是为了完成任务顺利毕业而已。可是，没有喜欢自然就谈不上全身心地投入，那么，写出的论文自然也就不会有见地、有深度，当然就更谈不上有文采并能体现社会时代性了。这正是今天的学问越来越成为一种工具，几乎成为了“纸上的文学”的缘由。

钱穆老先生说，凡做学问，当能通到身世，尤贵能再从身世又通到学问。前人谓之“身世”，亦即今人谓之的“时代”。从古至今，凡成大家者，其学问无不具备时代性，无不能将其身世融入学问当中。梁漱溟老先生也说过，“学问贵能得要”，“学问家以能得为要，故觉轻松、爽适、简单”。得要就是心得、自得。我不是学问家，但也知道，作研究的最高境界就是要进得去也出得来，要有心得，有感悟，要和自己与社会相联系，而不是仅仅为知识所累。“学”字的本义为觉悟，而“术”则是道路、是方法；学术，其实是一种觉悟的方式，学者则是正在觉悟的人。在学问之中，如果不出示觉悟之道，不呈现一颗自由的心灵，那终归是一种技能、工具，是一种“为人”之学，而少了“为己、为世”之学的责任。

基于这种思维，每年毕业季，当一本本厚厚的学位论文摆在案头时，我和每一位老师一样，努力在数百篇文章中发现着见解独到并富有生命力的作品。对法律硕士学生的论文，我则是怀有更大的热忱，抱有更的多好奇和期许。这是有原因的，我们的法律硕士学生以其不同专业的本科背景，对社会具有更加宽阔的思维和认识角度，他们年轻，充满活力，强烈的时代感使他们充满着不愿被压抑的梦想和激情，还有未被现有教育方式所扭曲的直觉和率真。他们中的大多数，虽然在论文写作中还不知如何“达之于道”，却也本能地拒斥着为学术而学术的孤冷。他们遵循规范，但也向往带着镣铐跳舞；他们仰视前辈，但也不忘自己发声。在这些可爱的学生们所作论文的一些段落中，你总能发现他们的机智和会心，总能体会到哲理、幽默和非常大胆的臆断——这些看起来是最不整饬的部分，恰恰是这本优秀论文集中最见才华、最见性情的地方，它所塑造的是这些学生的心灵底色，里面埋藏着他们的学术理想，充满着他们对自己、对社会的责任意识，同时也昭示着他们不同凡响的创造精神。

为此，我们在每年几百份的毕业论文中挑选出为数不多的精品编辑成了《法律硕士优秀学位论文集》。这些优秀论文摆在我们面前，作为一种记录，既是学生们心灵的私语，也是他们智慧的痕迹，更是他们对自己、对社会的感悟、思考和见地。尽管学生们的有些见解尚幼稚、欠成熟，但我非常珍惜同学们这些独到的思维和心得，因为有感而发远比堆砌材料重要，摆脱历史束缚的能力也比历史感本身重要得多。我一直认为，在学生们理应开怀大笑的年龄，我们不该只看到他们脸上的肃穆和规矩；在他们还可以怀疑一切的岁月，我们要学习欣赏他们的勇气和激情，尽量鼓励、呵护他们的个性和热情。这就是我今天向大家推荐这本论文集的原因。

2014 年 8 月

出版说明

本论文集所收录的论文均为近几年经中国政法大学法律硕士学院学位论文答辩委员会推荐并经法律硕士学院学位评定分委员会审核，从数百篇法律硕士学位论文中精选出来的优秀作品。

我们编辑出版这本论文集旨在，一方面使它成为法律硕士学生规范学术论文写作的范本，通过对这些论文的研读，使学生们能够进一步强化良好的学术规范训练；另一方面，因这些论文多关注法学理论在司法实践层面的实际运用，区别于纯粹学术型的理论研究，符合法硕学生培养侧重实务应用的自身特点，能够更贴近学生们未来的法律职业之路，为他们构建问题导向的应用型研究奠定坚实基础。

此外，从学生个体角度，这本论文集为他们展示其独特学术思想，推介个人研究成果提供了平台。学位论文被收录，对于学生们来说既是一种荣誉，也是一种激励，更是对他们在中国政法大学求学成果的认可，这必将在校内乃至各法律硕士培养单位形成一种积极的辐射带动作用。作为我院编辑的第一套优秀学位论文集，这将仅仅是一个开始，今后我们还将陆续编辑出版。借用“抛砖引玉”一语，我们期待着未来能够有更多更优秀的学位论文被选入这个集子。

当然，文中的某些学术观点，仅代表作者个人意见。本论文集不求达到学术观点的一致，但求能够产生思想和规范的共鸣。同时，限于时间仓促和编辑水平，难免存在疏漏之处，敬请读者见谅指正。

中国政法大学法律硕士学院
2014 年 7 月 10 日

目录

2009 年优秀学位论文

2010年优秀学位论文

2011年优秀学位论文

2009 年

优秀学位论文

论保赔保险的第三人直接请求权

马晓艳

摘　要

保赔保险是保障与赔偿保险的简称，主要承保船东在营运过程中因意外事故所引起的对第三人的损失，以及因此而引起的费用和船东承担的经济赔偿责任。保赔保险自19世纪产生至今被认为是航运史上一项伟大的创举，在保护船东利益及促进航运业发展上功不可没。但随着人们观念的转变和现代责任保险理论的发展，保赔保险对船东利益的偏袒以及对第三人利益保护的不足越来越为人们所诟病。

一种极端的情况便是：如果船东在造成第三人损失的意外事故发生后破产了，第三人就无法从船东那获得赔偿。这样就会形成一种不公平的结果：船东为了分散因自己的侵权或违约行为给第三人造成的损失责任向保险人投保了责任险，缴纳了会费或保险费，但当船东破产或处于清算状态而出现赔付不能的情况时，保险人却可以以船东没有进行赔偿并未遭受实际的损失为借口拒绝赔偿，而受害的第三人却不能从船东或其保险人处得到赔偿。保险人因为船东的破产意外收获了船东缴纳的会费或保险费，而因为船东的侵权或违约行为遭受损失的第三人却要独自承担这种损失。

国际社会与许多国家都已认识到了这种不公，并通过立法建立了保赔保险的第三人直接请求权制度，赋予第三人在特定条件下越过船东直接向保险人请求赔偿的权利。《1969 年国际油污损害民事责任公约》建立的强制责任保险与第三人直接请求权制度被视为该公约的最大亮点。此后，越来越多的国际公约和国内相关立法确立了保赔保险的第三人直接请求权制度，赋予保赔保险第三人直接请求权已经成为国际公约和国内立法上的一种趋势。

保赔保险在我国的发展历史并不长，但其发展速度却是迅速的，而相关的立法却表现出明显的滞后性。作为规范海上保险最主要的法律，《保险法》以及《海商法》并没有船东互保协会以及保赔保险的相关规定，更没有保赔保险的第三人直接请求权制度的规定。只有在我国参加的《1969 年国际油污损害民事责任公约》以及《海事诉讼特别程序法》中有少量的规定，这与我国大力发展航运事业的政策是不相适应的。我们应积极借鉴国际国外相关立法，完善我国保赔保险的相关立法。

本文共分为引言、正文和结论三部分。正文部分共分四章，第一章主要从必要性、理论突破以及现实基础三个方面对保赔保险第三人直接请求权进行分析论证；第二章主要介绍了有关保赔保险的国际以及国外立法与实践；第三章从保赔保险第三人直接请求权行使的理论依据以及行使要件两个方面对保赔保险第三人直接请求权的实现进行了研究；第四章则是对我国保赔保险第三人直接请求权的现状研究，指出其不足，进而对其提出立法建议。

本文第四章是全文的核心，该章的第一部分通过分析我国保赔保险第三人直接请求权立法的现状，指出我国目前在保赔保险第三人利益保护上立法的不足。第二部分通过借鉴国内国外的相关立法提出构建我国保赔保险第三人直接请求权的立法建议。结论部分对全文做了总结。

引 言

保赔保险从 19 世纪发展至今，一直被视为航运业的一大创举，在保护船东利益以及促进航运事业的发展方面功不可没。保赔保险产生的初衷就是为了保护船东的利益，避免因一次意外导致船东破产。但随着世界航运业以及保赔保险的迅猛发展，保赔保险对第三方利益保护的不足却渐渐为人们所诟病。

在传统的保赔保险理念中，保险人、船东与第三方三者之间的关系可以用

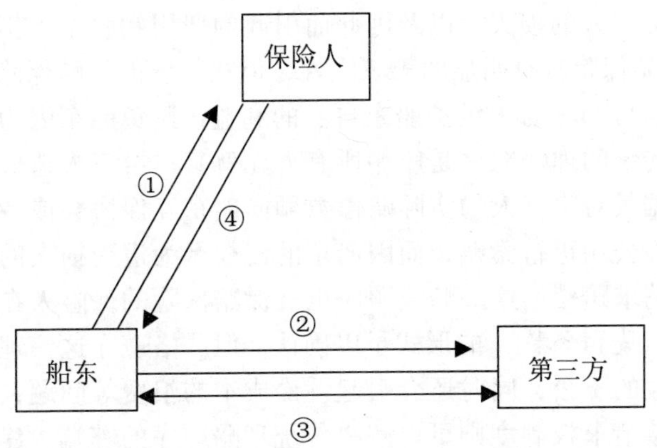

上图表示。其中①表示船东向保险人（通常是船东互保协会）缴纳会费或者保险费；②表示意外事故发生致使船东向第三方负有侵权或者违约责任；③表示船东先向第三方赔偿或者第三方向船东直接求偿；④表示在③之后，保险人以船东向第三方的赔偿额为限向船东作出赔偿。第三方和保险人并没有任何直接联系，在船东对第三方出现赔付不能时，第三方并不能向保险人直接索赔。

这样就会产生一种很不公平的结果，当船东破产时，第三方无法从船东或者保险人那里获得赔偿，而保险人却可以意外收获船东的保险费或者会费。如果在特定条件下允许第三方向保险人直接求偿，则可以弥补保赔保险的这一不足。但第三方与保险人之间并无直接关系，第三方的损失并不是因为保险人的侵权或违约行为所致，如何在第三方与保险人之间建立直接求偿权制度，面临着合同相对性、传统责任保险等理论的阻碍。如何突破这些障碍以及实践中各个国家是如何平衡保险人与第三方之间利益建立第三人直接请求权是本文要探讨的问题之一。保赔保险在我国的发展历史并不长，但发展速度却很快，它也面临着同样的问题，研究国际与国外保赔保险的最新发展对我国保赔保险的发展具有极大的借鉴意义。

第一章　保赔保险第三人直接请求权的理论基础

一、保赔保险第三人直接请求权的必要性分析

保赔保险是保障与赔偿保险的简称，主要承保船东在营运过程中因意外事

故所引起的对第三人的损失，以及因此而引起的费用和船东承担的经济赔偿责任。[1] 虽然保赔保险具有明显的第三人性，但在传统的保赔保险理念中，船东投保保赔保险的目的是为了维护船东自身的利益，避免船东因为一次意外事故而导致破产。传统的理赔顺序是船舶所有人先就其对第三人造成的损害进行赔偿，然后再依据其对第三人的实际赔偿数额向船东互保协会或者承保保赔保险的一般商业保险公司进行索赔，而因船东的侵权行为遭受损失的第三人并不能向保险人直接请求赔偿。这一赔偿顺序也被保赔保险的保险人在其章程条款或保险合同中以“先付条款”的形式予以确认，但严格遵守这一理赔顺序将会导致对第三人利益的不公，同时还会引起诉讼成本的浪费等问题，而设置保赔保险的第三人直接请求权制度则可以解决传统理赔顺序的弊端。建立保赔保险的第三人直接请求权制度的必要性主要体现在以下几个方面：

首先，从保护第三人利益的角度分析，依据传统的保赔保险的理赔顺序，如果要保障理赔的顺利进行，则需要船东有足够的资金储备，当发生意外事故时能够先以自己的资金对第三人进行赔偿。但是如果意外事故发生后，船东出现破产或清算的情况，那么这时就出现了资金的中断，船东就没有能力对第三人先行赔偿。依据传统的赔偿理念就会出现一种不公平的局面：船舶所有人为了分散因自己的侵权或违约行为给第三人造成的损失责任向保险人投保了责任险，缴纳了会费或保险费，但当船东破产或处于清算状态而出现赔付不能的情况时，保险人却可以以船舶所有人没有进行赔偿并未遭受实际损失为借口拒绝赔偿，而受害的第三人却不能从船东或其保险人处得到赔偿。保险人因为船东的破产意外收获了船东缴纳的会费或保险费，而因为船东的侵权或违约行为遭受损失的第三人却要独自承担这种损失。这有违社会公平，损害了第三人的利益。而如果赋予第三人对保险人的直接请求权，使第三人在一定条件下直接面对保险人，则可以避免这一不公平局面的出现。

其次，从诉讼经济的角度分析，赔偿的最终利益是落在受害第三人一方。即使船舶所有人有赔偿能力，先行支付了受害第三人，保障了传统理赔顺序的顺利完成，却要先由船东向受害第三人垫付赔偿金，再由保险人补偿给船舶所有人，一个结果却要经历两个程序，大大增加了索赔成本，不符合诉讼经济的原则。[2] 而如果设置保赔保险的第三人直接请求权制度，第三人直接面对保险人，则可以大大降低索赔的成本。

---

〔1〕 张湘兰主编：《海商法问题专论》，武汉大学出版社2007年版，第235页。

〔2〕 柳强、安馥、刘颖娜：“论海上强制责任保险中直接请求权问题”，载《中国水运》2007年第5卷第1期，第209页。

再次，即使船东有经济能力，但相对于船东互保协会或承保保赔保险的一般商业保险公司，它的经济实力以及筹资能力还是相对弱小的。当发生重大的意外事故，如溢油事故等需要筹措大量资金进行紧急处理的情况时，由船舶所有人筹措资金势必会耽误清污等工作的进行。而如果赋予第三人对保险人的直接请求权则可以保障资金的迅速到位，保障各项救济措施的顺利进行。

最后，如果不通过立法改变这一传统的理赔顺序，船东及其保赔保险的保险人还可能利用这一法律漏洞恶意串通，引发道德上的败坏。大部分的保赔保险都是由船东互保协会承保的，船东互保协会本身就是船东的组织，船东既是保险人又是被保险人，在对抗第三人时，船舶所有人与协会的利益在某种程度上是一致的，船舶所有人与船东互保协会很容易达成一致损害第三人的利益。[1]即使船舶所有人有赔偿能力，它也可以转移财产隐匿资金，不对第三人进行赔偿，而与协会私下暗中分利。

由以上分析可以看出，传统的保赔保险的理赔顺序有着诸多弊端，极有可能损害第三人的利益，有损社会公平，不符合诉讼经济的原则，还有可能引发道德的败坏。而赋予第三人对保险人的直接请求权则可以很好地解决传统理赔顺序带来的这些问题。

与此同时，契约相对性原则的衰落、现代责任保险理念的转变、责任保险与补偿保险的区别不再明显等给赋予第三人对保赔保险的直接请求权带来了理论上的突破。

二、保赔保险第三人直接请求权的理论突破

（一）契约相对性原则及其衰落

保赔保险第三人直接请求权理论上的最大障碍是契约相对性原则。契约相对性原则是古典契约法体系构建的第一块基石，其基本含义是：非契约当事人不得请求契约权利，也不必承担契约义务。[2] 该原则的理论支点是：当事人为自己设定的权利义务，其效力仅及于缔约当事人，无论利益或不利益，只要当事人自愿接受，法律自无干涉的必要。契约是当事人的合意，第三人并没有参加，自然不能也不应该对其产生任何影响。[3] 契约的相对性原则无论是在大陆法系还是英美法系中都被当作是一条基本的原则被信守。根据该原则，保赔保险的第三人并不是保赔保险合同的双方当事人，自然不享有保险合同的权利与

---

〔1〕 张智勇、许绯："论海上保险中第三人对保险的诉权"，载《天津航海》1998 年第 4 期，第 33 页。

〔2〕 李永军：《合同法》（第 2 版），法律出版社 2005 年版，第 504 页。

〔3〕 李永军：《合同法》（第 2 版），法律出版社 2005 年版，第 504 页。

义务，从而也就不能享有对保险人的直接请求权。

但我们应该看到，古典契约相对性原则是建立在一种极其抽象的理论基础之上的，一开始就带有许多虚拟和假设的成分，它把互相联系的人们的社会生活活生生地分割成由契约结成的小结。[1] 契约相对性只关注合同的当事人，而把合同之外可能因合同的内容或合同当事人的行为受到影响的第三人的权益排除在外。在现代的社会生活中，人们的交往较以前更加密切与频繁，契约相对性原则存在的抽象理论越来越不适应现代的生活。法国学者卡尔波尼就认为：合同毕竟是一种事实，一种社会事实，它不能孤立地存在，当两个人分别成为债权人和债务人时，这一事实就不可能与第三人无关。而这主要表现为合同必然要对第三人产生对抗力。[2] 如果严格遵守契约的相对性原则，有时就会导致极端严重的不公正。以保赔保险为例，如果严格遵守合同的相对性，在船舶所有人破产的情况下，第三人不能向保险人提起直接诉讼，那么就会出现保险人收取了船舶所有人的保险费而不需承担赔偿责任，而因船舶所有人的侵权行为受有损害的第三人却要自己承担损失的不公平局面。

各个国家在立法承认契约相对性原则的同时也意识到了严格遵守这一原则的局限与弊端，因此在承认契约相对性原则的同时又会通过立法或判例承认这一原则的例外来弥补契约相对性原则在涉及第三人利益上的不足。如德国法上的“附保护第三人作用的契约”制度，英美法中的“第三受益人利益规则”等，我国的《消费者权益保护法》、《产品质量法》等等，都从保护第三人利益的角度出发，在客观上承认合同相对性原则的例外。契约的相对性原则发展到现在，其意义被认为仅在于约束合同的当事人履行义务，而不在于排斥第三人取得合同上的权利或利益。[3]

（二）现代责任保险理念的发展

保赔保险属于广义的责任保险范畴，现代责任保险理念的发展必将对保赔保险的发展产生影响。责任保险（liability insurance）是指以被保险人依法应当对第三人承担的损害赔偿责任为标的而成立的保险合同。[4] 在传统的责任保险理念中，被保险人投保责任保险，其目的在于维护自身的经济利益，避免因赔偿受害第三人损失而使自己遭受经济上的消极利益。[5] 保险人与被保险人之间

---

〔1〕 李永军：《合同法》（第2版），法律出版社2005年版，第507～533页。

〔2〕 尹田：《法国现代合同法》，法律出版社1995年版，第248页。

〔3〕 丁凤楚：《机动车交通事故侵权责任强制保险制度》，中国人民公安大学出版社2007年版，第195页。

〔4〕 邹海林：《责任保险论》，法律出版社1999年版，第30页。

〔5〕 肖强：“略论责任保险中的第三人”，载《贵州师范大学学报》2006年第6期。第81～82页。

关系存在的目的就是为了保护被保险人的利益，补偿被保险人因为承担对第三人的责任而遭受的损害。

但是，随着社会的发展与进步、法律社会化运动的深入、个人本位向社会本位的回位，责任保险对受害第三人的保护价值日益受到重视。责任保险成为受害第三人乃至整个社会填补损失、获得保护的重要手段。现代责任保险理论甚至认为，责任保险主要在于填补被保险人在法律上对第三人履行损害赔偿责任之损失，并非填补保险事故所致被保险人自己财务所遭受之损失。[1] 责任保险的终极目的已经由保护被保险人的利益转向了保护受害第三人的利益。现代责任保险理念的发展已经颠覆了早期责任保险的理念，保护第三人的利益已经不再是保护被保险人利益下的间接结果，这就为第三人直接请求权提供了责任保险理念上的基础。

责任保险保护第三人的利益已经发展成为一种趋势，越来越多的国家通过立法或判例认可责任保险这一新的发展。海上责任保险也越来越多呈现出这种社会化的发展趋势。

（三）责任保险与补偿保险的区别日渐模糊

在英美法系国家，对第三人的保险又可分为责任保险（liability insurance）和补偿保险（indemnity）两种。保赔保险被认为是补偿保险的一种。许多船东互保协会甚至在其章程条款中都明确表明自己提供的是补偿保险而非责任保险。[2]

在 Weeks v Beryl Shipping Inc 一案中，美国上诉法院给出了关于两者的明确区别："在责任保险中，当被保险人造成他人的人身或财产损失需要负法律责任时，保险人就负有赔偿责任。也就是说只要被保险人被认定负有赔偿责任，保险人就有给付义务。（the insurer must pay the damages if the insured is found liable）。而在补偿保险中，只有被保险人就其造成的第三人的损失进行了实际赔付后（loss actually paid），保险人才有对被保险人的赔偿义务。"[3] 在被保险人破产的情况下，二者的区别就更加明显，在责任保险中，被保险人的破产并不能减轻保险人的赔偿责任。而在补偿保险中，保险人可能会因为被保险人的破产而免除了赔偿的义务。[4] 根据二者的区别，在责任保险中，第三人可以对保险

---

〔1〕 张永艾："论责任保险对第三人利益的保护"，载《济南金融》2004 年第 7 期，第 43 页。

〔2〕 如西英保赔集团在其章程条款第 10 条就表明 "The insurance afforded to a member is indemnity only and not liability"，参见 http：//www. westpandi. com/westpandi/rules/2007/class + 1/part + 2/rule + 10. htm.

〔3〕 Dr Christian ， "The Pay to be Paid rule shipowner's banktuptcy and direct actions against P&I Clubs"， *Finnern. University of Cape Town*， p. 34.

〔4〕 Argentina， "A New Development In Direct Actions Against Indemnity Insurers"， *Mayela Rosas Tulane Maritime Law Journal*， *Winter*， 1997， p. 1.

人提起直接诉讼，而在补偿保险中，则严格遵守着“无损失即无补偿”的原则，第三人并不能直接向保险人提起诉讼。但随着现代责任保险理念的发展，二者的界限已经变得越来越模糊。在美国，当面对第三人对保赔保险直接诉讼时，法官并不对此作出区分，比如在 coleman v. Jahncke Serv. Inc、Olympic Towing Corp. v. Nebel Towing co. 等案件中法官并未考虑二者的区别。[1] 甚至有学者建议将这种区别抛弃：“责任保险与补偿保险直接的区别只是一种假象的存在，法院应该予以抛弃。”[2] 阿根廷法院对二者的区别采取一种务实的态度，认为二者虽然存在区别，但在通过保险合同补充被保险人对第三人造成的损失上是一致的。因此在案件的审理中，并不对二者作出区分。[3]

而在大陆法系国家，并不存在责任保险与补偿保险概念的区别。在第三人对保赔保险的保险人的直接诉讼中，责任保险与补偿保险概念的区别已经不再成为障碍。

三、保赔保险第三人直接请求权的现实基础

（一）保险人在索赔中的直接参与为第三人对保险人的直接请求权提供了现实基础

责任保险不同于一般的财产保险的特点之一就是一般的财产保险在投保时保险金额就已经确定了，而责任保险却在最初投保时是无法确定保险金额的。保险人的赔偿责任是以船舶所有人的赔偿责任为基础的。保险人所承担的赔偿责任与第三人对船舶所有人的索赔有着直接的利害关系。保险人为了防止船舶所有人在与第三人的诉讼中怠于抗辩或者作出不利于保险人的和解而加重保险人的赔偿责任，往往会积极参加到船舶所有人与第三人的诉讼或索赔中。在第三人向船舶所有人提出索赔后，实际上是由保险人控制着船东同第三人的和解，替代船东对第三人进行抗辩。[4] 在这个意义上可以说，保险人就已经和第三人直接面对了，只不过此时的直接面对是由保险人决定的，第三人处于一种被动的地位。赋予第三人对保险人的直接请求权可以改变第三人在双方交涉中的被动地位，有利于保护第三人的权益。可以说，保险人在索赔中的直接参与为第三人对保险人的直接请求权提供了现实基础。

---

〔1〕 张湘兰主编：《海商法问题专论》，武汉大学出版社 2007 年版，第 269 页。

〔2〕 David, “Threats to Secured Lending and Asset Securitization”, *Gray Carlson Cardozo Law Review*, April, 1997, p. 24.

〔3〕 Argentina, “A New Development In Direct Actions Against Indemnity Insurers”, *Mayela Rosas Tulane Maritime Law Journal*, *Winter*, 1997, p. 2.

〔4〕 安馥：《海上强制保险的法律理论基础及其发展》，大连海事大学 2006 年硕士学位论文，第 37～38 页。

(二) 船东互保协会的发展变化给第三人直接请求权提供了现实基础

即使在当今第三人对责任保险人的直接请求权已经发展成为一种趋势的情况下，主要承保保赔保险的船东互保协会也被认为是互助的非营利性组织，承担的风险大于一般的商业保险公司，而应该在第三人直接请求权方面不同于一般的商业保险公司，不应该允许第三人对其行使直接请求权。但笔者并不认同这一观点，船东互保协会从产生至今的一百五十多年里，已经发生了诸多的变化，不同于早期的船东互保协会。

1. 船东互保协会现在成熟的运作机制使得其承保的风险大大降低。现在世界上最大的13家船东互保协会都加入了国际保赔集团，他们承保了世界上90%以上的商船队。[1] 作为船东互保协会延伸的国际保赔集团的一个重要功能就是保险联营体（the insurance pool）和联营分保体（reinsurance of the pool）。联营体建立了500万美元至42.5亿美元限额之间的分担机制，500万美元及以下由各个协会保留自行解决，保赔集团将3000万美元至20.3亿美元之间的分保合同叫做“集团一般超额分保合同”（Group General Excess Reinsurance Contract），在这个分保合同中，又划分为由联营体共同保险和联营体自己保留的部分。集团向商业市场分保的费用由协会按照各自入会船舶吨位分担。联营体超过3000万美元的赔偿，国际保赔集团安排市场分保合同解决。[2] 即使没有参加国际保赔集团的船东互保协会，如中国船东互保协会也与其他船东互保协会建立了分保业务。国际保赔集团作为“协会的协会”，它通过各成员之间的分摊及共同对外再保，将保赔保险的风险最大程度地降低和分散。[3] 笔者认为，现在的船东互保协会在分散风险上已经十分成熟，已经不再是早期松散的互助组织，其分散风险的能力并不比一般商业保险公司逊色。

2. 船东互保协会的非互助化（demutualization）发展。英国海上保赔协会已经从保赔协会转变成一家固定保赔提供商。经营联合王国保赔协会、联运保赔协会、国际运输中介人协会和海林尼克战争保赔协会的托马斯米勒公司，1999年以DEX的名义，同查特韦尔劳合社与瑞士勒公司联手经营固定保费的船舶险。德国的保赔协会也已经成立了一家船舶保险公司。雷兹集团总经理马丁·兰廷的观点代表了现代船东互保协会非互助化发展的趋势：“保赔协会与固定保赔保

---

〔1〕 数据来源于国际保赔集团网站：http：//igpandi. org/index. php.

〔2〕 安丰明：《船东保赔协会法律制度研究——以英国法为中心》，中国检察出版社2006年版，第30~31页。

〔3〕 贾鹏：“保赔保险的若干问题”，载 http：//www. hailinlaw. com/case_ detail. asp? id=80.

险商之间不应该是两极分化。"[1] 越来越多的船东互保协会走向非互助化的发展道路，船东互保协会与一般商业保险公司的区别已经不再像以前那么明显。

3. 船东互保协会的营利性倾向。船东互保协会向会员收取的会费分两种，一种是"预付会费"（initial call），是在每个保险年度开始时收取的，其数额由协会根据入会船舶的吨位、船龄、船型、技术状态、营运特点、保险险别以及理念赔付记录等因素决定。另一种是"追加会费"（supplementary call），是在保险年度结束后，根据实际发生的费用向会员追加收取的。在船东互保协会发展的早期，如果当年收取的会费在支付当年的赔偿款后还有盈余，原则上按比例退还给会员。但现在为了增强自己承担责任的能力，船东互保协会往往都从每年盈余中提取一部分建立特别准备金，以应付可能出现的大宗赔偿。也有的保赔协会已经不再实行年底退还盈余的做法，[2] 并且船东互保协会除了承保船舶所有人的保赔保险外，还进行投资，由会费和各类"缓冲"基金构成庞大的资金源，供协会用来投资。董事会聘请专业执业投资经理和商业银行顾问，进行资金运作。[3] 笔者通过对 HSBC 保险经纪人提供的 2004 年至 2005 年"Protection and Indemnity Review"的分析发现，几乎所有的保赔协会都开展了投资业务，并且营利状况极为乐观。以 London Club 为例，2005 年的资金回报率为 12.3%，营利达 3180 万美元；Standard Club 资金回报率更高达 19.7%，营利达 3930 万美元；UK Club 税后收入更是高达 4000 万美元。其他船东互保协会的营利状况也极为乐观。[4] 这也难怪有学者认为当今的船东互保协会已经或者正在转变为营利性组织。

此外，船东互保协会现在承保的范围也已经不再局限于入会船舶，同时也承保非会员的责任保险。通过以上分析，笔者认为，船东互保协会的发展变化使其与一般的商业保险公司的界限已经没有以前那么明显。在当今对一般的责任保险人的直接诉讼制度发展成为趋势的情况下，船东互保协会不应该再以其曾经区别于一般商业保险人的特征来抵抗这一趋势的发展。

---

〔1〕 安丰明：《船东保赔协会法律制度研究——以英国法为中心》，中国检察出版社 2006 年版，第 330 页。

〔2〕 郭瑜：《海商法教程》，北京大学出版社 2002 年版，第 319 页。

〔3〕 安丰明：《船东保赔协会法律制度研究——以英国法为中心》，中国检察出版社 2006 年版，第 166 页。

〔4〕 数据来源于 HSBC Insurance Brokers"Protection and Indemnity Review 2005 edition"。

第二章　有关保赔保险第三人直接请求权的立法

现在已经有越来越多的国际公约以及国家通过立法或判例承认保赔保险的第三人直接请求权制度。在国际公约层面上主要以1969年的《国际油污损害民事责任公约》（简称CLC1969）为代表。在国内立法层面上又主要以英国、美国、北欧诸国、西班牙、阿根廷等国为代表。

一、有关保赔保险第三人直接请求权的国际立法

近几十年来，随着石油需求量的大增，导致世界石油海运量激增，并且随着船舶的巨型化以及老龄化，船舶溢油引起的损失越来越严重。1969年的“托利·堪庸”一案给人们敲响了警钟。在英国政府的建议下，国际海事组织制定了《1969年国际油污损害民事责任公约》。船舶油污造成的损失是巨大的，单独依靠船舶所有人的赔偿能力，受害人将很难得到及时有效的赔偿。为此，在公约中设置了强制责任保险以及第三人对保险人的直接请求权制度。

公约规定，凡在缔约国登记的载运2000吨以上的散装油货的船舶所有人必须进行保险或取得财物保证。[1] 同时在公约的第7条第8款中规定了油污受害人对保险人的直接请求权。公约规定，对污染损害的任何索赔可以向承担船舶所有人污染损害责任的保险人或者提供财务保证的其他人直接提出。[2] 而事实上，这里的承担船舶所有人污染损害责任的保险人主要就是指保赔保险的保险人。

根据公约的规定，第三人对保赔保险的直接请求权是一种法定的权利，第三人可以单独向保赔保险的保险人提出索赔，并且第三人不仅无需事先取得胜诉判决，甚至无需确定责任，只要能够证明因船舶的溢油事故受有损失即可。并且保赔保险人不得以其对抗被保险人的抗辩对抗油污受害人。[3] 公约对第三人直接请求权的规定保证了油污受害人快捷、充分地索赔，被认为是公约的一大亮点。公约虽经1976年、1984年以及1992年几次修改，但油污的强制责任保险和第三人直接请求权被认为是保证油污受害人的有效手段而得以保留。[4]

公约的强制责任保险以及第三人直接请求权的规定在最大程度上保障了油

---

〔1〕 CLC1969，Art. VII. 1.

〔2〕 CLC1969，Art. VII. 8.

〔3〕 张湘兰主编：《海商法问题专论》，武汉大学出版社2007年版，第265页。

〔4〕 徐国平：《船舶油污损害赔偿制度研究》，北京大学出版社2006年版，第50～57页。

污受害人的利益，成为国际公约立法以及各国国内立法的典范。尚未生效的《1996年国际海上运输有毒有害物质的损害责任和赔偿公约》（简称HNS1996）、《2001年国际燃油污染损害民事责任公约》（简称Banker Convention 2001）、《1974年海上旅客及其行李运输雅典公约的2002年议定书》、正在修订中的《残骸清除公约》无不考虑到强制责任保险以及直接请求权对事故受害人便捷充分的保护，纷纷在公约中作出了和《1969年国际油污损害民事责任公约》相类似的规定。

《1969年国际油污损害民事责任公约》关于第三人直接请求权的影响力并不局限于国际公约层面，各个国家也都效仿公约的规定在国内立法中确立了油污责任的强制责任保险以及直接请求权制度。1995年英国《商船航运法》、加拿大《海事责任法》、挪威1994年《海商法典》、俄罗斯1999年《联邦商船航运法》、美国1990年《油污法》都以1969年《国际油污损害民事责任公约》为蓝本，规定了油污责任保险的直接请求权制度。[1]

二、有关保赔保险第三人直接请求权的国内立法

（一）英　国

英国在第三人直接请求权领域一直走在世界的前列。1930年以前由于汽车的使用量大增，汽车引起的交通事故也随之激增，为了保护交通事故引起的第三人的赔偿权利，英国制定了《1930年第三人权利法》。根据该法：①被保险人是自然人的，在其破产或与债权人和解（composition or arrangement）时；②被保险人为公司的，在发布关闭令（winding－up order）或自愿通过关闭决议，或委任公司业务或财产的接管人（receiver），或有担保的债权人接管公司时。被保险人依据责任保险合同享有的权利转移给第三人。[2] 该权利适用于所有的保险合同。[3]

虽然第三人权利法适用于所有的保险合同，但就其是否适用于保赔保险却一度存在疑问。因为保赔保险的互保性使其与一般的保险合同存在区别，保赔协会与其会员之间的安排能否算是“保险合同”关系，“Allobrogia”一案给了我们明确的答案。审理该案的Slade法官认为，保赔协会作为独立的保险人与其会员之间根据双方的自由意思表示达成的协议，属于《1930年第三人权利法》

---

〔1〕 张湘兰主编：《海商法问题专论》，武汉大学出版社2007年版，第266页。

〔2〕 邹海林：《责任保险论》，法律出版社1999年版，第216页。

〔3〕［英］克拉克著，何美欢、吴志攀等译：《保险合同法》，北京大学出版社2002年版，第143页。

规定的“保险合同”。[1] “Allobrogia”一案明确了第三人对保赔保险的保险人的直接请求权制度。

英国《1995 年商船航运法》吸收了《1969 年国际油污损害民事责任公约》强制责任保险以及第三人直接请求权的有关规则，规定油污受害人可以直接向肇事船舶所有人的保险人提起直接请求权。该法明确指出，《1930 年第三人权利法》不适用该法规定的强制责任保险合同。[2] 英国以《1930 年第三人权利法》和《1995 年商船航运法》为基础，区分强制责任保险和自愿责任保险，建立了清晰、明确的第三人直接请求权制度。在作为保赔保险的发源地和中心的英国建立保赔保险的第三人直接请求权制度势必会影响到其他国家的立法。

（二）美　国

在美国并没有海上保险的成文立法，也没有关于第三人直接请求权的相关立法。[3] 有关保赔保险第三人直接请求权的立法主要体现在各个州的立法中。在美国有二十多个州颁布了第三人直接请求权法，而在这些州中，又以路易斯安那州为代表。路易斯安那州有关第三人直接请求权的立法被称为目前美国所有州直接立法中最有远见（the most forward thinking）的立法。[4]

早在英国《1930 年第三人权利法》实施以前，路易斯安那州就已经在 1918 年制定了第一个直接请求权法，即 Louisiana Act 253。根据该法，被保险人在保险期间无力清偿或破产，保险人不得解除赔付，受害第三人向保险人行使直接请求权的前提条件是取得对被保险人的胜诉判决。而 1930 年的第 55 修正案规定，第三人对保险人的直接请求权无需再以其对被保险人的胜诉判决为先决条件。1948 年，该州又将该法和其他保险法并入单独的保险法法典。直接请求权法成为该法的第 14. 45 部分。1956 年再次对该法进行了修改，受害第三人的继承人也取得了向保险人的直接请求权。1988 年立法者再次对直接请求权进行了

---

〔1〕 曾东红、吴凯：“我国保赔保险第三人直接请求权问题”，载《暨南学报》2007 年第 5 期，第 74 页。

〔2〕 曾东红、吴凯：“我国保赔保险第三人直接请求权问题”，载《暨南学报》2007 年第 5 期，第 74 页。

〔3〕 Dr Christian, “The Pay to be Paid rule shipowner's banktuptcy and direct actions against P&I Clubs”, *Finnern. University of Cape Town*, p. 31.

〔4〕 Jonathan C. , “Other states should ‘get with the program’ and follow Louisanan's lead : an examination of louisianan's direct action statute and its application in the marine insurance. industruy”, *Augustine Tulane Maritime Law Journal*, *Winter*, 2002.

修改，即现在的 Act 934。[1]

根据现在的路易斯安那州第三人直接请求权法，第三人享有的对保险人的直接请求权是一种独立的权利，是一种不附条件的直接请求权，它不要求被保险人必须陷于破产、清算或其他丧失清偿能力的境地，也不要求第三人首先获得对被保险人的胜诉判决，只要被保险人对第三人的责任确定即可。受害第三人通常需要针对保险人和被保险人一起提起直接诉讼，但在被保险人破产、清算或其他无法参与诉讼的情况下，受害第三人可以单独对保险人提起直接诉讼。[2] 并且根据该法，保险人不得以其对抗被保险人的所有抗辩来对抗受害第三人，保险合同中的"先付条款"、"仲裁条款"等都将归于无效。这样就置受害第三人于一种优于被保险人的位置，充分保护了受害第三人的利益。

但依据该法第22：611 条的规定，它并不适用于海洋运输保险和对外贸易保险。第三人对保赔保险的直接请求权是否会因该排除性规定而无法可依？在 American Sugar Co. v. Vainqueur Corp. 一案中，法官认为保赔保险同样是为了保护公众的利益，并不能因为它是海洋运输保险就剥夺了第三人的直接请求权。[3] 在随后的 Grubbs v. Gulf International Marine Co.[4] 一案中，法院又通过重新界定保赔保险的分类而确认了保赔保险的第三人直接请求权。在该案中，法院认为，既然第 655 条的措辞是"适用于所有的责任保险单"（"all liability policies"），那就不应该有例外，否则法条就会使用"一些"或者"大多数"的字眼；并且法院认为，当初立法者制定该法的目的就是为了保护受害第三人的利益，在制定第 655 条时，立法者从来就没有打算废除、修改或以任何方式限制第三人的直接请求权。(the legislature indicated that, in enacting Section 655, it never intended to repeal, amend, limit or in any way restrict the application of the direct action statute.) 法院认为，第三人直接请求权制度适用于保赔保险才符合立法的目的。

在美国虽然并不是所有的州都承认保赔保险的第三人直接请求权制度，但这已成为一种发展趋势，越来越多的州跟随路易斯安那州的步伐开始承认保赔保险的第三人直接请求权制度。第三人直接请求权的观念越来越深入人心，有学者就建议其他的州都应该跟随路易斯安那州的道路设置保赔保险的第三人直

---

[1] Jonathan C., "Other states should 'get with the program' and follow Louisanan's lead: an examination of louisianan's direct action statute and its application in the marine insurance. industruy", *Augustine Tulane Maritime Law Journal*, *Winter*, 2002.

[2] 张湘兰主编：《海商法问题专论》，武汉大学出版社 2007 年版，第 269 页。

[3] Ronald R. houdlett, "Direct Action Statutes and Marine P&I Insurance", 3J, Mar. & Com. 568, 569, 转引自张湘兰主编：《海商法问题专论》，武汉大学出版社 2007 年版，第 269 页。

[4] Grubbs v. Gulf International Marine, Inc., 625 So. 2d 495 (La. 1993).

接请求权制度。[1]

(三) 北欧诸国

北欧各个国家的法律体制十分相像，尤其在涉及海上保险的立法方面。[2] 所有的北欧国家都有关于第三人对保险人的直接请求权方面的立法。[3] 其中又以丹麦、挪威、瑞士为代表。

丹麦《保险合同法》的第 95 部分是关于第三人对责任保险人直接请求权的规定，根据该规定，受害第三人只需满足以下条件就可以提起对保险人的直接诉讼：一是被保险人对第三人的责任确定；二是被保险人对第三人的赔偿数额已经确定。而在 FED 1997.606 一案中，这个条件再一次被放宽，在被保险人破产的情况下，受害第三人只要能够证明自己的利益因为被保险人的破产而受影响，则无需满足前述两个条件就可以直接向保险人提起诉讼。丹麦保险合同法的第 95 部分被认为是保护第三人利益的强制性规定，保险人与被保险人之间旨在损害第三人利益的合同条款都将归为无效。该条款同样适用于保赔保险的第三人直接请求权制度。[4]

挪威 1989 年颁布的《保险合同法》在第 7－6 以及第 7－8 部分设置了保赔保险的第三人直接请求权制度。根据该法，在保赔保险中第三人在船舶所有人破产的情况下可以提起对保险人的直接诉讼。不过在这种情况下，保险人不得以其与船舶所有人的合同条款来对抗第三人。挪威 1989 年《保险合同法》被认为是在船舶所有人破产的情况下，给受害第三人提供了很好的保护。[5]

瑞士在 2006 年新的《保险合同法》实施之前，一直适用的是 1927 年的《保险合同法》(ICA)。根据 1927 年的《保险合同法》，如果被保险人破产，被保险人享有的对保险人的诉讼权利将被转让（cede）给受害第三人。在该法中，第三人对保险人提起直接请求权需满足以下条件：证明侵权的被保险人已经陷于破产；被保险人享有对保险人的请求权；受害第三人未获得被保险人的清偿

〔1〕 Jonathan C.,"Other states should 'get with the program' and follow Louisanan's lead: an examination of louisianan's direct action statute and its application in the marine insurance. industruy", *Augustine Tulane Maritime Law Journal*, *Winter*, 2002.

〔2〕 Dr Christian, "The Pay to be Paid rule shipowner's banktuptcy and direct actions against P&I Clubs", *Finnern. University of Cape Town*, p. 31.

〔3〕 Lloyd's List, November 15, 2006 Wednesday, Law, p. 6.

〔4〕 Lloyd's List, November 15, 2006 Wednesday, Law, p. 6.

〔5〕 Dr Christian , "The Pay to be Paid rule shipowner's banktuptcy and direct actions against P&I Clubs", *Finnern. University of Cape Town*, p. 31.

并且被保险人已经将这种请求权利转移给了第三人。[1] 2006年新的《保险合同法》在它的第7部分对此重新作出了界定，新的法律并无实质修改，不过明确规定第三人的直接请求权适用于所有的责任保险，并且保险人基于对被保险人的所有抗辩对抗第三人将归于无效。[2]

通过以上对北欧三国的分析可以看出，虽然在保赔保险第三人直接请求权的行使要件等问题上存在诸多差别，但三国都通过立法承认了保赔保险的第三人直接请求权制度的保护第三人的利益，并且有加强这种保护的趋势。

（四）其他国家

在传统的西班牙法律中，在被保险人出现破产的情况下，是通过代位权保护第三人利益的，这种方式被称为间接请求权。但是基于这种方式取得的赔偿将归于被保险人的破产财产，第三人处于一般债权人的地位，其权利将很难得到满足。[3] 而1980年西班牙颁布了新的《保险合同法》，该法第76条规定：受害第三人以及他们的继承人可以提起对保险人的直接请求权；为了保障第三人的直接请求权，被保险人有义务告诉受害第三人或者他的继承人保险合同的存在以及合同的内容。[4] 但是在 the Seabank 一案中，高等法院认为第76条并不适用于所有的海上保险，因为它属于十分大的风险（large risks）。这些十分大的风险允许保险合同禁止第三人对保险人的直接请求权。[5] 但西班牙最近正在制定《统一海上航运法》（General Maritime Navigation Act），在该法制定的过程中，针对保赔保险的第三人请求权争论尤其激烈，不过最后的草案认为保赔保险是一种典型的责任保险，决定赋予第三人对保赔保险保险人的直接请求权。草案将不允许保险人通过保险合同放弃其对于第三人的赔偿责任。[6]

阿根廷虽然没有有关保赔保险第三人直接请求权的法律，但阿根廷的上诉

---

〔1〕 Gregory Fossion，“An eternal triangle at sea：Loss of insrance cover under a direct action in marine liability insurance ”，http：//www. law. kuleuven. ac. be/jura/39n2/fossion. htm.

〔2〕 Tiberg， “direct action /claim”，http：//www. juridicum. su. se/jurweb/utbildning/exange/marinee-ins/direct action. pdf.

〔3〕 Noguero，“Third parties'rights against insurers under Spanish law”，*Journal of Business Law*2004. *J B L* 2004，*Nov.*，711.

〔4〕 Noguero，“Third parties'rights against insurers under Spanish law”，*Journal of Business Law*2004. *J B L* 2004，*Nov.*，714.

〔5〕 West of England， “Spain：Supreme Court decision on direct action against P&I，Clubs” http：//www. westpandi. com /NR/rdonlyres/9DBF3COF－17D9 －489E －BA8E －4A947EAADFE5/0/newsletter－2004－06. pdf.

〔6〕 Antonio Quir de sas，“Will the new act allow direct actions against P&I Clubs”，http：//www. uria. com/eng/publication/art. asp？id＝165.

法院认为相对于因为船舶所有人的侵权行为而遭受损失的第三人，保险人更有能力承受损失。上诉法院通过判例允许受害第三人提起对保赔保险保险人的直接诉讼，并且保赔保险中的“先付原则”被认为违反公共政策而无效。〔1〕

从以上国际公约层面上以及各个国家的国内立法有关保赔保险的第三人直接请求权的规定可以看出，赋予保赔保险第三人直接请求权已经成为国际公约以及国内立法上的一种趋势。

虽然已经有越来越多的国家通过立法或判例认可保赔保险的第三人直接请求权制度，但在具体制度的设置上却又诸多差别，表现为依据法理的不同、第三人直接请求权行使的要件上的不同、对保险人赋予的抗辩权的不同等。虽然同样是承认保赔保险的第三人直接请求权制度，但如果行使的要件、保险人的抗辩权有所不同，那么第三人直接请求权行使的法律效果就会是不同的，甚至是相反的。

第三章　保赔保险第三人直接请求权的实现

一、保赔保险第三人直接请求权行使的理论依据

目前关于责任保险第三人直接请求权的理论依据主要有权利转移说、责任免脱给付说以及原始取得说三种学说。依据不同的学说第三人所享有的权利是不一样的。

（一）权利转移说

权利转移说认为，保险给付请求权为被保险人依照责任保险合同而享有的权利，在符合法律规定的条件下，将之转移给受害第三人，受害人取得对保险人的直接请求权。所以，责任保险的第三人直接请求权，是法定移转而取得的被保险人的保险给付请求权。〔2〕 该学说为英国的通说，英国学者形象地称之为“受害第三人穿上了被保险人的鞋子”。

根据权利转移说，第三人仅仅因取得被保险人的地位而享有直接请求权。“移转于第三人的权利，并非被保险人在保险合同项下的所有权利和责任，仅以被保险人对第三人应当承担的责任有关的特定权利为限。”〔3〕 依据该学说，被

〔1〕 Mayela Rosas, “Argentina: A New Development In Direct Actions Against Indemnity Insurers”, *Tulane Maritime Law JournalWinter* 1997. 22 *Tul. Mar. L. J.* 191.

〔2〕 邹海林：《责任保险论》，法律出版社 1999 年版，第 246 页。

〔3〕 Murray v. Legal & General Assurance Sy Ltd. （1970） 2QB495，503. 转引自邹海林：《责任保险论》，法律出版社 1999 年版，第 246～247 页。

保险人的权利，与影响其权利的任何条件和前提，一同移转于第三人。〔1〕法院并非要赋予第三人任何优于被保险人所能享有的权利。〔2〕笔者认为，该学说极不利于保护第三人的利益。因为在保赔保险中，一般都会存在先付条款和仲裁条款，依据该学说，这些条款当然对第三人有效。以“先付原则”为例，依据该学说，受害第三人向保险人求偿的前提是被保险人已经向第三人履行了赔偿责任，而在被保险人破产等情况下，这一条件很难满足，第三人将不能从保险人处获得赔偿。同时，如果第三人从被保险人处获得了赔偿则无对保险人提起直接诉讼的必要。“先付原则”与保赔保险第三人直接请求权在法律效果上是相反的。因此，本文认为，从保护第三人利益的角度和保赔保险第三人直接请求权制度设计的目的考虑，权利转移说不可取。

（二）责任免脱给付说

责任免脱给付说认为，责任保险的保险给付本质在于避免加害人推卸责任，以便保证其对受害人给付责任的履行。受害人的直接请求权正是为了达到避免加害人推卸责任这一责任保险契约的目的而设立的，它的存在意味着保险公司在加害人的损害赔偿债务上位于法定连带保证人的地位。〔3〕

责任免脱给付说确实有创设受害第三人独立的损害赔偿请求权的意义。〔4〕但其却具有以下不足：首先，它的理论依据是民法的连带保证法理。保险人对第三人而言是法定保证人，与该学说具有创设第三人的独立的赔偿请求权的功能不合，如果第三人对保险人享有独立的赔偿请求权，那么他就不需要借助连带保证关系主张其权利。〔5〕其次，该学说将保险人、被保险人与第三人的关系归结为连带保证关系，那么保险人和被保险人之间应当有保证人和债务人的关系，保证人对债务人有求偿权，但责任保险一般不承认保险人对被保险人的求偿权。〔6〕因此，笔者认为该学说虽然揭示了第三人直接请求权的目的与意义，但作为保赔保险第三人直接请求权存在的法理依据却有严重的理论缺陷。

---

〔1〕 Post Office v. Norwich Union Fire Ins. SyLtd. （1967）2QB 363，375. 转引自邹海林：《责任保险论》，法律出版社 1999 年版，第 247 页。

〔2〕［英］克拉克著，何美欢、吴志攀等译：《保险合同法》，北京大学出版社 2002 年版，第 150 页。

〔3〕［日］仓泽康一郎：“责任保险中的受害人（第三者）的法的地位和直接请求权”，载《自机动车保险费率算定会企画室资料 22 号》，第 21 页。转引自李薇：《日本机动车事故损害赔偿法律制度研究》，法律出版社 1997 年版，第 246 页。

〔4〕 施文森：《保险法论文》（第 1 辑），台湾五南图书出版公司 1982 年版，第 139 页。

〔5〕 邹海林：《责任保险论》，法律出版社 1999 年版，第 248 页。

〔6〕 邹海林：《责任保险论》，法律出版社 1999 年版，第 248 页。

（三）原始取得说

原始取得说认为，受害人于损害发生的同时，根据法律，原始取得与被保险人当时所拥有的权利同等内容的、完全独立的权利。[1] 原始取得说源于法定权利说，两者主张实际类同，法定权利说认为，直接请求权的行使要件和范围由法律和责任保险契约规定，因而可称为法定权利。[2]

法定权利说引自法国学者关于直接请求权的解释。1930 年法国《保险法》第 53 条对受害人的固有权以及对保险公司的直接请求权给予肯定。该条规定："保险人对于受害人因被保险者之责任导致的损害事故之金钱上的结果，只要在保险金额的限度内该金额尚未被赔偿，保险者则不得必须支付的保险金额之全部或部分支付给受害人以外的任何人。"[3]

依据该学说，第三人享有的对保险人的直接请求权是依据法律的特别规定直接取得的。它是不依赖于被保险人的权利的独立的权利。[4] 也就是说第三人对保险人的直接请求权不受保险人与被保险人之间保险合同的约束，保险人不得以其对抗被保险人的合同法上的抗辩事由对抗第三人。笔者认为，该学说既解释了第三人直接请求权产生的原因，又在最大程度上保护了第三人的利益，尤其是在涉及保赔保险时，保赔保险的保险人基于保险合同的"先付原则"、"仲裁条款"等都将归于无效。

二、保赔保险第三人直接请求权的行使要件

以责任保险的效力基础或依据为标准，责任保险可以分为强制责任保险和自愿责任保险。强制责任保险，又称法定责任保险，是指依照国家的法律规定，投保人（被保险人）必须向保险人投保而成立的责任保险。自愿责任保险，是指投保人（被保险人）和责任保险人在自愿、平等、互利的基础上，经协商一致而订立的责任保险合同。[5] 强制责任保险更多地体现了国家的公共政策，而自愿责任保险更多地体现了合同双方的契约自由。因此，在强制责任保险和自愿责任保险中，第三人直接请求权行使的条件与赋予保险人的抗辩权是有很大差别的。

---

〔1〕［日］野田良之："法国责任保险法（三）"，载《法协杂志》第 56 卷 3 号，第 462 ~ 468 页。转引自李薇：《日本机动车事故损害赔偿法律制度研究》，法律出版社 1997 年版，第 244 页。

〔2〕田中诚二：《新版保险法》，千仓书店，第 244 页；［日］伊泽孝平：《保险法》，第 410 页。转引自李薇：《日本机动车事故损害赔偿法律制度研究》，法律出版社 1997 年版，第 244 页。

〔3〕［日］海野俊雄：《受害者的直接请求权》，第 346 页。转引自李薇：《日本机动车事故损害赔偿法律制度研究》，法律出版社 1997 年版，第 244 ~ 245 页。

〔4〕邹海林：《责任保险论》，法律出版社 1999 年版，第 250 页。

〔5〕邹海林：《责任保险论》，法律出版社 1999 年版，第 70 ~ 72 页。

（一）强制责任保险中第三人直接请求权的行使要件与保险人的抗辩权

《1969年国际油污损害民事责任公约》在第一次引进强制责任保险以及第三人对保险人的直接请求权制度之后，就成为国际公约以及国内立法中有关船舶所有人强制责任保险以及第三人直接请求权制度立法的典范。在此之后的有关保赔保险第三人直接请求权的立法基本上都是以《1969年国际油污损害民事责任公约》为蓝本进行设置的。

《1969年国际油污损害民事责任公约》第Ⅶ条第8款是关于第三人直接请求权制度的具体规定："对油污损害的任何索赔，可向承担船舶所有人油污损害责任的保险人或提供财务保证的其他人直接提出。在上述情况下，即使船舶所有人有实际过失或私谋，被告可援引第Ⅴ条第1款中的责任限制。被告人还可以进一步援引船舶所有人本人有权援引的抗辩（船舶所有人已告破产或关闭者不在此例）。除此以外，被告人可以提出抗辩，说明油污损害是由于船舶所有人有意的不当行为所造成，但不得援引他在船舶所有人向他提出的诉讼中可能有权援引的任何其他抗辩。在任何情况下，被告人有权要求船舶所有人参加诉讼。"[1]

根据该条规定，第三人向船舶所有人的保险人提起直接请求权的条件是：只要船舶所有人造成了第三人的损失，第三人能够证明自己受有损失即可行使对保险人的直接请求权，而不需事先确定船舶所有人的责任，更不需要证明船舶所有人陷入了破产、清算或类似境地。公约为第三人行使对保险人的直接请求权设置了极少的条件，这样能够保证油污受害人迅速地获得赔偿。

由于油污引起的索赔是巨大的，公约在赋予第三人直接请求权的同时，为了平衡保险人与受害人之间的利益，赋予了保险人诸多的抗辩权。根据公约第Ⅶ条第8款的内容，保险人可以享有的抗辩事由包括：①责任限制的抗辩。保险人的这一抗辩不因船舶所有人的实际过失或私谋而丧失；②船舶所有人本人有权援引的抗辩。根据公约第Ⅲ条第2、3款的规定，这些抗辩包括：（a）由于战争行为、敌对行为、内战、武装暴动，或特殊的、不可避免的和不可抗拒性质的自然现象所引起的损害；（b）完全是由于第三者有意造成损害的行为或不为所引起的损害；（c）完全是由于负责灯塔或其他助航设施管理的政府或其他主管当局在履行其职责时的疏忽或其他过错行为所造成的损害；（d）如果船舶所有人证明，污染损害完全或部分地是由于遭受损害的人有意造成损害的行为或不为所引起，或是由于该人的疏忽所造成，则船舶所有人即可全部或部分地

〔1〕CLC1969，Art. Ⅶ. 8.

免除对该人所负的责任。[1] 但船舶所有人已告破产或关闭的，保险人不得援引这些抗辩事由。

同时，保险人不得援引他在船舶所有人向他提出的诉讼中可能有权援引的任何其他抗辩。这也就意味着保赔保险合同中的“先付原则”以及“仲裁条款”等将归于无效。《1969 年国际油污损害民事责任公约》对强制责任保险、第三人直接请求权、保险人抗辩权的规定，在平衡各方利益的前提下，给予了第三人最大程度上的保护，成为以后强制责任保险第三人直接诉讼制度立法的蓝本。

（二）自愿责任保险第三人直接请求权的行使要件与保险人的抗辩权

与强制责任保险相比，自愿责任保险领域体现的公共利益色彩并没有那么浓厚。各个国家在任意责任保险第三人直接请求权的行使条件上都设置了比强制责任保险更高的门槛，同时也赋予了保险人更多的抗辩权。

1. 自愿责任保险第三人直接请求权的行使要件。各个国家在对第三人利益保护程度上的差别导致在第三人直接请求权行使的具体条件上也有很大不同。但主要会涉及以下几个方面：船东应对受害第三人承担赔偿责任；该责任在保险人的承保范围之内；第三人已经获得胜诉的判决或仲裁裁定；船东因无力清偿而破产。[2] 保赔保险是以船舶所有人在营运过程中给第三人造成的损失为保险标的的。无论是以权利转移说、原始取得说还是责任免脱给付说为基础，船舶所有人对第三人承担赔偿责任以及该责任在保险人的承保范围之内都是保险人承担责任的前提。保险人对第三人的责任是保险人代替被保险人对第三人承担的责任。这是保赔保险第三人直接请求权行使的两个基本要件。

在英国，第三人获得对船舶所有人的胜诉判决或仲裁裁定，是第三人对保险人直接请求权的前提，虽然《1930 年第三人权利法》并没有明确规定这一条件。在 Post Office . v. Norwich Union Fire Insurance Society Ltd. 案之前，只要求被保险人已经产生对第三人的责任即可，责任保险的损失是指被保险人已招致责任，虽然该责任或其数额还未正式或最终确定。但是 1967 年的 Post Office. v.

〔1〕 CLC1969，Art. Ⅱ. 2—3.

〔2〕 初北平：“在我国对保赔协会的直接请求权”，载《中国海商法年刊》2002 年第 13 卷，第 231 页。

Norwich Union Fire Insurance Society Ltd.[1]一案改变了这一做法。上诉法院在判决中宣称，在被保险人对第三人的责任确定之前，第三人不能向保险人提起直接请求权，因为在此之前，被保险人并未受有损失。所以，第三人在依据《1930年第三人权利法》起诉保险人之前，必须通过法院判决、仲裁裁决或和解协议确定被保险人的责任。在随后1987年的Nigel Upchurch Associates v. Aldridge Estates Investment Co Ltd. 一案中，上议院对这一条件进行了确认。[2]而美国路易斯安那州第三人起诉保险人只需满足船舶所有人对保险人的责任确定即可，并不需要第三人取得对船舶所有人的胜诉判决或裁定。笔者认为，以第三人已经取得对船舶所有人的胜诉判决或仲裁裁定作为第三人对保险人提起直接请求权的前提条件，可以避免保险人陷入过多的诉讼。但如果船舶所有人已经陷入破产关闭等境地，那么第三人将因为不能对船舶所有人提起诉讼无法取得胜诉判决或仲裁裁定，而丧失对保险人的直接请求权。

目前，在自愿责任保险领域允许第三人对保险人提起直接请求权的国家立法中，大部分都要求船舶所有人已经陷入破产或清算等境地。如英国《第三人权利法》规定第三人对保险人提起直接请求权需被保险人陷于破产、清算或类似境地；挪威1989年颁布的《保险合同法》也规定只有在船舶所有人破产的情况下第三人才能对保险人提起直接请求权。而只有少数国家的立法对此条件不加以限制，如美国的路易斯安那州第三人对保险人提起直接请求权并不要求船舶所有人陷入破产、清算或类似境地。笔者认为，美国路易斯安那州的立法最大程度上保护了第三人的利益。但如果在正常的情况下，船舶所有人凭自己的经济实力能够清偿其对第三人的损害赔偿责任，这时应该尊重合同的相对性，因为此时第三人的利益并没有受到损害。第三人对保险人直接请求权制度最初设计的目的就是避免被保险人破产或处于清算等境地导致第三人的损失无法弥补。而当被保险人没有陷入破产、清算等境地，尚有清偿能力时，依据传统的赔偿顺序可以很好地解决保险人、被保险人、第三人直接的利益关系，无需直接请求权的介入打破合同的相对性，这样也可以避免保险人陷入过多的诉讼增加其经营的成本。

---

〔1〕 该案的案情是：1967年，承保人在排水作业时，损坏了电话线。邮局要求赔偿修补费用，承保人拒绝支付，指称损害是邮局的一个工程师提供的错误资料造成的，未等邮局提出诉讼，承保人已经开始破产清理。邮局遂向保险人提起诉讼，声称根据《1930年第三人权利法》他们有权获得损害赔偿。法院判决邮局在未得到对承保人的判决前不能对保险人提出索赔。根据1930年法，邮局必须首先在对承保人的诉讼中通过判决确定其责任，然后才能将被保险人对保险人的权利转移给第三人。参见科林·史密斯:《责任保险》，陈彩芬译，中国金融出版社1991年版，第154页。

〔2〕 张湘兰主编:《海商法问题专论》，武汉大学出版社2007年版，第283页。

2. 自愿责任保险中保险人享有的抗辩权。在自愿责任保险中，保险人可对第三人行使的抗辩权主要有两大类：一是保险人对被保险人的抗辩事由；二是被保险人对第三人的抗辩事由。[1] 基于不同的法理学说，保险人取得的对第三人的抗辩权是不一样的。基于权利转移说，第三人取代被保险人的位置，享有的是被保险人转移的权利，那么保险人将可以以其对抗被保险人的所有抗辩对抗第三人。同时，保险人是替代被保险人承担赔偿责任的，保险人还享有被保险人对第三人的抗辩权。基于该学说，保险人将享有对第三人的双重抗辩权。而基于原始取得说，第三人取得的是独立于被保险人的求偿权，保险人对被保险人的抗辩不得对抗第三人，但保险人仍享有被保险人对第三人的抗辩权。

对保险人应当享有被保险人对第三人的抗辩权的争议不大，各个国家的立法都予以了确认。但保险人能否以其对抗被保险人的抗辩对抗第三人在理论上的争议很大，在各个国家的立法与实践中也有很大差别。

保险人以其对抗被保险人的抗辩事由对抗第三人争论最激烈的就是“先付原则”与“仲裁条款”的抗辩。下面主要就保险人经常引用的这两个抗辩事由进行分析。

“先付原则”被认为是保赔保险的基石，它要求被保险人在向保险人索赔前，需先就自己对第三人造成的损失进行赔偿。在保赔保险合同中，保险人通常都会和船东约定“先付原则”，而船东互保协会更是将之列为其章程条款，使之成为每个入会船舶索赔前必须履行的义务。如果保险人能以该原则对抗第三人，那么第三人在请求保险人赔偿时，需自己先行赔付自己，这时将发生赔付不能。如果允许保险人以“先付原则”对抗第三人，那么第三人最终将很难从保险人处得到赔偿。“先付原则”与海上责任保险保护第三人利益的发展趋势相违背，不符合保赔保险第三人直接请求权的目的与意义。“先付原则”的合理性受到越来越多的批评，以致有的保险人自己就放弃了这一原则。[2] 越来越多的国家开始否认保险人“先付原则”的抗辩，如美国（路易斯安那州等）、北欧诸国、阿根廷等。

但在英国，“先付原则”仍然被法院认为是合理而有效的。英国第三人直接请求权制度是建立在权利转移说的基础上的。第三人的权利是从船舶所有人那里转移过来的，保险人享有对抗船舶所有人的所有抗辩对抗第三人，其中就包

---

〔1〕 林春红：《第三人对船东互保协会的直接诉讼制度》，厦门大学 2006 年硕士学位论文，第 25 页。

〔2〕 如跨国集团 AXA 公司提供的保赔保险就不包括“先付原则”。参见 HSBC Insurance Brokers “Protection and Indemnity Review 2005 edition”。

括“先付原则”。在The Fanti 案和The Padre Island 案中，“先付原则”被上议院认为并不违反《1930 年第三人权利法》第1 条第3 款的规定。该条款规定：当第1（1）条所述事件（主要是被保险人破产）发生时，只在直接或间接地否定责任保险效力或改变当事人权利的合同条款无效。[1] 根据上议院的看法，第三人不应该也不能取得比被保险人更好的位置。[2] 英国对“先付原则”效力的认可使其第三人直接请求权制度保护第三人权利的功能大打折扣。英国在保赔保险第三人直接请求权上的保守做法主要是基于船东互保协会在英国对航运界的影响力。英国是保赔保险的发源地，伦敦是国际船舶保赔业的中心，当今国际保赔集团的13 家保赔协会中有8 家设在伦敦，世界上80%以上的船舶在英国的保赔协会投保。[3] 英国在对“先付原则”效力的认可上不得不考虑船东互保协会给其带来的长远的经济利益。但在涉及人身伤亡的直接索赔中，出于对生命的尊重与关爱，英国法院开始否认保险人基于这一原则的抗辩。

船东互保协会保险条款通常规定，对会员和协会之间的分歧和争议，应当提交仲裁解决。在仲裁机构就双方的争议做出裁决之前，会员不得对协会提起诉讼。此种仲裁条款，作为会员和协会之间保险合同的一个条款，自然对双方具有约束力。[4] 但保险人是否能以仲裁条款对抗第三人？当第三方对协会提起直接诉讼时，保赔协会可否以保险合同中存在仲裁条款为由，请求法院驳回第三人的诉讼或者中止该诉讼直至仲裁机构就争议做出裁决？[5] 各个国家对这一问题的态度与其对“先付原则”的态度是一致的。以权利转移说为理论基础的英国仍然认可保险人基于“仲裁条款”对第三人的抗辩。在最近一次苏格兰和英格兰法律委员会公开咨询案之后，“仲裁条款”的抗辩事由仍然被保留了下来，在法律委员会1999 年发表的一份联合公报中，引用了为数不多的支持者的观点，用于解释其对第三人对保险人的直接诉讼需受到保险合同中仲裁条款的约束做出规定的理由：仲裁条款可以保证与保险相关的争议能最大程度地适用英国法律。这主要是因为通过仲裁方式可以很好地避开欧共体《民商事判决管辖权与执行公约》，而仲裁员则可依据所选择的准据法，做出仲裁决定。虽然因为提交仲裁，原告需支付大量不必要的费用，但法院认为这只是一个个人问题，

---

〔1〕［英］克拉克著，何美欢、吴志攀等译：《保险合同法》，北京大学出版社2002 年版，第148 页。

〔2〕Hazelwood, *P&I Clubs*, *Law and Pratice*, 3rd Edition, London, Hong Kong, 2000, p. 318.

〔3〕曾东红、吴凯：“我国保赔保险第三人直接请求权问题”，载《暨南学报》2007 年第5 期，第74 页。

〔4〕艾素君：《保赔保险合同法律制度研究》，武汉大学2005 年博士学位论文，第109 页。

〔5〕艾素君：《保赔保险合同法律制度研究》，武汉大学2005 年博士学位论文，第109 页。

原告因此面临的经济上的困难不能作为限制保险人根据保险合同得以享有某项权利的理由。[1] 由此可以看出，英国在第三人利益保护上的不足和对保险人利益的倾斜。

而针对保险人基于“仲裁条款”对第三人的抗辩，美国法院则有两种完全不同的做法。一些州与英国采取相同的立场，认为第三人对保险人的直接诉讼应该受保险合同的约束，这其中就包括“仲裁条款”。而以路易斯安那州为代表的其他各州则认为，第三方可以直接起诉保险人，而不受保险合同“仲裁条款”的约束。在 In re Talbott Big Foot，Inc. 案中，第五巡回上诉法院认为，保赔保险单中的仲裁条款，并不要求人身伤亡受害者在根据直接诉讼法对保险人提起诉讼之前首先进行仲裁，尽管直接诉讼法明确规定，直接诉讼权应当在保险单条款、范围和其他合法条件下行使。[2]

笔者认为，“先付原则”与“仲裁条款”与第三人直接诉讼保险人制度在法律效果上是相反的。如果认可保险人对第三人基于“先付原则”与“仲裁条款”的抗辩，那么将使对第三人利益的保护处于十分脆弱的境地。

第四章　我国保赔保险第三人直接请求权的现状与立法建议

一、我国保赔保险第三人直接请求权的现状

我国《海商法》、《保险法》并没有关于保赔保险第三人直接请求权制度的规定。只有我国参加的《1969 年国际油污损害民事责任公约》以及《海事诉讼特别程序法》有相关规定。

《保险法》第 50 条第 1 款规定：“保险人对责任保险的被保险人给第三者造成的损害，可以依照法律的规定或合同的约定，直接向该第三者赔偿保险金。”有学者认为该条是赋予了责任保险中第三人的直接请求权，被保险人在其赔偿责任确定时，得请求保险人直接对第三人给付保险赔偿金。[3] 但本文并不赞同此观点，笔者认为该条其实是赋予了保险人在保险赔偿金给付对象上的选择权，肯定了保险人可以依照法律的规定或合同的约定向第三人直接给付赔偿金。因此，该条使用的是“可以”而不是“应该”，也就是说保险人可以依照法律的规

---

〔1〕 林春红：《第三人对船东互保协会的直接诉讼制度》，厦门大学 2006 年硕士学位论文，第 30 页。

〔2〕 艾素君：《保赔保险合同法律制度研究》，武汉大学 2005 年博士学位论文，第 110 页。

〔3〕 覃有士、樊启荣：《保险法学》，高等教育出版社 2003 年版，第 264 页。

定或合同的约定直接向第三人给付赔偿金，也可以不向第三人直接给付赔偿金。该条并不能作为第三人向责任保险的保险人行使直接请求权的依据。

《海商法》第206条规定："被保险人依照本章规定可以限制赔偿责任的，对该海事赔偿请求承担责任的保险人，有权依照本章规定享受相同的赔偿责任限制。"有人认为该条隐含了第三人对责任保险人的直接请求权的规定。理由是对海事赔偿请求承担责任的保险人也就是责任保险人，被保险人与责任保险人直接的赔偿责任依责任保险合同确定，在被保险人享受责任限制时，根据保险补偿损害原则，被保险人能从责任保险人处所得到的赔偿不应超过责任限制的数额，在此情况下，该条的规定也就显得没有意义了。因此，该条应是针对责任保险人受到被保险人以外的第三人索赔时，规定责任保险人享受责任限制的权利，该条隐含了第三人起诉责任保险人的权利。[1] 但本文并不赞同此观点，笔者认为，保赔保险的第三人直接请求权是对合同相对性的突破，应该通过法律的明确规定或合同的约定来实现，而不应该仅仅通过对法条的反向推理得出。其次，依据该条规定，是否在船舶所有人丧失责任限制的时候，保险人便无法援引责任限制？在这种情况下允许第三人对保险人的直接请求权，则将使保险人处于十分危险的境地。[2] 因此，《海商法》第206条并不能作为保赔保险第三人直接请求权的依据。

有观点认为，第三人可以利用《合同法》中的代位权理论保护自己的利益。我国《合同法》第73条规定："因债务人怠于行使其到期债权，对债权人造成损害的，债权人可以向人民法院请求以自己的名义代位行使债务人的债权，但该债权专属于债务人自身的除外。"依据该规定，债权人行使代位权的条件是：债务人享有对于第三人的权利，即到期债权；债务人怠于行使其权利；债务人已陷于延迟；对债权人造成了损害。[3] 笔者认为在保赔保险中第三人并不能利用代位权理论保护自己的利益。首先，代位权理论中的代位权仅指合同债权，而船舶造成的人身伤亡（雇佣合同除外）、沉船打捞、油污损害等都属于侵权之债。[4] 其次，根据代位权理论，代位权行使的前提条件之一是债务人享有对于第三人的到期债权，而在保赔保险中，根据"会员先付"原则与损失补偿原则，

〔1〕 许俊强："船舶保赔保险热点法律问题研究"，载《福建政法管理干部学院学报》2005年第3期。

〔2〕 初北平："在我国对保赔协会的直接请求权"，载《中国海商法年刊》2002年第13卷，第225页。

〔3〕 崔建远主编：《合同法》（第3版），法律出版社2003年版，第111～113页。

〔4〕 初北平："在我国对保赔协会的直接请求权"，载《中国海商法年刊》2002年第13卷，第222页。

只有船舶所有人已经向第三人为给付赔偿的情况下，保险人才负有对船舶所有人的赔偿义务。而在船舶所有人向第三人作出赔偿之前，船舶所有人并不享有对保险人的权利，即到期债权。因此，《合同法》中的代位权理论并不能成为第三人向保赔保险人行使直接请求权的依据。

目前，在我国有关保赔保险第三人的直接请求权，只有我国参加的《1969年国际油污损害民事责任公约》以及《海事诉讼特别程序法》有明确规定。我国于1980年加入了《1969年国际油污损害民事责任公约》，该公约从1980年4月30日起对我国生效。我国在加入该公约时，并没有作出任何保留。公约有关强制责任保险以及第三人直接请求权的规定当然适用于我国。

《海事诉讼特别程序法》第97条规定："对船舶造成油污损害的赔偿请求，受损害人可以向造成油污损害的船舶所有人提出，也可以直接向承担船舶所有人油污损害责任的保险人或者提供财务保证的其他人提出。"该条从程序法上肯定了保赔保险第三人的直接请求权。但对于该条的适用范围一直有很大争议。有观点认为该条并没有特别指出《海事诉讼特别程序法》第97条的适用范围，根据法律解释原则，应作出一般性的解释，即适用于所有船舶造成的污染后的油污责任保险的索赔。另有观点认为，该条的制定参照了《1969年国际油污损害民事责任公约1992年议定书》的相关规定，属于具有法律效力的国际公约内容在海事诉讼程序法中的体现，其规定适用的油污责任保险应该是《1992年国际油污损害民事责任公约》下规定的油污责任保险。[1] 本文赞同第二种观点，理由是：首先，《海事诉讼特别程序法》只是一部程序法，目前只有我国参加的《1969年国际油污损害民事责任公约》对油污损害中的第三人直接请求权作出了实体法上的规定。程序法是为了实体法的实施而制定的，因此，《海诉法》的适用范围是和《1969年国际油污损害民事责任公约》一致的。其次，如果对《海事诉讼特别程序法》第97条作扩大解释，那么在第三人对油污损害的保险人提起直接请求权时，保险人的抗辩权将无法可依。

由以上分析可以看出，我国目前关于保赔保险的第三人直接请求权只有在油污造成的损害赔偿中有规定，且只适用于载装2000吨以上的散装油货的船舶造成的油污损害。而对于船舶所有人造成的其他损害，第三人并没有对保险人的直接请求权。这极不利于保护受害第三人的利益。

虽然在我国并没有保赔保险的第三人直接请求权的立法规定（除了我国参加的《1969年国际油污损害民事责任公约》），但在司法实践中，却已经有判决

---

〔1〕 岳岩："《海诉法》中的直诉保险人制度"，载《中国海商法年刊》2006年第16卷，第154页。

承认了保赔保险第三人的直接请求权。2001 年 6 月，天津天神公司所属的“天神”轮与南通天顺公司所属的“通天顺”轮在粤东海区静海附近发生碰撞，“通天顺”轮沉没，导致大量的油类泄漏大海，造成了附近海域的严重污染。广东海洋渔业局向广州海事法院提起侵权之诉，要求“天神”轮与“通天顺”轮的船舶所有人以及“天神”轮的责任保险人中国船东互保协会承担连带赔偿责任。法院在没有实体法依据的前提下，直接适用了《海事诉讼特别程序法》的规定，判决中国船东互保协会承担连带赔偿责任。[1] 这一判决一方面表现了我国法院在保护第三人利益上的倾斜，另一方面也突出表现了我国现阶段保赔保险第三人直接请求权无法可依的尴尬境地。这一现状亟需立法予以改变。

而我国 1995 年 10 月 30 日通过的《民用航空法》规定第三人可以直接对责任保险人提起诉讼，开创了我国国内实体法关于第三人对责任保险人直接请求权的先河。[2] 该法第 166 条规定了民用航空器经营人的强制责任保险义务：民用航空器的经营人应当投保地面第三人责任险或者取得相应的责任担保。第 167 条规定了保险人享有的抗辩权：保险人享有与经营人相同的抗辩权；对伪造证件进行抗辩的权利；损害发生在保险或者担保终止有效后；损害发生在保险或者担保所指定的地区范围外。第 168 条规定了第三人对保险人提起直接请求权的前提条件：①根据本法第 167 条第（1）项、第（2）项规定，保险或者担保继续有效的；②经营人破产的。本文认为，航海业与航空业具有极大的相似性，《民用航空法》对第三人直接请求权的规定可以成为在船舶所有人责任保险中第三人直接请求权的参考。

二、对我国保赔保险第三人直接请求权的立法建议

（一）明确中国船东互保协会的地位与保赔保险的法律性质

中国船东互保协会作为国务院批准的船舶所有人互相保险组织，是依照《社会团体登记管理条例》的规定，在国家民政部注册登记的全国性社会团体并由此依法享有社团法人资格，但是依据现行法它却不具有保险组织资格。因为我国《保险法》作为一部商业保险法，仅仅承认股份有限公司和国有独资公司两种保险组织形式，而保险公司以外的其他保险组织也只有农村保险合作社被承认，因此，依据现行法中国船东互保协会并不具有保险组织资格。[3] 而海上

---

〔1〕（2001）广海法初字第 89 号民事判决书。相似案例还可见（2001）厦海初字第 24 号民事判决书。

〔2〕李兆良：《保险法律的理论与实践》，大连海事大学出版社 2006 年版，第 83 页。

〔3〕李凤宁：“我国保赔保险法律制度的完善研究”，载《中国水运（学术版）》2007 年第 1 期，第 255 页。

保险作为财产保险的一种类型，理论上属于商业保险范畴，《海商法》关于海上保险的规定也同样无法适用于保赔保险。因此，尽管保赔保险在理论上被当作保险尤其是海上保险的一种类型，但是它却无法适用《保险法》和《海商法》。[1] 有关保赔保险的纠纷只能适用有关合同法的一般规定。

立法承认中国船东互保协会保险组织的资格是解决有关保赔保险纠纷包括保赔保险第三人直接请求权制度的前提。同时还应该在《海商法》"海上保险合同"一章中增加有关保赔保险的规定。只有理顺了中国船东互保协会以及保赔保险在我国法律中的地位与性质，保赔保险的第三人直接请求权制度才可以在现有的法律体系框架下进行构建。

（二）修改《保险法》建立第三人对保险人的直接请求权制度

关于在我国建立第三人对责任保险人直接请求权制度的必要性已经拥有广泛的讨论，尤其是在《道路交通安全法》颁布之后，关于这方面的讨论更加激烈。而保赔保险第三人直接请求权制度是责任保险第三人直接请求权制度的延伸和一定程度的异化。[2] 如果能够通过修改《保险法》建立第三人对保险人的直接诉讼制度，则可以为各类责任保险包括保赔保险的第三人直接诉讼提供一个基本的法律依据。

虽然对建立第三人对责任保险人直接诉讼制度的必要性已有广泛讨论，但在具体的设置，如第三人提起直接诉讼的条件以及保险人享有的抗辩权上却有很大争议。有观点认为，在被保险人破产或者丧失清偿能力的情况下，才允许第三人对被保险人提起直接诉讼。也有观点认为，应当赋予第三人不受限制的直接诉讼权。[3] 本文认为，对此应区分强制责任保险与任意责任保险设置不同的条件与限制。在强制责任保险下，第三人享有不受限制的直接请求权，即只要能够证明第三人因为被保险人的行为而受有损失，并且该赔偿责任在保险合同的承保范围之内就可以提起对保险人的直接诉讼。保险人享有被保险人对抗第三人的所有抗辩权，除非被保险人有故意或重大过失，保险人不得以其对被保险人的抗辩事由对抗第三人。而在任意责任保险中，如果任由第三人不加限制地行使直接请求权，虽然最大限度地保障了第三人的权益，但却必然加重保险人的应诉责任，减轻被保险人的诉讼责任，弱化了被保险人的责任意识，淡

---

〔1〕 李凤宁："我国保赔保险法律制度的完善研究"，载《中国水运（学术版）》2007 年第 1 期，第 255 页。

〔2〕 曾东红、吴凯："我国保赔保险第三人直接请求权问题"，载《暨南学报》2007 年第 5 期，第 75 页。

〔3〕 艾素君：《保赔保险合同法律制度研究》，武汉大学 2005 年博士学位论文，第 109 页。

化了对侵权人的惩戒作用。[1] 因此，本文认为，在任意责任保险中，第三人需满足以下条件才可以行使对保险人的直接请求权：被保险人对第三人的赔偿责任在保险合同规定的承保范围之内；该赔偿责任已经依法确定；被保险人不能赔偿或怠于赔偿。在保险人的抗辩权上，保险人享有被保险人对第三人的所有抗辩权，但除非被保险人有故意或重大过失之外，保险人不得以其对抗被保险人的抗辩事由对抗第三人。

（三）修改《海商法》建立海上责任保险的第三人直接请求权制度

在《海商法》“海上保险合同”一章以强制责任保险与任意责任保险为区分设立海上责任保险的第三人直接请求权制度。在强制责任保险中，以《1969年国际油污损害民事责任公约》中对第三人直接诉讼的条件以及保险人的抗辩权的规定为蓝本设置我国海上强制责任保险的第三人直接诉讼制度。而在任意责任保险中，赋予第三人有限的直接请求权。第三人需满足以下条件才可以行使对责任保险人的直接请求权：船东对第三人的赔偿责任在保险合同规定的承保范围之内；该赔偿责任已经依法确定；船舶所有人破产、清算等致使其不能赔偿或怠于赔偿。保险人享有船东享有的对抗第三人的所有抗辩事由，除非船东有重大过失，保险人不得以其对抗船东的抗辩事由对抗第三人。同时还应该修改《海商法》第206条，规定无论船舶所有人是否丧失责任限制，保险人都将享有责任限制的抗辩权。

（四）适度扩大强制责任保险的适用范围

在我国目前最急需解决的就是中小油轮的强制责任保险以及第三人直接请求权制度。目前我国只有《1969年国际油污损害民事责任公约》规定的2000吨以上的油轮有强制责任保险的义务。而2000吨的底线已经完全不适应我国目前油轮发展的状况。我国以中小油轮居多，船龄偏大，船舶状况差，最易引发溢油事故。而这些油轮大都没有参加油污责任险，致使溢油事故发生后，受害第三人的损失无法弥补。对中小型油轮强制责任保险的呼声越来越高。我国政府也已着手加强推行对中小型油轮的强制责任保险。本文认为，应该把强制责任保险的义务扩大到所有的油轮，而其他诸如危险品爆炸事故，海上旅客运输事故引起的损失也是巨大的，在适当的时机应该推行在这些领域的强制责任保险以及第三人直接诉讼制度，保障受害人的利益。

---

〔1〕 刘宁：《论责任保险第三人的直接请求权》，山西大学2006年硕士学位论文，第20页。

结　论

保赔保险自其产生至今的一百五十多年间被认为是航运界的一大创举，在保护船东利益的同时，也极大地促进了航运业的发展。但随着保赔保险的迅速发展，传统的保赔保险的理赔顺序在第三人利益保护上的不足也渐渐为人们所诟病。当船东出现赔付不能的情况时，在第三人与保险人之间建立直接请求权制度成为一种必要，但第三人与保险人之间并无直接的关系，第三人的损失是由于船东的侵权或违约行为所致，保险人对第三人并不负有这两方面的赔偿责任。随着契约相对性理论的衰落、现代责任保险理论的发展以及保赔保险的新发展，保赔保险第三人直接请求权的建立便有了理论上的突破。同时，无论是从国际还是国外航运大国层面，保赔保险第三人直接请求权都有了实践上的突破。我国保赔保险的发展历史并不长，甚至在《保险法》以及《海商法》中并没有明确的地位，更无从说第三人直接请求权制度的建立。但我国保赔保险发展迅速，有关保赔保险的判决也有了第三人直接请求权的萌芽，但支持第三人直接请求权的判决并没有明确的法律依据，这就会造成司法上的不便与尴尬。在国际及国外保赔保险第三人直接请求权成为发展趋势的情况下，在我国明确保赔保险的地位及建立保赔保险的第三人直接请求权成为一种必然。

本文从研究保赔保险第三人直接请求权建立的必要性开始，研究其在理论与实践上的突破，得出了保赔保险第三人直接请求权的建立已经成为一种必然的结论。对如何建立我国的保赔保险第三人直接请求权制度，即第三人在什么条件下行使该种请求权制度，本文在考察了我国保赔保险第三人直接请求权发展现状的基础上，区分了强制责任保险和任意责任保险两种不同情况并提出了立法建议。

参考文献

一、专著类

1. 张湘兰:《海商法问题专论》，武汉大学出版社 2007 年版。
2. 李永军:《合同法》(第 2 版)，法律出版社 2005 年版。
3. 尹田:《法国现代合同法》，法律出版社 1995 年版。
4. 丁凤楚:《机动车交通事故侵权责任强制保险制度》，中国人民公安大学出版社 2007

年版。

5. 邹海林:《责任保险论》，法律出版社 1999 年版。

6. 安丰明:《船东保赔协会法律制度研究——以英国法为中心》，中国检察出版社 2006 年版。

7. 徐国平:《船舶油污损害赔偿制度研究》。北京大学出版社 2006 年版。

8. ［英］克拉克著，何美欢，吴志攀等译:《保险合同法》，北京大学出版社 2002 年版。

9. 施文森:《保险法论文》（第 1 辑），台湾五南图书出版公司 1982 年版。

10. 李薇:《日本机动车事故损害赔偿法律制度研究》，法律出版社 1997 年版。

11. 科林·史密斯:《责任保险》，陈彩芬译，中国金融出版社 1991 年版。

12. 李兆良:《保险法律的理论与实践》，大连海事大学出版社 2006 年版。

13. 覃有士、樊启荣:《保险法学》，高等教育出版社 2003 年版。

14. 崔建远:《合同法》（第 3 版），法律出版社 2003 年版。

15. 田中诚二:《新版保险法》；伊泽孝平:《保险法》，转引自李薇:《日本机动车事故损害赔偿法律制度研究》，法律出版社 1997 年版。

16. 海野俊雄:《受害者的直接请求权》，转引自李薇:《日本机动车事故损害赔偿法律制度研究》，法律出版社 1997 年版。

二、期刊类

1. 柳强、安馥、刘颖娜:“论海上强制责任保险中直接请求权问题”，载《中国水运》2007 年第 5 卷第 1 期。

2. 张智勇、许绯:“论海上保险中第三人对保险的诉权”，载《天津航海》1998 年第 4 期。

3. 肖强:“略论责任保险中的第三人”，载《贵州师范大学学报》2006 年第 6 期。

4. 张永艾:“论责任保险对第三人利益的保护”，《济南金融》2004 年第 7 期。

5. 曾东红、吴凯:“我国保赔保险第三人直接请求权问题”，载《暨南学报》2007 年第 5 期。

6. 许俊强:“船舶保赔保险热点法律问题研究”，载《福建政法管理干部学院学报》2005 年第 3 期。

7. 初北平:“在我国对保赔协会的直接请求权”，载 2002 年《中国海商法年刊》第 13 卷。

8. 李凤宁:“我国保赔保险法律制度的完善研究”，载《中国水运（学术版）》2007 年第 1 期。

9. 岳岩:“《海诉法》中的直诉保险人制度”，载《中国海商法年刊》2006 年第 16 卷。

10. 林春红:《第三人对船东互保协会的直接诉讼制度》，厦门大学 2006 年硕士学位论文。

11. 安馥:《海上强制保险的法律理论基础及其发展》，大连海事大学 2006 年硕士学位论文。

12. 艾素君:《保赔保险合同法律制度研究》，武汉大学 2005 年博士学位论文。

13. 刘宁:《论责任保险第三人的直接请求权》，山西大学 2006 年硕士学位论文。

14. Dr Christian，“The Pay to be Paid rule shipowner's banktuptcy and direct actions against P&I

Clubs", *Finnern. University of Cape Town.*

15. Argentina, " A New Development In Direct Actions Against Indemnity Insurers", *Mayela Rosas Tulane Maritime Law Journal*, *Winter*, 1997.

16. Jonathan C, "Other states should ' get with the program' and follow Louisanan's lead : an examination of louisianan's direct action statute and its application in the marine insurance industruy", *Augustine Tulane Maritime Law Journal*, *Winter*, 2002.

17. Ronald R. houdlett, " Direct Action Statutes and Marine P&I Insurance", 3J, Mar. & Com. 568, 569.

18. David, "Threats to Secured Lending and Asset Securitization", *Gray Carlson. Cardozo Law Review*, April, 1997.

19. Grubbs v. Gulf International Marine, Inc. , 625 So. 2d 495 (La. 1993).

20. Lloyd's List, November 15, 2006, Wednesday Law.

21. Mayela Rosas, "Argentina: A New Development In Direct Actions Against Indemnity Insurers", *Tulane Maritime Law JournalWinter* 1997. 22 Tul. Mar. L. J. 191.

22. Tiberg, " direct action /claim", http: //www. juridicum. su. se/jurweb/utbildning/exange/marineeins/direct action. pdf. Noguero, " Third parties´rights against insurers under Spanish law", *Journal of Business Law* 2004. J B L 2004, Nov. , 711.

23. Hazelwood, "P&I Clubs, Law and Pratice", 3rd Edition, London, Hong Kong, 2000.

24. Noguero, "Third parties´rights against insurers under Spanish law", *Journal of Business Law* 2004. J B L 2004, Nov. , 714.

24. CLC1969.

25. Murray v. Legal & General Assurance Sy Ltd. (1970) 2QB495, 503. 转引自邹海林:《责任保险论》,法律出版社 1999 年版。

26. Post Office v. Norwich Union Fire Ins. SyLtd. (1967) 2QB 363, 375. 转引自邹海林:《责任保险论》,法律出版社 1999 年版。

27. [日] 仓泽康一郎:"责任保险中的受害人(第三者)的法的地位和直接请求权",载《自机动车保险费率算定会企画室资料 22 号》,转引自李薇:《日本机动车事故损害赔偿法律制度研究》,法律出版社 1997 年版。

28. 野田良之:"法国责任保险法(三)",载《法协杂志》第 56 卷 3 号,转引自李薇:《日本机动车事故损害赔偿法律制度研究》,法律出版社 1997 年版。

三、其他类

1. http: //www. westpandi. com/westpandi/rules/2007/class + 1/part + 2/rule + 10. htm.

2. http: //igpandi. org/index. php.

3. http: //www. hailinlaw. com/case_ detail. asp? id = 80.

4. http: //www. juridicum. su. se/jurweb/utbildning/exange/marineeins/direct action. pdf.

5. Gregory Fossion, "An eternal triangle at sea: Loss of insrance cover under a direct action in marine liability insurance ", http: //www. law. kuleuven. ac. be/jura/39n2/fossion. htm .

6. Antonio Quir de sas，“Will the new act allow direct actions against P&I Clubs?”，http：// www. uria. com/eng/publication/art. asp? id = 165.

7. West of England，“Spain：Supreme Court decision on direct action against P&I，Clubs” http：//www. westpandi. com /NR/rdonlyres/9DBF3COF - 17D9 - 489E - BA8E - 4A947EAADFE5/ 0/newsletter - 2004 - 06. pdf.

利益分析的重构及其在涉外侵权冲突法中的作用

王　振

摘　要

涉外民商事冲突规范的调整对象是涉外民商事法律关系，即涉外民商事主体之间的权利义务关系。但究其本质，涉外民商事案件所要处理的是超国家的个人之间的利益冲突。一国法院用内国制定的冲突规范调整超国家的个人利益冲突有其天然的局限性。毫无疑问，统一冲突规范和统一实体法是未来发展的方向，但矛盾的转化本质决定了这一过程的长期性。

20 世纪以来，随着经济全球化、区域一体化的发展，人员的跨国交往与财、物乃至知识产权的跨国流动日趋频繁。利益冲突的加剧与跨国交往的加深相伴相生。合同与侵权构成了债法制度的主体。在合同领域，实体法上有 1980 年《联合国国际货物销售合同公约》和《国际商事合同通则》等规范和商业惯例的广泛运用；统一冲突法领域有 1985 年《国际货物销售合同法律适用公约》等规范的适用。而且由于在合同领域当事人意思自治原则的广泛适用及国际商事仲裁的普遍选择，涉外合同纠纷的解决呈现出多样化与多渠道的特点。反观涉外侵权领域，由于对其私法性质的不能完全认同和侵权责任法本身具有的预防损害的功能特点，20世纪起的涉外侵权纠纷的大爆发也带来了大量的诉累。自20世纪中叶起，涉外侵权一直是国际私法理论研究的重点，但由于各种理论的难以自洽和适用性的不足，既引起了美国“冲突法革命”，又引起了对“革命”成果的不满与反思。

侵权法保护的是各种权利和未完全上升为权利的法益。由利益引起法定权利的保护，而对法定权利的保护要求对他人科以作为或不作为的义务，而对权利的侵犯即对义务的违反又引起了司法救济。从利益到权利再到义务最后到救济的路径揭示了分析法律关系背后的利益冲突的合理性；从巴托鲁斯的法则区别说关注法律规范本身，到萨维尼的法律关系本座说关注法律关系（即权利义务关系）本身，再到柯里关注隐藏在法律关系背后的政府利益，这样的理论路径展现了分析利益冲突的必然性。

利益分析理论在美国的先驱者是柯里，在欧洲则是克格尔。然而柯里的利益分析是“政府利益分析”，其所关注的是隐藏在法律规范背后的所谓政府“政策”，其实质是属人主义，赋予法院地法以优先适用，给予本州当事人利益以优先保护。克格尔所关注的利益是当事人利益、交往利益和制度利益，但其倡导冲突法正义，对实体法规范不做选择与考察，这显著区别于柯里的考察实体法背后政策的单边主义方法。

本文分为四个部分，第一部分是对利益分析的介绍；第二部分是对新的利益分析的重构；第三部分是对典型冲突法规则与问题的分析；第四部分提出对未来中国涉外侵权立法的建议。

第一部分从柯里的政府利益分析说和克格尔的利益说入手，分析二者的法理学基础与理论特点。对柯里所谓的政府利益采取否定态度，揭示涉外侵权体现的是超国家的个人利益冲突，而不是政府利益冲突，甚至在一定程度上不承认存在政府利益。对于克格尔的利益说在采取肯定态度的基础上对其进行重构，并对其所揭示的三种利益及例外进行重新定义及优先位序划分，最后批判克格尔不关注实体法正义的错误做法。

第二部分笔者通过对过去理论的分析提出新的利益划分和位次排序，认为应把冲突法的利益分为当事人利益、国际社会利益、国家公法利益。笔者认为冲突规范的制定应当体现当事人利益优先（在涉外侵权冲突法领域强调对受害人利益给予倾斜保护），国际社会利益协调、国家公法利益例外的原则。本文倡导制定冲突规则时，在确定其所体现的各种利益之后，一定要考察其实际运行效果，也就是其对各种利益所产生的影响。我们要考察冲突法规则作为社会控制工具对法律秩序所产生的实际影响。

第三部分是在完成了“方法”的分析之后，继续实现“规则”的考察。重点分析运用利益分析制定的《路易斯安那州国际私法》、西蒙尼德斯教授在1999年召开的冲突法重述讨论会上提出的尝试性提案及有代表性的非利益分析规则——1999年德国《民法施行法》。通过对上述法律规则的分析，重点研究涉外侵权的行为规则、损失分配规则、惩罚性赔偿规则、共同侵权的处理、侵权责任与违约责任竞合的处理等问题，最终目的是制定内容定向与结果定向的冲突规范，其特点是显著的当事人意思自治的运用及多方面利益的权衡。本文论述的过程中会把美国的路易斯安那州冲突法和西蒙尼德斯的尝试性提案合称为“美国冲突法”。通过笔者的分析归纳，我们发现“美国冲突法”的损失分担规则与德国的《民法施行法》在涉外侵权部分的适用效果几乎完全一致。

第四部分则是在总结上面分析的基础上，提出在利益分析指导下的、结合其他方法确定的、完整的涉外侵权冲突法规则。

第一章　利益分析理论的批判与重构

一、利益分析理论的法哲学源流

国际私法的利益分析方法首先是一种确定准据法的方法论，我们又可以运用利益分析方法指导制定具体的冲突规范规则。作为一种方法，一定有其法哲学基础。正如肖永平教授所指出的，源远流长的自然法思想为14世纪意大利法则区别说的诞生提供了理论资源，而当19世纪分析实证主义法学在西方大行其道时，德国的法律关系本座说适时而生，促进了国际私法成文化的发展，而20世纪法社会学理论在西方的兴起，亦给我们提供了崭新的处理法律冲突的智慧和经验。[1] 国际私法的利益分析方法是建立在利益法学派和社会学法学派的法哲学思想之上的。

（一）利益法学派与社会学法学派

1. 欧洲的利益法学派

利益法学（the jurisprudence of interests）于19世纪末20世纪初兴起于德国，后逐步发展至欧洲各国并得到众多人士的支持和追随，但以德国和法国最为发达。因其是在社会学法学基础上形成的，故可以将其归入社会学法学派。它起源于耶林（Rudolph von Jhering，1818～1892）的目的法学（因强调法官应

---

〔1〕 肖永平：《肖永平论冲突法》，武汉大学出版社2002年版，第161页。

注意各种“利益”为核心思想而得名）。在德国，菲利普·赫克（Philipp Heck）发动了这场运动，而海因里希·斯托尔（Heinrich Stoll）、鲁道夫·穆勒－厄思本奇（Rudolf Muller－Erzbach）和其他一些论者则进一步推动了这场运动的发展。[2]

利益法学主张，任何法律规则都是用来解决利益冲突的，它们都建立在相互矛盾的利益基础之上；法律是保护利益的手段，用以解决社会矛盾。[3] 利益法学所提出的司法审判方法的前提是认为法律规范构成了立法者解决种种利益冲突而制定的原则和原理。[4] 利益法学家把法律规范看成是价值判断，亦即“这样一种方法：相互冲突的社会群体中的一方利益应当优先于另一方的利益，或者该冲突双方的利益都应当服从于第三方的利益”[5]。

欧洲的利益法学派法哲学思想在国际私法领域孕育出了克格尔的利益说。在美国，柯里的政府利益分析说也并不是无本之木，其法哲学思想来源于罗斯科·庞德的社会学法学。

2. 美国的社会学法学派

庞德主张法哲学的基本目的是对法律背后潜在的、法律所要达到的社会目的的反映，因此要积极地研究法律的实际社会效果，公平地适用法律。在此基础上，庞德认为，法律就是对社会进行控制的手段。[6] 庞德认为要想追求和达到这种有效控制的社会效果，最重要的问题就是利益理论。

在庞德看来，利益理论将相对地回答法律目的问题。[7] 法学家在不同时代给予法律目的以不同的内容。到了当代，20 世纪的法律目的观是法律试图最大限度地满足人的所有欲求或期望（或愿望、要求）。[8]

庞德认为，所谓利益，乃是指人的主张、需求和预期。它们乃是法律秩序试图保障或力求满足的目的。

---

〔2〕 参见徐冬根：《国际私法趋势论》，北京大学出版社 2005 年版，第 233 页，注 8；另参见博登海默著，邓正来译：《法理学：法律哲学与法律方法》，中国政法大学出版社 2004 年版，第 150～151 页。

〔3〕 杜涛：《德国国际私法：理论、方法和立法的变迁》，法律出版社 2006 年版，第 323 页。

〔4〕 博登海默著，邓正来译：《法理学：法律哲学与法律方法》，中国政法大学出版社 2004 年版，第 151 页。

〔5〕 Max Rheinstein，“Society of Law”，48 Ethics 233（1938），转引自庞德：《通过法律的社会控制》，商务印书馆 1984 年版，第 151 页。另参见黄旭、巍肖芳：“利益法学与国际私法”，载《律师世界》2002 年第 9 期，第 38 页。

〔6〕 庞德：《通过法律的社会控制》，商务印书馆 1984 年版，第 9 页。

〔7〕 参见张乃根：《西方法哲学史纲（增补本）》，中国政法大学出版社 2002 年版，第 344 页。

〔8〕 庞德著，邓正来译：《法理学（第 1 卷）》，中国政法大学出版社 2004 年版，第 533 页。文中指出这种对人的所有欲求或期望的满足是在它可以透过法律秩序且不会导致太大牺牲的情况下得到实现的。也就是说要实现人的利益（自由）最大化与社会利益的协调。

由此可见，无论是欧洲的利益法学派还是美国的社会学法学派，对于利益的探求、归类和权衡以及对于法律的实际社会效果的关注，均处于其理论的中心环节。

之所以说柯里的政府利益分析说和克格尔的利益说是受到“利益法学派”的影响〔9〕，是因为他们都反对僵化的传统国际私法与概念主义（或称为教条主义）。他们均在法律选择时考虑各种利益的影响和作用，并对利益进行权衡。从法律适用效果来讲，柯里的学说因为受美国的社会学法学的影响，更加强调法律的实际适用效果，这与庞德的法哲学思想视法律为社会控制工具并强调社会效果如出一辙。〔10〕 而克格尔则强调冲突法正义，否定实体法正义。认同应把二者一同归入利益分析学派的有弗莱斯那教授，将美国学者柯里和德国学者克格尔的理论统称为“利益法学”，认为两者的共同之处都在于其通过对“利益”的考虑将国际私法从价值中立的、概念主义和机械主义的法律适用中解放出来。〔11〕 他认为，克格尔的利益法学与柯里的理论的区别在于它们对国际私法中相关的利益和公正的内容理解不同。对克格尔来说，起决定作用的并不是国家的利益，而是个人间的公正。国际私法中的利益与实体法的内容无关。〔12〕 对他们理论的具体解读下文会论述到。我们也要看到利益法学并没有解决法官在处理案件的过程中如何去平衡冲突的利益的问题，即他们并没有给出平衡利益的标准。〔13〕 所以本文将在后面阐述在涉外侵权领域如何用利益分析方法考察涉外侵权冲突法的实际运行效果，通过本文的分析我们将看到利益分析的劣势是可以弥补的。

（二）对利益的定义和分类

1. 对于利益的定义

“利益概念本身是经济思想文化时代的产物。”〔14〕 对于利益有不同的解读，

---

〔9〕 这里所说的“利益法学派”包括欧洲的利益法学派和美国庞德倡导的社会学法学派。欧洲的利益法学派亦是社会学法学派的分支，但为了突出“利益”的特性特此定义。

〔10〕 “法理学意义上的社会控制乃是系统运用政治组织社会之强力的社会控制。这种控制趋向于法律秩序，它要求拥有法院应予遵循的裁判依据，而且在一个业已发达的法律秩序中，它还要求具有一种可供人们合理预测审判结果的司法和行政过程”，引自罗斯科·庞德著，邓正来译：《法理学（第1卷）》，中国政法大学出版社2004年版，第18页。

〔11〕 Axel Flessner, *Interessenjurisprudenz im internationalen Privatrecht*, Tuebingen (1990), S. 2. 转引自博登海默著，邓正来译：《法理学：法律哲学与法律方法》（修订版），中国政法大学2004年版，第400页。

〔12〕 Axel Flessner, aaO, S. 13. 转引自博登海默著，邓正来译：《法理学：法律哲学与法律方法》（修订版），中国政法大学2004年版，第400~401页。

〔13〕 吕世伦：《现代西方法学流派》（上册），中国大百科全书出版社1999年版，第299页。

〔14〕 Karl Larenz, Methodenlehre der Rechtswissenschaft, 5. Auflage, Berlin: *Springer - Verlag*, 1983, S. 51. 转引自杜江、邹国勇：“德国‘利益法学’思潮述评”，载《法学论坛》2003年第18卷第6期，第91页。

存在主观说、客观说与折中说之争。[15]利益法学的核心思想是，利益是法律产生之源，利益决定着法律规则的创建，利益以及对利益的衡量是制定法律规则的基本要素，法律是“保护利益”的手段。[16]

庞德说：“就目前论题而言，我将利益定义为某种要求或欲望（demand or desire）。这是人类（以个人、团体、社会或相互关系的形式）希望得到的东西，因此，是在规范人们相互关系时必须考虑的。”[17] 本文对利益亦如此定义。总而言之，利益法学所主张的“利益”是广义的，既包括私人利益，也包括群体利益、社会团体利益、公众利益和人类利益等公共利益，以及物质利益和精神利益。[18]

2. 对于利益的分类

庞德认为法律并不能创造这些利益，但是可以或多或少的对这些利益进行分类，并加以承认、界定或使之有效。庞德汲取了耶林的利益分类说，[19] 把利益分为个人利益（individual interests：“直接涉及个人生活并以个人名义所提出的主张、要求或愿望”）、公共利益（public interests：“涉及政治组织社会的生活并以政治组织社会名义提出的主张、要求或愿望”）和社会利益（social interests：“涉及文明社会的社会生活并以这种生活的名义提出的主张、要求或愿望”）。在最后一类利益中，除了其他内容之外，他还把一般安全利益、个人生活方面的利益、保护道德的利益、保护社会资源（自然资源和人力资源）的利益以及经济、政治和文化进步方面的利益包括在内。[20] 法哲学中的利益分类对国际私法利益划分的影响我们将在第二章中介绍。

二、对柯里政府利益分析说的评价

（一）政府利益分析说概述

柯里的“政府利益分析说”（Government Interests Analysis Theory）产生于20世纪40年代至50年代，于60年代步入鼎盛时期，其影响很大，至今不衰。[21] 20世纪美国出现了许多与传统冲突法对立的新理论，但是由于柯里的政府利益

---

〔15〕“主观说认为利益是意识的属性，是人们对于满足一定需要的意志指向。客观说认为，利益可以形成意识、意志，但它是意识、意志之外的客观存在。折中说则认为，利益是主体与客观环境的统一。”引自黄旭、巍肖芳：“利益法学与国际私法”，载《律师世界》2002年第9期，第38页。

〔16〕杜江、邹国勇：“德国‘利益法学’思潮述评”，载《法学论坛》，2003年第18卷第6期，第91～92。

〔17〕Pound, In My Philosophy of Law, p. 262. 转引自7揭，第344页。

〔18〕前注16揭，第92页。

〔19〕前注7揭，第344页。

〔20〕Roscoe Pound, “A Survey of Social Interests”, 57 *Harvard Law Review* 1 (1943), pp. 1～2. 转引自前注4揭，第155～156页。

〔21〕邓正来：《美国现代国际私法流派》，中国政法大学出版社2006年版，第91页。

分析说的影响，从整体上看，各种新理论具有一个显著的共同特点——均以政策或利益作为政策的决定因素。[22] 博登海默在研究了美国司法实务对法律选择理论的适用情况后指出，在美国的司法制度中，最受重视的是柯里的“政府利益分析说”，其次才是《第二次重述》中的方法论。[23] 甚至美国法学会在1993年对美国国会提交的“综合诉讼规则”的最终草案的第6章也试图将其方法定义为“利益分析”。[24]

柯里教授指出，“冲突法的核心问题或许可以说是……当两个或两个以上州的利益存在冲突时，确定恰当的实体法规范的问题，换言之，就是确定何州利益将让位的问题。”[25] 可见，政府利益分析说的核心问题就是对两个以上州的利益冲突进行比较权衡以求得解决，而所比较的对象就是这两个利益冲突州的实体法所体现出的立法者的政策。

柯里的政府利益分析说的内容包含政策问题、利益问题和分析方法问题这三个方面。[26] 柯里的政府利益分析理论从实体法入手，探究法律关系背后所体现的政策，从而确定拥有利益的州，最后再对不同的利益冲突按“真实冲突”与“虚假冲突”分情况处理，其开创了利益分析方法的先河。[27]

（二）对政府利益分析说的批评

学界对柯里的理论褒贬不一。[28] 虽然瑕不掩瑜，但柯里的理论具有难以克服的缺点，具体如下：

---

〔22〕 See Peterson, “A Response to the Hague Symposium, Particularism in the Conflict of Laws”, 10 *Hofstra L. Rev.* 996 (1982). 转引自王承志：《美国冲突法重述之晚近发展》，法律出版社2006年版，第94页。

〔23〕 陈隆修：《美国国际私法新理论》，台湾五南图书出版公司1987年版，第49页。转引自王承志：《美国冲突法重述之晚近发展》，法律出版社2006年版，第94页。

〔24〕 Symeon C. Symeonides, “ALI's Complex Litigation Project: Commencing the National Debate”, 854 *La. L. Rev.* 843 (1993~1994) p. 858.

〔25〕 柯里：《冲突法论文选集》，1963年版，第178页。转引自前注21揭，第95页。

〔26〕 参见21揭，第95~96页。

〔27〕 具体内容参见张潇剑：“评柯里的‘政府利益分析说’”，载《环球法律评论》2005年第4期，第485页。

〔28〕 赞同的学者沙曼教授（Jeffrey M. Shaman）认为：“政府利益分析说为法律选择过程带来了革命性的变革，并使此方法进入了法律解释的主流。其影响是巨大的，真正地改变了人们认识法律选择的方式。” Jeffrey M. Shaman, “The Vicissitudes of Choice of Law: The Restatement (First, Second) and Interest Analysis”, 45 *Buff. L. Rev.* 349 (1997), 354.

反对的学者布里梅耶教授（Lea Brilmayer）却认为，“政府利益分析说”是一座“没有地基的房屋”。See Lea Brilmayer, “Governmental Interest Analysis: A House without Foundations”, 46 *Ohio St. L. J.* 459 (1985). 其建立在“虚构的”立法意图之上。See Lea Brilmayer, “Interest Analysis and the Myth of Legislative Intent”, 78 *Mich. L. Rev.* 392 (1980). 他将其视为“方法论上的破产”并拒绝接受该学说。See Lea Brilmayer, “Methods and Objectives in the Conflict of Laws: A Challenge”, 35 *Mercer L. Rev.* 555 (1984).

1. 赋予法院地法以特殊的优先地位

其实质是在择地行诉时给予法院地的当事人以特别保护。这种国家主义的做法否定内外国法的平等性，是从普遍主义——国际主义向国家主义的倒退。柯里认为，内国法律和外国法律在性质上是根本不同的，因此它们的地位也根本不可能是平等的，故法院地法应当优先于外国法律而首先得到适用。[29] 正如荣格教授所强调的，“冲突法调整的是涉及多州或跨国的法律，任何一种理念，只要忽视它明显超越主权的性质，就必然以失败告终”。柯里的理论是在对主权的迷恋下产生的对“政府”利益的过度崇拜，柯里理论所蕴含的私法事项的民族本位是与当今国际社会的普遍信念相违背的。[30]

2. 对“利益”的确定不正确

利益是一种事实，正因为有各种利益，才会在国家产生之后由国家用法律规范的形式对之进行保护。法律保护的是被法律确认为权利的利益和其他尚未上升为权利的利益。民事主体享有法律权利需要使义务人负担作为或不作为的义务，而对义务的违反，即对权利的侵害，需要相应的救济。可见在利益—权利—义务—救济这条因果链中对“利益”的定义具有重要的意义。柯里的利益分析方法与传统选择方法的显著区别就在于他主张透过法律冲突的表象去分析其背后的利益冲突，然后根据利益冲突的情况来决定法律的适用。[31] 但其对利益的界定是错误的。

正如克格尔所指出的，柯里的一个缺陷在于“政府利益”这一概念本身。柯里在这里没有区分“公法”和“私法”，也没有区分“国家利益”与“个人利益”。[32] 而且州政府的利益与该州的“立法意图”并非总是能够协调一致的，后者也不一定能够完美地反映出前者；在涉外案件中适用某一州的法律，亦不等于说只有该州才在这一案件中具有明确的利益。[33] 他没有把法律视为某种客观存在去加以分析，而是将其作为实现州政府政策的工具，这就容易导致忽略当事人的私人权益的倾向，从而失去了法律适用的公正性。[34]

---

〔29〕 前注28揭，第119页。

〔30〕 参见弗里德里希·K. 荣格著，霍政欣、徐妮娜译：《法律选择与涉外司法（特别版）》，北京大学出版社2007年版，第174页。

〔31〕 陈彬、曾庆怡：“共同利益说在法律理念上的反思——政府利益分析说的扬弃与无奈”，载《黑龙江省政法管理干部学院学报》2005年第1期，第12页。

〔32〕 Kegel，“International Encyclopedia of Comparative”，Vol. Ⅲ，*Private International Law*，Chapter 3（1987），S. 31. 转引自前注3揭，第412页。

〔33〕 前注27揭，第486页。

〔34〕 前注27揭，第493页。

3. 属人法原则

在柯里教授看来，任何一国所制定的法律都是为了保护本国的公民，而且无论这些公民是在国内还是国外，他认为属人法原则是一条公理。[35] 可以看出，属人法原则是为法院地法倾向服务的。荣格教授指出，在柯里参加讨论的几乎所有案件中，他都从属人联系（即从当事人一方住所在该州的事实）中推断主张政府利益的合法性。柯里认为，一州对于实施其政策是否具有正当性和合理性，取决于该州与当事人及交易的联系。[36] 这一切的结果就是在不平等对待内外州法律的基础上保护了法院地公民的利益，这与现代社会在民商事领域给予外国国民以国民待遇的大趋势是背道而驰的。

三、对克格尔的利益说的介绍与评价

（一）对克格尔利益说的介绍

1. 克格尔利益说概述

克格尔的利益说是通过对概念法学的批判确立的。他认为概念法学把法律制度理解为一种由法律概念构成的封闭体系并据此要求法学研究“逻辑至上”，将法官“局限于依照法律将案件进行逻辑归类”，这样法官几乎成了一台适用法律的机器。[37] 克格尔提倡对各种利益进行定义、分类、权衡，认为利益分析不仅是冲突法规范制定的重要指导方法，而且其在法官的具体司法实践中也可以适用，并且主张扩张法官的自由裁量权。

克格尔在分析概念法学与利益法学的关系时将正义（或公正）分为冲突法上的正义与实体法上的正义。所谓冲突法上的正义是指将案件均衡地分配到不同的法律体系中去，以此维护多元法律体系之间的平等及促进国际判决的一致。[38] 冲突法正义要求建立一套分配法律的规则或社会正义的理论，使其在每一个案中能提供更好的“冲突法正义”，[39] 其强调的是平等地对待内外国法。用克格尔自己的话说，实体私法上的公正就是“适用事实上被认为是更好的法律”，即本国法（任何一个国家都认为本国法律是公正的，否则它们就不会被制定出来）；而“国际私法上的公正”则要求适用“地域上更好的法律”。克格尔认为“国际私法旨在达到空间上的最优解决方案，而实体法则旨在实质意义上

---

〔35〕 参见前注21揭，第123页。

〔36〕 前注30揭，第128～129页。

〔37〕 徐冬根：《国际私法趋势论》，北京大学出版社2005年版，第234页。

〔38〕 宋晓：“20世纪国际私法的‘危机’与‘革命’”，载《武大国际法评论（第2卷）》，武汉大学出版社2004年版，第205页。

〔39〕 王承志：《美国冲突法重述之晚近发展》，法律出版社2006年版，第111页。

的最优解决”。[40]

2. 克格尔利益说对利益的分类

克格尔在前人研究的基础上对国际私法的利益进行了划分，主要分为三种利益：当事人利益（Parteiinteressen）、交往利益（Verkehrsinteressen）、秩序利益（Ordnungsinteressen，或称制度利益）。对于这三种利益的划分，克格尔及其学生不断加以完善和全面。具体介绍如下：

第一，当事人利益。

当事人利益是指每个人对他的私人法律关系，如权利能力和行为能力、姓名、婚姻、继承顺位等，受与其有密切联系的法律支配时所具有的利益。[41] 影响当事人的利益应当被约束当事人的法律或者他们所信赖的法律所调整。[42] 对当事人利益的概括是不断发展的，克格尔的学生吕德里茨（Lüderitz）在克格尔65岁纪念文集中对利益法学中的“当事人利益”进行了进一步阐述并细化，他将当事人的利益分为“确定的利益”（Ermittlungsinteressen）[43]、“实体协调的利益”（Materieles Anpassungsinteressen）[44] 和“连续性利益”（Kontinuitaesinteressen）[45]，并最终把当事人利益归结为当事人意思自治（Parteiwille）。[46]

第二，交往的利益。[47]

就是便于交往的利益。交往利益与当事人利益的不同之处在于，当事人利益的承受者是参与法律关系的现实的人，而交往利益的承受者为民商事交往的

---

〔40〕 Kegel, Paternal Home and Dream Home: Traditional Conflict of Laws and the American Reformers, 27 *Am. J. Comp. L.* 615, 1979, p. 615.

〔41〕 Kegel/Schuring, IPR (2000), S. 274. 转引自邹国勇：“克格尔和他的国际私法‘利益论’”，载《比较法研究》2004 年第 5 期，第 151 页。

〔42〕 Gerhard Kegel, Paternal Home and Dream Home: Traditional Conflict of Laws and the American Reformers, 27 *Am. J. Comp. L.* 615 (1979), p. 621.

〔43〕 所谓“确定的利益”指的是在法律适用中，当事人希望适用他们最容易了解其内容的那种法律。引自邹国勇：“克格尔和他的国际私法‘利益论’”，载《比较法研究》2004 年第 5 期，第 155 页。

〔44〕 “实体协调的利益”则是指要是用人们已经在文化上适应了的那一法律。Lüderitz, “Anknüpfung im Parteiinteresse”, in FS Kegel (1977), S. 37ff. 转引自前注 3 揭，第 397 ~ 398 页。

〔45〕 “连续性利益”指的是保持法律的连续性，即根据以前法律所获得的地位得以保持，以前实施的法律行为继续保持有效。引自吕德里茨：“当事人利益中的联系”，载《庆祝克格尔文集》1977 年，第 31 ~ 54 页。

〔46〕 参见前注 3 揭，第 397 ~ 398 页。

〔47〕 是指在一个国家中个人可以依赖其本国法律的社会利益（Community interest）。See Gerhard Kegel, Paternal Home and Dream Home: Traditional Conflict of Laws and the American Reformers, 27 *Am. J. Comp. L.* 615 (1979), p. 621.

潜在参加者，即民事法律关系之外的第三人。[48]

第三，制度利益。

包括判决的外在一致性（Innerer Entscheidungseinklang）[49]、判决的内在一致性（Äuβerer Entscheidungseinklang）[50]、判决的确定性和可预见性的利益以及其他制度利益［主要包括“有利于法院地法的利益”、“更快、更方便、更确定的判决的利益”以及所谓的“现实判决（Reale Entscheidung）的利益”等］。他认为，制度上的利益也应当追求适用更确定的法律的利益，即对应适用的外国法予以更明确的查明，这种利益还要求，尽可能地做出能够得到执行的判决。[51]

第四，例外。

上述三种利益并不是绝对的，当出现例外情况时它们将被取代。所谓的例外情况主要包括“实体私法上的公正”的利益和“公法利益和国家利益”[52]。这些例外的表现形式是“公共政策”。[53] 所谓的“实体私法上的公正”的例外的概念来自于克格尔对正义的两分法。它强调当本国实体私法上的公正利益需求超出克格尔所倡导的国际私法上的公正时，应当运用公共政策条款排除国际冲突法规范的适用。这是利益权衡的结果。

（二）对克格尔利益说的评价

在方法论上，他贯彻了利益法学派关注法律实际运行效果的思想，试图从考察法律对人类生活的控制、影响、规范的角度来认识法律规范，发展法律规范。克格尔希望其利益论能成为实践意义上的法理学。克格尔希望利益论不仅有助于形成权威性审判的依据和律师及诉讼当事人预测审判结果的根据，而且

---

〔48〕 参见邹国勇：“国际私法中的利益法学研究”，载梁慧星主编：《民商法论丛（第32卷）》，法律出版社2005年版，第339～340页。

〔49〕 “所谓判决的内在一致性是指法律上或内部的制度价值，即要做出的判决在法律技术上的可用性和适当性，该判决能否发挥作用。其目的在于避免将不同实体私法适用于同一法律关系时发生法律规范的重叠、空缺或抵触情形。‘当事人的利益’和‘交往利益’有助于间接地实现判决的内在一致性。”参见Kegel/Schuring, IPR（2000）, S. 277. 转引自杜涛：“利益法学与国际私法的危机和革命——德国国际私法一代宗师格尔哈特·克格尔教授的生平与学说”，载《环球法律评论》2007年第6期，第66页。

〔50〕 “所谓的‘判决的外在一致性’是指事实上的或外部的制度利益。指的是内国法院与外国法院适用的法律要相一致。”参见邹国勇：“国际私法中的利益法学研究”，载梁慧星主编：《民商法论丛（第32卷）》，法律出版社2005年版，第339～340页。另参见邹国勇：“克格尔和他的国际私法‘利益论’”，载《比较法研究》2004年第5期，第152页。

〔51〕 Gerhard Kegel, “Das Ordnungsinteressen an realer Entscheidung im IPR und im internationalen Privatverfahrensrecht”, in FS Ulrich Drobing（1988）, S. 315 ff. 转引自前注3揭，第408页。

〔52〕 原来是“权力利益”，后在克格尔及其学生编订的《国际私法》（第8版）中被取代。是克格尔利益说的重大发展，体现了其对公法渗透进国际私法领域的正确认识。

〔53〕 前注3揭，第395页。

亦希望利益论有益于人们在日常生活中形成公正的、安全的法律秩序，当然利益论也会对整个司法过程和行政过程都带来裨益。正是由于克格尔的利益说的影响，欧陆国家对本国国际私法进行改良时都注入了更多的功能主义的方法。

虽然克格尔的利益说体系全面、内容完善，对欧洲国际私法的发展产生了深远的影响，但欧洲还没有直接采用克格尔理论制定国际私法的国家。这是源于克格尔理论的众多缺陷：

1. 体系过于复杂，不具有可操作性

正如理查德·A. 波斯纳所说的，“你可以使一套理论复杂到直至任何经验观察都与其相一致，当达到那一点，理论将不能被证伪。而不能被证伪的理论也不能被证实”。[54] 克格尔的理论所要考察的因素过于繁琐，对于一个立法者或是正忙于司法审判的法官来说，涉外民商事案件本身已经复杂，再让他们考虑各种错综复杂而且时有重叠的利益关系是不现实的。

2. 利益划分的失败

最早批评克格尔理论的诺伊豪斯就认为，克格尔将国际私法中的利益划分为当事人利益、交往利益和制度利益的“三分法”不仅在逻辑上不具有说服力，也无法避免实践上的重复和矛盾。[55] 克格尔及其学生舒里希、吕德里茨不断对其理论的利益进行划分与界定正体现了这一点，其修正的结果固然有合理因素（如对国家利益的承认），但在一定程度上也使这一分类系统更加复杂繁琐。正如某些学者所指出的，利益是多种多样的，是可以转换的，而且经常相互抵触。现实案件中经常会有不止一个当事人参加到同一个法律关系中来，因此，同一个法律关系中要衡量多个当事人的利益也是困难的。[56] 正确的观点是，在法律适用中，不能不了解其中所牵涉的利益并对其进行分析，但是仅仅靠利益分析并不能直接解决法律的适用问题。[57] 我们不得不承认，就如同最密切联系原则虽然在现实中成为众多制定法的指导原则却不是唯一原则一样，仅仅依靠利益分析方法是不能独立解决涉外民商事案件的法律适用问题的。利益分析方法应当被具体转化为冲突规则，同时，它还必须有其他各种方法的支持。

3. 对“冲突法正义”的过分强调导致对实体公正的忽视

克格尔的利益说产生于其批判概念法学的过程中，但其利益说的发展又有

---

〔54〕 威廉·M. 兰德斯、理查德·A. 波斯纳著，王强、杨媛译：《侵权法的经济分析》，北京大学出版社2005年版，第25页。

〔55〕 前注3揭，第397页。

〔56〕 Hans Jürgen Sonnenberger, Münchener Kommentar zum Bürgerlichen Gesetzbuch, Band 7, EGBGB, IPR, 2. Sufl. (1990), S. 34 ~ 35. 转引自前注3揭，第409页。

〔57〕 Hans Jürgen Sonnenberger, aaO, S. 34. 转引自前注3揭，第409页。

了对美国“冲突法革命”的观察与反思。克格尔通过对美国现代冲突法各流派的批判（特别是柯里的单边主义及各种实体法方法），坚定地反对实体法方法，但其走向了另一个极端。弗莱斯讷就曾批评过克格尔，因为克格尔认为只有那些与实体法的内容无关的国际私法上的利益才是最重要的。[58] 克格尔认为，原则上，实体私法上“更好”或“更坏”的结果与国际私法上的判决无关，国际私法并不关注实体司法上的公正，对它而言，各国实体法都是等价的。[59]

克格尔强调的平等对待内外国法固然值得赞同，但当代冲突规范的发展潮流之一就是内容定向与结果定向的冲突规范的大量产生。[60] 现代冲突规则的价值取向就包括对实质性正义的追求，并且力争将现代法律选择方法定型化。[61] 所以无论是单边主义、多边主义还是实体法方法，只要恰当运用都可以作为解决涉外民商事法律冲突的方法。而随着对当事人实体公正的关注，通过分析实体法内容来选择法律的方法会越来越普遍。

正如萨瑟所说，应该牢记的是诉讼的目的并不是实施实体法，而是为了获取客观真实的司法判决。[62]

第二章　利益分析的重构及其对涉外侵权领域的影响

之所以在第一章介绍庞德对利益的划分，是因为其对利益的分类全面而简洁。因为其对利益的划分主要是针对普遍意义上的“法律”做出的，所以有待于针对涉外民商事关系的特点做进一步的修正，并变换用语。

一、新的利益三分法简介

针对国际私法上的利益，国内有学者认为，“在国际商事交往的法律适用问题中体现了三个层次的利益。一是指在国际交往与合作中所要维护和促进的国际社会整体的利益；二是指国家作为一个社会和实体的利益；三是指具体案件

〔58〕 前注3揭，第403页。

〔59〕 Kegel/Schuring，IPR（2000），S. 271. 转引自前注3揭，第394页。

〔60〕 参见前注1揭，第140页。

〔61〕 参见徐崇利：“冲突规则的回归——美国现代冲突法理论与实践的一大发展趋向”，载《法学评论》2000年第5期，第105～108页。

〔62〕 萨瑟：《国际民事诉讼法》，第319页。转引自马丁·沃尔夫著，李浩培、汤宗舜译：《国际私法》，法律出版社1988年版，第182页。

中当事人合法和正当的权利和利益”。[63] 此种划分具体、简洁、合理，笔者赞同这种观点，现分析如下：

（一）关于“具体案件中当事人合法和正当的权利和利益”

我们可以简称其为“当事人利益”。它对应庞德的利益分类中的“个人利益”，即“直接涉及个人生活并以个人名义所提出的主张、要求或愿望”。此种“当事人利益”与国内民商事法律关系当事人的区别在于，其利益主张、要求或愿望跨出了国界，体现了其与另一国家当事人之间的利益联系与冲突，或其利益要求跨出国界。它们的联系体现在它们均是民事主体以个人名义（即私人名义）提出的，直接涉及个人生活（即市民社会）的主张或要求，它们共同区别于公法主体（如政府、国家）以公共名义提出的主张或要求。

“当事人的利益”与克格尔利益说的“当事人的利益”和“实体私法上的利益”之总和相类似。

（二）关于“国家作为一个社会和实体的利益”

我们可以简称其为“国家公法利益”。其对应庞德的利益分类之“公共利益”，即“涉及政治组织社会的生活并以政治组织社会名义提出的主张、要求或愿望”。“国家公法利益”与“公共利益”是完全等价的，均是公法主体以公权力为支撑所具有的公法上的利益，即关于政治生活的利益。

“国家公法利益”与克格尔利益说的“公法利益或国家利益”相类似。

（三）关于“在国际交往与合作中所要维护和促进的国际社会整体的利益”

我们可以简称其为“国际协调利益”或“国际社会利益”。它对应庞德的利益分类中的“社会利益”，即“涉及文明社会的社会生活并以这种生活的名义提出的主张、要求或愿望”。只不过这时的文明社会是针对国际私法所调整的超国家个人利益冲突而言的整个国际社会。“国际社会利益”与“社会利益”的区别在于，庞德所说的社会利益主要体现为一国内的整体社会利益，而“国际社会利益”则是随着民商事主体的跨国界流动与跨国界利益冲突所形成的整个国际社会的利益。它们的共同点在于它们都关注整个文明社会和社会生活的方方面面的利益，包括保护道德的利益、保护社会资源（自然资源和人力资源）的利益以及经济、政治和文化进步方面的利益等。

“国际社会利益”与克格尔利益说中的“制度利益”和“交往的利益”相

---

〔63〕 车英：“国际私法中法律选择方法的最新走向”，载《平原大学学报》1999 年第 1 期第 16 卷，第 30 页。其认为这三种利益的关系是：“在这三个层次的利益关系中，国家是处于中心地位的，国际社会整体的利益需要各个国家真诚合作，加以维护和促进，而私方当事人的利益又需要国家加以认可和保护。”

类似。

(四) 利益之间的位序

本文认为，在国际私法的三种利益中，应以当事人的利益和国际社会的利益为优先，在这两者之中，当事人的利益（在涉外侵权领域以受害人的利益为最优先）更为优先，以国家利益为例外。虽然在某些领域，国家公法利益为例外，但是在某些特殊情况下，国家公法利益是处于优先地位的。下文将分别阐述上述三种利益的内容、确定利益内容及位序的依据以及它们在涉外侵权领域对准据法确定的作用。

二、当事人利益优先

(一) 当事人利益优先原则在涉外侵权领域的体现——对受害人倾斜保护

国际私法中的当事人利益优先原则首先要求立法者在制定冲突规范时把涉外民商事案件当事人的利益作为首要的考虑因素，其可以适用内容定向或结果定向的冲突规范实现这一目的。此原则还要求立法者扩大当事人意思自治原则的适用范围，将体现契约自由、私法自治的当事人意思自治原则在适当的领域扩大适用。针对涉外侵权案件的特殊性，立法者制定的冲突规范应对受害人的利益进行倾斜保护，可以制定供受害人选择的冲突规范，使受害人可以自主地处置其利益。立法者也可以制定选择性的冲突规范，确定适当的连结因素，多选用结合性连结点与互补性连结点，同时对连结点进行软化处理。目的是使准据法的确定更具灵活性与导向性，在充分保护受害人利益的基础上又不使加害人的负担过重。其次，法官在进行法律选择或行使自由裁量权时应当把当事人的利益放在首位，应当公正地选择涉外侵权案件的准据法，使受害人的利益得到充分保护，加害人的利益得到适当照顾。

对于涉外侵权冲突规范的制定可以概括为以下三点：首先要允许当事人协议选择法律；其次是在协议不成时赋予受害人选择法律的权利，以使受害人利益得到倾斜保护；最后，若由法官确定准据法，此时应作实体法上的考虑。

在处理涉外侵权案件当事人的利益时，正如萨维尼所指出的，“我们必须记住，法律规则都是为当事人所制定的，当事人的现实利益就是法律的公正目标的体现”。[64]

(二) 当事人利益优先原则的确立依据

在法律冲突中，当事人的利益是永远放在第一位加以考虑的，这和法律最终保护社会成员的利益的原理是一样的，其他几种利益的保护都是为了对私人

---

〔64〕 弗里德里希·卡尔·冯·萨维尼著，李双元、张茂、吕国民等译：《法律冲突与法律规则的地域和时间范围》，现代罗马法体系（第8卷），法律出版社1999年版，第64～65页。

利益的保护。[65] 当事人利益优先原则在法律冲突的各个领域的共性是把当事人的利益放在法律制定及适用的优先位次进行考虑，赋予当事人以更多的法律选择自由。在涉外侵权这一特殊领域还表现为在双方或者多方当事人的利益中对受害人的利益给予优先保护。理由分析如下：

1. 涉外侵权冲突法的调整对象决定了当事人利益优先

冲突法所调整的是一种特定的社会关系——涉外或超法域利益冲突关系。[66] 涉外侵权案件中也体现了加害人与受害人的超国家的个人利益冲突。对个人利益给予不同保护的法律相互之间的冲突，实是个人利益冲突在涉外关系中的延伸，而以法律冲突为其表现形式。[67] 调整跨国个人利益冲突的方法经历了原始群体对抗时期—单一方法调整冲突法时期—法律选择时期—更高层次的直接方法调整超法域利益冲突时期。[68] 对于超法域（有时是国际私法冲突，有时是区际私法冲突）的个人利益冲突，不同时期有不同的调整方法，但我们必须认识到这些不同的调整方法所调整的对象均是同一的。

之所以有时会在涉外案件中过分强调国家利益，这是由于对学理意义上的冲突法和实际运作的冲突法的混淆造成的。[69] 当我们认清了涉外侵权冲突法所调整的实为超法域的个人利益冲突时，我们便会在制定冲突规范或是在进行法律选择时把当事人的利益置于优先考虑的位次。

2. 涉外侵权案件的私法性质决定了当事人利益优先

公法与私法的划分植根于社会经济关系，其存在由来已久。乌尔比安解释说："公法事关罗马国家的宪法，私法着眼于个人的利益；作为一个事实问题。有些事从国家的眼光来看，是利益攸关的，有些则与私人相关。"[70] 可见公法是关于政治生活的法，私法是规范市民生活的法。正如李双元教授所指出的，"如果看不到根植于社会经济关系中的这两个不同法律部门的本质区别，也就不会承认作为私法的民法在调整商品经济社会的生活关系中所具有的根本法的地位和作用，就必然会导致公法侵蚀私法、公权力侵蚀私权利的严重后果，公民

---

〔65〕 黄旭、魏肖芳，"利益法学与国际私法"，载《律师世界》2002 年第 9 期，第 39 页。

〔66〕 沈娟：《冲突法及其价值导向（修订本）》，中国政法大学出版社 2002 年版，第 3 页。

〔67〕 沈娟：《冲突法及其价值导向（修订本）》，中国政法大学出版社 2002 年版，第 46 页。

〔68〕 沈娟：《冲突法及其价值导向（修订本）》，中国政法大学出版社 2002 年版，第 24～25 页。

〔69〕 "与其他所有部门法一样，冲突法存在两种意义上的含义，一是预设的、学理意义和普遍意义上的冲突法，它所追求的价值是抽象的个人或集团的利益的真实和有效实现，以及社会局部或整体的有序、和谐，并且为这种价值导向预言着实现的方法。二是实际运作的、具体实践的冲突法，它通过具体解决涉外利益冲突引起的法律冲突而最终解决利益冲突。" 引自沈娟：《冲突法及其价值导向（修订本）》，中国政法大学出版社 2002 年版，第 4 页。

〔70〕 The Digest of Justinian. D, 1, 1, 1, 3. 转引自前注 7 揭，第 90 页。

的日常生活和全部社会关系便都被政治化，从而动摇整个国家经济关系和社会稳定的基础”。[71]

笔者赞同雷家森斯·西克斯（Luis Recaséns Siches）的观点，激励所有立法的最高价值应当是对个人的保护。[72] 公法应为私法服务，公权力的行使是为了给予私权利以充分保护，这也是由法律目的决定的。

涉外侵权属于涉外民商事法律关系，而调整涉外民商事法律关系的国际私法是私法，其不同于具有公法性质的国际公法。国际公法是对国家（还包括国际组织以及在某种范围内的个人）在它们彼此往来中有法律约束力的规则的总体。[73] 冲突法与国际公法截然不同，国际公法主要调整不同主权国家间的关系，[74] 而国际私法则调整涉外民商事法律关系，它们之间的主体、调整对象、调整法律关系的方法、争议的解决手段都是不同的。[75] 冲突法存在的主要理由，就在于它能使交易或事件当事人的合理合法的期望得到实现。[76] 所以国际私法如同民法一样区别于国内公法性质的法与国际公法。国际私法以私法性质为主，兼具公法性质（特别是在程序法部分）。

通过上面的分析我们看到了调整涉外侵权案件的冲突规范的私法性质，同时认识到了私法与公法的划分乃至建立法律秩序的目的都是为了保护当事人的利益。把涉外侵权冲突法归入私法性质的冲突法，以区别于注重保护公共利益的公法，这使“当事人的利益”的优先位序得到了确立。

3. 实质公正决定了在涉外侵权领域对双方当事人中的受害人给予倾斜保护

第一，人文关怀的需要。

正义论已经摆脱了17世纪以前的保护社会既有秩序与安全的观念，现在的法律目的观应是最大限度地在合理的范围内满足人的各种需求、欲望和要求。法律秩序建立的目的已经不在于维护合理或不合理的已有秩序，而是在于创造一种公平与合理的秩序。侵权行为法体现了亚里士多德所说的矫正正义。实质正义要求我们放弃过去的那种抽象平等的观念，考虑具体法律关系的当事人的

---

〔71〕 李双元：《法律趋同化问题的哲学考察及其他》，湖南人民出版社2006年版，第139页。

〔72〕 前注4揭，第215页。

〔73〕 参见詹宁斯、瓦茨修订，王铁崖、陈公绰、汤宗舜等译：《奥本海国际法（第一卷）（第一分册）》，中国大百科全书出版社1995年版，第3页。

〔74〕 J. H. C. 莫里斯主编，李双元、胡振杰、杨国华等译：《戴西和莫里斯论冲突法》，中国大百科全书出版社，第3页。

〔75〕 参见黄进主编：《国际私法（第2版）》，法律出版社2005年版，第34页。

〔76〕 J. H. C. 莫里斯主编，李双元、胡振杰、杨国华等译：《戴西和莫里斯论冲突法》，中国大百科全书出版社，第4页。

实际地位，对其中的弱者给予倾斜性的优先保护。

国际私法的任务就是要通过公正解决每个案件来达到社会公正的实现。[77] 而对于每个案件当事人所参与的不同法律关系而言，其地位和利益均是不同的。为了做出一个正义的判决，法官必须确定立法者通过某条特定的法律规则所旨在保护的利益。在相互冲突的利益中，法律所倾向保护的利益应当被认为是优先的利益。[78]

国际私法层面上的“弱者”是指在涉外民商事关系中处于弱势地位或者不利地位的当事人。[79] 正如徐冬根教授所指出的，“相对于加害人，跨国侵权中受害人是弱者，需要国际私法给予人文关怀。”[80]

第二，侵权实体法发展历史的验证。

侵权行为法在当代得到了快速发展和完善，新问题不断出现，归责原则与分担机制不断进步，总的发展趋势就是使受害人得到更及时充分的补偿。[81]

第三，冲突法立法趋势和审判实践的证明。

首先，过去早期的国际私法立法多规定双重可诉原则，受害人的求偿权受到限制。[82] 而近些年颁布的一些国际私法立法都先后规定了保护受害人的条款。[83]

其次，在涉外侵权案件的实际司法审判中，受害人利益的保护一直都是法官考虑的因素。特别是对于英美法系的法官来说，对受害人过低的损害赔偿常常成为其推翻落后地的标准判例的动因。像巴布考克诉杰克逊案、希尔贝里

---

〔77〕 前注1揭，第321页。

〔78〕 前注4揭，第151页。

〔79〕 参见田园：“保护弱者原则对国际私法基本制度的影响”，载《中国国际私法与比较法年刊》第4卷，法律出版社2001年版，第85页。

〔80〕 前注37揭，第160页。

〔81〕 参见张新宝：《侵权责任法原理》，中国人民大学出版社2005年版，第2～13页。另参见张新宝：“侵权行为法的一般条款”，载《法学研究》2001年第4期，第49～50页。胡平：《精神损害赔偿制度研究》，中国政法大学出版社2003年版，第315页。

〔82〕 如《泰国国际私法（1939年3月10日制定）》第15条、《约旦民法典（1976年制定）》第22条、《阿拉伯联合酋长国有关国际私法的规定》第20条、《埃及民法典（1948年7月29日）》第21条、《阿尔及利亚民法典（1975年）》第20条、《苏联和各加盟共和国民事立法纲要（1961年12月8日颁布，1977年5月16日修订）》第126条之四、《苏联民法典（1964年6月11日苏俄第六届最高苏维埃第三次会议通过）》第564条（四）、1963年12月28日《哈萨克斯坦社会主义苏维埃公布共和国民法典》第562条之四。分别参见李双元、欧福之、熊之才编：《国际私法教学参考资料选编（上册）总论·冲突法》，北京大学出版社2002年版，第143、151、158、176、185、199、201、213页。

〔83〕 如1992年罗马尼亚《国际私法》第112～118条、1995年意大利《国际私法》第62～63条、1998年突尼斯《国际私法》第71～74条。

(Kilberg) 案与赖克案等例证表明，美国法院处于混乱之中的真正原因是，法院不愿意适用事故发生地州的低标准的侵权法律规则。[84] 由此可见，能否对受害者给予充分合理的赔偿往往成为美国法官选择法律的动因。如果认为法院“是以推行有关实体法领域政策的方式形成其法律选择决定的”，[85] 我们不得不说，在涉外侵权案件中法官选择本地的实体法也往往是认为本地的法律更有益于对受害人的保护。

三、国际社会利益协调

（一）国际社会利益协调的内容

克格尔在其对“交往利益”和“制度利益”的阐述中，对国际社会利益协调的论述十分全面。我们在这里所说的“国际社会利益的协调”主要是倡导李双元教授所说的一种“平位协调”的思想。国际社会利益协调原则要求抛弃主权优位的思想，树立国际社会本位的观念。

笔者认为该原则在实践中的应用表现在：其一，对应适用的外国法予以更明确的查明；其二，尽可能实现同一国家内部判决的一致、内国判决和外国判决的一致；其三，尽可能地做出能够得到执行的判决；其四，在采用分割制的方法时避免将不同实体私法适用于同一法律关系时发生法律规范的重叠、空缺或抵触情形，也就是说不能滥用分割制度使当事人负担不必要的诉累，且不应人为造成不同法律制度与概念之间的冲突。

当事人利益优先原则主要体现在冲突规范的制定与准据法的选择过程中，也就是说主要体现在立法与司法过程中。国际利益协调原则也体现在这两个阶段，但必须指出的是，本条原则的贯彻更有赖于法官对法律适用过程的执行。法官的天然的适用本地法倾向和天然的对于本国公民的保护意识常常成为贯彻国际利益协调原则的障碍。

（二）倡导国际利益协调的原因分析

1. 国际社会本位观念的确立促使国际利益协调

正如李双元教授所指出的，国际社会本位的观念来自于民法的立法理念的变迁。

民法本位的变迁对国际社会本位确立及涉外侵权的影响分析如下：

学者所称的民法本位，又称民法的基本观念、基本目的、基本作用或基本任务。民法基本观念之演变，可分为三个时期：其初为义务本位时期，自罗马

---

〔84〕 参见前注30揭，第152页。

〔85〕 Francescakis, Une lecture demeurée fondamentale: les “Règles generals des conflicts delois” de Jacques Maury, 71 Rev. CRIT. 3, 22 (1982) 转引自前注30揭，第152页。

法至中世纪；其次为权利本位时期，自16世纪开始，经17、18世纪之孕育，而成熟于19世纪；自20世纪起开始另一时期，称为社会本位时期。[86]

第一，义务本位阶段。

所谓义务本位，乃以义务为法律之中心观念，义务本位的立法旨意皆系禁止性规定和义务性规定，其民、刑责任部分目的在于对不同身份的人规定不同的义务，以维护身份秩序。[87] 可见在义务本位阶段侵权责任并没有与刑事责任完全分离，侵权法所适用的归责原则是结果责任，采用客观归责方法。表现在涉外侵权的法律适用上，并没有采用冲突规范调整涉外民商事关系，具体表现为古罗马的万民法实体调整方法和随后的属人法调整方法。

第二，权利本位阶段。

到了权利本位阶段，随着自然法哲学思想的传播，法律理念发生了巨大的变化，社会经历了如同梅因所谓的从身份到契约的进步。于是，权利成为法律之中心观念，个人权利之保护成为法律最高使命，其集中体现在近代民法三大原则的确立。[88] 此时侵权法的归责原则确立为自己责任或称过错责任，其与契约自由原则、尊重个人财产即所有权绝对原则并称为民法的三大原则。而此时的国际私法已经踏入到冲突规范调整阶段。适用法院地法，侵权行为地法，重叠适用侵权行为地法和法院地法成为涉外侵权的主要的法律适用规则。

第三，社会本位阶段。

社会本位的特点在于：对当事人负担义务不必完全考虑义务人的意思表示，法律的任务不仅限于保护个人的各种权利，为了整体社会利益的需要，法律可强使人负担特定之义务，限制或剥夺其某种权利。[89] 但我们必须指出的是，所谓的社会本位，仅仅是对过去的绝对权利的调整，所以说我们这里倡导社会本位的理念并不与当事人利益优先的原则相违背。[90]

在社会本位阶段，侵权法的归责原则是全面确立的过错责任原则和不断发展的无过错责任原则。而无过错责任是对结果责任的扬弃，体现了社会本位立

---

〔86〕 参见梁慧星：《民法总论》（第2版），法律出版社2004年版，第36～37页。

〔87〕 参见梁慧星：《民法总论》（第2版），法律出版社2004年版，第37页。

〔88〕 参见梁慧星：《民法总论》（第2版），法律出版社2004年版，第38页。

〔89〕 参见梁慧星：《民法总论》（第2版），法律出版社2004年版，第39页。

〔90〕 这正如王伯琦先生对社会本位的经典描述阐释，“实则20世纪以来所谓社会化之法制，在于矫正19世纪立法过于强调个人权利而忽视社会利益之偏颇，其基本出发点，仍未能脱离个人及权利观念。观之将来民法之趋向，惟有在个人权利与社会利益之间，谋求其调和。法律一日为人类社会之规范，则可以断言，个人观念、权利观念必有其一日之存在”！引自（台）王伯琦编：《民法总则》，国立编译馆1979年版，第34页。

法理念对过错责任制度的矫正。此时的涉外侵权案件的调整方法以内国的冲突规范调整和国际统一实体法调整为主（特别是在涉外航空侵权等领域）。冲突规范的适用不仅有传统的侵权行为地法，亦有最密切联系原则、当事人共同属人法、有限制的当事人意思自治，适用对受害人有利的法律。统观之，无论是冲突法调整方法还是实体法调整方法，均体现了对国际社会共同利益的协调（特别是统一实体法的出现，正是更高层次的国际社会协调的产物）。

通过上面的分析，我们可以看到：民法本位的变化直接影响到国际私法本位的变化，国际私法正在向更加强调不同国家间利益协调的国际社会本位的方向发展。

2. 主权优位的缺陷促使平位协调〔91〕

所谓平位协调指各主权者对国际民商事法律冲突的解决，立足于各国法律平等，通过消除不同法律的抵触或减少、避免直接冲突来实现国际社会民商法律的协调。〔92〕平位协调是对本文所探讨的“国际社会协调原则”及其四种主要表现的浓缩概括。李双元先生在对主权优位的批判过程中结合当今国际社会发展的现实提出了平位协调的观念。

第一，主权优位的缺陷。〔93〕

首先，主权优位制约了国际民商事合作的开展。主权优位对于当今的国际民商法的冲突持肯定态度，对外国法的适用采取对抗态度。其次，主权优位容易使国际民商事法律冲突复杂化。一国的法律制定者如果坚持主权优位的政策，极易使其制定的冲突规范向内国法的适用倾斜。最后，坚持主权优位会挫伤当事人参加跨国民商事交往的积极性，从而阻碍国际人力、财力、智力的合理流动。坚持主权优位会使审判涉外民商事案件的法官在法律适用时将法院国当事人的利益置于优先考虑的位置，并且利用识别、反致、转致、公共秩序保留等逃避工具以达到适用内国法的目的。

第二，当今国际社会的发展促进了平位协调观念的形成。

社会的最大变革首先会引起人们思想的深刻变化，国际化社会的形成必然

---

〔91〕 反对平位协调，支持国家主义、民族主义的观点参见裴普：“国家主义——国际私法的实用化倾向”，载《广西社会科学》2004 年第 5 期，第 58～60 页；另参见裴普：“论国际私法的国家民族特征”，载《西南师范大学学报（哲学社会科学版）》1999 年第 5 期，第 55～59 页；另参见朱慧斯：“国际私法的国家利益中心论”，载《甘肃联合大学学报（社会科学版）》2007 年第 23 卷第 2 期，第 19～21 页。

〔92〕 李双元、李金泽：“世纪之交对国际私法性质与功能的再考察”，载《法制与社会发展》1996 年第 3 期，第 193 页。

〔93〕 前注 71 揭，第 192 页。

会促使人们运用国际化的思维来思考一切社会问题。[94] “使集团的合作、集团外敌视逐渐削弱的联系是利益联盟，其前提是服从相对稳定的关系有利于利益所在而非共同的善恶观。”[95] 所以在全球化态势下，各国的立法者和司法者为获取长远的本国利益的最大化必须摒弃狭隘的主权优位思想。

国际政治经济新秩序的建立、国家职能的新发展、经济全球化与区域一体化、法律趋同化的发展[96]，均构成了国际社会平位协调观念形成的现实基础。[97]

四、国家公法利益例外

（一）*以往学说对国家公法利益的错误定位*

1. 柯里的政府利益分析说的最大贡献在于倡导去发现法律规范所体现的各种利益冲突，但其缺点就在于片面夸大了涉外民商事案件的公法色彩

其对州公法利益的过分夸大是有时代背景的。柯里所处于的年代正是民法理念由权利本位向社会本位转变的阶段，以法律秩序的建立作为社会控制过程的需要，公法日益渗透私法领域。各州的新社会本位法律力图对过去不合理秩序进行改造，但在很多州仍遗有不合理的立法，最突出的就是乘客法则、配偶间豁免、非法致死赔偿的最高限额问题。这就导致了美国州与州乃至国家之间在侵权行为的认定上存在很大差异，在美国表现为法院地法倾向，在大陆法系国家表现为在侵权行为的认定上普遍重叠适用侵权行为地法与法院地法的倾向。

我们要看到，虽然“国际私法上要处理的问题，表面上看是不同法律之间的冲突，但在这种法律冲突的背后，却存在着不同国家的利益冲突。”[98] 但正如荣格教授对柯里理论的批判：柯里的利益分析设定在错误的基础之上，即认为私人当事人诉讼实际上是主权者之间的冲突。[99] 特别是在当今社会，随着国

---

〔94〕 参见赵相林、邢刚：“全球化视野下的国际私法”，载《河南省政法管理干部学报》2003年第2期，第102～110页。转引自徐冬根：《国际私法趋势论》，北京大学出版社2005年版，第123页。

〔95〕 昂格尔：《现代社会中的法律》，吴玉章等译，中国政法大学出版社1994年版，第137页。

〔96〕 “所谓法律趋同化，乃指不同国家的法律，随着社会需要的发展，在国际交往日益发展的基础上，逐渐相互吸收、相互渗透，从而趋于接近甚至趋于一致的表现。”参见李双元：《法律趋同化问题的哲学考察及其他》，湖南人民出版社2006年版，第112页。

〔97〕 参见前注79揭，第193～197页。平位协调现实基础还表现在以下方面：“1. 全球经济一体化的发展使得各国经济互补性和依赖性越来越强。2. 国际政治关系，尤其是现代国际法的发展，使得各国特殊利益渐次让位于全人类共同的利益。3. 文化交流与人类理性和进步使得利益优化成为人们共同的目标。”参见程卫东：“交往利益与国际私法的价值取向——从国内利益优先向国际利益优化的发展”，载《南京社会科学》1998年第7期，第67～68页。

〔98〕 李双元主编：《中国与国际私法统一化进程》，武汉大学出版社1993年版，第52页。

〔99〕 参见前注30揭，第355页。

际交往的加深和法律趋同化的发展，涉外侵权的法律冲突已经越来越少的发生在侵权行为的认定上，而是主要集中在侵权损害的赔偿标准上。

社会本位是对权利本位的修正而不是否定，国家公法利益对私法主体交往之民事关系的涉入会加深，但不是取代。

2. 克格尔利益说早期思想的错误即在于其几乎对国家公法利益的完全否定

克格尔及其学生在后来出版的《国际私法》第 8 版中对此问题做出修正，其认识到了国家公法利益日益介入涉外民商事领域，其用“公法利益和国家利益”取代了“权力利益”。

（二）国家公法利益在涉外侵权领域的特殊性

国家公法利益日益涉及涉外民商事领域，但国家公法利益始终是笔者所做的三种利益分类中的例外。但是在涉外侵权领域，国家公法利益更应当得到尊重，这是由侵权行为的功能或者说性质决定的。

1. 侵权行为法的功能分析

按照王泽鉴先生的观点，侵权行为法的机能在其历史发展中迭经变迁，现在（其针对台湾地区现行法，但对我们有借鉴意义）主要体现为两点：一为填补损害，一为预防损害。[100] 他同时认为“强调应重视侵权行为法的预防机能”的观点很有启发。[101] 填补损害的功能主要体现了侵权行为法的私法性质，侵权行为法的填补损害或称分担损失的功能日益受到重视；“预防损害”乃至在惩罚性赔偿领域的“遏制”或“惩罚”功能说明现今的侵权行为法仍具有很强的公法色彩。国家公法利益在侵权行为法的制定和法律适用过程中均应得到重视。

2. 西蒙尼德斯教授的涉外侵权法律适用两分法

侵权行为法作为债法的组成部分，[102] 其私法性是毋庸置疑的，但侵权行为实体法具有保护国家公法利益的作用也是不应被忽视的。涉外侵权法的法律适用需要对侵权行为法的公私两性做出适当回应。涉外侵权法律适用规范的制定和实施必须考虑侵权实体法的现状与发展。

在 1999 年召开的冲突法重述讨论会上，西蒙尼德斯教授在提交的关于侵权冲突法的建议稿中，其对行为规则与损失分配规则的划分作出了具体的阐述。

---

〔100〕 王泽鉴：《侵权行为法（第 1 册）》，中国政法大学出版社 2001 年版，第 7 页。

〔101〕 王泽鉴：《侵权行为法（第 1 册）》，中国政法大学出版社 2001 年版，第 11 页。

〔102〕 对于侵权行为法是否属于债法至今仍有争论。支持侵权行为法属于债法的理论参见崔建远：“侵权行为法的性质与归属”，载江平主编，崔建远、张默副主编：《侵权行为法研究》，中国民主法制出版社 2004 年版，第 1 ~21 页。反对意见参见王利明：“合久必分：侵权行为法与债法的关系”，载《法学前沿》第 1 辑，法律出版社 1997 年版。转引自张新宝：“侵权行为法的一般条款”，载《法学研究》2001 年第 4 期，第 50 页，注 24。

他认为这种区分在巴布考克诉杰克逊案[103]已有涉及，在其后的苏尔兹诉博伊·史高茨案[104]中再次被肯定，这种划分亦被路易斯安那州法典[105]所接受，而且这种划分被许多州的判例法明示或暗示地接受。他认为虽然很难精确地将行为规范和损失补偿规范进行归类，但进行这种区别对于解决下述两项始终抗衡的原则是必要的也是实用的，即法律的属地性和属人性。在很大程度上，国际私法的整个历史可以看作是这两大相互对抗的原则交替的历史：在一定时期，属人法原则压倒属地法原则，而在另一时期，属地法原则压倒属人原则。比尔的既得权说将钟摆推向属地主义，柯里则几乎将平衡拉回到属人原则。比尔和柯里的理论并非是全对也非全错，现在是重新对它们进行平衡的时候了。[106]

有理由对侵权实体法的遏制与补偿这两项基本目标进行平衡。他认为：（a）一州的行为规范所体现的遏制政策应当施加于发生在其境内的或在其境内产生效果的所有不符合标准的行为，并且不考虑涉案当事人是否居住在该州；（b）一州的损失分配规则可以适用于也可以不适用于在该州境内活动的非居民，但是，在原则上应当适用，甚至这些非居民并不在该州内活动。换句话说，行为控制规范（conduct－regulating rules）是具有属地导向的，而补偿规则和损失分配规则（compensation and loss－distribution rules）通常不是属地导向的。[107]

3. 评价

西蒙尼德斯教授通过上述的分析证实了其对涉外侵权冲突法规则采用分割制的合理性。在立法时，他倡导按照行为规范和损失分配规范的分类分别制定涉外侵权的冲突法规则。[108]

正如学者所指出的，“西蒙尼德斯教授在这里实际上将侵权法律做了两类分类，一类是损失分配规则，一类是行为规则，而划分的依据是法律所体现的政

---

〔103〕 Babcock v. Jackson 191 N. E. 279（N. Y. 1963）. 284－285. 在侵权行为的认定上，根据安大略省的法律规定，该被告行为亦属侵权行为；但依照安大略省的法律不给予原告以补偿。富德法官认为，对于当事人的行为标准问题应当适用行为地法即安大略省的法律，但没有理由主张有关侵权案件的所有实体法问题都适用同一个法域的问题。

〔104〕 Schultz v. Boy Scouts of America, Inc. 480 N. E. 2d 679（N. Y. 1985）, pp. 684～685.

〔105〕 See Symeon C. Symeonides, “Louisiana's New Law of Choice of Law for Tort Conflicts: An Exegesis”, 66 *Tul. L. Rev.* 677（1991－1992）, pp. 699～735.

〔106〕 See, Symeon C. Symeonides, “Need for a Third Conflicts Restatement（And a Proposal for Tort Conflicts）”, 75 *Ind. L. J.* 437（2000）, pp. 452～453.

〔107〕 See supra note 453.

〔108〕 根据法律的性质决定法律的适用的合理性，参见李双元：“论国际私法关系中解决法律选择的方法问题”，载《中国法学》1984年第3期，第162～164页。

策的阻吓性或赔偿性，划分的目的是确定其效力范围”。[109]

笔者认为，单独规定涉外侵权的“行为规范冲突法”主要是基于国家公法利益的需要。涉外侵权的发生首先是使受害人的私法利益受到伤害，其次是使侵权行为地（包括加害行为实施地和加害结果发生地）的公共秩序（即国家公法利益）受到侵害。对受害人之私法利益补偿应以侵权地的国家公法利益受到侵害为前提，因为并不是任何性质的侵害都有受到法律保护的必要（法律是社会控制的工具之一，但并不是唯一的工具，还有宗教和道德等其他工具）。

单独规定行为规范冲突法体现了对侵权实体法所具有的遏制（在特定情况下甚至是惩罚）功能的重视。规定损失分担冲突规范体现了侵权实体法的补偿功能，做出这样的区分是合理和必要的。虽然说采取分割制在一定程度上加重了法官的负担，但这体现了国家公法利益的诉求，而且若在此过程中判定被告不构成侵权也免去了法官继续进行法律选择的负担。

通过上面的分析我们看到，虽然说本文坚持国家公法利益例外原则，但是对于具有私法性质但包含公共利益诉求的涉外侵权案件的处理，应当重视其中的国家公法利益。

第三章　涉外侵权冲突法的利益分析

涉外侵权冲突法发展到当代，对于一般侵权与特殊侵权的规定越来越具体。对于特殊侵权领域，不仅针对涉外航空侵权有国际统一实体法进行调整，如《华沙公约》体系和《蒙特利尔公约》，而且在冲突法领域也产生了《海牙公路交通事故法律适用公约》、《海牙产品责任法律适用公约》。涉外特殊侵权领域将成为涉外侵权冲突法未来的发展重点。

限于篇幅，本文主要针对一般侵权问题进行探讨。利益分析方法应当广泛地运用在冲突规范的制定和适用过程中，但考虑到篇幅问题，本文主要探讨利益分析对涉外侵权冲突规则制定的影响。

一、扩大适用当事人意思自治原则

合同领域内的当事人意思自治的观念，在中世纪意大利学者萨利赛（Salicet）的著作中已经萌芽，后期的注释法学派的最后代表罗朱斯·库尔蒂乌斯

〔109〕 曾二秀：《侵权法律选择的理论、方法与规则——欧美侵权冲突法比较研究》，法律出版社 2004 年版，第 138 页。

（Rochus Curtius）开辟了合同法律选择的真正道路。[110] 16世纪，杜摩兰（Domulin）明确提出了“当事人意思自治原则”，其对当事人意思自治的发展做出了开创性的贡献。自此之后，当事人意思自治原则在合同领域迅速发展，成为合同法律适用的首要原则，并发展到侵权、婚姻家庭、继承、信托等领域。

（一）当事人意思自治原则在涉外侵权法中的适用现状

当事人意思自治原则在当今各国国际私法立法中主要包括三种情况：

第一，完全的意思自治，允许双方当事人任意选择法律。目前仅有《德意志联邦共和国关于非合同债权关系和物权关系的国际私法立法》第42条规定：“非合同债权关系据以产生的事件发生后，当事人可以选择应适用的法律。第三人的权利不受影响。”

第二，有限制的意思自治，允许双方当事人选择法院地法。1987年《瑞士联邦国际私法》第132条、1998年《突尼斯国际私法典》第71条均规定双方当事人可以在侵权事实发生后选择适用法院地法。

第三，允许受害人选择法律，又分为三类。首先，其中个别法律规定受害人可以要求适用法院地法，如《（南也门）也门人民民主共和国有关国际私法的规定》第34条第2款规定：“但是，在受害人要求时，也得适用也门人民民主共和国的法律。”其次，由法官在侵权行为的实施地法与法院地法之间选择对受害人有利的法律，如1982年《南斯拉夫国际冲突法》第28条、中国《民通意见》第187条。最后，更多的是规定由受害人在复数连结点中进行选择，如1998年《突尼斯国际私法典》第73条、1999年《德意志联邦共和国关于非合同债权关系和物权关系的国际私法立法》第40条第1款的规定、1998年《委内瑞拉国际私法》第32条等。对于航空侵权和交通事故侵害案件等特殊侵权领域往往规定更多的连结点由受害人进行选择。

（二）采用当事人意思自治原则符合利益分析方法

适用当事人意思自治原则的益处仁者见仁，笔者从利益分析的角度对其进行概括。

1. 符合当事人利益优先原则和国家公法利益例外原则

普遍认为当事人意思自治原则的理论基础是私法自治。涉外侵权冲突法是私法，而私法的精神就是“私法自治”，表现为契约自由等方面。涉外侵权之债是债，侵权之债的发生虽然不是双方当事人的合意，但是侵权之债的履行却可以依双方当事人的合意。受害人为追求迅捷，可能会放弃一定的赔偿，而此时

[110] 前注1揭，第186页。

基于私法自治，国家公权力无强迫加害人完全履行债务之必要。当事人在协议选择涉外侵权的准据法时已对各自利益做出权衡，国家亦无使用公权力强制干涉的必要。

在这里我们要分清“侵权行为”与“侵权行为之债”。侵害人做出侵权行为，对当地的社会公共秩序产生侵害会产生公法上的责任。侵害人因其行为的社会危害性可能不受国家公权力的制裁，可能要受到保安处分与国家警察法的行政制裁，甚至可能受到刑事制裁。但是对于“侵权行为之债”，其为加害人承担民事责任之后果，国家在实施行政制裁或刑事制裁之后，没有必要对“侵权行为之债”亦进行过分干预。

再进一步，当事人协议选择法律可能会出现多种情形：受害人为了能立即被弥补损害可能会放弃一部分赔偿；侵害人可能为某跨国公司，在已被诉的情况下可能会顾及公司形象对法律适用做出让步，以促使形象的恢复。那么，此时若非特殊情况的发生，国家亦无干预的必要（国家公法利益例外的适用会在其后问题中介绍）。既然国家允许乃至鼓励当事人采取调解、协商、仲裁等非诉手段解决涉外侵权争议，那么在当事人选择诉讼这一纠纷解决机制时亦应赋予其更大的意思自治。

2. 符合国际社会利益协调原则

首先，当事人协议了准据法，必然对所要适用的法律信赖或有所了解，这有利于对应适用的外国法予以更明确的查明。

其次，承认当事人意思自治，有利于保证法律适用结果的可预见性。

再次，既然双方约定了法律适用，也就排除了单方择地行诉以追求对己有利判决的可能性。受害人与加害人协议确定了准据法后，加害人更有可能自觉履行判决，这也有利于法院做出能够得到执行的判决。

最后，当事人协议确定准据法是为了迅速公正地解决纠纷，必然会减少不必要的分割法律适用情况的出现，能够避免将不同实体私法适用于同一法律关系时发生法律规范的重叠、空缺或抵触情形。

上文所叙述的优点正是国际社会利益协调的体现。

（三）提出新的当事人意思自治冲突法规则

通过对国际社会在涉外侵权领域对当事人意思自治的采用情况的概括，我们看到，当事人意思自治原则越来越多地被运用到涉外侵权领域，这是与向受害人倾斜保护的国际社会发展趋势分不开的。允许双方当事人选择法律和允许双方当事人选择法院地法是基于意思自治，这种规则是内容定性的规则；而允许受害人在遭受侵权损害后选择法律的规则是内容选择规则，也是结果定向规则，体现了对受害人倾斜保护的实体结果的追求。但为了不过分加重侵害人的负担，允许受害人选择的规则通常将法律选择限制在具有某些特定地域关系的国家的法律范围之内。即使如此，当事人选择法律的依据还是法律的内容，从这个意义上说，以上规则是内容定向规则，瑞士学者将这些规则称为内容定向的管辖权选择规则。[111]

笔者认为，在涉外侵权法领域应当采取完全的意思自治与受害人选择法律的结果选择规则相结合的形式。若当事人意图选择法律，则应赋予他们选择法律的权利，涉外侵权当事人利益难以调和不能达成选择法律的协议是一回事，不赋予他们自由选择法律的权利是另一回事。但根据国家公法利益例外原则，当事人选择特定法律当然可能存在串通欺诈借以损害第三人利益乃至国家利益的情形，所以我们应规定当事人之间的选择应当不损害第三人的利益。当因当事人选择的法律适用使受害人获得了高于法院地法的赔偿时，国家公权力也不应干预。双方当事人选择法律的规则是内容定向而不是结果定向的规则，可能出现赔偿数额显著畸高或畸轻的情况。应充分尊重当事人的处分民事权益的权利，即使过高但被告接受的也不应干预。但若据此选择的法律极其过分地高于原告应获得的赔偿，而被告又有异议的，国家公法利益应当予以干预。此外，若双方借侵权责任之债谋取非法目的，如借以转移财产，借以掏空法人或个人资产以逃避其他债务人的追究，则应适用国家公法利益例外原则。而且在双方当事人的选择使法院国的行为与所承担的条约义务相违背时，也应排除当事人的选择。

故笔者认为应规定为：

“非合同债权关系据以产生的事件发生后，当事人可以选择应适用的法律，第三人的权利不受影响。

双方不得协议受其他国家法律支配的诉讼请求，只要该请求：

A. 根本上远远超出了所需要的适当赔偿，且被告异议认为不能接受时

B. 明显出于对受害者进行赔偿之外的非法目的，或者

C. 违反了中国承担义务的国际条约中的责任法上的规定。”

对于双方当事人不能协议选择法律适用的情形，应给予受害人进一步选择法律的权利。具体的规则将在下一部分阐述。

二、行为规则的冲突法规则确定

本问题以及下面的两个问题是针对一般侵权国际私法立法的核心问题，即行为规则的法律适用、损失分担规范的法律适用、惩罚性赔偿的法律适用。将

---

〔111〕 参见前注1揭，第141页。

涉外侵权冲突规范的主体分为行为规范与损失分担规范，如前文所述，体现了侵权法的预防损害与补偿损害的实体功能对涉外侵权冲突规范的要求。而惩罚性赔偿则体现了侵权行为法的惩罚功能，这是它的特别之处。惩罚性赔偿与补偿性赔偿相比存在更多的公法色彩。但本文认为，侵权法的惩罚功能是对预防（遏制）功能的矫正，所以惩罚性赔偿规范较接近于行为规范（体现预防损害的功能）。

本文对这三种规则进行分析的依据是：其一，路易斯安那州侵权法律选择规则；其二，西蒙尼德斯教授的涉外侵权冲突法尝试性提案；其三，1999 年德国《民法施行法》。在对上述法律规范进行分析时，笔者基于说明问题的需要会有所侧重。

本文对上述法律规则分析的方法主要是利益分析的方法，考虑这些法律规则的适用对当事人利益（特别是受害人利益）、国际社会利益及国家公法利益的实际影响。通过考察对不同利益的作用效果，评判上述规则的优劣，并提出尽可能完善的冲突法规则。

（一）对既有行为规则冲突法规则的评析

德国 1999 年《民法施行法》并不区分行为规则与损失分担规则。规定行为规则的有路易斯安那州涉外侵权法律适用规则、西蒙尼德斯的涉外侵权冲突法尝试性提案。

1. 德国实践中的做法

德国《民法施行法》没有特别的条文规定当地安全和行为规则。但是，没有德国法院或是德国学者曾经严肃地怀疑过：对于判断被告的行为，侵权行为发生地的法律必须被考虑。1999 年德国国际私法改革法的立法者不打算改变这条规定，但是他们认为这条规定没有必要用文字表述出来。因此，它将继续适用。[112]

由此可见，德国的做法是并不明确的。在实践中，侵权行为实施地的法律是必须作为行为规则予以考虑的，而其他连结因素的法律是否可以作为行为规则存在不确定性。这也是与德国并不严格区分行为规则与损失分配规则的做法相联系的。

2. 《路易斯安那州民法典》的规定

《路易斯安那州民法典》第 3543 条规定了行为与安全规则（conduct and safety rules），也就是行为规则。在这一条的三款中，重要的是前两款，如下：

---

〔112〕 Mathias Reimann, "Codifying Torts Conflicts: The 1999 German Legislation in Comparative Perspective", 60 *La. L. Rev.* 1297 (1999 - 2000), p. 1299.

第3543条第1款："与行为和安全的标准有关的争议受造成损害的行为发生地国法律支配，如果损害在该国发生或在另一国发生而该国法律没有规定一个更高的行为标准。"[113]

第3543条第2款："在任何其他情况下，该争议受损害发生地国法律支配，如果其行为导致损害发生的人应当预见到损害会在该国发生。"[114]

西蒙尼德斯提出的行为规则具有属地倾向的前提，路易斯安那州民法典第3543条并不把当事人的住所作为连结因素，第3543条主要关注侵权行为发生地和侵权结果发生地。

第3543条具体的运用情况可以用下表描述：

表1 路易斯安那州民法典3543条"行为与安全规则"[115]

类型	行为实施地	结果发生地	原告住所地	被告住所地	准据法
1	A	A			A
2	a	a			a
3	A	B			A
4	a	b			a
5	A	b			A
6	a	B			B 如果可预见

我们看到，第3543条的运行情况主要分为侵权行为实施地与侵权结果发生地在同一州和侵权行为实施地与侵权结果发生地在不同州两种情况。分别进行分析。

第3543条第1款描述了如下的运行状况：（a）侵权行为实施地与侵权结果发生地在同一州，也就是类型1和类型2的情况。（b）侵权行为实施地与侵权结果发生地发生在不同的州，又可分为：（ⅰ）侵权行为实施地州和侵权结果发生地州的行为与安全标准相同，就是类型3和4的情况。（ⅱ）侵权结果发生地

[113] 杜涛：《国际私法的现代化进程——中外国际私法改革比较研究》，上海人民出版社2007年版，第239页。

[114] 杜涛：《国际私法的现代化进程——中外国际私法改革比较研究》，上海人民出版社2007年版，第239页。

[115] Symeon C. Symeonides, supra note 105, p. 706.

州的行为标准比行为实施地的要低。[116]

第一，考虑侵权行为实施地与侵权结果发生地在同一州的情形。

对于类型1和类型2，行为实施地与结果发生地或者有相同的低标准，或者有相同的高标准，此时由法官或当事人选择适用何地的法律对双方当事人的利益是没有影响的。对于类型3和类型4，两个州的行为标准虽然不同，但他们都有相同或接近的高标准或低标准，所以此时由法官或当事人选择适用这两个州中任意一个州的法律都是没有区别的。

第二，考虑侵权行为实施地与侵权结果发生地不在同一州的情形。

对于类型5和类型6，选用不同州的法律其适用结果是不同的，当事人之间存在利益冲突。州与州之间的对遏制（预防）损害的州公法利益存在冲突。对于类型5，正如西蒙尼德斯教授所指出的，这就是柯里的政府利益分析说所说的"虚假冲突"，即行为地州对其高标准具有州的政府利益（本文称作州公法利益）。[117] 而且在类型5的情形下，加害人在高标准的行为地实施侵权行为，虽然结果发生地规定了较低标准，但对他适用行为地的较高标准没有不公。此时对于受害人来说，他的利益也得到了更好的高标准的保护。所以此时无论由法官还是当事人选择侵权行为地的法律对双方当事人都是公正的。

第三，特别考虑类型6的情形。

第3543条第2款对应类型6，即柯里所谓的真实冲突，两州均有保护州公法利益的意图。此时立法者做出了选择，对受害人进行了倾斜保护，但是为了平衡加害人的利益，赋予其可预见性抗辩权。当然，这种抗辩权的行使应以一个客观的普通人可以预见为标准，且不是侵权实体法所要求的预见到损害结果的发生，而是预见到其行为会波及另一州。[118]

若加害人不能预见到损害结果在高标准州时不追究其责任是否妥当？这样的典型案例如2005年吉林石化双苯厂爆炸致松花江水污染事件。[119] 加害人虽然意识到了损害会发生，但没有意识到损害会跨出国界，侵害到另一国或另一法域的当事人。在这里，加害人的利益需求和国家公法利益需求超过了对受害人的保护，我们不能在加害人无法预见到跨国的损害结果发生时追究其责任。

3. 西蒙尼德斯教授的尝试性提案

在讨论第三次冲突法重述的问题时，西蒙尼德斯教授针对涉外侵权问题提

---

〔116〕 Symeon C. Symeonides, supra note 105, p. 706.

〔117〕 See Symeon C. Symeonides, supra note 105, pp. 706 ~ 708, 709 ~ 710.

〔118〕 See Symeon C. Symeonides, supra note 105, pp. 710 ~ 711.

〔119〕 参见齐湘泉：《涉外民事关系法律适用法侵权论》，法律出版社2006年版，第424 ~ 434页。

出了尝试性提案，包括六条条文。其中第 2 条是关于行为规则（conduct regulation）的法律适用。其条文如下：

第 1 款：“行为规则问题受侵权行为发生地法支配。”

第 2 款：“但是，如果侵权结果发生在另一州，并且侵权结果的发生是客观可以预见的，依受害人的请求适用侵权结果发生地州的法律。”〔120〕

该条的运行效果可以用下表列明：

表 2 尝试性提案的行为规则冲突规则〔121〕

类型		侵权行为实施地	侵权结果发生地	准据法
1	在同一州	X	X	X
2（a）	行为标准相同	X	Y	X
2（b）	行为标准不同	X（较高标准）	y（较低标准）	X
2（c）		x（较低标准）	Y（较高标准）	Y

通过该表我们可以清楚地看出，该条文与路易斯安那州民法典第 3543 条运作结果完全相同。这也不足为奇，因为美国路易斯安那州新的国际私法立法（路易斯安那州 1991 年第 923 号法）的报告人就是西蒙·C·西蒙尼德斯教授。不过我们要看到该尝试性提案的进步，那就是明确地把要求适用侵权结果发生地法的权利赋予了受害一方当事人。这既尊重了当事人的利益，又减轻了法官查明外国法的负担，并且有利于外国准据法的查明，体现了当事人利益优先原则和国际社会利益协调原则。

需要指出的是，如果侵权行为发生在公海或公空，则本条就无法使用。对于航空侵权等特殊侵权应当根据其特殊性单独制定冲突规范，自然也没有适用本条的必要。考虑到篇幅限制，对此情况，略去不议。

（二）提出新的行为规则冲突法规则

1. 通过上文的分析，笔者提出如下行为规则冲突规则

第 1 款：“对于与行为和安全的标准有关的争议，由受害人选择适用侵权行

〔120〕 “Issues of conduct – regulation are governed by the law of state in which the injurious conduct occurred. However, if the resulting injury occurred in another state and its occurrence there was objectively foreseeable, the law of that state applies if the injured party requests its application.” See Symeon C. Symeonides, supra note 106, p. 450.

〔121〕 See Symeon C. Symeonides, supra note 106, p. 454.

为实施地国家的法律或损害结果发生地国家的法律。”

第2款：“但若侵权结果发生地规定了更高的行为与安全标准，被告可以其无法预见到损害会发生在该国为由提出抗辩。”

2. 提出新行为规则冲突规则的理由

笔者认为提出这两款冲突规则理由主要体现为以下三点：

第一，维护当事人利益的需要。

第1款规定由受害人在侵权行为实施地法与侵权结果发生地法中做出选择是充分维护受害人利益的体现。这样的规定使侵权行为的成立更有可能，被害人的利益得到了倾斜保护。同时我们也要看到，在第2款规定了加害人的可预见性抗辩权平衡了当事人双方的利益，使加害人的利益亦得到一定的照顾。

第二，国际社会利益协调的需要。

原告基于自身的利益，必然会选取对自己有利的行为规范的准据法。而从侵权行为实施地和结果发生地选择对自己有利的法律的前提就是查明法律的内容。特别是当原告住所地与法院地、结果发生地重合，而被告住所地在外国时，查明外国法的负担在不知不觉中由法官转移到了受害人一方。更明确地查明外国法是协调国际社会利益的体现，同时我们要看到，给予被告以合理的抗辩权，也避免了当做出对被告利益严重损害的判决时判决难以被承认和执行的困难，这也有利于国际社会利益的协调。

第三，尊重国家公法利益的体现。

国家公法利益在涉外民商事案件中应属例外，特别是在合同领域。但是侵权法具有预防（或遏制）损害发生的功能，此功能更多地体现为国家公法利益，这就要求我们在制定决定是否构成侵权的行为规范冲突法时选取体现国家公法利益的侵权地（包括行为地与结果发生地）作为连结因素。

三、损失分担规则的冲突法规则确定

随着法律趋同化的发展，各国侵权实体法在对是否构成侵权行为的认定上的冲突越来越小，涉外侵权的法律冲突主要发生在损害赔偿金数额的认定上。所以本问题是本章7个问题的重点。考察现在本文分析的三部冲突法规则，除了德国民法施行法的规定外，其余两部冲突法规则对该问题的分析均是不全面的，它们均将复杂的情况留给总则性的规定由法官针对具体问题进行考察。笔者认为，由于涉外侵权的复杂性，这种解决问题的办法也是迫不得已的。

（一）对尝试性提案与路易斯安那州民法典规定的评析

1. 尝试性提案与路易斯安那州民法典规定异同分析

尝试性提案第3条与第1条共同规定了所有情况。尝试性提案第3条第1款规定：“根据第2条所认定的不法行为所造成的损失分配问题依据下列顺序确定应适用的法律：（a）受害人住所地法律，如果侵权加害人的住所地也在该州或者侵权加害人住所地在另一州，但该州可以提供实质性相同的救济；（b）任何一方当事人的住所地法律，如果侵权行为实施与侵权结果均发生在该州；或者（c）受害人住所地州法律，如果损害结果可以预见发生在该州，并且受害人提出适用该州法律的请求。”〔122〕第3条第2款规定：“对于其他情况下的所有案件，准据法依第1条的规则确定。”〔123〕第1条规定：“除非本章法律另有规定，对于当事人双方在某个特定问题上的权利与责任关系依据‘第二次冲突法重述第6条’所确定的原则处理，即依与此特定问题的发生和当事人有最重要联系的地的法律确定。”〔124〕

《路易斯安那州民法典》第3544条规定：“与损失分摊和经济保护有关的争议，诸如发生在某一因违法行为或准违法行为而受损害的人与造成损害的人之间的争议，受以下法律顺序而确定的法律支配：①在损害结果发生时，如果受害人与加害人定居于同一国内，则为该国法律。如果当事人定居于不同国家，而这些国家有关特定争议的法律在实质上是相同的，则这些当事人可以视为定居于同一个国家。②在损害结果发生时，如果受害人与加害人定居于不同国家：（a）如果损害结果及导致损害的行为均发生于上述国家之一国内，则为该国法律；（b）如果损害结果及导致损害的行为发生于不同国家，则为损害结果发生地国家法律，只要：（ⅰ）受害人定居于该国，（ⅱ）加害人应当预见到损害结果在该国发生，及（ⅲ）该国法律规定的经济保护标准高于损害行为发生地国家法律的规定。”〔125〕

第一，两部冲突规范的异同。

观察条文，我们会看到它们的相同点。首先，它们均没有规定所有情况。

---

〔122〕“Issues of loss distribution arising from conduct that is wrongful under §2 are governed, in the following order, by the law of: (a) the state in which the injured party is domiciled if the tortfeasor is also domiciled in that state or in another state that provides a substantially identical remedy; (b) the state in which either party is domiciled if both the injurious conduct and the resulting injury occurred in that state; or (c) the state in which the injured party is domiciled if the injury predictably occurred there and the injured party requests application of that state' s law.” See Symeon C. Symeonides, supra note 106, p. 450.

〔123〕“In all other cases, the applicable law is to be determined under §1.” See Symeon C. Symeonides, supra note 106, p. 450.

〔124〕“Except as otherwise provides in this chapter, the right and liabilities of the parties with respect to an issue in tort are governed by the law of the state which, with respect to that issue, has the most significant relationship to the occurrence and the parties under the principles stated in [the Second Restatement §6.” See Symeon C. Symeonides, supra note 106, p. 450.

〔125〕前注113揭，第239页。

西蒙尼德斯教授指出，它的尝试性提案并不解决所有可能的损失分配类型，其规定的均是在现实审判实践中被大量案例证实的规则。其次，它们均选取相同的连结因素。即受害人住所地、加害人住所地、侵权行为实施地、侵权结果发生地。选取双方当事人住所地是因为他们对案件具有当事人利益。选取侵权行为地是因为无论是行为实施地国家还是结果发生地国家均具有国家公法利益。再次，它们的实际运行效果基本上是相同的。最后，它们均把双方当事人的住所地作为关键的连结因素，并根据双方当事人住所地的异同分为双方当事人在同一州有住所和双方当事人的住所位于不同州的情况。

它们的区别主要在于：对于未考察情况的处理规则不同。尽管路易斯安那州冲突规范的起草者声明其冲突规范的制定不采用柯里的“政府利益分析说”和贝克斯特的“比较损害方法”，但是从报告人西蒙尼德斯教授的分析来看，路易斯安那州冲突法是采用利益分析方法的。而且对于损失分配的未规定情形法律规定应按照总则处理，即“除本章另有规定外，由侵权行为或准侵权行为之债引起的纠纷适用一旦其法律不被适用于该纠纷则其政策将受到最大损害的国家的法律。”〔126〕 而西蒙尼德斯的尝试性提案对未规定情形则规定适用最密切联系原则。

第二，制定原则明显不同但适用结果相同的原因。

为什么依据比较损害方法和最密切联系原则制定的冲突规范有着几乎相同的条文和适用结果？这是个值得考虑的问题。对这个问题的解释是：经过利益权衡后的具有最大利益的国家往往就是与案件和当事人最密切联系的国家。这也就是为什么巴布考克诉杰克逊案的判决会得到各流派冲突法学家认同的原因。

利益分析与最密切联系原则的关系应是：依据最密切联系原则选取适当的连结因素，对适当的连结因素进行利益分析找到最密切联系地。

2. 两部冲突规则的适用结果评析

其适用结果可以用下表表示：

〔126〕 前注 113 揭，第 238 页。

表3 "美国冲突法"的损失分配冲突规范[127]

类型	行为实施地	结果发生地	原告住所地	被告住所地	准据法
1a	——	——	X	X	X
b	——	——	x	x	x
c	——	——	X	Y	X
d	——	——	x	y	x
2a	y	y	X	y	y
b	Y	Y	x	Y	Y
c	x	x	x	Y	x
d	X	X	X	y	X
3	——	X	X	——	X

第一，模式1之1a、1b：共同住所地型。

首先分析双方当事人住所地相同的类型，即类型1a和类型1b。在这两种类型的情况下，因为双方当事人的利益大于侵权行为地（包括行为实施地与结果发生地）的国家公法利益。基于当事人利益优先和国家公法利益例外的原则，在一般情况下，应当适用双方当事人共同住所地法，而不考虑侵权地的法律。

关于类型1a，这是巴布科克模式，侵权地提供的补偿标准低，当事人共同住所地提供的补偿标准高。此时适用当事人住所地法对双方是公平的，而且可以防止被告人利用侵权行为地的低标准故意制造连结因素对原告进行伤害。

首先，类型1的适用结果符合当事人利益优先原则中的受害人利益优先原则。其次，因为被告人住所地与原告住所地是同一的，且执行了被告住所地的赔偿标准，判决易于执行，故也是符合国家社会利益协调原则的。最后，还体现了国家公法利益例外原则。

对于类型2a，笔者把它称作反巴布科克模式。来自低标准地的两个当事人在另一个高标准的州，一方对另一方实施侵权行为，即侵权行为实施地规定了更高的赔偿标准。按照西蒙尼德斯的尝试性提案，此时仍适用双方当事人低标准的共同属人法，笔者认为这是很不妥当的，因为笔者提出的利益三分法原则的首要原则是受害人利益优先原则。在此类型中，虽然原告利益根据其住所地

[127] Symeon C. Symeonides, supra note 106, p. 458.

标准可以得到较公平的填补，但是受害人无论是在高标准州被侵害还是损害发生在高标准州的因素均没有被考虑到。这样的法律适用，既没有使原告的利益得到可能获得的更好的保护，也没有照顾到侵权地的国家公法利益，所以是不妥当的，违背了笔者提出的利益三分法原则。而且笔者的观点也是有案例依据的，塞得勒教授提出的“真实世界”规则的规则3规定：“当来自同一个不给予赔偿的州的双方当事人在一个给予赔偿的州卷入了一起事故，而诉讼在准予赔偿的州提起，法院的判决办法则不同。有些法院会适用他自己的法律准予赔偿，而另一些法院则适用双方当事人共同住所地法律不予赔偿。”[128] 也就是说，对于来自两个低标准州的当事人，一人对另一人或在高标准的州实施侵权行为，或损害结果发生在高标准的州，有些法院会依据侵权行为地的高标准判决被告赔偿。塞得勒教授归纳的原则是来自于美国的大量法判例，所以说西蒙尼德斯的尝试性规则在很多美国法院是不可能得到适用的。

所以笔者认为，对于双方当事人住所相同的类型1a和类型1b可以改为以下规则：当事人双方住所地相同时，适用共同的住所地法，除非受害人要求适用侵权行为实施地法或侵权结果发生地法，且赔偿数额没有明显过分地加重加害人的负担并使受害人得到远远超过实际损害的赔偿。

这样规定的好处体现在如下几点：首先是体现了受害人利益优先原则；其次对加害人的利益给予考虑，体现了当事人利益优先原则；再次，被告住所地与原告住所地相同时，原告起诉被告往往会选择其共同住所地国，依据此高标准做出的判决也可得到便利执行，体现了国际社会利益协调原则；最后，适用侵权地法，尊重了外国法律，亦体现了国家社会利益协调原则和适当考虑国家公法利益原则。

第二，模式1之1c、1d：共同虚拟住所地型。

类型1c和类型1d的受害人住所地和加害人住所地虽然不同，但是两地的赔偿标准近似或相同。对于它们的分析与上文的结果基本相同。需要指出的是，纽约州上诉法院制定的“纽梅尔规则”并没有规定虚拟住所时的法律适用规则。

笔者认为，针对共同住所型和虚拟共同住所型可以总括规定为：“当事人双方住所地相同，或虽不同但规定相同或有基本一致的赔偿标准时，适用共同住所地法或被告住所地法，除非受害人要求适用侵权行为实施地法或侵权结果发生地法，且赔偿数额没有明显过分地加重加害人的负担并使受害人得到远远超过实际损害的赔偿。”

---

〔128〕 Robert A. Sedler, “Choice of Law in Conflicts Torts Cases: A Third Restatement or Rules of Choice of Law?” 75 *Ind. L. J.* 615, (2000), p. 621.

第三，模式2：侵权行为地和侵权结果地均与一方当事人住所地重合。

此类型包含类型2a、类型2b、类型2c和类型2d四种类型，它们是指：双方当事人住所地在不同的州，两个州的赔偿标准也不相同，但侵权行为实施地与侵权结果发生地是同一的且与加害人住所地或被害人住所地重合。

对于西蒙尼德斯的草案，其认为这条规则是以当事人住所地为中心的，并进行了精辟的论证，本文略去，仅举一例。如2a型，结果发生地与损害地均在原告住所地，此实为被告人踏入原告所在国对原告进行侵权的情形。适用原告所在地法律符合受害人的利益。侵权地的国家公法利益在这里也有体现。同时被告从低标准州踏入高标准州对本地居民进行侵害，对被告按高标准处理对其也无不公，他应当预见到损害发生在高标准州的必然性。[129] 第2大类型的处理是符合利益分析的。

本文此处要强调的是，观察第2大类我们会发现，当侵权行为实施地与结果发生地重合时，其准据法不考虑当事人住所地便可确定。故第二大类可以侵权地为核心概括为："当侵权行为实施地与侵权结果发生地重合时，依侵权地确定法律适用。"

第四，模式3：其他类型。

此为加害人住所地、被告人住所地、侵权行为实施地、侵权结果发生地均在不同州的情况。两部规则均只规定了伤害结果发生地与受害人住所地同一的情况，其他类型按比较损害或最密切联系的总原则处理。之所以这么规定是由于模式3是由太多种类型组成的，分析太具有难度和不确定性。可见当要考虑的利益太多太复杂时，利益分析的局限性显现出来。此时简化利益分析的模型是一种解决办法。"纽梅尔规则"就是采取这样的处理方式[130]，其全部规定为按侵权行为地法处理。

尝试性草案第3条第（c）项包含：四个连结因素均不相同、侵权行为地法的赔偿标准比结果发生地法的赔偿标准低、原告住所地与侵权结果发生地同一。此时因为受害人利益优先保护，故可由受害人选择适用高标准的住所地法，即结果发生地法。同时因为被告的侵权行为实施在某一州，损害结果的发生却在受害人住所地另一州，为平衡双方的利益，不使加害人负担过重，赋予被告以可预见性抗辩权。笔者认为这是妥当的。

但要看到，草案3条（c）项是以受害人住所地为中心进行描述的。通过上面的阐述，模式2和模式3所规定的草条3条（c）项均可以概括为："由受害人

---

〔129〕 See Symeon C. Symeonides, supra note 106, pp. 464～468.

〔130〕 See Neumeier v. Kuehner, 286 N. E. 2d 454, (N. Y. 1972), p. 455.

在侵权行为实施地和侵权结果发生地之间进行选择，加害人不能合理地预见到损害结果发生在该地除外。”

通过对模式2和模式3情况的描述，笔者认为，若把其他未规定情况规定为上一段文字的概括同时加入合理的限制也是合理可行的。

（二）行为规范与损失分担规范的适用结果对比

1. 规则简化

笔者把《路易斯安那州民法典》与西蒙尼德斯的尝试性提案中的行为规范归纳为：

“a. 对于与行为和安全的标准有关的争议，由受害人选择适用侵权行为实施地国家的法律或损害结果发生地国家的法律。”

“b. 但若侵权结果发生地规定了更高的行为与安全标准，被告可以其无法预见到损害会发生在该国提出抗辩。”

笔者把《路易斯安那州民法典》与西蒙尼德斯的尝试性提案中的损失分配规则归纳为：

“a. 对于损失分担的标准，当事人双方住所地相同，或虽不同但规定相同或基本一致的赔偿标准时，适用共同住所地法或被告住所地法。”

“b. 由受害人选择在侵权行为实施地和侵权结果发生地之间进行选择，加害人不能合理地预见到损害结果发生在该地除外。”

2. 对比

根据西蒙尼德斯提议把侵权行为法的规则分为行为规则和损失分担规则，并分别制定冲突法规则，两者的适用还是有一些差别的，这主要是由按侵权行为实体法的预防功能和补偿功能分别确定连结因素所造成的。

（三）德美冲突法规则的适用结果的对比——基本相同

德国国际私法条文并不区分行为规则和损失分担规则。第40条规定：

第1款：基于侵权行为而提起的诉讼请求，适用赔偿义务人行为地国法律，受害人可以要求适用结果发生地国法律以代替上述法律。该项指定权利只能在第一审中第一次开庭日期届满前或书面预审终结前行使。

第2款：如果赔偿义务人与受害人在责任事件发生时在同一国家拥有惯常居所，则适用该国法律。如果涉及的是公司、社团或法人，则其主要管理机构或者某一相关的分支机构所在地等同于惯常居所。

第3款：不得提出受其他国家法律支配的诉讼请求，只要该请求：

A. 根本上远远超出了所需要的适当赔偿，

B. 明显出于对受害者进行赔偿之外的目的，或者

C. 违反了联邦德国承担义务的国际条约中的责任法上的规定。

1. 德国立法与美国立法的对比——基本相同

我们看到，德国《民法施行法》第40条第3款的规定与《路易斯安那州民法典》第3544条第（1）项均是涉外侵权适用共同住所地法的规定，只不过《路易斯安那州民法典》的规定更全面，考虑到了虚拟共同住所的规定。

通过笔者的分析，《路易斯安那州民法典》第3544条之（2）的规定可以简化为“由受害人选择在侵权行为实施地和侵权结果发生地之间进行选择，加害人不能合理地预见到损害结果发生在该地除外”。

通过对比，我们看到，“美国冲突法”与德国冲突法在确定损失分配规则时，产生了基本一致的运行效果。

2. 基本相同的原因

我们必须看到传统的德、美国际私法是不同的，“德国国际私法与欧洲大多数国家的法律不同，在传统上具有属地主义倾向。他们是管辖权选择规则。美国法，正相反，背离管辖权选择规则，是混合规则。”〔131〕 但这两部法典却有很多相似之处，“路易斯安那州规则包含了有益的属地主义。这种属地主义混合了暗含有最密切联系原则的标准。这部法典在方法上比欧洲立法更具政策导向性，但是它的规则体系和标准显示出作者受过欧洲式的训练。”〔132〕 笔者认为它们之间存在很大的相同性是由以下两点决定的：

首先，正如上文所指出的，美国的路易斯安那州冲突法规则的报告人西蒙尼德斯教授受过良好的欧洲式的训练，具有一定的欧洲式的思维。所以我们看到，无论是路易斯安那州冲突法还是其尝试性提案是以何种方法为指导，其运行效果与德国《民法施行法》是基本相同的，尽管其在对规则的合理性解释过程中运用了柯里的政府利益说和卡佛斯的结果选择说的理论。

其次，无论是大陆法系国家还是英美法系国家，判例法或者说案例指导在法律的形成过程中均发挥着巨大的作用。很大部分的侵权法是由案例法支配的，我们可以找到相当多的规则和方法，从法国和加拿大稳定的地域主义到纽约州和加利福尼亚州的政策定向体制。〔133〕 各国新近的立法在很大程度上都是对实际运行良好的司法实践的承认与总结。世界各国的正义观是趋为一致的，对正义判决的认同是相似或相同的，所以对这些规则的总结也必将是相似或相同的。

---

〔131〕 Hay Peter, From Rule－Orientation to Approach in German Conflicts Law: The Effect of the 1986 and 1999 Codifications, 47 *Am. J. Comp. L.* 633 (1999), p. 633.

〔132〕 Mathias Reimann, Codifying Torts Conflicts: The 1999 German Legislation in Comparative Perspective, 60 *La. L. Rev.* 1297 (1999－2000), p. 1313.

〔133〕 Supra note, p. 1315.

所以，无论是德国的以最密切联系为指导的《民法施行法》还是美国的渗透着利益分析元素的冲突规范均会产生基本相同的适用效果，尽管其表述不同。可见“我们不是在创造法，而是在发现法”。

（四）提出新的损失分担冲突法规则

根据前文对三部法律文本的分析和修正，笔者认为涉外侵权损失分担冲突规则应规定为：

第 1 款：“由受害人在侵权行为实施地和侵权结果发生地之间进行选择，加害人不能合理地预见到损害结果发生在该地除外。”[134]

第 2 款：“当事人双方住所地相同或虽不同但具有相同相似的赔偿标准时，适用共同的住所地法或被告住所地法，除非受害人要求适用侵权行为实施地法或侵权结果发生地法，且赔偿数额没有明显过分地加重加害人的负担并使受害人得到远远超过实际损害的赔偿。”（当出现第 2 款的规定时排除第 1 款的适用。）

第 3 款：“不得提出受其他国家法律支配的诉讼请求，只要该请求：

A. 根本上远远超出了所需要的适当赔偿，且被告异议认为不能接受时

B. 明显出于对受害者进行赔偿之外的目的，或者

C. 违反了中国承担义务的国际条约中的责任法上的规定。”

四、惩罚性赔偿规则的冲突法规则确定

惩罚性赔偿是指超过实际损害的范围判决加害人或者对损害负有赔偿义务的人对受害人予以额外的金钱给付，以示对加害人的惩罚。[135] 德国侵权行为法一直拒绝狭义的惩罚性赔偿，欧洲大陆国家的多数情况也与德国类似。[136] 而在英美侵权行为法中，惩罚性赔偿则在一定范围内得到适用，惩罚性赔偿被认为

---

[134] 在这里，笔者没有采用德国的做法，即当事人没有选择时以侵权行为实施地法为默认准据法。有学者指出德国做法的好处，“默认适用侵权行为实施地法，原告可以选择更有利的侵权结果法发生地法。好处是把法官解放出来，由原告进行选择，如果他想要适用损害结果发生地法，他必须在早期程序中做出选择。如果他这样做，他就选择了法律。如果原告没有以适当方式行使选择权，侵权行为实施地法将被默认地予以适用。在任意一种情况下，法庭仅会以一种法律推进案件的进程。因此，如果他想从这种制度中获得更大的利益，原告（或他的律师）必须研究并评价这两种法律。” See supra note132, p. 1300. 笔者认为对于涉外侵权关系行为实施地与结果发生地的选择意义重大，当事人不做选择时将何地作为默认准据法连结点都是不妥的。若当事人实在不能选择可由法院做出选择，但基于鼓励当事人选择的目的可不在法律中做出规定，司法实践即可。

[135] 张新宝：《侵权责任法原理》，中国人民大学出版社 2005 年版，第 469 ~ 470 页。侵权法重述第 2 版第 908 节对惩罚性赔偿的定义是：惩罚性赔偿是在补偿性赔偿或名义上的赔偿之外、为惩罚该赔偿交付方的恶劣行为并阻遏他与相似者在将来实施类似行为而给予的赔偿。

[136] 参见克雷斯蒂安·冯·巴尔著，张新宝译：《欧洲比较侵权行为法（上）》，法律出版社 2001 年版，第 743 页。

是英美侵权行为法中的特有制度。[137] 但随着法律趋同化的发展，我国在《消费者权益保护法》中规定的双倍赔偿就是惩罚性赔偿，而且新的侵权法草案也规定了惩罚性赔偿。虽有学者认为惩罚性赔偿的功能主要是补偿和惩罚，通过补偿和惩罚的结合，而产生了遏制等其他功能。[138] 但就如同《美国侵权法重述》对惩罚性赔偿所定义的，惩罚性赔偿是在补偿性赔偿之外的为遏制再犯而判决的赔偿。可见惩罚性赔偿应是典型的具有国家公法利益的规范，是最典型的行为与安全规则。侵权行为实施地与侵权结果发生地应是惩罚性赔偿冲突规范应采用的连结因素。但行为规则主要具有预防功能，而惩罚性赔偿规则具有预防（遏制）和惩罚的功能，所以有单独规定之必要，其连结因素的设定也应有所区别。

西蒙尼德斯在其尝试性提案中指出："惩罚性赔偿是典型的行为规则，本应由第 2 条行为规则冲突规范调整。但考虑到第 2 条已经对受害人给予了倾斜保护，所以最好还是另行规定一条平衡双方利益的冲突法规则为好。"[139]

（一）对既有惩罚性赔偿冲突法规则的评析

《路易斯安那州民法典》第 3546 条是对惩罚性赔偿的规定："本州法院不得判处惩罚性损害赔偿，除非得到以下法律的授权：①损害行为发生地国法律和损害结果发生地国法律或者其行为导致损害的人的住所地国法律。②损害发生地国法律及其行为导致损害的人的住所地国法律。"[140]

西蒙尼德斯的尝试性提案的第 4 条规定是关于惩罚性赔偿的："可以依据第 2 条对不法行为人判处惩罚性赔偿，如果下面的任意两个连结因素位于一个或数个对此种行为会做出惩罚性赔偿的州：（a）侵权行为实施地；（b）损害结果发生地；（c）侵权行为人的住所地。"[141]

上述两条法律的运行效果是完全相同的，可以用下面的图表表示：

---

〔137〕 See Yzqierdo Tolsada, *Responsabilida Civil*, pp. 40 ~ 41. 转引自张新宝："侵权行为法的一般条款"，载《法学研究》2001 年第 4 期，第 470 页。

〔138〕 王利明："美国惩罚性赔偿制度研究"，载张新宝主编：《侵权法评论》2003 年第 2 辑，人民法院出版社，第 124 页。

〔139〕 Symeon C. Symeonides, supra note 106, p. 471.

〔140〕 前注 113 揭，第 230 ~ 240 页。

〔141〕 "Punitive damages for conduct that is wrongful under § 2 may be awarded if any two of the following contacts are situated in a state impose punitive damages for such conduct: (a) place of conduct; (b) place of injury; (c) the tortfeasor's domicile." See Symeon C. Symeonides, supra note 106, p. 450.

表4 “美国冲突法”的惩罚性赔偿冲突规则[142]

	侵权行为实施地	侵权结果发生地	被告住所地	结果
1	Yes	Yes	Yes	Yes
2	Yes	Yes	No	Yes
3	Yes	No	Yes	Yes
4	No	Yes	Yes	Yes
5	No	No	Yes	No
6	No	Yes	No	No
7	Yes	No	No	No
8	No	No	No	No

1. 将被告人住所地列为连结因素的原因分析

因为惩罚性赔偿规则首先是行为规则，所以必须考虑国家公法利益，以实现其预防（遏制）损害发生的功能。但是我们也要看到，惩罚性赔偿还体现了惩罚功能，它的适用可能对加害人的利益造成了重大损害，所以要把加害人住所地列为连结因素。

（1）数额巨大的惩罚性赔偿的做出会对加害人的生活造成重大影响，基于当事人利益优先原则应考虑被告人住所地。

（2）对被告人判决惩罚性赔偿这一具有公法意义的判决对加害人住所地州的公法利益（即当地的公共秩序）造成影响，国家公法利益要求考虑被告人住所地。

（3）具有惩罚性的公法色彩的惩罚性赔偿的执行有赖于被告人住所地的承认和执行，所以把被告人住所地列为连结因素能够更有利于判决的承认与执行。这也是国际社会利益协调原则的要求。

2. 法律运行结果分析

观察图表我们看到，类型1和类型8，州与州之间没有公法上的冲突，对被告人的利益也没有造成任何影响。对于其他情况，西蒙尼德斯运用柯里的政府利益分析说进行了精辟的合理性说明，在这里略去不说。[143]

---

〔142〕 See Symeon C. Symeonides, supra note 105, p. 471.

〔143〕 See Symeon C. Symeonides, supra note 106, p. 735 ~ 748.

放下西蒙尼德斯的分析方法不谈，笔者现在运用本文倡导的利益分析位序进行分析。在惩罚性赔偿的案件中，判决实际上是分为两个部分的，一部分是判决给原告的补偿性赔偿。基于补偿性赔偿的特点，在此时，原告的损失应当得到了完全的补偿。一部分是惩罚性赔偿，美国不同州采取不同的政策，但多采取各种各样的限制。[144] 如果不判处惩罚性赔偿，对填补原告的损害并无影响，但如果判处惩罚性赔偿，那么将直接影响到被告人的利益。

所以笔者认为，此时各种利益的位序应是：其一，被告人利益居首位；其二，受害人此时无任何利益；其三，侵权行为实施地与结果发生地的利益居于次位。这样的利益排序正是本文所倡导的当事人利益优先、国家公法利益例外的体现。

现在考察表三。类型1、3、4、6、7、8的规则适用结果均与被告人住所地州对惩罚性赔偿的态度完全一致。仅有的不一致的情况出现在类型2和5。而这两种情况的相同点是它们的态度虽然与被告人住所地州的态度不一样，但它们均是持相同态度并以两州的州公法利益压倒被告人的私人利益。这是国家公法利益例外原则的体现，在案件情况很特殊致使民事关系体现了重大的国家公法利益时，国家公法利益优于当事人的利益。

（二）提出新的惩罚性赔偿冲突法规则

故根据笔者的分析，西蒙尼德斯提出的惩罚性赔偿规则的冲突法草案可以很简单地归结为以下法律条文："惩罚性赔偿的做出依被告人住所地的法律，但仅限侵权行为实施地的法律与侵权结果发生地的法律不一致时。"

五、侵权责任与违约责任竞合时的处理

最广义的竞合是指法律责任竞合，是指亦称责任重合，是指行为人的同一行为符合两个或两个以上不同性质的法律责任之构成要件，依法应当承担多种不同性质的法律责任之制度。[145] 我们这里所探讨的竞合是狭义的民事责任竞合，是指涉外民商事案件的加害人的同一行为符合多种民事责任的构成要件，从而构成多种责任形式的现象。这种竞合常表现为侵权责任和违约责任的竞合、侵权责任和返还不当得利的竞合等形式。本文选取涉外侵权案件中可能涉及的最典型的侵权责任与违约责任竞合进行探讨。

---

〔144〕 主要的限制有："第一，确定惩罚性赔偿的数额与补偿性赔偿数额的比例关系。第二，对惩罚性赔偿的最高数额做出限制。第三，对原告获得惩罚性赔偿的限制。" 参见王利明："美国惩罚性赔偿制度研究"，载张新宝主编：《侵权法评论》（第2辑），人民法院出版社2003年版，第140～141页。

〔145〕 参见张新宝："侵权行为法的一般条款"，载《法学研究》2001年第4期，第102～103页。例如我国《民法通则》第110条规定："对承担民事责任的公民、法人需要追究行政责任的，应当追究行政责任；构成犯罪的，对公民、法人的法定代表人应当依法追究刑事责任。"

（一）处理侵权责任与违约责任竞合的实体法现状

侵权责任与违约责任的竞合，是指行为人所实施的某一种违法行为，具有侵权行为与违约行为的双重特征，从而在法律上导致了违约责任与侵权责任的共同产生。[146]

侵权责任与违约责任具有很多不同点，有学者将二者的区别归纳为九个方面：①归责原则不同；②举证责任不同；③义务内容不同；④时效的区别；⑤责任构成要件和免责条件不同；⑥责任形式不同；⑦责任范围不同；⑧对第三人的责任不同；⑨诉讼管辖不同。[147]

各国对侵权责任与违约责任的竞合采取了不同的态度，主要分为三类，即禁止竞合、允许竞合和限制竞合。有学者对这三种解决对策作过一个形象的比喻，它们的区别在于："法国法的做法是，原告只有一个通行证，并且通行的途径是确定的；联邦德国的回答是，原告有两个可以自由选择的通行证；而英美法的回答是，原告可以有两个通行证，但在入口处必须交出一个，有时候法律还指令他必须交出哪一个。"[148] 法国法采取禁止竞合的做法，德国法是允许竞合的典型代表，英美侵权行为法是限制竞合的典型代表，中国采用限制竞合的做法。[149]

（二）既有冲突规范对侵权责任与违约责任竞合的规定

以国际私法专门规定如何处理侵权责任与违约责任竞合的国家不多。1987年《瑞士联邦国际私法》第133条第3款规定："尽管如此，如果侵权行为侵害了当事人之间的另一法律关系时，有关侵权行为的诉讼，适用调整该法律关系的法律。"它采取限制竞合的做法，直接按涉外合同的准据法确定规则处理。1991年《加拿大魁北克民法典》第127条规定："如果损害赔偿之债是由于另一合同之债未履行而导致，则基于未履行合同而提起的请求适用合同的准据

---

〔146〕 参见王利明：《侵权行为法研究（上卷）》，中国人民大学出版社2004年版，第659页。

〔147〕 参见王利明主编：《民法侵权责任法》，中国人民大学出版社1993年版，第225~229页。另参见詹森林："中国大陆民法总则草案民事责任规定之研究"，载《侵权行为法之立法趋势》，清华大学出版社2006年版，第15~16页。王泽鉴：《侵权行为法 第一册》，中国政法大学出版社2001年版，第77~78页。

〔148〕 张新宝：《中国侵权行为法》（第2版），中国社会科学出版社1998年版，第198页。

〔149〕 《合同法》第122条规定："因当事人一方的违约行为，侵害对方人身、财产权益的，受损害方有权依照本法要求其承担违约责任或者依照其他法律要求承担违约责任。"该规定明确规定了违约责任和侵权责任发生竞合后，应当由受害人做出选择。最高人民法院《关于适用〈中华人民共和国合同法〉若干问题的解释（一）》第30条规定："债权人依照合同法第一百二十二条的规定向人民法院起诉时做出选择后，在一审开庭以前又变更诉讼请求的，人民法院应当准许。对方当事人提出管辖权异议，经审查异议成立的，人民法院应当驳回起诉。

法。”其也是采取限制竞合的做法。不过要注意到，魁北克以前的法律允许当事人选择以违约或侵权之诉起诉，但新的《民法典》废除了这种做法。[150]

中国国际私法学会制定的《中华人民共和国国际私法示范法（第六稿）》则是由法官选择适用对受害人更为有利的准据法，既可以是依违约责任，也可按侵权责任处理。[151]

（三）提出有利于当事人利益的处理方法

我国目前还没有针对涉外侵权案件中的侵权责任与违约责任竞合作出具体的规定。有学者主张，如果在侵权行为发生之前就已经存在合同关系的，而且根据当事人意思自治原则已经对合同准据法做出选择的，那么合同的准据法同时调整当事人之间的法律。[152] 笔者不同意这种观点。合同双方当事人选择合同准据法的目的是用以解决合同在履行过程中出现的问题，而不是期待用合同的准据法解决因合同的履行所遭受的人身、财产甚至人格利益的伤害。而且正如前文所述，违约责任与侵权责任对于举证的要求、赔偿的数额乃至诉讼时效都是不同的。

但笔者也不认同直接由法院对准据法进行确定的方法。应首先由原告选择诉因，法官以此诉因确定准据法。理由如下：

1. 受害人（守约方）更了解自己的利益，应贯彻当事人利益优先的原则

诉讼竞合的问题既是实体问题又是程序问题，但首先它是一项诉讼程序问题。无论是英美法系国家采取当事人主义的民事诉讼制度，还是大陆法系国家的法官中心主义，均赋予了当事人更多的推进诉讼程序进行的权利。当事人以侵权责任起诉，可能看重的是更高的赔偿额，因为对于人格利益的侵害，各国普遍给予精神损害赔偿；当事人以违约责任起诉，看重的是举证上的便利，因为对于责任普遍采取无过错责任，守约方的举证责任较轻。当事人可能追求时效利益、举证便利、更高的赔偿额、胜诉后的执行便利等利益，这就决定了由法官决定何为对当事人更有利的准据法存在难以克服的困难。

2. 由法官做出选择会增加法官查明外国法的负担

原告出于自己的利益考虑，其可能已经对按不同诉因所确定的准据法对自己是否有利做出了选择。若一开始就要求法官进行选择，无疑会加重法官查明

---

[150] 参见前注113，第9页。

[151] 《中华人民共和国国际私法示范法（第六稿）》（2000年）第115条规定：“侵权行为加害人和受害人之间存在某一民商事关系的，如果适用支配该民商事关系的法律对受害人更为有利的，也可以适用该法律。”

[152] 徐冬根、薛凡：《中国国际私法完善研究》，上海社会科学出版社1998年版，第263页。转引自杜新丽：《国际司法实务中的法律问题》，中信出版社2005年版，第146页。

外国法的负担。

所以笔者赞同这样的观点："既然现行法律允许当事人对请求权进行选择，我们就应当根据当事人的请求权确定准据法，这样处理有利于当事人维护自身的权益，也有利于保证法院进行法律选择的正确性。"[153] 而在当事人难以做出选择的时候，大陆法系的法官应当行使释明权，指导当事人对诉因做出选择，再由法官按诉因确定准据法。只有在特殊的情况下才由法官做出裁量，选择对受害人（守约方）更有利的诉因。这一解决责任竞合的方法充分体现了本文所论述三项利益分析原则中的当事人利益优先原则，尊重了当事人的意思自治。

如果以法律条文的形式做出表述，笔者认为应是："侵权行为加害人和受害人之间存在某一民商事关系的，应按照原告的起诉确定准据法。若原告不能确定起诉理由，由法官行使释明权指导原告选择对其最有利的诉因。若仍无法确定，由法官做出对原告最有利的选择，并以此确定准据法。"

六、赔偿义务人为数人时的处理

基于涉外侵权案件的涉外性，即使被告仅为一人，确定准据法的过程仍可能会很复杂。若被告为复数时，往往会更复杂，所以有对涉外案件出现复数被告的情况进行分析的必要。

（一）对共同侵权人为被告的处理

1. 各国国际私法的规定

关于共同侵权人冲突规范的规定少之又少。被奉为经典的1987年《瑞士联邦国际私法》第140条规定："如果侵权行为人为数人的，各侵权行为人，不论是主要当事人还是同伙，都适用各自的法律。"其采取的是台伯沙治原则，即分割制，对不同的侵权人分别确定准据法。《罗马尼亚关于调整国际私法法律关系的第105号法》第124条规定："对多个债务人都提出请求的债权应考虑到在与各单独债务人关系上应适用的法律。"此条原则是债法的共同条款，对涉外侵权也予以调整，其采取的也是分割制。由此可见，各国的国际私法要么是没有规定，若有规定均规定为分割制。笔者赞同在涉外侵权领域采用分割制，把涉外侵权的冲突规范分为行为规范和损失补偿规范便是一例，但笔者认为对共同侵权人采取分割制是十分不可取的，应当采取同一制确定准据法。原因分析如下：

第一，共同侵权人所负责任的整体性和连带性特点决定。

共同侵权行为的法律特征体现在如下三点：其一，责任主体具有复数性。其二，责任具有整体性。共同侵权行为要求行为人之间有共同的故意或共同的

---

[153] 杜新丽：《国际司法实务中的法律问题》，中信出版社2005年版，第146～147页。

过失，或者虽没有共同的故意或共同的过失，但其行为直接导致了一个“共同的”、“不可分”的结果。共同侵权行为强调共同行为产生了一个不可分的损害结果。这就要求每个侵权行为人都有对受害人负有赔偿全部损害的义务。其三，最重要的是责任的连带性。[154]

从共同侵权人负连带债务的角度思考。共同侵权责任的整体性特点决定了如果分别确定准据法，那么将很难核算出一个整体性的损害赔偿数额。我们必须认识到，侵权责任的整体性特点决定了我们不能对数个侵权人分别确定准据法并将他们所负的责任简单相加。因为整体性特点决定了仅仅有一个不可分的结果，对外他们仅有一个责任，即每个加害人均应对受害人负全部的赔偿给付义务。而如果可以公依一个准据法确定总的赔偿数额，那么如何在对共同侵权人分别适用的数个准据法中选择一个来确定总数额呢？这样的选择是困难和没有意义的，因为如果最初就对数个加害人确定唯一的准据法，问题就迎刃而解了。

从受害人的请求权角度来看。受害人既可以将全部加害人作为被告，也可以将加害人中的一人（或数人）作为被告，请求其承担全部的赔偿责任。如果受害人出于诉讼的便利等因素而只把其中一人作为被告，如果仅对这一人确定准据法，并按这个准据法确定责任，那么很难做出公正的判决。而如果在原告仅诉一人的情况下还继续对数人分别确定准据法，那么原告为了自身利益寻求诉讼便利的目的就会落空。

从尊重受害人利益的角度看我们也应否定对共同侵权人分别确定准据法的做法。这也是本文倡导的当事人利益优先原则在涉外侵权冲突法中的体现——向受害人利益倾斜。连带责任制度的设定就是为了更好地保护受害人的利益，我们不应当以涉外冲突规则对其进行人为的破坏。

第二，贯彻国际社会利益协调原则的要求。

本文前述倡导的国际社会利益协调原则要求在采用分割制的方法时避免将不同实体私法适用于同一法律关系时发生法律规范的重叠、空缺或抵触的情形，也就是说不能滥用分割制度使当事人负担不必要的诉累，且不应人为造成不同法律制度与概念的冲突。而如果对共同侵权人分别确定准据法必然会造成不同实体法之间的冲突。如前段所述也会使当事人对部分人起诉时的利益落空，徒增诉累，并且会使针对共同侵权设计的连带责任制度的运行目的落空。可以说，这是严重违背国际社会利益协调原则的。

---

〔154〕 前注136揭，第78页。

2. 提出国际私法规则

所以我们可以规定："如果侵权行为人为数人的，各侵权行为人，不论是主要当事人还是同伙，应确定同一的法律。"

（二）对不真正连带债务人为被告的处理

1. 不真正连带债务概述

不真正连带债务（Unechte Solidarität）乃多数债务人就同一内容之给付，各负全部履行之义务，而因一债务人之履行，则全体债务消灭之债务也。[155] 例如，烧毁他人房屋，行为人基于侵权行为，保险人基于保险契约，对于房屋所有人各负损害赔偿之债务，此时，房屋所有人得选择向侵权行为人之加害人请求损害赔偿，或向保险契约之保险人请求给付保险金，二者并无优先序位之问题。[156]

不真正连带债务的对外效力表现为：债权人对于债务人之一人或数人或全体，得同时或先后为全部或一部之请求，此点与连带债务无异。[157] 不真正连带债务的对内效力表现为：不真正连带债务人间并不当然发生求偿关系，但因其各自所负债务性质之差异，如有可以认为某一个债务人应负终局的责任者，则其他债务人于清偿后，自亦得对之求偿之。[158]

不真正连带债务的成立基本是源于法规竞合，这些原因中涉及涉外侵权并且在实务中经常发生的情形是：因契约上之损害赔偿之债与他人侵权行为之竞合而成立者。[159]

涉外侵权案件中的不真正连带债务主要是指当受害人遭受加害人的侵犯，同时加害人与保险人定有责任保险时。

2. 各国国际私法规定

多部国际私法规则对此有规定。例如，《罗马尼亚关于调整国际私法法律关系的第一百零五号法（1992 年 9 月 22 日通过）》第 109 条："只要适用于保险合同的法律允许，受害人有权直接向责任保险承保人提出赔偿损失的要求。"还有，1999 年《德意志联邦共和国关于非合同债权关系和物权关系的国际私法立

---

〔155〕 郑玉波：《民法债编总论（修订 2 版）》，中国政法大学出版社 2004 年版，第 425 页。

〔156〕 参见陈聪复："中国大陆侵权责任法草案之检讨"，载《侵权行为法之立法趋势》，清华大学出版社 2006 年版，第 47 页。

〔157〕 参见陈聪复："中国大陆侵权责任法草案之检讨"，载《侵权行为法之立法趋势》，清华大学出版社 2006 年版，第 427 页。

〔158〕 参见陈聪复："中国大陆侵权责任法草案之检讨"，载《侵权行为法之立法趋势》，清华大学出版社 2006 年版，第 428 页。

〔159〕 参见陈聪复："中国大陆侵权责任法草案之检讨"，载《侵权行为法之立法趋势》，清华大学出版社 2006 年版，第 427 页。

法》第40条第4款规定："受害人可以直接向赔偿义务人的保险人提出请求，只要适用于侵权行为的法律或者支配保险合同的法律有此规定。"

我们可以看到，德国国际私法关于此问题的规定比罗马尼亚国际私法相比更有利于对受害人利益的保护。首先，德国国际私法的规定不仅可以依适用于侵权行为的法律，也可以依支配保险合同的法律对保险人提出请求；而罗马尼亚国际私法仅规定受害人仅可依保险合同的准据法要求赔偿。其次，德国国际私法规定了侵权人与保险人（包括但不仅为责任保险人）为不真正连带债务人时的处理；而罗马尼亚国际私法没有规定侵权人与责任保险人为不真正连带债务人时的处理。

不真正连带债务人负不连带责任基于侵权行为与合同行为两个法律事实或法律行为，而共同侵权人负连带责任的基础在于他们实施了共同侵权行为这一法律事实。对于共同侵权责任，其赔偿责任具有整体性，我们必须适用同一的准据法确定唯一的一个总赔偿额。对于侵权人与保险人之间的不真正连带责任，我们可以分别确定他们的赔偿额，特别是责任保险往往规定赔偿的最高限额，这不同于侵权人的对损害的完全赔偿义务。

3. 提出国际私法规则

所以我们可以采用德国的做法允许受害人在诉讼中选择赔偿义务人，只要适用于侵权行为的法律或者支配保险合同的法律允许，受害人可以直接向赔偿义务人的保险人提出请求。这样规定是符合当事人利益优先原则的，体现了对受害人的倾斜保护。

第四章　对中国涉外侵权冲突法的立法建议

德国国际私法在进行改革之前判例法发挥了长时间的作用，美国的国际私法也多以判例法或准国际私法典的形式为主。中国的法律体系正在逐步完善过程中，司法实践中也多有共同的做法，但正如美国法学会在1993年向国会的提案中所表明的：尽管是值得称赞的和勇敢的，通过司法努力处理日益增多的噩梦般的多州复杂诉讼问题是需要立法帮助或以事先制定的规则为指导的。[160]

根据前文第三章对《路易斯安那州民法典》、西蒙尼德斯的尝试性提案、德国《民法施行法》中关于涉外侵权部分的比较论证并用利益分析的方法考察其

---

〔160〕 Symeon C. Symeonides, "ALI's Complex Litigation Project: Commencing the National Debate", 854 *La. L. Rev.* 843 (1993－1994), p. 845.

合理性，笔者发现它们的运行效果有很多相似之处。在分析的过程中笔者简化并修正了文字的表达，阐述了更简单可行的规则。其后笔者讨论了几个重要的问题：惩罚性赔偿规则、违约责任与侵权责任的竞合、共同侵权、不真正连带债权。通过分析现有的法律规定，笔者形成了自己阐述的法律条文。总结如下：

1. 当事人意思自治

非合同债权关系据以产生的事件发生后，当事人可以选择应适用的法律。第三人的权利不受影响。

2. 行为规则

对于与行为和安全的标准有关的争议，由受害人选择适用侵权行为实施地国家的法律或损害结果发生地国家的法律。

但若侵权结果发生地规定了更高的行为与安全标准，被告可以其无法预见到损害会发生在该国提出抗辩。

3. 损失分担规则

由受害人在侵权行为实施地和侵权结果发生地之间进行选择，加害人不能合理地预见到损害结果发生在该地除外。

当事人双方惯常居住地相同或虽不同但规定或基本一致的赔偿标准时，适用共同的惯常居住地法或被告人惯常居住地法，除非受害人要求适用侵权行为实施地法或侵权结果发生地法，且赔偿数额没有明显过分地加重加害人的负担并使受害人得到远远超过实际损害的赔偿。

4. 例外规定

无论是协议还是依本法确定准据法，不得提出受其他国家法律支配的诉讼请求，只要该请求：

A. 根本上远远超出了所需要的适当赔偿，且被告异议认为不能接受时

B. 明显出于对受害者进行赔偿之外的目的，或者

C. 违反了中国的国际条约中的责任法上的规定。

5. 惩罚性赔偿

惩罚性赔偿的做出依被告人住所地的法律，但仅限侵权行为实施地的法律与侵权结果发生地的法律不一致时。

6. 侵权责任与违约责任竞合

侵权行为加害人和受害人之间存在某一民商事关系的，应按照原告的起诉确定准据法。若原告不能确定起诉理由，由法官行使释明权指导原告选择对其最有利的请求权。若仍无法确定，由法官做出对原告最有利的选择，并以此确定准据法。

7. 共同侵权

如果侵权行为人为数人，各侵权行为人，不论是主要当事人还是同伙，应确定同一的法律。

8. 有保险赔偿义务人时

受害人可以直接向赔偿义务人的保险人提出请求，只要适用于侵权行为的法律或者支配保险合同的法律有此规定。

结 论

本文首先从分析支撑国际私法利益分析学说的法理学思想入手，明确了国际私法的利益分析方法要求考察法律规则及民事关系背后体现的各种利益，并斟酌这些利益的优先位序，最后通过衡量规则适用效果考察对各种利益的影响。无论是国际私法的利益分析学派还是法哲学的利益分析学派均把法律作为一种社会控制的工具。在分析了克格尔和柯里的理论之后，笔者对国际私法中的利益重新做出了划分与排序。带着这种利益分析观念，笔者又考查了几个重要的涉外侵权问题，通过考察法律规则的实际适用效果，笔者试图表明不同法规所具有的实际适用效果的异同。在分析美、德涉外侵权冲突规范的过程中，笔者得出：最密切联系原则为利益分析选定适当的连结因素，通过对这些连结因素的利益分析最终找到与事件或当事人的最密切联系地的法律。

在此基础上笔者完成了一般侵权冲突法规则的主体部分。本文试图阐述在制定涉外侵权冲突规则的过程中应当适用利益分析的方法，权衡当事人利益（特别是侵权案件中的受害人利益）、国家公法利益、国际社会协调利益之间的关系，尽可能制定出具有良好运行效果的涉外侵权冲突法规则。利益分析不是万能的，它是重要的工具，只有把它和其他方法结合起来才能制定出真正具有良好运行效果的涉外侵权冲突法规则，真正实现涉外侵权冲突法作为法律的目的——尽可能满足人的各种合理的欲望、要求。

参考文献

一、专著类

1. 肖永平：《肖永平论冲突法》，武汉大学出版社2002年版。
2. 徐冬根：《国际私法趋势论》，北京大学出版社2005年版。
3. 博登海默著，邓正来译：《法理学：法律哲学与法律方法（修订版）》，中国政法大学出版社 2004 年版。

4. 庞德:《通过法律的社会控制》，商务印书馆 1984 年版。

5. 张乃根:《西方法哲学史纲（增补本)》，中国政法大学出版社 2002 年版。

6. 庞德著，邓正来译:《法理学（第 1 卷)》，中国政法大学出版社 2004 年版。

7. 吕世伦:《现代西方法学流派（上册)》，中国大百科全书出版社 1999 年版。

8. 邓正来:《美国现代国际私法流派》，中国政法大学出版社 2006 年版。

9. 王承志:《美国冲突法重述之晚近发展》，法律出版社 2006 年版。

10. [美] 弗里德里希・K. 荣格著，霍政欣、徐妮娜译:《法律选择与涉外司法（特别版)》，北京大学出版社 2007 年版。

11. [美] 威廉・M. 兰德斯、理查德・A. 波斯纳著，王强、杨媛译:《侵权法的经济分析》，北京大学出版社 2005 年版。

12. [英] 马丁・沃尔夫著，李浩培、汤宗舜译:《国际私法》法律出版社 1988 年版。

13. [德] 弗里德里希・卡尔・冯・萨维尼著，李双元、张茂、吕国民等译:《法律冲突与法律规则的地域和时间范围》，现代罗马法体系（第八卷)，法律出版社 1999 年版。

14. 沈娟:《冲突法及其价值导向（修订本)》，中国大学出版社 2002 年版。

15. 李双元:《法律趋同化问题的哲学考察及其他》，湖南人民出版社 2006 年版。

16. [英] 詹宁斯、瓦茨修订，王铁崖、陈公绰、汤宗舜等译:《奥本海国际法（第一卷)(第一分册)》，中国大百科全书出版社 1995 年版。

17. [英] J. H. C. 莫里斯主编，李双元、胡振杰、杨国华等译:《戴西和莫里斯论冲突法》，中国大百科全书出版社。

18. 黄进主编:《国际私法（第 2 版)》，法律出版社 2005 年版。

19. 张新宝:《侵权责任法原理》，中国人民大学出版社 2005 年版。

20. 胡平:《精神损害赔偿制度研究》，中国政法大学出版社 2003 年版。

21. 李双元、欧福之、熊之才编:《国际私法教学参考资料选编 上册 总论・冲突法》，北京大学出版社 2002 年版。

22. 梁慧星:《民法总论（第 2 版)》，法律出版社 2004 年版。

23. [美] 昂格尔著，吴玉章等译:《现代社会中的法律》，中国政法大学出版社 1994 年版。

24. 李双元主编:《中国与国际私法统一化进程》，武汉大学出版社 1993 年版。

25. 王泽鉴:《侵权行为法（第 1 册)》，中国政法大学出版社 2001 年版。

26. 曾二秀:《侵权法律选择的理论、方法与规则——欧美侵权冲突法比较研究》，法律出版社 2004 年版。

27. 杜涛:《国际私法的现代化进程——中外国际私法改革比较研究》，上海人民出版社出版 2007 年版。

28. 齐湘泉:《涉外民事关系法律适用法侵权论》，法律出版社 2006 年版。

29. [德] 克雷斯蒂安・冯・巴尔著，张新宝译:《欧洲比较侵权行为法（上)》，法律出版社 2001 年版。

30. 王利明：《侵权行为法研究（上卷）》，中国人民大学出版社2004年版。

31. 王利明主编：《民法侵权责任法》，中国人民大学出版社1993年版。

32. 张新宝：《中国侵权行为法（第2版）》，中国社会科学出版社1998年版。

33. 杜新丽：《国际司法实务中的法律问题》，中信出版社2005年版。

34. 郑玉波：《民法债编总论（修订2版）》，中国政法大学出版社2004年版。

35. 张新宝主编：《侵权法评议（第2辑）》，人民法院出版社2003年版。

二、期刊类

1. 黄旭、巍肖芳："利益法学与国际私法"，载《律师世界》2002年第9期。

2. 杜江、邹国勇："德国'利益法学'思潮述评"，载《法学论坛》2003年第1 8卷第6期。

3. 张潇剑："评柯里的'政府利益分析说'"，载《环球法律评论》2005年第4期。

4. 陈彬、曾庆怡："共同利益说在法律理念上的反思——政府利益分析说的扬弃与无奈"，载《黑龙江省政法管理干部学院学报》2005年第1期。

5. 宋晓："20世纪国际私法的'危机'与'革命'"，载《武大国际法评论（第2卷）》，武汉大学出版社2004年版。

6. 邹国勇："克格尔和他的国际私法'利益论'"，载《比较法研究》2004年第5期。

7. 邹国勇："国际私法中的利益法学研究"，载梁慧星主编：《民商法论丛（第32卷）》，法律出版社2005年版。

8. 杜涛："利益法学与国际私法的危机和革命——德国国际私法一代宗师格尔哈特·克格尔教授的生平与学说"，载《环球法律评论》2007年第6期。

9. 徐崇利："冲突规则的回归——美国现代冲突法理论与实践的一大发展趋向"，载《法学评论》2000年第5期。

10. 车英："国际私法中法律选择方法的最新走向"，载《平原大学学报》1999年第1期。

11. 田园："保护弱者原则对国际私法基本制度的影响"，载《中国国际私法与比较法年刊》第4卷，法律出版社2001年版。

12. 裴普："国家主义——国际私法的实用化倾向"，载《广西社会科学》2004年第5期。

13. 裴普："论国际私法的国家民族特征"，载《西南师范大学学报（哲学社会科学版）》1999年第5期。

14. 朱慧斯："国际私法的国家利益中心论"，载《甘肃联合大学学报（社会科学版）》2007年第23卷第2期。

15. 李双元、李金泽："世纪之交对国际私法性质与功能的再考察"，载《法制与社会发展》1996年第3期。

16. 程卫东："交往利益与国际私法的价值取向——从国内利益优先向国际利益优化的发展"，载《南京社会科学》1998年第7期。

17. 崔建远："侵权行为法的性质与归属"，载江平主编，崔建远、张默副主编：《侵权行为法研究》，中国民主法制出版社2004年版。

18. 王利明："合久必分：侵权行为法与债法的关系"，载《法学前沿》第1辑，法律出版社 1997 年版。

19. 李双元："论国际私法关系中解决法律选择的方法问题"，载《中国法学》1984 年第 3 期。

20. 詹森林："中国大陆民法总则草案民事责任规定之研究"，载《侵权行为法之立法趋势》，清华大学出版社 2006 年版。

21. 陈聪复："中国大陆侵权责任法草案之检讨"，载《侵权行为法之立法趋势》，清华大学出版社 2006 年版。

22. 张新宝："侵权行为法的一般条款"，载《法学研究》2001 年第 4 期。

23. 王利明："美国惩罚性赔偿制度研究"，载张新宝主编：《侵权法评论》第 2 辑，人民法院出版社 2003 年版。

24. Kegel, "Paternal Home and Dream Home: Traditional Conflict of Laws and the American Reformers", 27 *Am. J. Comp. L.* 615, (1979).

25. Babcock v. Jackson 191 N. E. 279 (N. Y. 1963).

26. Schultz v. Boy Scouts of America, Inc. 480 N. E. 2d 679 (N. Y. 1985).

27. Symeon C. Symeonides, "Louisiana's New Law of Choice of Law for Tort Conflicts – An Exegesis", 66 *Tul. L. Rev.* 677 (1991 ~ 1992).

28. Symeon C. Symeonides, "Need for a Third Conflicts Restatement (And a Proposal for Tort Conflicts)", 75 *Ind. L. J.* 437 (2000).

29. Mathias Reimann, "Codifying Torts Conflicts: The 1999 German Legislation in Comparative Perspective", 60 *La. L. Rev.* 1297 (1999 ~ 2000).

30. Robert A. Sedler, "Choice of Law in Conflicts Torts Cases: A Third Restatement or Rules of Choice of Law"? 75 *Ind. L. J.* 615, p. 621 (2000).

31. Neumeier v. Kuehner, 286 N. E. 2d 454, (N. Y. 1972).

32. Hay Peter, "From Rule – Orientation to Approach in German Conflicts Law: The Effect of the 1986 and 1999 Codifications", 47 *Am. J. Comp. L.* 633 (1999).

33. Symeon C. Symeonides, "ALI's Complex Litigation Project: Commencing the National Debate", 854 *La. L. Rev.* 843 (1993 ~ 1994).

用人单位规章制度的效力研究

李　楠

摘　要

用人单位规章制度及其学理，应当说属于非常复杂的制度设计，对其学术研究一直以来都是劳动法理论中的重要组成部分。近年来，我国学者及法律规定多限于概括性、原则性的研究和规定，对于用人单位规章制度的效力问题涉及不多，许多相关问题还存在较大争议。例如用人单位规章制度的效力根据是什么，即用人单位规章制度的效力是基于什么产生；用人单位规章制度的决定程序以及用人单位规章制度与劳动合同或集体合同的效力冲突等。因此本文试图对用人单位规章制度效力的相关问题进行探究。

本文正文共分为四部分：

第一部分首先对单位规章制度、效力的概念加以分析和界定，为下文论述做好铺垫；然后对国家立法有关用人单位规章制度效力的调整历史进行介绍，简述了用人单位规章制度从作为一种习惯不具有法律上的效力到因授权立法或团体契约而具有效力的历史过程，并简要分析了原因。

第二部分提出用人单位规章制度之所以具有效力的法理

基础，从公平、秩序、法律具体化三个方面进行分析，从理论上来探讨用人单位规章制度具有或者被赋予效力的合理性与必需性。秩序作为法律的价值，是人类社会和任何组织存续发展的必需，用人单位作为一个组织体，其存续和发展也需要秩序，而秩序需要规范和制度的规制；现代化大生产中，用人单位作为社会基本构成单元，需要承担和履行社会责任，而这种责任需要有一种有效的制度保证用人单位在日常经营管理中予以实现；法律作为一种抽象和概括性的规范，无法对个性化的用人单位经营管理做出具体化的规定，而这就需要用人单位自治权的实现。

第三部分对用人单位规章制度的效力根据进行探究。在第二章肯定用人单位规章制度具有效力的合理性和必需性的基础上，进一步对用人单位规章制度的效力何以产生进行解答。第一部分对学界目前关于用人单位规章制度效力根据的争论进行了介绍，并对其存在的问题进行了探讨；第二部分指出了笔者目前倾向的观点，并进行了分析，认为用人单位规章制度应定性为劳动契约的附件，其效力根据为劳动契约。

第四部分对用人单位规章制度效力的确认进行了探究，以对用人单位规章制度与其他规范发生冲突时的效力问题进行探讨。首先对用人单位规章制度的制定程序进行了分析；其次对用人单位规章制度与劳动合同、集体合同效力冲突问题进行探讨；最后对规章制度不利变更情况下的效力问题进行了分析。

前　言

俗话说："国有国法，家有家规"，实际上，无论是国家还是一个家庭，任何一个组织体的存续都需要组织和管理的规范，用人单位也不例外。用人单位的规章制度就是其进行自我管理的依据。从广义上来说，用人单位规章制度的内容包括公司章程、经营规则、资产管理、办事细则以及人力资源管理等。公司章程属于公司法规制的范畴，经营规则与办事细则属于用人单位之间的私法自治的内容，资产管理由民法中的物权相关内容来规范，唯独人事管理与劳动关系与劳动者切身利益密切相关，因此人事管理成为劳动法律领域中需要规范的重要内容，这实际就是狭义的用人单位规章制度，本质上是对用人单位成员权利、义务的界定。也正是因为这个原因，用人单位规章制度在许多国家也被称作"就业规则"、"工作规则"、"人事管理规则"。

用人单位规章制度因资本主义萌芽的出现而形成雏形，又因社会化大生产的发展而最终成熟。一方面，"在现代化大生产的劳动条件下，社会劳动分工的存在使劳动集体化程度的要求变得愈来愈高，只有劳动者在社会再生产活动中相互依赖、配合和协作，才能使全社会的劳动过程有条不紊的进行，倘若没有一种令全体劳动者都服从和遵守的工作规则来加以协调，则正常的生产和工作秩序将无法维持，整个社会的生产进程将不可避免的陷入混乱之中”[1]；另一方面，劳动者权益的保护需要劳动法律之外更为具体细化的规范，使得雇主的义务实现于日常经营管理之中。从这两个方面可见，用人单位的规章制度的效力，即其对用人单位及成员劳动者的拘束力、重要性自不待言。然而，这种拘束力是基于什么而产生的，即用人单位规章制度的效力根据是什么。如果其效力根据是国家立法或者授权立法，那么用人单位规章制度自制定完毕就应当具有效力，且与法律具有同等的地位；如果效力根据是用人单位与劳动者的契约合意，那么规章制度的制定仅仅是一个事实行为，只有当用人单位与劳动者双方协商一致时才能具有效力。可见，用人单位规章制度的效力根据关系着其效力产生的时间、效力的大小等一系列问题。对此，不管是在劳动法学发达的国家和地区，还是在我国劳动法学界都存在诸多争论。

此外，用人单位规章制度的效力确认也是劳动法理论界的一个重要的组成部分。探究效力的确认，就是要解决两个问题，即产生效力的必备要件和效力冲突。用人单位规章制度的生效要件尽管在法律上已经有了较为详尽的规定，但是其中仍有许多“模糊”地带，目前最为突出的莫过于程序要件中的民主参与问题。用人单位规章制度效力的产生究竟需要由用人单位与劳动者“共决”还是只是用人单位“单决”即可，目前法律没有做出规定，学界争论也很激烈，现实中各地法院和仲裁机构对于相关劳动争议的裁判也多为自由裁量。用人单位规章制度的效力冲突问题是指其与劳动合同、集体合同发生冲突的情况。用人单位规章制度与劳动合同、集体合同都是界定劳资双方权利、义务和责任的规范，倘若前者与后两者之间规定不一致，该如何处理，才能防止用人单位滥用其自治权，损害劳动者利益，同时又能不致损害用人单位的正常经营管理，并最终损害劳动者的长远利益，这都显得极为重要。对用人单位规章制度效力的确认，就是对用人单位规章制度效力的实现，在实现的过程中，贯穿着公平与效率的平衡，即既要保护劳动者的利益，又不能损害用人单位的合法权益，既要体现民主，又要尽可能不影响用人单位的正常经营管理效率。

用人单位规章制度作用的发挥依赖于其效力的实现。随着市场经济的发展和法治的完善，用人单位规章制度理应成为体现现代企业管理水平的标志，成

---

[1] 王全兴主编：《劳动法学》，人民出版社、中国人民公安大学出版社2005年版，第239页。

为法律具体化的有效手段，而不再是用人单位或劳动者的“紧箍咒”。使用人单位规章制度的塑造步入现代企业管理的漫漫路途，是本文探讨之希冀！

一、用人单位规章制度效力的基本问题

（一）相关概念的界定

首先，用人单位日常经营管理过程中可能会制定各种文件或者制度规范等等，那么哪些属于用人单位规章制度，这需要界定；其次，本文所探讨的用人单位规章制度的效力指的是怎样的一种效力，也需要厘清。

1. “用人单位规章制度”的涵义

用人单位规章制度“又称为工作规则、就业规则或内部劳动规则”〔1〕。1959年国际劳工组织特别委员会对用人单位规章制度下的定义为：适用于企业全体劳动者或大部分劳动者，虽非专门但主要是和就职中劳动者的行动有关的规则。〔2〕国内学者也有对此进行的解释，例如王能君博士认为：“雇用多数劳工的雇主，为了提升人事经营之效率，有必要统一设定工资、工作时间等劳动条件，同时也必须明文规定劳工应遵守之服务纪律。此种劳工共同遵守之规范”〔3〕，即为用人单位规章制度。

实际上，我国大陆地区无论是《劳动法》还是《劳动合同法》及《劳动合同法实施条例》均未对用人单位规章制度作出法定解释。笔者认为，用人单位规章制度作为在本单位实施的组织劳动和进行管理的规则，不管采用什么样的定义，都应具有三个基本的特性。首先，它是职工和用人单位在劳动过程中的行为规则。用人单位规章制度的调整对象是在劳动过程中用人单位与职工之间及职工相互之间的关系，所以它所规范的行为是作为劳动过程必要组成部分的劳动行为与用人行为。它对职工和用人单位都具有约束力，但约束力又仅限于劳动过程。其次，它是用工自主权与职工民主管理权结合的产物。制定和实施内部劳动规则，是用人单位在其自主权限内对劳动过程进行管理和组织的行为，是自主权行使的一种方式。同时，职工作为劳动过程的要素和主体，有权参与和监督规章制度的制定与实施，而这又是职工民主权的重要内容。最后，它具有格式规范的特征。用人单位规章制度多以法规形式出现，多表现为“章”、“节”、“条”等形式，而且其内容、格式往往固定化，甚至模板化。用人单位规章制度的解释也遵循格式条款的解释原则。

---

〔1〕郑尚元：《劳动合同法的制度与理念》，中国政法大学出版社2008年版，第339页。

〔2〕林报贤：《劳基法的理论与实务》，捷太出版社2003年版，第462页。

〔3〕我国台湾地区“劳动法学会”主编：《“劳动基准法”释义——施行二十年之回顾与展望》，新学林出版股份有限公司2005年版，第335页。

2. 对“用人单位规章制度的效力”的解释

用人单位规章制度的效力实际上是用人单位对单位内部事务进行自主经营管理权利的行使和实现，同时也是法律对用人单位与劳动者之间、劳动者相互之间权利义务进一步明确细化的途径。

此处的效力，指的是法律上的效力，之所以将此处的“效力”界定为“法律上的拘束力”，是因为用人单位规章制度作为用人单位内部的社会规范，对于员工的拘束力是肯定存在的，而这种拘束力作为法律上的拘束力的原因即效力的根据却尚无定论，具有探究的意义。从广义上来说，即用人单位规章制度的约束力与强制力，劳动者应当按照其规定的行为模式来行为，必须予以服从的法律之力。从狭义上来说，即用人单位规章制度的效力范围：对人的效力、对事的效力、空间效力、时间效力。在这四个效力范围中，对人和对事的效力范围先于时间和空间的效力范围，“后两个范围只是一个人应遵守某种行为所在的地域和时间”。[1] 从对人的效力来看（指的是对谁有效力，适用于那些人），用人单位规章制度不仅适用于劳动者，也适用于用人单位；从对事的效力来看（指的是适用于哪些情形），用人单位规章制度适用于劳动过程中用人单位与职工之间以及职工相互之间的劳动行为和用工行为；从空间效力来看（指的是在哪个范围内适用），用人单位规章制度只适用于单位内部；从时间效力来看（指何时生效、何时终止效力），用人单位规章制度根据明示或者默示的时间生效或者终止。另外，效力的涵义还包括效力等级与层次问题，即用人单位规章制度与劳动合同、集体合同的效力关系。

（二）立法对用人单位规章制度效力调整的历史

资本主义萌芽时期，在以雇佣劳动为基础的工场手工业中，雇主为了保证劳动秩序和劳动质量，制定了适用于工场内部的工作规则，这就是现代用人单位规章制度的雏形。在这一时期，资本主义制度尚未完全确立，资本主义经济还没有在社会生产中占据主导地位，所以，此时的工作规则，一方面，由于封建、奴隶社会经济的存在，社会生产的人身依附性仍然较强，等级制度根基依然牢固，因而工场内部的工作规则往往都是通过沿袭以往习惯做法由雇主单方来确定的，并没有雇工意志的参与。另一方面，由于经济基础还没有提出雇主与雇工之间关系进行法律调整的要求，国家立法也没有对其作出任何规定，所以工场内部的工作规则并没有国家意志的体现，仅仅是依靠约定俗成的方式来发挥作用。可见，资本主义萌芽时期的工作规则尚未具有法律效力，还没有进

---

〔1〕［奥地利］凯尔森著，沈宗灵译：《法与国家的一般理论》，中国大百科全书出版社1996年版，第46页。

入国家立法调整的范畴。

资本主义自由竞争时期，竞争迫使资本家加强经营管理，改进生产技术，提高劳动效率和产品质量，降低生产成本，从而雇主对雇工即资本家对工人的剥削和压榨不断加重，这极大加深了劳资双方之间的矛盾。[1] 资本主义经济成为社会生产的主要形式后，工人的人身自由性使得各种形式的工人运动迭出具备了条件，工人要求权利与地位得到法律的确认，利益得到法律的保障的呼声越来越高。雇主以前制定的工作规则已经无法再通过约定俗成的方式来发挥作用，经济、生产秩序的有效维护急需工作规则具有相应的强制效力。在这种背景下，经济基础要求上层建筑发生变化，即雇主与工人之间劳动关系的调整需要国家统治阶级的参与，需要国家意志的体现。因此，劳动关系开始进入国家立法调整的领域，雇主制定的工作规则通过国家立法授权的方式具有了以国家作为实施保障的强制力，以此来确认劳资双方的利益协调，约束劳动者的行为，对经济社会进行管理。因为作为雇主的资本家本身就是作为统治阶级的资产阶级，所以雇主制定的工作规则需要成为统治阶级意志延伸到劳动关系领域的触角，而国家立法授权就是最有力的方法。

同时，自由竞争时期的资产阶级，在经济上宣扬自由放任主义和自由贸易政策，反对国家干预经济生活。因此这一时期的立法实质上授予了雇主私人立法权，规章制度由雇主单方制定即可具有法律效力。立法对雇主制定的规章制度确认了较高的法律地位和较强的法律效力，在发生争议时其可以作为裁判的依据。立法对其限制性与强制性的规定较少，对雇主制定规章制度的内容往往不作规定或者仅仅是纲要性的规定。《法国劳动法典》和《日本劳动标准法》就是这一时期的典型代表[2]。

资本主义进入垄断资本主义后，国家立法对雇主规章制度的调整在德国、奥地利等国出现了新的变化。德国的垄断资本主义是容克地主和垄断资本的结合，劳动人民受到资本主义和封建主义的双重剥削，工人工资低，人民群众购买力低，这就导致了两个矛盾的加剧：一是工人运动不断，劳资之间的冲突频繁，严重影响社会秩序；二是国内市场狭小，争夺市场的斗争异常尖锐，供给与需求严重不平衡。第二次世界大战结束后，由于战争对社会经济的巨大破坏，上述两个矛盾更加突出。经济发展与政局稳定的需要促使新经济自由主义和凯恩斯主义的诞生。这两种理论都以劳资矛盾调和和社会安定为目标，强调政府

---

〔1〕 陶大镛：《社会发展史》，人民出版社 1982 年版，第 214 ~ 215 页。

〔2〕 滕晓春、孟师：“从习惯到契约：用人单位内部劳动规则的演进”，载《研究生法学》2007 年第 1 期，第 72 页。

在经济利益和经济权力方面应尽可能做到劳资双方公平〔1〕，通过对工人权利的确认和保障来缓和矛盾。同时，凯恩斯主义强调供需平衡，而作为市场购买主体的工人需求能力的扩大，也需要工人利益得到保障和维护。所以，德国二战后通过《企业委员会法》、《参与决定法》等一系列立法，建立劳资双方共同行使企业管理权的体制模式，雇主的内部规章制度由劳资双方共同决定，国家法律保证雇主规章制度中劳资双方利益的最大限度的平衡，保障工人利益一定程度的实现。雇主的规章制度不再因雇主的单方制定而生效，只能是劳资双方集体谈判协商一致后才能发生效力。由此可见，在德国立法中，雇主规章制度的法律地位下降，法律效力变弱。

发展到今天，从世界范围来看基本上为授权立法与集体协商并存的格局。由于进入信息时代后，各种情况瞬息万变，因此更为强调管理的效率，所以大多数国家立法对雇主规章制度多采取授权立法的调整模式，即授予雇主单方制定的权力。采取集体协商模式的典型代表仍然是德国。

二、用人单位规章制度效力的法理基础

（一）公平原则是利益平衡的基本理念

公平原则是指在民事活动中以利益均衡作为价值判断标准，在民事主体之间发生利益关系摩擦时，以权利义务是否均衡来平衡双方利益。公平原则要求合同双方当事人之间的权利义务要公平合理，要大体上平衡。

一个组织体是否能够和谐有序运行，关键在于其中各方利益是否能够得到良好平衡与协调，而这就要求各方权益分配的公平，要求各方权利义务以及责任设置的公平。在劳动关系中，所涉及的利益包括国家的利益、用人单位的利益和劳动者的利益，劳动者的利益自然需要保护，同时，只有国家政治稳定、社会安宁和经济文化发展，才能为劳动者劳动权的实现和用人单位的发展创造良好的外部环境；只有用人单位的利益得到了保障，才能更好地改善生产条件，改进经营管理，为劳动者提供更好的劳动条件。由此可见，这三方面的利益需要有效平衡，应当公平的实现和维护。由于劳动者与用人单位相比，处于弱势地位，因此劳动立法以及相关规章制度绝大多数采取保护劳动者的立场和倾向，更多地赋予劳动者权利，规定用人单位的义务，同时劳动合同、集体合同中也有许多法律规定必须具备的保护劳动者权益的规定。尽管用人单位处于强势地位，但用人单位的合法权益仍需公平的维护和实现，用人单位的经营管理自主权需要公平地得到体现和保障。因此，这就需要在劳动法律、劳动合同和集体

〔1〕邓大松："论战后德国社会保障发展及其意义"，载《经济评论》1998年第3期，第81页。

合同以外，能有一种规范来维护和实现用人单位的利益，从而达到利益的平衡，避免纠纷的发生。赋予用人单位制定规章制度的权利，也正是基于保障用人单位自主权，实现劳资双方权利义务公平协调的考虑。

（二）有序性是人类社会的普遍要求

秩序是人们社会生活中相互作用的正常结构、过程和变化模式，它是人们相互作用的状态与结果。任何时代的社会，人们都期望着行为安全与行为的相互适调，这一切都需要秩序的保障。如果没有了秩序，自由、平等、效率等价值就会受到威胁或缺乏必要的保障，其存在也失去了现实意义。由不同的人组成的社会要得以维系其存在与发展，就必须明确其基本的秩序形式。“历史表明，凡是在人类建立了政治或社会组织单位的地方，他们都曾力图防止不可控制的混乱现象，也曾试图确立某种适于生存的秩序形式。”[1] 任何社会、任何组织单位都需要秩序，也都存在着秩序，有序性是人类社会存在、发展的基本条件和普遍要求，是人类的天然需要与倾向。一个完全无序的社会是无法想象的，一个完全无序的组织是无法维系的。在“经济人”的假设下，每个人都趋向利益的最大化，并尽可能地规避风险。由于个体之间利益冲突的必然性，所以每个人不可能完全实现理想状态下的最大利益，最终应当是相互之间的利益妥协与平衡，而这就需要一种行为模式与规则来控制人们的行为，并对未来行为提供相对稳定的可预见性和可信性，从而达到整体满意的结果。

秩序作为人类社会和组织的普遍需要，主要是通过各类社会控制手段和形式，借助各种规则、制度来实现的。从内部来看，用人单位作为一个组织，其成员行为的规制、利益的调整需要稳定的标准和模式，其组织与管理需要“有章可循”，因此用人单位的存续和发展需要秩序的建立，需要有效的规则、制度的控制；从外部来看，用人单位作为一类人的集合体，是社会组成部分中一个十分重要的基本单元，用人单位这个单元的稳定关系到整个社会的稳定，因此用人单位理应遵循社会整体的秩序，受到社会整体的规制，这也需要规则、制度的控制。用人单位规章制度因用人单位成员意志而成，又代表和体现国家统治阶级的意志，是秩序建立和维护的有效控制手段。

（三）法律具体化是弥补法律缺陷的重要途径

现实社会的复杂性，多变性注定着法律永远不可能迈出自身具有局限性的圈子。尽管立法者是人类社会的精英，但仍然是现实社会中的客观存在，他们无法预见和认清事物发展的全部规律，无法考虑到全部因素与社会各个方面。

---

〔1〕［美］博登海默著，邓正来译：《法理学——法哲学及其方法》，华夏出版社 1997 年版，第 207 页。

法律的制定实际上是立法者经验的积累与理性思考的产物。而作为经验，必然又具有两个特性，一方面它是对已有事物的反映与总结，而不是对将来趋势与规律的预见，所以它注定具有落后性；另一方面它是对各种繁杂现象的高度抽象和概括，所以它注定了大多数情况下只能作出统一的而不是个性化的规定，不可能去考虑每一个个体的需要和特点。这种普遍性的规定，可能会导致个体正义或利益的牺牲与丧失。法律只有保持稳定性，才能具有可信性和可预见性，这就决定了法律应当是稳定的而不是朝令夕改的规则，相对固守的法律倘若遇到了个性化的发展，就会变得无所适从，失去原有的意义。

无论是用人单位还是劳动者，只要具体到个体，就都会有个别化的特殊目标设定，有各自不同的特殊情况，有相互冲突的利益追求。期待用原则性、抽象性、概括性的法律规定去调整"个别化"的用人单位与劳动者的权利与义务，是不现实的，即使法律条文数量无限扩大也难以做到，因为法律的"一般性"特征。因此，法律作用的实现要求法律具体化。一般来说，法律具体化主要有三种形式："一是直接赋予社会习惯、行业规则等法律效力，使其直接作为司法适用的根据；二是默许地方、单位有权制定规范性文件，将法律中抽象、概括的内容具体化、个别化；三是直接授权地方、单位可以根据法律的规定，将法律的抽象规定细化"。〔1〕

实际上，对于单位成员的"个性化"需求最为清楚，把握最为准确的自然是用人单位自己，用人单位规章制度的制定与效力的产生，是单位与其内部劳动者意志一致的结果，其最大的推动力就是单位成员的利益需求。从劳动领域和用人单位的范围来看，赋予用人单位自治权，让用人单位有权自主经营管理，用制定内部规章制度的方式将法律细化，从而对单位成员权利义务作出相对法律更为"个别化"的界定，这将有效地避免因法律的固有缺陷而导致的个体正义的牺牲和个体利益的无以维护。

三、用人单位规章制度的效力根据

前面我们探讨了用人单位规章制度效力的理论基础，分析了用人单位规章制度具有拘束力的合理性与必需性，那么这种拘束力又是如何产生的呢？在此，笔者将借鉴国际法学中的"效力根据"一词到对用人单位规章制度效力的研究中。"效力根据"一词在国际法学中，指的是："国际法的效力根据（the basis of international law）意指国际法何以对国家及其他国际法主体有拘束力"。〔2〕因此，用人单位规章制度的效力根据即用人单位规章制度的效力何以对用人单位

〔1〕 于帮存：《单位规章制度的法理分析》，苏州大学2008年硕士学位论文，第27页。

〔2〕 邵津主编：《国际法学》，北京大学出版社2000年版，第19页。

及其劳动者具有拘束力，其所要解决的问题是用人单位规章制度的效力是基于什么而产生。

（一）关于用人单位规章制度效力根据的学说分析

学界对用人单位规章制度的效力根据主要存在以下三种不同观点：

1. 法规说

法规说认为用人单位规章制度的效力根源于其具有法规的性质，无论劳动者对用人单位规章制度的内容是否知悉与同意，都要无条件地接受其约束，即用人单位规章制度的效力根据与劳动者意志表示无关。法规说在我国台湾立法以及大陆立法中都有所体现。我国台湾地区“内政部”对台湾原“工厂法”的解释中曾规定“规章制度事实上是由经营者或其使用者做出，虽需呈准主管官署但于制定时，并无咨询劳动者意见之义务，无揭示义务，以及并无罚则”。[1]这实际上是默示雇主规章制度无需劳工意志一致即具有效力。我国1982年发布的《企业职工奖惩条例》[2]“将企业规章制度纳入国家立法调整范畴，违反单位的劳动纪律或规章制度也就意味着违反国家的法律”。[3]

法规说又可以细分为两种：授权立法说和自治法说。所谓授权立法说，是指作为一种社会组织，用人单位从其依法成立之日起就被国家授予制定本组织内部规范的权力，制定内部劳动规范是一种授权立法。授权立法说认为用人单位规章制度的效力根源是国家立法为保障劳动者权益而对用人单位的授权，即“用人单位的规章制度之所以具有法的拘束力，不是因为众人对用人单位规章制度这个社会规范产生法的确信，而是因为‘劳基法’基于保护劳工的目的，乃赋予用人单位规章制度以效力，盖为使雇主及劳工遵守该规范，同时防免雇主恣意苛待劳工，赋予该规范的效力实有必要”。[4] 自治法说虽然主张用人单位规章制度具有法规的性质，但与授权立法说不同之处在于，这种学说认为用人单位规章制度的效力根据为“一厂之长为谋工厂发展而具有在本厂范围内的立法之权”[5]，即用人单位规章制度的效力无需法律授权，其本身即具有法律拘束力。自治权说的理论基础在于雇主对单位资本拥有所有权，基于存续发展的需要，雇主有权支配生产手段和设定劳动秩序，对单位内部与经营管理有关的一切事项诸如任免、薪酬、奖惩等享有自治权。基于这种自治权力，雇主单方

〔1〕 我国台湾地区“内政部”1975年9月23日台（75）内劳字第442697号函。

〔2〕 现已于2008年1月15日由国务院516号令废止。

〔3〕 陈亚：《用人单位规章制度的法律性质及立法模式探讨》，华东政法大学2007年硕士学位论文。

〔4〕 刘志鹏：《劳动法理论与判决研究》，元照出版公司2002年版，第266～268页。

〔5〕 史探径：《劳动法》，经济科学出版社1990年版，第236页。

制定的规章制度，本就应具有法的规范性，从而具有法的效力。

从社会管理和社会自治的角度来看，法规说具有合理性和必要性，但从法理角度来看，该学说有许多值得深究的地方。首先，无论是我国立法还是国外立法，均规定立法权专属于立法机关，西方国家立法机关为议会，我国立法机关为全国人民代表大会及其常委会。而对于授权立法，各国均规定只能是立法机关对行政机关的授权。所以，立法主体以及授权立法的主体，均为国家公权力机关，而用人单位作为私法人或非法人组织，本应属于法律规范的对象，而将其凭空拔高到法律的制定主体，将私权力提升到公权力的性质，尚缺乏法理基础。其次，法规说认为用人单位规章制度是法律渊源。但从法理上来看，“能够成为法律渊源的只有法律、法规、规章以及政策等对全社会有公示力并有约束力的规范，用人单位规章制度不具有全社会的公示力，性质上属于‘私’范畴”。[1] 另外，将用人单位规章制度赋予如此高的法律地位，倘用人单位滥用其权力，又该如何规制？不同用人单位之间立法权力的大小与效力等级如何评判？可见，法规说的法理依据尚显单薄。

2. 契约说

根据此学说，用人单位规章制度本质上是一种契约内容，其之所以具有拘束力，是因为用人单位与劳动者之间对由用人单位单方制定或变更的内容达成了意思一致的结果，即用人单位规章制度的制定仅仅是一种事实行为，其效力来源于用人单位与劳动者之间的合意，其效力的根据为契约的约束力。德国和奥地利的立法观念上对此学说亦有反映。德国1920年4月公布施行的《经营参议会法》（Betribstategesetz）中规定，在一企业内，受雇人与雇主于包括工作规则在内的特定事项有共同决定权，需双方达成一致之意见，否则不发生效力。[2]

根据是否需要与个体劳动者取得合意，契约说可以分为纯粹契约说和集体合意说。纯粹契约说以民法意思自治为基本原则，定位于个体本位，认为用人单位的规章制度在制定或变更后，只有在劳动者对其明示或默示同意后，才具有效力，且该效力只在用人单位与表示同意的劳动者之间发生效力，而对其他拒绝达成合意的劳动者之间不具有拘束力。集体合意说是对纯粹契约说的一种柔化，是对用人单位自治权与劳工保护之间的一种平衡。集体合意说虽然也主张用人单位规章制度的效力根据为劳资双方的契约，但它认为要求用人单位与每个个体劳动者均达成合意的要求有苛刻之嫌，不利于用人单位管理与经营的

---

〔1〕 郑尚元：“论劳动争议诉讼程序之完善——兼评最高人民法院法释［2001］14号”，载《南京大学法学评论》2003年春季号，第139页。

〔2〕 黄越钦：《劳动法新论》，中国政法大学出版社2003年版，第139页。

效率提高，所以此学说认为“鉴于工作规则统一规范劳动条件之现实，个别劳工对工作规则制定、变更之承诺虽有必要，但可由劳工集体意思予以同意，未由劳工集体意思之同意工作规则不发生法律效力”。[1] 我国《劳动合同法》第4条规定规章制度应由用人单位与工会或职工代表平等协商确定，这即是集体合意说的一种体现。

纯粹契约说是在全球范围内劳工运动高潮，经济危机动荡，民主与保护劳工权益呼吁浪潮高涨的背景下产生的，因此这种学说强调劳动者意志的最大限度地体现和对劳动者权益的保护，具有历史进步意义。但是，纯粹契约说的理论略显理想化，事实上实现的可能性较小。实践中，用人单位的规章制度绝大多数都为事先制定的，处于弱势地位的劳动者，尤其在目前供远远大于求的劳动力市场上，劳动者很难在契约签订之前或签订之时了解到用人单位的内部规章制度，即使了解到，如果表示不同意，那么最终结果往往就是退出劳动关系，而这对于劳动者的损失往往远远大于规章制度中的事项的不利程度。所以以此权衡，个体劳动者实质上少有拒绝的自由，更少有拒绝的实例。同时，从用人单位角度来看，无论制定或是修改规章制度内容，都动辄要求用人单位与每一个个体劳动者达成合意，且不说成本之大，效率低下，手续之繁琐也让多数用人单位望而却步，当然会想方设法规避，这样反倒不利于劳动者权益的保护，对企业的经营管理也是一种损害。与纯粹契约说相比，集体合意说在一定程度上起到了兼顾劳动者利益保护与用人单位实际需要的作用，既保障了劳动者意志表达与参与决定的权利，又避免了用人单位与每一个劳动者达成合意在实践中的成本与效率的损失，具有合理性。但任何一种理论都不是完美的，集体合意说在具体操作中也存在着困境，即用人单位规章制度采“共决制”时可能会产生法律冲突、陷入谈判僵局等问题，本文将在第四章第二节“用人单位规章制度的制定程序”中展开讨论。

3. 二分说

二分说实际上是对法规说与契约说的一种折衷，因此又可称为折衷说。根据二分说，用人单位的规章制度的内容可以分为两部分，“其一为关于工资、劳动时间等狭义之劳动条件部分，此部分必须获得劳工同意方能生效；其二为劳工就业时必须遵守之行为规律，此部分是雇主依其指挥命令权制定，只需告知劳工即能生效”。[2] 根据此学说，用人单位规章制度的效力根据被分成了两部

---

〔1〕 转引自刘志鹏：《劳动法理论与判决研究》，元照出版公司2002年版，第271页。参见浅井清信：《日本劳动法原理》（修订版），有斐阁1987年版，第221页以下。

〔2〕 郑尚元：《劳动合同法的制度与理念》，中国政法大学出版社2008年版，第345页。

分，一部分是基于劳资双方契约的拘束力，一部分是基于法律因用人单位的指挥命令权而对其的立法授权。

二分说对于现实中许多问题的解释能够发挥很好的作用，但这一学说也存在过于理想化的问题，问题的关键在于用人单位的规章制度在具体个案中应按何种标准来进行划分，不同单位、不同地区甚至不同国家的标准如何界定。实际上，规章制度中的内容往往兼涉用人单位的指挥命令权和双方契约合意两部分，如果硬生生地将二者"撕开"，则有可能会破坏用人单位规章制度的整体性，这又将给司法裁判对劳动争议的裁决制造难题，因为对于某一部分内容之裁定可能会"牵一发"而动其他乃至"全身"，一个争议的解决反而会引发更多的争议，这样的结果是难以想象的。

（二）对用人单位规章制度效力根据的再认识

有不少学者认为用人单位规章制度之所以具有效力，是因为用人单位规章制度可以定性为一种格式化条款，从而作为劳动合同的附件，用人单位规章制度因劳动合同具有效力而产生效力。笔者倾向于这种观点，即认为用人单位规章制度实际上是劳动合同的附件，其效力根据是劳动契约。对其理由我们可以从两个方面来看。

一方面，从用人单位对劳动者管理权的产生来看。用人单位可以对劳动者在用人单位内部进行管理和指挥命令，并不是因为用人单位的地位高于劳动者，实际上劳动者与用人单位均为私法主体，在劳动关系中，用人单位与劳动者的地位是平等的。用人单位之所以享有这样的权力，根据董保华教授的观点，实际上是基于劳动者对其劳动力支配权的让与。劳动者提供劳动的直接目的首先是获取报酬从而满足生存需要。劳动者要提供劳动就需要生产资料，但生产资料的所有权归用人单位所有。劳动者需要将其劳动力的支配权与用人单位的生产资料的使用权进行交换，然后使劳动力的价值得以实现。劳动者是其劳动力的所有者，更是其劳动力的载体，因此用人单位对劳动力的支配是通过对劳动者的管理与指挥命令权实现的。用人单位的规章制度最主要的内容和最重要的作用即为用人单位管理和指挥命令权行使的具体依据。从这个角度笔者认为，用人单位规章制度之所以产生相应效力，本质上是劳动者对劳动力的支配权与用人单位生产资料使用权相交换的产物。而"劳动者劳动力支配权的让与是通过与用人单位签订劳动合同来做出承诺的，即劳动者放弃劳动力支配权的承诺书是劳动契约，因此用人单位规章制度的效力来源于劳动契约"。[1]

---

〔1〕董保华、陈亚："用人单位规章制度的法律性质及立法模式"，载《劳动合同研究》，中国劳动社会保障出版社2005年版，第171页。

另一方面，从用人单位规章制度的形式特点来看。我国《合同法》第 39 条第 2 款规定：“格式条款是当事人为了重复使用而预先拟定，并在订立合同时未与对方协商的条款。”从这个法条中可以看出，格式条款具有三个主要特点：其一，格式条款由一方当事人预先拟定。此处的预先拟定法律上做扩大解释，即不限于一方当事人自己事先拟定，也包括一方采用第三人拟定的格式条款；其二，格式条款适用的对象具有广泛性，适用的时间具有持久性。即格式条款面临的对象往往属于人数众多的群体，效力作用的时间往往较长，并非短期内就会失效；其三，格式条款具有定型化特点，即订约时格式条款的对方只有概括接受或者放弃的权利而无协商的权利。反观用人单位的规章制度，现实中为了实现用人单位的自治权，所以用人单位的规章制度基本上都为用人单位单方制定；用人单位的规章制度适用的对象是单位内部的劳动者，属于一个多数人的集合体，而为了维护经营管理的稳定，其适用的时间也往往是长久和持续的；用人单位的规章制度往往以员工手册、管理条例等形式，在用人单位与劳动者缔结劳动契约时一并概括性规定。倘若劳动者认为规章制度中内容对其有所不利，实践中无法与用人单位进行协商修改，只能拒绝，劳动契约当然无法缔结成功。因此，用人单位规章制度具有标准化契约的形式特征。由实践习惯来看，用人单位的规章制度基本上都是作为前置或者后置的附本，在用人单位与劳动者缔结合同时，一并与劳动合同交与劳动者。劳动者在选择接受或者拒绝用人单位规章制度的同时，实际上也是在选择劳动合同的缔结与否。即劳动契约缔结生效后，实际上用人单位规章制度也得到了劳动者的接受，具有了效力。当然这一切的前提是不能违背法律的禁止性与强行性规定。

将用人单位规章制度作为劳动合同的附件，主张其效力根据为劳动契约，这样首先可以避免法规说将用人单位规章制度看作授权立法或者立法的产物，而陷入法理上私人能否作为立法主体的难题，同时，因为用人单位规章制度作为劳动合同的附件，在劳动契约生效时即可一并解决其效力问题，用人单位只需劳动者做出一个承诺即可，这就避免了纯粹契约说要求用人单位与每个个体劳动者就规章制度中全部内容均达成合意的繁琐，增加了现实可操作性，因为定型化契约及格式条款最大的优势就在于效率的提高与成本的节约。并且由于劳动者接受和拒绝为概括性，所以这也有利于用人单位综合整理各种因素，合理有效地经营企业，从而将用人单位经营管理的自治权发挥到最大限度，促进企业规模的扩大和效益的提高，而这最终也将有利于劳动者利益空间的提升。

不过，我们也必须看到，若将用人单位的规章制度作为劳动合同的附件，那么在现实社会经济中，我们还必须加强两个方面的完善：我国立法中对于格式条款的相关规定还略显单薄，只有将格式条款的相关立法规制不断完善，这样利用格式条款的规定来解决用人单位规章制度的相关问题才会更加容易；另外，由于用人单位规章制度在劳动者缔结劳动契约时一并承诺，所以保障劳动者权益的一个重要前提是，劳动者在缔结劳动契约时对规章制度的内容能够尽可能地了解与知情，而这需要劳动者法律意识的提高，更需要用人单位充分履行告知与解释的义务，劳动立法也应相应地完善这方面的规定。总之，只有从劳动者和用人单位两个方面的利益权衡考虑，以公平理念为最首要的指导原则，才能使用人单位规章制度为劳资双方所接受，并真正发挥其秩序规范的作用。

四、用人单位规章制度效力的确认

既然肯定了人单位规章制度具备效力并且探究了这种效力产生的基础，那么就应当在规章制度制定完毕后将这种效力得以最大限度的发挥和实现，而这首先需要认清在什么条件下用人单位规章制度的拘束力才可从字面变为现实，即用人单位规章制度的决定程序；其次，关于劳动关系的规范还有很多，比如劳动合同、劳动法律以及各个地方的劳动规章等，那么在实践过程中用人单位规章制度与其他规范发生冲突时效力该如何确定；此外，用人单位规章制度也非一成不变，当用人单位规章制度发生变更尤其是在这种变更不利于劳动者时，新旧规定的效力又该如何确定，这三个方面即是用人单位规章制度效力的确认问题。

（一）用人单位规章制度的决定程序

用人单位当然属于其规章制度的制定主体，劳动者也当然具有民主参与协商和表达意见的权利。但是劳动者是否也可以作为制定主体，即职工或工会是否具有决定权呢？也就是说用人单位规章制度的决定程序究竟是劳资双方“共决”还是用人单位“单决”？

从其他国家的立法情况来看，目前只有德国规定企业劳动规章的制定采取“共决制”，而大多数国家普遍倾向于单位“单决权”，对于职工则只规定了表达意见和平等协商的权利，以此来进行监督和制约。《劳动合同法》出台以前，我国对规章制度制定的立法倾向为用人单位具有劳动规章制度的制定权，且该制定权为“单决权”。《劳动法》第4条规定：“用人单位应当依法建立和完善规章制度，保障劳动者享有劳动权利和履行劳动义务。”该条文明确规定用人单位有权制定劳动规章制度。同时，《劳动法》第8条规定：“劳动者依照法律规定，通过职工大会、职工代表大会或者其他形式，参与民主管理或者就保护劳动者合法权益与用人单位进行平等协商。”《工会法》第38条规定：“企业、事业单位研究经营管理和发展的重大问题应当听取工会的意见；召开讨论有关工资、福利、劳动安全卫生、社会保险等涉及职工切身利益的会议，必须有工会代表参加。”从这两个条款可以看出，我国立法仅仅规定了劳动者表达意见和参与协商的权利，而没有表明劳动者对规章制度的制定也有决定权，所以，用人单位的决定权是“单决权”。

然而《劳动合同法》实施后，这一情况发生了改变。《劳动合同法》第 4 条第 2 款规定：“用人单位在制定、修改或者决定有关劳动报酬、工作时间、休息休假、劳动安全卫生、保险福利、职工培训、劳动纪律以及劳动定额管理等直接涉及劳动者切身利益的规章制度或者重大事项时，应当经职工代表大会或者全体职工讨论，提出方案和意见，与工会或者职工代表平等协商确定。”将这一条款与以前的法律规定进行比较就会发现，《劳动合同法》将“平等协商”、“听取劳动者意见和建议”改成了“讨论……平等协商确定”，工会和职工在制定劳动规章制度过程中的权利得到扩大，在劳动者原有协商权和建议权的基础上，又赋予了其决定权，从而单位规章制度的制定由原来的“单决”变成了“共决”。

《劳动合同法》第 4 条第 2 款的规定，使劳动者可以实质性地参与用人单位的管理过程。这对于防止用人单位滥用规章制度制定权损害劳动者利益和推动民主都具有重要意义。但是，“共决”体制在实践中却遇到了种种难题。

第一，与《公司法》产生立法冲突。

《公司法》对规章制定权的规定：《公司法》第 47 条第 10 项规定，“董事会对股东会负责，行使制定公司的基本管理制度的职权”；第 50 条第 5 项规定，“有限责任公司可以设经理，由董事会决定聘任或者解聘。经理对董事会负责，制定公司的具体规章。”

《公司法》对职工参与权的规定：《公司法》第 18 条第 3 款规定：“公司研究决定改制以及经营方面的重大问题、制定重要的规章制度时，应当听取公司工会的意见，并通过职工代表大会或者其他形式听取职工的意见和建议。”

从《公司法》的角度来看，当公司决定劳动规章时，工会和职工代表仅仅是列席会议和发表意见，没有表决权。公司规章制度的决定权是一种“单决权”，完全归属于董事会、经理。这就与《劳动合同法》规定的“共决权”出现了不协调的地方。那么，当公司作为用人单位制定劳动规章制度时，究竟应按照哪一部法律来操作？发生劳动争议时，法院又该以哪一部法律来作为裁判的标准呢？这就需要对法律条文冲突时的优先性作出判断。

法律条文的优先性问题，实际上是法律的效力等级或层次判断。对于相冲突的法律条文，首先应当比较它们的制定主体，即全国人大作为制定主体效力等级高于全国人大常委会，全国人大及其常委会作为制定主体效力等级高于国务院，全国性的法律效力等级又高于地方。《公司法》与《劳动合同法》的制定主体都是全国人大常委会，所以从制定主体上来看无法比较。那么此时就应当适用“特别法优于一般法，特别规定优于一般规定”的原则。特别法、特别规定是根据某种特殊情况和需要所制定的专门调整某种特殊社会关系的执法依据，其对特定主体、事项，或在特定地域、特定时间有法律效力。一般法、一般规定是为调整某一类社会关系而制定的，有普遍效力的执法依据。当同一效力等级的执法依据相互矛盾或者执法依据有特别规定时，应当按照特别法优于一般法的原则，可优先适用特别法。笔者认为，《公司法》对于规章制度制定权这一事项的规定，相对于《劳动合同法》应当是特别规定。《劳动合同法》中的“用人单位”涵盖的范围很广，包括中华人民共和国境内的企业、个体经济组织、民办非企业单位等组织，公司只是可以作为用人单位的若干主体中的一种。《公司法》对于规章制度制定权限的规定，是特指公司作为用人单位的情形，所以应为特别规定。公司因其特有的建立、组织、运营和管理结构与模式，理应区别于其他用人单位，董事会、经理有权制定规章管理制度，劳动者可以通过行使股东权利或者通过监事中的职工代表来进行监督和约束。

第二，容易陷入谈判僵局，束缚企业管理灵活性。

平等协商的表现形式和途径主要是谈判，有谈判就有可能会产生谈判陷入僵局的结果。既然《劳动合同法》要求单位规章制度由劳资双方平等协商“共决”来确定，那么就有可能出现这样的情况：用人单位与劳动者对谈判协商的问题所涉及的利益要求差距较大，而各方均不作出利益妥协让步，致使双方无法协商一致达成合意，从而形成对峙，使谈判呈现出一种进退不能的僵持局面。[1] 这种现象在实践中是不可避免的，并且呈不断上升的趋势。

谈判僵局如果不加以限制和解决，将会严重影响用人单位的正常用工管理。在劳动关系中，主要的权利义务依据为劳动合同、集体合同和用人单位规章制度。而劳动合同、集体合同均为劳资双方“双决”或“共决”，体现用人单位经营和管理自主权的只有用人单位的规章制度。而现在用人单位又丧失了单方决定权，那么用人单位的自主权与灵活性又通过什么来体现和实施呢？同时，市场经济条件下，劳动者也具有“经济人”的角色特征，当然也具有追寻利益最大化的趋向，如果劳动者为了实现可能并不合理的利益，而无限期地将谈判置于无法达成合意的僵局状态，那么用人单位的管理秩序该如何保障呢？《劳动合同法》和最新颁布的《劳动合同法实施条例》都没有对这些问题作出规定，《劳动合同法》第4条成了悬在用人单位头上的一把利剑。

对于谈判僵局的解决，一方面应尽快完善立法，对于“共决”体制具体操

---

〔1〕 廖名宗：“制定劳动规章制度谈判僵局问题研究”，载《特区经济》2008年第10期，第247页。

作细节作出明确规定，另一方面，在目前实践操作中，在谈判双方都不愿作出让步的情况下，第三方介入不失为一种可行的解决办法。该第三方介入的首要条件是，其与劳资双方应当无利害关系，这样才能保证利益分配的公平公正。其次，该第三方应具有公信力，这样最终处理的结果才能具有适用的效力。另外，该第三方最好拥有一定的裁判权力，这是因为谈判僵局如果难以通过调解化解，那么由第三方及时作出裁判，从而避免谈判僵局“久调不决”，使劳动关系尽快稳定，用人单位的管理尽快步入正轨。从上述第三方的条件来看，当前劳动行政部门、劳动仲裁部门和人民法院应当充当起这样的角色。劳动行政部门充当“调解员”的角色，可以为劳资双方提供解决方案，以政府的公信力来进行利益协调，如果调解成功，劳动行政部门应制作调解书，在送达劳资双方后生效。倘若调解不成，那么劳资双方可以就此申请劳动仲裁，劳动仲裁部门不应以制定劳动规章制度属于用人单位内部管理领域的纠纷而不予受理。人民法院则作为“终结者”，如果劳资双方对于仲裁裁决存在争议，那么可以诉至人民法院，由人民法院最终作出裁判。

第三，我国工会现状尚不具备实施“共决”的现实可行性。

如果要施行“共决”制度，那么不可避免地会需要劳资双方的集体谈判或协商，而劳动者很难做到每个个体都参加到谈判与协商的过程中，其利益愿求并且权利的行使基本上都是通过工会组织来反映和实现的。因此，工会能否真正代表和体现劳动者的利益和权利是“共决”制度能否落到实处的关键。

我国目前无论是《工会法》还是劳动法律仅仅只是规定了工会具有代表和维护职工利益的职责，但是均“没有为工会履行维护职工的合法权益的职责提供必要的保障，工会无论是在人事关系上，还是在办公用品、活动经费等物质条件上都不能完全独立于企业，这就使得工会在履行职责过程中处于两难的境地，思想上存在很大的包袱”。[1]，这样就会使得工会在与用人单位协商谈判的过程中，无法为劳动者利益据理力争，更多的时候仅仅是在完成一种形式或者程序，甚至实质上被用人单位所操纵。因此，经济、人事上不独立，履行职责缺乏法律保障，工会就不能真正成为职工利益的“代言人”和“维护者”。

同时，职工代表、工会维护自身利益的素质和能力也有待提高。一些职工代表大会或者工会脱离实际，或者并不清楚如何维护和实现自身权益，要么是照抄劳动法律或者集体合同，要么就漫天提出各种要求，这样与现实情况相脱节，用人单位缺乏履行的可能性，劳动者的利益实际上也无法得到实现和维护。

---

〔1〕 陆慧:《集体谈判制度中的主体问题研究》，广西大学 2006 年硕士学位论文，第 18 页。

笔者认为，将规章制度规定为用人单位与工会和职工代表共同决定是一种对单位滥用经营管理自主权的矫枉过正的做法。对用人单位自主权和灵活性的过分限制最终也是对劳动者长远利益的损害。况且，我国集体谈判制度尚不及其他劳动立法完善发达的国家，相比较而言，更不具备实施“共决”的基础和条件。

（二）用人单位规章制度与劳动合同、集体合同的效力关系

用人单位规章制度与劳动合同、集体合同都是确定劳动关系当事人双方权利义务的重要依据，都是调整劳动关系的重要手段。实践中用人单位规章制度与劳动合同、集体合同经常会发生重合的现象，所谓三者之间的效力关系问题，主要是在三者对劳动条件都有规定时所应当如何适用的问题。对于这一问题，国外倾向于以一定的标准来限制雇佣规则的适用，以最大限度保护劳动者的利益。一些国家立法中有明确的规定，如《韩国劳动基准法》第 99 条第 1 款规定，“雇佣规则不得违反法令或作业场所的团体协约”；我国台湾地区的“劳动基准法”第 71 条规定，“规章制度，违反法令之强制或禁止规定或其他有关该事业适用之团体协约规定者，无效”。那么我国大陆地区对此是如何协调的呢？

1. 我国立法现状及存在的问题

第一，国家立法缺乏明确规定。

我国现行的《劳动法》和《劳动合同法》，以及 2008 年 9 月 18 日最新公布的《劳动合同法实施条例》均没有对用人单位规章制度与劳动合同、集体合同的效力问题作出明确的规定。纵观整个立法体系，只有 2006 年 10 月开始实行的《最高人民法院关于审理劳动争议案件适用法律若干问题的解释（二）》第 16 条规定：“用人单位制定的内部规章制度与集体合同或者劳动合同约定的内容不一致，劳动者请求优先适用合同约定的，人民法院应予支持。”

该司法解释通过赋予劳动者自由选择权的方式，来解决单位规章制度与劳动合同、集体合同的效力冲突问题，其本意是为了让劳动争议处理结果能更有利于劳动者，但实际结果可能会导致不合理的情况出现。一方面，该解释可能会损害用人单位的合法权益。单位规章制度是用人单位管理的基础依据，是维持用人单位正常运行的基本手段。如果法律允许劳动者自由选择适用对其有利的劳动合同，那么就有可能导致同样是单位与劳动者合意结果的规章制度处于一种效力不稳定的状态，造成管理上的混乱。这样不但在实践中缺乏可操作性，而且还会使用人单位难以进行有效的管理，从而损害用人单位的合法权益。另一方面，该解释可能会损害用人单位其他劳动者的利益。单位规章制度是劳动者集体与用人单位的合意结果；而劳动合同则是劳动者个体与用人单位的合意结果。在整体利益既定的情况下，如果根据《司法解释二》的规定，劳动者有权选择适用劳动合同的约定，这样虽然保护了劳动者个体的利益，但可能会因

此影响整体利益，从而影响其他劳动者利益的获得。另外，从私法自治的角度来看，当事人对于约定有权通过协商一致的方式进行变更，如果对同一事项约定不一致的，后一个约定则应视为对原约定的变更，应当适用后一约定。《劳动合同法》第 4 条规定单位规章制度为劳资双方“共决”，所以单位规章制度和集体合同两者都是集体合意的结果，如果两者就同一个问题约定不一致，这实质上是后一个约定对前一个约定的变更。因此，不论是单位规章制度变更还是集体合同变更，当然应以变更后的为准，这才能体现私法自治原则。[1]

第二，地方立法过于绝对化。

我国一些地方立法对用人单位规章制度与集体合同、劳动合同发生冲突时如何处理的问题进行了规定，但往往一概规定集体合同的效力高于劳动规章制度，不够细致，缺乏区分。如《湖南省集体合同条例》第 4 条第 3 款规定：“用人单位制定的规章制度不得与集体合同相抵触。”第 35 条规定：“用人单位制定的规章制度与集体合同相抵触的，由劳动行政部门责令限期改正。”《江苏省劳动合同条例》第 47 条第 3 款规定：“用人单位规章制度与集体合同不一致的，按照集体合同执行。”《山西省企业集体合同条例》第 5 条规定：“依法签订的集体合同对用人单位和用人单位全体职工具有约束力，用人单位制定的规章制度不得与集体合同相抵触。”

上述立法均规定用人单位制定的规章制度不得与集体合同相抵触，如若规章制度与集体合同不一致，一律适用集体合同。这样规定实际上是基于一个假设前提，即集体合同的规定更有利于保护劳动者的利益。但现实情况复杂多变，在一些单位规章制度与集体合同冲突的情形中，规章制度所规定的劳动者的利益反而要高于集体合同。此时如果仍一律适用集体合同，当然损害了劳动者的利益，也违背了保护劳动者权益的立法初衷。地方立法的这些规定，没有明确具体条件，过于绝对化的规定使适用缺乏灵活性和选择的余地，忽视了用人单位的规章制度可能对劳动者更有利的情况。此外，地方立法往往只规定了单位规章制度与集体合同之间发生冲突时的解决办法，而对于单位规章制度与劳动合同发生冲突时的解决办法却少有规定。

2. 单位规章制度与劳动合同、集体合同冲突的解决原则

我国学界有人主张用人单位规章制度是用人单位的基本准则，其全体成员都必须遵守，其效力要高于集体合同和劳动合同的效力；也有人主张用人单规章制度是由用人单位单方制定的，而劳动合同是用人单位与劳动者的双方协商

---

[1] 廖名宗：“论劳动规章制度与劳动合同和集体合同冲突的解决原则”，载《中国司法》2008 年第 7 期，第 103 页。

一致达成合意的行为，因此用人单位规章制度的法律效力低于劳动合同，而劳动合同的效力又低于集体合同，因此推出用人单位规章制度的效力低于集体合同；目前许多学者倾向于“有利原则”，以劳动者利益的高低为效力评判的标准，即哪一个对劳动者更有利，就适用哪一个，即“就高不就低原则”。

笔者认为，以上几种观点都有其合理性，但其评判标准均略显单一，考虑因素不足，容易导致绝对化和不合理的情况发生。在此，笔者提出单位规章制度与劳动合同、集体合同发生冲突时效力确定的两个原则——法律保留原则与修正的有利原则。

第一，法律保留原则。

法律保留原则兴起于19世纪末的德国，由著名行政法学家奥托·迈耶首创，他指出，“……在特定范围内对行政自行作用的排除称之为法律保留”。[1]法律保留原则其本意是指对于影响人民自由权利之重要事项，没有法律之明确授权，行政机关即不能合法作成行政行为。在我国《立法法》中，法律保留表现为国家专属立法权，是指在多层次立法的国家中，有些立法事项的立法权只属于法律，法律以外的其他规范，一律不得行使。根据所需立法机关授权的程度，法律保留可以分为法律绝对保留、相对保留和无法律保留。

我们借鉴法律保留原则来对用人单位规章制度的效力进行确认，指的是在单位规章制度与劳动合同、集体合同发生冲突时，首先要看的是单位规章制度对冲突的事项是否有权作出规定。对于法律绝对保留的事项，只能由法律或者劳动合同和集体合同作出规定，单位规章制度不能作出规定；对于法律相对保留的事项，只有在法律有相关授权的情况下，单位规章制度才可以作出规定；对于无法律保留的事项，单位规章制度可以作出规定。因此，单位规章制度适用的前提是其规定的事项必须是无法律保留事项，或者是有授权的相对保留事项。

第二，修正的有利原则。

现实中处理单位规章制度与劳动合同、集体合同冲突时采用比较多的“有利原则”，的确具有很强的可操作性，并且在大多数情况下可以很好地保护劳动者的利益。但如果单纯将规章制度与劳动合同、集体合同进行比较，判断哪一个对相关劳动者利益的规定更为有利，则有可能会导致损害用人单位合法权益，并最终损害其他劳动者利益的结果。比如用人单位在规章制度中规定每年向劳动者支付年终奖金20 000元，而在劳动合同或集体合同中用人单位与劳动者约

---

〔1〕［德］奥托·迈耶著，刘飞译：《德国行政法》，商务印书馆2002年版，第72页。

定在某特定年限内停止支付年终奖。之所以有这样的约定，是因为在该段时期，用人单位由于不可抗拒的客观因素如市场、国际金融环境等，效益急剧下降，资金严重匮乏，确实无力支付。如果此时仍简单地按照“有利原则”要求单位按规定支付年终奖的话，很有可能导致用人单位资不抵债，甚至倒闭破产，这样不但该个体劳动者的利益可能难以实现，而且还会使其他劳动者失业，利益受损。在这种情况下，“有利原则”反而造成了“不利后果”。

出现上述情况的原因就在于，单位规章制度与劳动合同、集体合同发生冲突的原因并不全都是用人单位的过错或者损害劳动者利益的故意，有时是基于合理的理由。所以，如果简单地按照“就高不就低”来适用“有利原则”，就有可能会事与愿违，损害企业合法权益，最终损害劳动者的利益。因此，笔者认为在适用“有利原则”的时候，不能单纯地对所规定的单个劳动者的利益进行“高低”比较，而是应当增加判断的标准和考虑的因素，不是只考虑单个劳动者的利益，而是更多地考虑劳动者长远、整体的利益，考虑劳动者利益实现的可能性，并且也要保护企业的合法权益。例如是否损害了用人单位的合法权益，冲突发生的事由是否是基于不可抗力的合理原因，是否会导致其他劳动者利益受损等等。

（三）用人单位规章制度不利变更的效力

在市场经济条件下，尤其是全球化不断加深的背景下，用人单位面临着众多风险和不确定因素，因此用人单位的规章制度不可能是一成不变的。用人单位基于自主经营管理权而对规章制度进行的变更，是现实中常见、频繁的情形。对于这种情形根据其变更的结果又可以分为三种情况。一种是单位规章制度的变更对劳动者的利益没有实质性影响，这往往属于单位相关制度的调整性变更，不会引发争议；一种是单位规章制度的变更对劳动者的利益起到了实质性的增加，那么在这种情况下自然会受到劳动者的支持，双方皆大欢喜；最后一种就是最容易引发劳动争议的情况，即单位规章制度的变更对劳动者产生了不利的后果。此时必然会引发劳动者满意度的下降，劳动争端发生的可能性增大。同时，用人单位的单位规章制度变更后加入的新员工与之前的老员工，对于变更后的规章制度如何使用，也很容易引发劳动争议。由此可见，单位规章制度不利变更的效力问题具有现实意义。

关于规章制度的不利变更问题，我国立法中尚没有明确的规定。笔者认为，对于单位规章制度变更后新入职的员工，适用变更后的规章制度是没有问题的。这是因为劳动者与用人单位签订的劳动合同中往往已经包含规章制度的内容，或者单位的规章制度以员工手册、管理协议、员工管理制度等形式作为劳动合同的附件，在员工入职时已经签字确认，所以从契约的角度来说，双方对于变更后的规章制度已经协商一致并达成合意。其他国家立法基本也是采用这种做法。如《韩国劳动基准法》规定，“……雇佣规则变更事项对原劳动者不发生效力，但对变更后建立劳动关系的劳动者当然发生效力”。[1]

而对于单位规章制度变更前的老员工来说，笔者认为，发生规章制度不利变更后，首先采取的解决方式应当是用人单位与劳动者之间的集体谈判，“工作规则不利益变更之本质乃是关于集体劳动条件之劳资之间的集体利益纠纷，本来就应当由劳资合意来解决此一问题”。[2] 市场经济条件下，不同行为主体之间复杂多变的关系使得通过规范来进行调整变得越发困难，再精细的立法规定，再具体的立法条文，也很难覆盖劳动关系主体的全部行为。集体谈判是劳动者参与单位管理决策的重要途径，也是工业化民主的最有效的实现方式。作为规章制度变更的两头——用人单位与劳动者，在合法的前提下，对所涉及利益的平衡要胜过任何法律条文的规定，效率与资源的节省要超过任何法院的裁判。在私法自治理念的指导下，用人单位与劳动者作为两个权利对等的独立主体，通过谈判协商与利益妥协的方式，可以更有效地化解劳资冲突，这样也节省了诉讼成本，并且有利于和谐劳动关系的建立。《韩国劳动基准法》就规定，“如果使用者变更的雇佣规则对劳动者不利时，必须事先得到劳动集团的同意”。[3] 由此可见，单位规章制度不利变更效力确认的关键和核心应当是单位规章制度变更过程，即是否与多数工会、劳动者之间存在合意。[4] “从工作规则变更过程及合理性双重视角把握工作规则变更之正当性和合法性乃是最终出路”。[5]

用人单位未与或未能与劳动者协商一致，而单方对规章制度作出不利变更的，原则上不对劳动者发生效力，但笔者认为，对此排除也存在着例外，在一些特殊情况下对反对的劳动者仍然发生效力。存在例外的原因在于，我们对规章制度效力无论确认与否，都是为了劳动者的利益最终能够得到保护和实现，所以在有些特殊情况下，虽然从表面上看规章制度的变更暂时对劳动者不利，但从长远来看却能够有利于用人单位的存续和发展，从而能更好地实现劳动者的利益。而且从公平角度出发，有时也需要平衡和保护用人单位的合法利益。这些特殊情况主要有：

---

〔1〕 王益英：《外国劳动法和社会保障法》，中国人民大学出版社 2001 年版，第 49 页。

〔2〕 郑尚元：《劳动合同法的制度与理念》，中国政法大学出版社 2008 年版，第 348 页。

〔3〕 王益英：《外国劳动法和社会保障法》，中国人民大学出版社 2001 年版，第 49 页。

〔4〕 王能君：“工作规则不利益变更之法律效力——‘最高法院’1999 年度台上字第 1696 号民事判决评释”，载《劳动法裁判选集》（四）我国台湾地区“劳动法学会”2006 年 3 月，第 79 页。

〔5〕 郑尚元：《劳动合同法的制度与理念》，中国政法大学出版社 2008 年版，第 348 页。

第一，单位规章制度变更具有合理性与必要性。

变更具有合理性与必要性是适用规章制度不利变更的最重要、最有力也是最常见的原因。这里面包含两层含意。首先，规章制度的不利变更必须满足合理性，即基于正当的理由。所谓合理，包括目的和期限两个判断标准。目的标准指的是单位作出不利变更的目的应当是为了用人单位自身的存续。为了防止用人单位以此为借口随意作出不利变更，也为了增加可操作性，实践中一般指由于用人单位自身原因以外的经济环境、市场等不可抗拒的因素，而导致用人单位出现经营严重困难、资金严重紧张匮乏存在破产风险，或者指用人单位面临突发性的重大危机，包括经济危机、信誉危机、公关危机等危机事件。期限标准指的是该不利变更应明确效力期限，或者表明待将来形势转好、危机消除后应废止该不利变更。其次，规章制度的不利变更必须满足必要性，即必须证明该变更是迫不得已而为之的举措。在合理性理由的前提下，如果用单位能够采取其他方法度过危机和困境，那么就不应当采取牺牲劳动者当前利益的方式，只有在其他手段无法采取或采取其他手段尚不足以解决的情况下，该不利变更才满足必要性的要求。

第二，单位的补偿性措施或承诺与劳动者不利的损失程度相当。

用人单位为了劳动关系的稳定，在对规章制度进行不利变更的时候，往往会对劳动者以各种形式作出补偿，或者承诺在将来特定时间内进行补偿。如果用人单位的补偿措施与规章制度不利变更给劳动者的造成的损失可以相抵消，那么实质上劳动者的利益并没有受到损失或者损失很小，此时应当可以承认单位规章制度不利变更的效力。但需要注意的是，用人单位对将来补偿的承诺必须具有可实现性，并且应当明确实现的具体期限，避免成为“空头支票”，欺骗和损害劳动者的利益。

第三，变更后规章制度内容的社会相当性。

有时尽管用人单位既没有发生经营上的困难，规章制度的修改又对劳动者造成了不利影响，但也存在着适用的可能。这是因为有些时候规章制度变更后的内容仍能达到同行业其他用人单位的一般水平，或者仍能够与用人单位所在地区的社会一般状况相适应。那么此时实际上该规章制度的不利变更，是对劳动者在变更前获得的相对较高利益的一种平衡。劳动者既得利益水平在社会一般水平之上呈曲线性波动也是经济规律的一种体现。

结 论

用人单位规章制度作为一种复杂社会关系的体现，不仅集中反映了劳资双方的意志，也体现了国家统治阶级对劳动关系的调整和对双方利益的分配。基于秩序的需要、社会自治的实现和法律具体化的要求，用人单位规章制度具备了对用人单位成员具有拘束力的法理基础。劳动者为了获取生产资料进行劳动，将其劳动力的支配权与用人单位的生产资料使用权进行交换，从而用人单位获得对劳动者进行人事管理的权力，进而获得制定管理依据的权力，由于这种管理依据适用的对象为多数劳动者，适用的期限多为长期，并且用人单位对劳动者从整体上进行管理，因此这种管理依据往往以格式条款或定型契约的形式存在。是否同意用人单位规章制度中的内容，成为劳动者是否让与其劳动力支配权，即接受用人单位管理的一个考虑因素，因此将用人单位规章制度作为劳动契约的附件在劳资双方签订劳动契约时由劳动者概括做出承认或拒绝的表示。正是基于此，笔者倾向于将用人单位规章制度作为一种格式化文本，定性为劳动契约的附件，将其效力根据解释为劳动契约。对于用人单位规章制度效力的确认，倘若简单地一刀切，不区分劳资双方的具体情况，尽管从表面上、从短期来看，有利于劳动者，但极有可能使用人单位受到削弱甚至丧失正常存续和发展的能力，从而从长远上、在实质上损害劳动者的利益，并且致使劳动者的既得利益无法得到实现。因此，对于用人单位规章制度的效力确认，要综合考虑社会经济、具体事由合理性与合法性、劳动者长远利益保护、用人单位存续发展必须性等各种因素，做到对眼前与长远、劳动者利益与用人单位合法权益保护的最大平衡。

用人单位规章制度被赋予效力，其目的莫过于建立和发展国家干预下的劳资双方平等协商、互助合作的和谐的劳资关系，并贯彻对劳动者合法权益的保护政策，最终实现社会经济的和谐与发展。这也是本文的写作目的和我们不懈奋斗的目标。

参考文献

一、专著类

1. 郑尚元主编：《劳动法学》，中国政法大学出版社 2004 年版。

2. 王昌硕主编:《劳动法教程》，中国政法大学出版社 1995 年版。

3. 董保华主编:《劳动合同研究》，中国劳动社会保障出版社 2005 年版。

4. 苏永钦:《走入新世纪的私法自治》，中国政法大学出版社 2002 年版。

5. 罗结珍译:《法国劳动法典》，国际文化出版公司 1996 年版。

6. 刘有锦编译:《国际劳工法概要》，劳动人事出版社 1985 年版。

7. 程延园主编:《劳动关系》，中国人民大学出版社 2002 年版。

8. 渠涛编译:《最新日本民法》，法律出版社 2006 年版。

9. 张文显主编:《法理学》，高等教育出版社 2003 年版。

10. 陈卫佐译:《德国民法典》，法律出版社 2006 年版。

11. 顾培东主编:《中国企业运行的法律机制》，重庆出版社 1991 年版。

12. 郑尚元:《劳动合同法的制度与理念》，中国政法大学出版社 2008 年版。

13. 黄越钦:《劳动法新论》，中国政法大学出版社 2003 年版。

14. 藩锡凤:《如何确保劳资纠纷权益》，世潮出版有限公司 1999 年版。

15. 郑尚元:《劳动争议处理程序法的现代化》，中国方正出版社 2004 年版。

16. 赵万一:《公司治理法律问题研究》，法律出版社 2004 年版。

17. 季卫东:《法治程序的建构》，中国政法大学出版社 1999 年版。

18. 王全兴:《劳动法》，法律出版社 1997 年版。

19. 邱祁豪:《台湾劳动派遣法制化之研究》，致良出版社 2003 年版。

20. 董保华:《劳动关系调整的法律机制》，上海交通大学出版社 2000 年版。

21. 刘志鹏:《劳动法理论与判决研究》，元照出版公司 2000 年版。

22. 姜颖:《劳动合同法论》，法律出版社 2006 年版。

23. ［德］奥托·迈耶著，刘飞译:《德国行政法》，商务印书馆 2002 年版。

二、期刊类

1. 唐柳:《企业劳动规章之理性架构》，中国政法大学 2006 年硕士学位论文。

2. 陈亚:《用人单位规章制度的法律性质及立法模式探讨》，华东政法学院 2007 年硕士学位论文。

3. 赵玲玲:《劳动规章制度研究——以解雇保护为目的》，吉林大学 2007 年硕士学位论文。

4. 路风:“中国单位体制的起源和形成”，载《中国社会科学季刊》（香港）1993 年第 5 期。

5. 王俊英、宋新潮:“论用人单位劳动规章的法律效力”，载《河北法学》2003 年第 21 卷第 5 期。

6. 伍奕:“关于用人单位劳动规章制度的立法思考”，载《海南大学学报》（人文社会科学版）2003 年第 21 卷第 2 期。

7. 赵德淳:“关于企业内部劳动规则的法律思考”，载《财经问题研究》2001 年第 4 期。

8. 赵德淳:“论企业内部劳动规则的法律效力”，载《辽宁师范大学学报》（社会科学版）2001 年第 24 卷第 2 期。

9. 石美遐："对我国企业内部劳动规则立法的几点初步建议"，载《中国劳动》1999 年第 7 期。

10. 李坤刚："关于企业内部劳动规章立法的思考"，载《安徽大学学报》（哲学社会科学版）2001 年第 25 卷第 3 期。

论我国刑事审判监督程序的完善

解炳华

摘 要

审判监督程序的第一要义是对存在错误的发生法律效力的裁判进行纠正，其具有维护司法公正、树立司法权威、保护当事人合法权益、保证法律统一适用的功能。审判监督程序面临着司法公正与司法终局性的对立统一、司法公正与被告人人权保障的对立、当事人申诉权利保护与司法终局性的对立以及保证法律统一实施和司法独立的对立的价值困境。

我国现行审判监督程序存在着启动主体权力（权利）配置失衡、启动事由功能性缺失、管辖法院设置混乱、再审事由审查程序缺失和再审审理程序一般化的弊病。重构我国审判监督程序应当坚持正当程序原则、穷尽救济手段原则和再审事由不重复原则。

重构我国审判监督程序首先要科学配置程序参与各方的权利（权力）：要取消人民法院主动启动审判监督程序的职权和人民检察院再审抗诉直接启动审判监督程序的特权并对当事人的申诉权进行诉权化改造。其次要科学设定再审事由，法官自由裁量权范围内的事项不得成为再审事由。再次要明确管辖法院，由做出生效裁判的人民法院的上一级人民法院专属管辖再审案件是一个较为合理的选择。最后，将审判监督程序分为再审事由审查程序和再审审理程序。

首先，要增设再审事由审查程序。再审事由审查程序原则上应当由立案庭组成合议庭采用听证的方式以当事人申诉或者人民检察院抗诉的范围为限进行，对于仅以法律适用错误或程序错误为由提请再审的申诉或者抗诉可以采用不开庭的方式进行。再审事由审查程序以“谁主张、谁举证”为原则，以“原生效裁判存在错误的可能”为证明标准。

对再审事由审查的裁定，当事人可以向上一级人民法院申诉，人民检察院可以向上一级人民法院抗诉，上一级人民法院只进行书面审查以裁定再审管辖法院的裁定是否正确。再审法院的上一级人民法院的裁定为终局性裁定，最高人民法院的再审事由审查裁定为终局性裁定。再审人民法院对再审事由存在与否的裁定具有终局效力，当事人不得以同一理由再次申请再审。

控辩双方以法律适用错误或者程序违法为由质疑生效裁判应一次性完成，不得再次以法律适用错误或者程序违法为由提出再审申诉或者抗诉。由于事实认定错误将从根本上动摇裁判的权威性，在有新证据证明事实认定错误的情形下可以不受上述限制。

其次，对再审审理程序进行特殊化改造。再审改判应当受法官自由裁量权范围内的事项不得改判和再审不加刑这两个原则的限制。再审案件一审终审，再审裁判一经做出，立即发生法律效力。对再审人民法院维持或者直接改判的判决、裁定，当事人不得再次以法律适用错误或者程序违法为由提请再审，人民检察院不得以法律适用错误或者程序违法为由提出再审抗诉，但当事人或者人民检察院有新的证据证明再审裁判认定的事实与客观事实不符不受上述规定限制。对最高人民法院做出的裁判不得以法律适用错误或者程序违法为由申请再审或者提出再审抗诉，但有证据证明最高人民法院做出的裁判认定的事实与客观事实不符不受上述规定限制。

第一章　审判监督程序的功能和价值困境

一、审判监督程序概述

审判监督程序〔1〕是人民法院依照法定的程序对已经发生法律效力的判决和

〔1〕 关于我国审判监督程序的概念，学界存在着不同的意见，在本文中笔者采用主流观点，认为我国的审判监督程序就是再审程序。关于就该问题何为主流观点的判断，参见陈卫东主编：《刑事诉讼法资料汇编》，法律出版社2005年版，第581页。

裁定进行重新审判的程序，是一项特别的审判程序。说审判监督程序是一项特别的审判程序，是因为审判监督程序旨在通过对发生法律效力的裁判进行重新审判来实现司法公正，这是其与第二审程序的根本不同之所在。

由于司法认知的局限性和人类认识能力的有限性，人们通过审判程序对案件事实进行认定并作出的判决不可避免地会存在认定事实或者适用法律上的错误，即法院的司法裁判存在错误的可能。“判决的可错性指的是，即便是在一个规范的法治社会中，被社会奉为权威并为人们日后社会生活奠定基础的判决也可能是不正确的。”〔1〕基于判决的可错性，为对可能存在错误的判决进行审查设定程序上的保障，既是对当事人合法权利的尊重，又是司法公正的应有之义。故此，审判监督程序的第一要义是对存在错误的发生法律效力的裁判进行纠正。对当事人而言，审判监督程序实质上是当事人维护其合法权益的一项特别救济程序；对国家而言，审判监督程序却是其实现司法公正、树立法律权威、保证法律统一实施的重要手段。

由于审判监督程序是对人民法院已经发生法律效力的裁判进行重新审判，其不可避免地会损害已经发生法律效力的判决的终局性，不可避免地会使已经恢复稳定的社会关系再次陷入悬而未决的境地，这将极大地损伤司法这一纠纷最终解决机制定纷止争、维护社会关系稳定的功能。故此，审判监督程序的设置应当在维持司法裁判的终局性和司法公正之间保持平衡，其向任何一方的倾斜都必将产生司法裁判的终局性和司法公正一损俱损的后果。

二、审判监督程序的功能

（一）维护司法公正

“司法制度或程序的真正永恒的生命基础在于它的公正性。”〔2〕在法治社会，司法被视为社会纠纷的最终解决方式，司法在定纷止争、维护社会稳定、恢复受到破坏的社会关系方面发挥着重要作用。但是由于司法认知的局限性和人的认识能力的有限性，司法裁判不可避免地会发生错误，即被奉为纠纷权威解决方式的裁判可能是错误的。“事实认知、法律认知，以及程序自身的缺陷构成了刑事救济程序的三大现实动因。”〔3〕

司法公正包括实体公正和程序公正。实体公正是通过诉讼程序实现的结果上的公正。“公正的裁判结果是法院或法官通过整个诉讼过程所要达到的一种理想结果，它主要体现在事实真实和法律适用正确两方面，二者构成了裁判结果

〔1〕宋英辉：《刑事诉讼原理》，法律出版社2003年版，第34页。

〔2〕谢佑平等：《刑事救济程序研究》，中国人民大学出版社2007年版，第7页。

〔3〕谢佑平等：《刑事救济程序研究》，中国人民大学出版社2007年版，第18页。

公正的标准，任何一项裁判必须同时符合这两项公正标准，否则就违背了结果公正的要求。”[1] 通过审判监督程序对生效裁判中存在的认定事实和适用法律错误进行纠正，做到司法认知与客观事实相符、罚当其罪，是司法公正的应有之义。“实体公正能够消除社会主体在冲突发生时对诉讼的不良预期，抑制寻衅滥讼现象的发生；同时，实体公正也可以减少被诉主体应诉心理障碍，使其运用法律手段维护自己的合法权益。另外，实体公正还有助于社会成员建立恰当的行为预期，消除实施违法、犯罪而又能逃避制裁的侥幸心理，从而正确地控制和选择自己的行为。”[2]

程序公正是通过诉讼程序体现出来的公正。程序公正在增强判决的权威性和可信性方面具有不可忽视的作用。“利益主体参与程序并自主行使权利足以确立程序结果在道德上的可接受性。”[3] “程序的正义性也可以满足诉讼当事人的人格要求，使诉讼具有公正、民主、文明、进步的外观，促进判决的可接受性。”[4] 通过审判监督程序对生效裁判做出过程中存在的严重程序违法行为进行纠正，不但可以保证诉讼程序被认真遵守，更为重要的是裁判可以因此而获得社会的认同，增强其权威性和可信性。

（二）树立司法权威

“在法治社会中，司法被视为救治社会冲突的最终、最彻底的方式，社会成员间的任何冲突在其他方式难以解决的情形下均可诉诸法院通过司法审判裁决。”[5] 司法作为纠纷最终解决机制，其权威性是其功能得到发挥的关键所在。司法权威的核心在于其公正性，只有公正的裁判才能获得当事人、社会发自内心的认同；但是，一味强调缺乏公正性裁判的权威性，反而会损害司法的权威。通过审判监督程序对生效裁判中存在的事实认定错误和法律适用错误进行纠正，实现司法公正，才能真正树立司法权威，才能在全社会形成良性的纠纷解决机制，社会秩序才能稳定。

（三）保护当事人合法权利

司法作为纠纷最终解决机制，其通过法定程序对纠纷当事人合法权利进行处断的裁判必将对当事人产生重大影响。由于司法本身的追溯性属性以及人认识能力的限制，法院对案件事实的认定可能与客观事实不符，法官对案件事实

---

〔1〕 樊崇义主编：《诉讼原理》，法律出版社2003年版，第177～178页。

〔2〕 谢佑平等：《刑事救济程序研究》，中国人民大学出版社2007年版，第9页。

〔3〕 宋英辉：《刑事诉讼原理》，法律出版社2003年版，第39页。

〔4〕 宋英辉：《刑事诉讼原理》，法律出版社2003年版，第37页。

〔5〕 谢佑平等：《刑事救济程序研究》，中国人民大学出版社2007年版，第7页。

的法律适用可能与立法存有差异，当事人的合法权利因此可能遭受不当的处断。审判监督程序通过对当事人的权利救济申请进行审核、对可能存在错误的裁判进行纠正，可以使当事人的合法权利获得相应的救济，从而更好地保护当事人的正当权利。

（四）保证法律统一适用

审判监督程序是上级人民法院监督下级人民法院审判工作的重要途径。通过审判监督程序，上级人民法院可以发现下级人民法院在认定事实和适用法律上存在的问题，并对其进行纠正，这不但可以起到对个案事实认定和法律适用进行监督的作用，而且上级人民法院的裁判还会对其他下级人民法院产生示范效应，促使其做到“同等情形同等对待”，从而保证法律的统一实施。

三、审判监督程序的价值困境

审判监督程序的第一要旨是对存在错误的生效裁判进行纠正，其本质上是一项特别的救济程序。对生效裁判中存在的问题进行纠正符合司法公正的要求，但是这一特别的纠错程序在刑事诉讼中不可避免地和其他价值发生冲突，审判监督程序的设置面临着一系列的价值困境。

（一）司法公正与司法终局性的对立统一

司法作为社会纠纷的社会化解决方式，其定纷止争功能的发挥依赖其对社会纠纷的解决结果——司法裁判——的稳定性，即通过正当的法律程序做出的司法裁判应当具有终局性，唯有此受到破坏的社会关系才可以得到恢复，司法的权威才可以确立。而“在刑事诉讼制度中，有一个基本的假定：即经过公正审判和上诉程序做出的最终判决被假定为事实认定上正确，伦理上合乎情理”〔1〕，即人们认为法院依照法律规定的程序对案件事实的认定和对法律的适用是正确的只是法律解决纠纷的一个基本的前提和假定，这个前提和假定存在着与客观事实不符的可能，被奉为纠纷权威性解决方式的司法裁判具有错误可能性。对可能存在错误的司法裁判进行重新审判所体现的对司法公正的追求必然会破坏其终局性。

一般而言，司法公正和司法权威不存在严格的对立，对司法公正的追求有助于树立司法权威。“司法权威的核心要求是司法公正。没有司法公正为基础的司法权威，是虚假的司法权威，是没有生命力的司法权威。”〔2〕 但是，司法公

〔1〕 张毅：《论刑事诉讼中的禁止双重危险规则》，中国人民公安大学出版社 2004 年版，第 75 页。

〔2〕 沈德咏：《坚持司法为民思想 深化审判监督改革 努力做好审判监督工作——在全国法院审判监督工作座谈会上的讲话》，参见沈德咏主编：《审判监督指导与研究》2003 年第 3 卷（总第 11 卷），人民法院出版社 2003 年版。

正仅是影响司法权威的一个方面，司法权威的树立不仅依赖其公正性，而且要依赖其稳定性，即司法裁判的终局性。司法作为纠纷的最终性、正当化解决方式，其定纷止争功能的发挥、其权威性的树立同样有赖于其终局性，朝令夕改的裁判不会得到社会的认同和尊重，也不会有任何权威可言。因此司法公正与司法终局性必须实现辩证的统一，唯有此才可以树立司法权威。“只有将法的安定性原则与公平原则，此二互相冲突的原则做一仔细的权衡，如此才能维持法和平。再审是为达到实质正确的裁判时，能中断法律效力的最重要的例子。其基本思想为，当事后才被发现新的事实对该裁判而言，出现了在公平上实在无可忍受的显然错误时，则法律确定效力必须让步。”〔1〕通过审判监督程序纠正生效裁判错误的同时必须考虑到维护司法裁判终局性的要求，必须在追求司法公正和裁判终局性之间保持平衡。

（二）司法公正与被告人人权保障的对立

审判监督程序本质上是一项特殊的救济程序，其旨在通过纠正生效裁判中存在的错误来实现司法公正。启动审判监督程序将使已经得到恢复的社会关系再度陷入悬而未决的状态，被追诉人的刑事责任的有无及轻重将再次面临待定状态，反复的审判程序不仅会增加其痛苦，而且会使其已经得到恢复的生活状态遭到破坏。

司法裁判中存在的错误大体可以分为两类：有利于被告人的错误和不利于被告人的错误。现代刑事诉讼中，追诉犯罪的权力由国家行使，“如果复审〔2〕结果对原审被告人有利，对原裁判做出对原审被告人有利的变更，这属于纠正自己的错误，对当事人和社会负责。”〔3〕此时，纠正生效裁判中的错误就是在维护被告人的合法权利、保护被告人的人权，不会发生司法公正和被告人人权保障的冲突，二者在本质上是一致的。

即使是在通过审判监督程序对原生效裁判存在的对被告人有利的错误进行纠正的情形之下，如果对启动审判监督程序不进行限制，受到有利判决的被追诉人就将长期处于担心被重新追诉的焦虑之中，其已经稳定的社会关系将处于随时都可能被破坏的状态中，这将使其新的生活无法开始，这种惩罚远甚于法定的处罚。同时，被追诉人由于担心重新审判会受到更为严重的刑事处罚，往往不敢行使申诉权去维护自己的合法权益。

---

〔1〕［德］克劳思·罗科信著，吴丽琪译：《刑事诉讼法》（第24版），法律出版社2003年版，第541页。

〔2〕通过审判监督程序对原审案件进行审理，笔者注。

〔3〕张毅：《论刑事诉讼中的禁止双重危险规则》，中国人民公安大学出版社2004年版，第285页。

故此，在通过审判监督程序对生效裁判中存在的错误进行救济的同时，应当对其进行适当的限制，以保护在刑事诉讼程序中处于弱势地位的被追诉人的利益。

（三）当事人申诉权利保护与司法终局性的对立

司法权威既有赖于司法公正，又有赖于司法裁判的终局性。通过审判监督程序纠正生效裁判中存在的错误有利于实现司法公正，并进而有利于树立司法权威。但是如果对启动审判监督程序不加以合理的限制将会破坏司法的终局性，并损及司法权威。

申诉权是我国公民的宪法性权利[1]，赋予当事人依照法定程序对发生法律效力的裁判存在的错误进行申诉的权利是作为宪法权利的申诉权在刑事诉讼中的具体体现。我国《刑事诉讼法》第203条规定："当事人及其法定代理人、近亲属，对已经发生法律效力的判决、裁定，可以向人民法院或者人民检察院提出申诉，但是不能停止判决、裁定的执行。"通过审判监督程序对当事人申诉的侵害其合法权利的生效裁判进行纠正，保护当事人的申诉权，是司法公正的应有之义。但是当事人的申诉并不一定存在合理正当的理由，其申诉的生效裁判并不一定存在错误，一味依当事人的申诉便启动审判监督程序会损害生效裁判的终局性，并损害司法权威。"法院必须要确保自己的职权不被不合理的指控所滥用，必须把好审判程序启动关，也就是说，法院担当着一种公正和正义的监督者的角色。法院需要监督并予以确保的是，所有的审判都应当基于正当的指控，任何以不正当的方式对公民发动的指控都应当被阻止。"[2] 故此，审判监督程序应当在保护当事人的申诉权和防止申诉权的滥用以维护司法权威之间保持平衡。

（四）保证法律统一实施和司法独立的对立

审判监督程序是上级人民法院监督下级人民法院审判工作的重要途径，通过审判监督程序，上级人民法院可以及时纠正下级人民法院生效裁判中存在的错误，从而保证法律统一实施。

众所周知，司法独立是司法公正的前提。在我国，上下级人民法院之间是监督与被监督的关系。上级人民法院监督下级人民法院的审判工作应当通过法

---

〔1〕 我国《宪法》第41条规定："中华人民共和国公民对于任何国家机关和国家工作人员，有提出批评和建议的权利；对于任何国家机关和国家工作人员的违法失职行为，有向有关国家机关提出申诉、控告或者检举的权利，但是不得捏造或者歪曲事实进行诬告陷害。对于公民的申诉、控告或者检举，有关国家机关必须查清事实，负责处理。任何人不得压制和打击报复。"

〔2〕 张毅：《论刑事诉讼中的禁止双重危险规则》，中国人民公安大学出版社2004年版，第33页。

定的途径进行，并不得损害下级人民法院的独立审判权。“司法自由裁量是法官适用法条于个别案件的过程。司法裁量的意义在于它是缓和或消弭法律规范的僵硬性与现实生活的流动性之间矛盾的有效手段，是实现裁判公正的重要途径。只有通过司法自由裁量，才能实现裁判结果的公正。”[1]

上级人民法院通过审判监督程序纠正生效裁判中的错误，不得延伸到下级人民法院法官自由裁量权的范围之内，自由裁量权范围内的事项不得成为审判监督程序审查的对象，以保证下级人民法院的独立审判权。否则，“等于以后来的法官自由裁量权否认先前的法官自由裁量权，等于承认后来的法官自由裁量权要优于先前的法官自由裁量权，这与司法体制的基本原则相冲突，与再审程序用于救济司法错误的基本目的亦相违背。”[2] 此外，上级人民法院通过审判监督程序指令下级人民法院再审发生法律效力的案件在某种程度上也会影响下级人民法院的独立判断，[3] 应当取消。

第二章 我国现行审判监督程序存在的问题

审判监督程序作为一项特殊的救济程序，其间充斥着司法公正与司法终局性的对立统一、司法公正与被告人人权保障的对立、当事人申诉权利保护与司法终局性的对立以及保证法律统一实施和司法独立的对立。我国现行审判监督程序在协调上述法的基本价值紧张对立关系上存在着价值失衡的弊病，导致其在纠正生效裁判错误、维护司法公正、树立司法权威、保护当事人合法权利以及保证法律统一实施上的功能性缺失。我国现行审判监督程序主要有如下弊病：

一、启动主体权力（权利）配置失衡

依据我国刑事诉讼法的有关规定，我国审判监督程序启动主体及其权限为：各级人民法院院长对本院已经发生法律效力的判决和裁定需提交审判委员会处理决定；最高人民法院对各级人民法院已经发生法律效力的判决和裁定、上级人民法院对下级人民法院已经发生法律效力的判决和裁定有权提审或者指令再审；最高人民检察院对各级人民法院已经发生法律效力的判决和裁定、上级人

---

〔1〕 樊崇义主编：《诉讼原理》，法律出版社2003年版，第181～183页。

〔2〕 虞政平：《关于完善我国再审程序的课题报告——以有限再审为前提构建再审之诉法律模式》，参见沈德咏主编：《最新再审司法解释适用与再审改革研究》，人民法院出版社2003年版，第264页。

〔3〕 因为指令再审至少可以反映上级人民法院对原生效裁判在事实认定或者法律适用上的否定性评价，下级人民法院不可能不对该意见进行考虑，从而影响其独立判断。

民检察院对下级人民法院已经发生法律效力的判决和裁定，有权按照审判监督程序向同级人民法院提出抗诉。当事人及其法定代理人、近亲属的申诉仅是有权机关启动审判监督程序的材料来源，并不具有直接启动审判监督程序的效力。可见，控辩双方在启动审判监督程序的权力（权利）配置上严重失衡。

（一）人民法院依职权启动审判监督程序违背诉讼的基本原则

“按照现代诉讼的基本原理，法院无论是进行初审、上诉审还是再审活动，都必须以‘诉’的存在和提出为前提条件，也就是所谓的‘不告不理’。”〔1〕“不告不理”原则要求控诉和审判职能必须分开，法院不能在没有控诉的情况下进行裁判，即司法应当具有被动性，唯有此才能保证审判者的中立地位。审判监督程序虽为一项特别的救济程序，但其构造亦必须遵守“不告不理”这一基本原则。

首先，法院主动提起审判监督程序将使庭审对抗这一发现真实的有效手段的功能失效。现代审理程序中，控辩双方对抗被认为是发现真实的有效途径。法院主动启动审判监督程序将破坏控辩对抗的基本诉讼格局，将使控辩对抗、审判者居中裁判的诉讼格局无法形成，庭审对抗发现真实的功能因此而无法发挥。同时，在法院主动启动审判监督程序的情形下，不利方要打消裁判者内心已经形成的确信的难度极大，甚至是不可能的。

其次，法院主动启动审判监督程序将使再审事由审查程序归于无效。审判监督事由审查程序是审查是否具备启动审判监督程序的条件并决定是否否定原裁判的终局性而进行重新审判的程序。其在审判监督程序中占有至关重要的地位，是审判监督程序的关键，裁判的终局性和司法公正的平衡有赖于其功能的充分发挥。“法院必须要确保自己的职权不被不合理的指控所滥用，必须把好审判程序启动关，也就是说，法院担当着一种公正和正义的监督者的角色。法院需要监督并予以确保的是，所有的审判都应当基于正当的指控，任何以不正当的方式对公民发动的指控都应当被阻止。”〔2〕法院主动启动审判监督程序将使具体案件跳过审判监督事由审查程序的审查，审判监督事由审查程序的“把关”作用将无法发挥，启动的随意性也将就此而增加，裁判的终局性将无法得到保证。

最后，原审人民法院主动否定自己的生效裁判有损司法权威，上级人民法院直接纠正下级人民法院的生效裁判有损下级人民法院的司法独立。其一，树

---

〔1〕 陈瑞华：“刑事再审程序研究”，载《政法论坛（中国政法大学学报）》2000年第6期，第108页。

〔2〕 张毅：《论刑事诉讼中的禁止双重危险规则》，中国人民公安大学出版社2004年版，第33页。

立司法权威不仅仅需要司法终局性，还需要司法诚信。法院出尔反尔，社会公众很难确信法院今天的判决不会被其今后的新的判决所推翻。“诚实信用不仅是对公民个人和企业的要求，而且更为重要的是对政府和司法机关的要求，只有一个国家的政府和司法机关对该国公民守信才能为公民树立起榜样，才能真正在全社会形成诚实守信的良好风气。”〔1〕其二，基于对人类自我纠错能力的怀疑，原审人民法院直接改动自己的判决，会使社会公众怀疑其认定事实和适用法律的能力，会使社会公众怀疑新的判决的正确性。其三，赋予上级人民法院直接启动审判监督程序纠正下级人民法院的生效裁判的权力，会使下级人民法院的裁判直接处于上级人民法院的干涉之下，上级人民法院可能以直接启动审判监督程序为由干涉下级人民法院的审判，从而影响下级人民法院的独立性。

（二）人民检察院的再审抗诉权不受限制不利于被告人人权保障

我国《刑事诉讼法》规定：最高人民检察院对各级人民法院已经发生法律效力的判决和裁定、上级人民检察院对下级人民法院已经发生法律效力的判决和裁定，有权按照审判监督程序向同级人民法院提出抗诉。人民检察院抗诉的案件，接受抗诉的人民法院应当组成合议庭重新审理。可见人民检察院的再审抗诉不受人民法院的启动审查程序约束，人民检察院的再审抗诉具有直接启动审判监督程序的效力。人民检察院的这种再审抗诉“特权”将损害被告人的人权和司法裁判的终局性。

1. 依据现代刑事诉讼理论，法院在刑事诉讼中处于消极、中立的裁判者地位，法院在限制国家公权力和保护被告人人权方面发挥着重要作用。“法院需要监督并予以确保的是，所有的审判都应当基于正当的指控，任何以不正当的方式对公民发动的指控都应当被阻止。”〔2〕可见法院应当对国家追诉机关对公民发动的指控进行审查，并阻止不正当的指控进入审判程序。赋予人民检察院直接启动审判监督程序的特权将使人民法院“阻止对公民不正当的指控进入审判程序”的功能无法发挥，被告人的人权也会因缺少了人民法院“阻止不正当指控”的保护而更加容易被国家公权力侵害。尤其是在我国尚未确立禁止双重危险原则，人民检察院的再审抗诉不受任何期限、次数限制的情形下，被告人的人权更容易被国家公权力侵犯。

2. 裁判的终局性是司法权威的重要方面。具体案件是否具备启动审判监督程序的条件、是否需要通过审判监督程序否定既定判决的终局性需要经过认真审查方能决定。赋予人民检察院直接启动审判监督程序的特权，将使人民检察

〔1〕邓思清：“完善我国刑事再审启动程序之构想”，载《当代法学》2004 第 3 期，第 149 页。

〔2〕张毅：《论刑事诉讼中的禁止双重危险规则》，中国人民公安大学出版社 2004 年版，第 33 页。

院启动审判监督程序具有较大的随意性，生效的终局裁判将处于随时被重新审判的不确定状态，被生效裁判确定的社会关系随时都可能被打破，司法裁判的定纷止争的功能因此而克减，司法的权威也将荡然无存。

（三）对申诉权的程序化规范不足

申诉权是我国公民的宪法性权利。公民的申诉权体现在刑事诉讼中便是当事人及其法定代理人、近亲属可以对人民法院的生效裁判提出申诉。而我国刑事诉讼法在将公民的申诉权这一宪法性权利具体化的过程中，申诉权程序化规范不足的缺陷使得公民的申诉权行使无章可循，极度混乱。

首先，申诉权行使缺乏明确的程序规定。我国《刑事诉讼法》仅规定了当事人及其法定代理人、近亲属享有申诉的权利，而具体到该项权利依照什么途径、程序行使却没有做进一步的规定。虽然最高人民法院《关于执行〈中华人民共和国刑事诉讼法〉若干问题的解释》对当事人及其法定代理人、近亲属向人民法院申诉做了具体的规定，但这亦不能满足实践的需要。申诉管辖机关不明，申诉理由是否具备的秘密审查方式，立法对申诉理由的规定太过笼统，对不予受理申诉的裁定救济方式缺乏，对申诉缺乏期限次数的限制等导致实践中多方申诉、反复申诉、越级申诉现象层出不穷。

其次，申诉不具有与人民检察院再审抗诉同样的法律效力，控辩双方在启动审判监督程序的权利配置上不对等。人民检察院依照审判监督程序提起抗诉不受法院的审查约束，人民法院将直接启动审判监督程序进行重新审判；而当事人的申诉只有经过人民法院的审查并在被认为合理的情形下才会成为引起审判监督程序的理由。再加上我国立法对当事人申诉理由的规定太过笼统，立法对法官裁量权的限制不够，当事人申诉权没有有效的程序保障。

二、启动事由功能性缺失

启动审判监督程序的理由是审判监督程序的关键所在。审判监督程序涉及的实现司法公正、保护被告人人权、维护司法终局性、保证法律统一实施以及维护司法独立等基本价值能否得到平衡兼顾的关键就在于启动审判监督程序的理由设置是否科学。立法对审判监督程序启动理由的规定应当能够兼顾上述法的基本价值和功能。

我国刑事诉讼法将人民检察院、人民法院启动审判监督程序的理由仅仅规定为原生效裁判在认定事实或者适用法律“确有错误”，将启动审判监督程序的事由是否具备完全交由人民检察院或者人民法院审查，二者的裁量权几乎不受限制。即使是立法对当事人申诉事由的四项列举性规定也不具有明确性，致使当事人和人民法院、人民检察院纠纷不断。

首先，在将一般性的法律适用于具体案件的过程中，法官的自由裁量权是不可或缺的因素。“司法自由裁量是法官适用法条于个别案件的过程。司法裁量的意义在于它是缓和或消弭法律规范的僵硬性与现实生活的流动性之间矛盾的有效手段，是实现裁判公正的重要途径。只有通过司法自由裁量，才能实现裁判结果的公正。”[1] 原生效裁判中的错误包括认定事实错误、实体法适用错误和程序法适用错误，其中不乏法官自由裁量范围内的事项。法官自由裁量范围内的事项，不应当成为后来法官审查先前法官裁判正确与否的对象，不应当成为司法纠错的对象。我国立法仅笼统地规定“确有错误”为审判监督程序的滥用埋下了隐患，也为上级人民法院干预下级人民法院独立审判提供了托辞。

其次，裁判的终局性或者说裁判的稳定性是司法权威的重要方面，生效裁判一般情形下不应该被质疑或者推翻。审判监督程序作为一项特殊的救济程序，其对当事人权利的救济、对司法公正的维护应当是法律的非常规手段。故此，穷尽救济手段是各国限制再审的一个重要方面。对法院裁判的不满应当首选正常的上诉途径进行救济，如果控辩双方放弃正常的救济途径，则其申请再审这一特别救济程序的权利应当受到限制。除非与事实有重大分歧，不予救济会违背司法公正，否则控辩双方放弃的正当救济程序中的权利不应当成为再审程序这一特殊救济程序的保护对象。我国立法再审启动理由“确有错误”的规定仅注重了对公正的追求，而忽视了对法的终局性的兼顾。

最后，启动审判监督程序的理由是立法限制国家公诉机关公权力行使范围、保护被告人人权的重要屏障，也是人民法院判断公权力行使是否合法合理的准绳。“确有错误”这一极其模糊的规定使得国家追溯机关的公权力行使范围没有明确的边界，国家公诉机关越界侵犯被告人人权的违法行为因此而获得了正当化理由，人民法院也会因立法没有明确的界限而无法充分履行其保护被告人合法权利的职责，被告人的人权因此而变得更加脆弱。

三、管辖法院设置混乱

依据我国刑事诉讼法的规定，对发生法律效力的裁判，做出生效裁判的人民法院及其上级人民法院均有再审管辖权，而且这些管辖权之间没有先后之分；对发生法律效力的裁判，做出生效裁判的人民法院的上级人民检察院均可以对该生效裁判提出再审抗诉，最高人民检察院可以对最高人民法院的生效裁判提出再审抗诉；当事人及其法定代理人、近亲属均可以按照上述管辖权的规定向有关机关申诉。可见我国对再审案件没有明确的管辖机关，这在实践中产生了以下弊病。

[1] 樊崇义主编：《诉讼原理》，法律出版社2003年版，第181～183页。

第一，有关机关互相推诿，拒不履行职责，当事人的申诉权没有保障。有关机关都有管辖权就存在有关机关都不管的可能性。职责不明是权力配置的最大弊病，没有明确的职责划分就不会有有效的责任追究机制，而责任追究机制恰恰是促使有关机关积极履行职责的关键所在。"我国刑事案件再审的根本问题不是启动再审的任意性和随机化，而是再审程序难以启动。"[1]

第二，为越级申诉、越级上访提供了法律依据。立法上众多的上级人民法院、人民检察院有管辖权，当事人往往不相信做出原生效裁判的人民法院，向上级人民法院申诉成为常态。而且，当事人在其申诉理由不能得到满足的情况下往往要继续向上级反映，直至最高人民法院、最高人民检察院。而上级机关往往不会直接处理当事人的申诉，通常的做法是发回到下级有管辖权的相应机关处理，产生了当事人反复奔波于上下级机关之间而权利却没有得到救济的怪现象。

第三，最高人民法院的裁判可以被轻易质疑，不利于统一法律适用和树立司法权威。法治社会要求树立司法权威，而这里的权威应当是法院权威，对法律的理解和适用应当以人民法院尤其是最高人民法院为准，通过裁判统一法律适用只能由人民法院来实现。司法权威的核心应当是人民法院裁判的权威。对最高人民法院的裁判都可以以"适用法律错误"为由提起再审抗诉，一方面使最高人民法院统一法律适用的功能无从发挥，司法权威无法树立；另一方面，也会使最高人民法院和最高人民检察院在法律问题上纠缠不清。即使要赋予最高人民检察院对最高人民法院的裁判抗诉的权力，这种权力也应当受到限制，笔者以为应当仅限于生效裁判认定的事实与客观事实不符的情形。

四、再审事由审查程序缺失和再审审理程序一般化

我国刑事诉讼法赋予了人民法院直接启动审判监督程序的权力、人民检察院再审抗诉直接启动审判监督程序的效力，人民法院和人民检察院启动审判监督程序是不需要被审查是否具备再审事由的。当事人及其法定代理人、近亲属的申诉不具有直接启动审判监督程序的效力，对申诉是否具备法定的事由需要有关机关进行审查，对此，《刑事诉讼法》、《最高人民法院关于执行〈中华人民共和国刑事诉讼法〉若干问题的解释》、《人民检察院刑事诉讼规则》均没有就具体的审查程序做出明确规定，实践中对当事人的申诉采取行政化的方式处理，当事人无权参与审查程序。

对人民法院或者人民检察院按照审判监督程序重新审理案件的程序，我国

---

〔1〕 王新清、李江海："刑事案件启动再审条件的分解与重构"，载《人民检察》2006 年第 13 期，第 38 页。

刑事诉讼法并没有就审判监督程序的特殊性而做出特别的规定，而是简单规定为：如果原来是第一审案件，应当依照第一审程序进行审判，所作的判决、裁定，可以上诉、抗诉；如果原来是第二审案件，或者是上级人民法院提审的案件，应当依照第二审程序进行审判，所作的判决、裁定，是终审的判决、裁定。

第一，再审事由审查程序是决定是否按照审判监督程序重新审理案件的关键环节，通过其对是否启动审判监督程序进行审查，从而避免因不必要的再审而损害生效裁判的终局性和被告人的人权。我国再审事由审查程序的缺失一方面使人民法院、人民检察院启动审判监督程序的权力不受制约，裁判的终局性没有程序保障；另一方面，再审事由的行政化秘密审查方式使有关机关做出的是否启动审判监督程序的决定缺乏程序上的正当性和形式上的可信性，使得当事人反复申诉、越级申诉成为常态。

第二，再审案件审理程序是重新审理生效裁判的程序，其旨在纠正原生效裁判在认定事实和适用法律上的错误，救济当事人的合法权利，实现司法公正。由于再审案件审理程序是在否定原生效裁判的终局性的基础上进行的，故其应当尽快恢复处于未定状态的社会关系，其裁判应当是终局的。我国立法没有就再审案件审理程序做出明确规定，只是规定参照一审或者二审程序，如果是按照一审程序审理的再审案件，对做出的裁判还可以上诉和抗诉。这种简单化的规定没有考虑到审判监督程序的特殊性，模糊了审判监督程序和一般审判程序的界限，忽略了对司法终局性的关注。

第三章　我国审判监督程序的重构

一、重构审判监督程序的指导思想

（一）坚持正当程序原则，保证当事人的程序参与权

程序正义是通过诉讼程序体现出来的正义。程序正义可以确立诉讼结果在程序上的正当性和形式上的可信性。“程序的正义性也可以满足诉讼当事人的人格要求，使诉讼具有公正、民主、文明、进步的外观，促进判决的可接受性。”[1]“程序正义的最基本要求是：与诉讼结果有利害关系或者可能因该结果蒙受不利影响的人，都有机会参与到诉讼中，并得到提出有利于自己的主张和证据以及反驳对方提出的主张和证据的机会。”[2]“利益主体参与程序并自主行

〔1〕宋英辉：《刑事诉讼原理》，法律出版社2003年版，第37页。

〔2〕宋英辉：《刑事诉讼原理》，法律出版社2003年版，第40页。

使权利正是程序正义的灵魂所在。”[1]

重构我国审判监督程序应当注重程序的正当性，在具体程序设计上应当重视保护当事人的程序参与权，使当事人的申诉权有强有力的诉讼程序保障其行使，这也是落实、保护当事人宪法性申诉权的必然要求和关键所在。这就要求在再审事由审查程序和再审审理程序中赋予当事人充分的参与权，使当事人能够充分表达其主张及观点，并影响法院的最终裁判结果。

（二）坚持穷尽救济手段原则，防止再审程序滥用

穷尽救济手段原则是指控辩双方应当尽可能通过常规途径获得法律救济，再审程序对当事人权利的救济只是法律的例外。“这样，既有利于发挥正常审级程序的功能，保证法定诉讼结构的有效运转，提高诉讼效率，又可以避免再审程序的滥用，维护生效裁判的稳定性和权威性。同时，这对培养当事人正确运用诉讼权利、尊重生效裁判既判力的诉讼意识也有积极作用。”[2] 在重构我国审判监督程序时，坚持穷尽救济手段原则就要对控辩双方放弃上诉而进入审判监督程序进行必要的限制，没有法定事由原则上不启动审判监督程序救济其权利，以促使控辩双方尽可能通过常规程序来履行职责或者维护合法权利，防止再审程序因经常性地启动而被滥用。

（三）坚持再审事由不重复原则，维护再审裁判的终局性

再审事由不重复原则指再审程序不能因同一理由被反复启动。再审程序是一项特殊的救济程序，其旨在纠正发生法律效力的裁判中存在的问题，一旦生效裁判中存在的问题得以纠正，再审程序的任务即告完成。否则再审程序将没有终止，裁判的终局性始终得不到确定，司法权威也将无从谈起。

坚持再审事由不重复原则必然对控辩双方启动审判监督程序的权利及其行使方式进行必要的限制，必然要赋予再审裁判以确定的不受质疑的法律效力，除非具有法定的事由，再审裁判不得被质疑或者重新审判。控辩双方质疑生效裁判存在法律适用或者程序错误应当一次性完成，人民法院将对其进行全面审查并一次性裁决，否则再次以法律适用错误或者程序错误为由提请启动审判监督程序将不被允许，但有新的证据证明做出裁判的事实认定错误的不在此限；对再审裁判不得提出适用法律错误或者程序违法，但有新的证据证明做出裁判的事实认定错误的不在此限。

---

〔1〕 宋英辉：《刑事诉讼原理》，法律出版社2003年版，第39页。

〔2〕 褚红军主编：《审判监督制度实证研究》，人民法院出版社2004年版，第79页。

二、科学配置程序参与各方的权利（权力）

（一）取消法院主动启动审判监督程序的职权

“不告不理”是现代刑事诉讼的基本原则，控辩对抗、审判中立是现代刑事诉讼的基本架构。法院主动启动审判监督程序将直接损害其中立地位，使控辩审三方架构失衡。取消法院主动启动审判监督程序的权力，使其保持一个超然的中立者的地位，既可以防止国家追诉权不当行使侵犯被告人人权，又可以防止因过度倾向于保护被告人人权而束缚公诉机关打击犯罪的能力，从而实现司法公正和被告人人权保障的平衡。

即使是法院在审查案件的过程中发现生效裁判中存在错误也不得主动提起，而应当将该情况告知控辩双方，由控辩双方决定是否申请启动审判监督程序进行救济。若控辩双方不申请启动审判监督程序，法院只能静待今后的类似判决进入其裁判权范围才可以通过对个案的裁判表达其观点以影响后来裁判，实现其统一法律的功能。这种做法不会在个案之中产生不公，因为控辩双方对裁判结果是认可的，该具体个案中的权利义务实现了平衡。

（二）取消人民检察院再审抗诉直接启动再审程序的特权

人民检察院再审抗诉直接启动再审程序的特权使人民法院“确保所有审判都基于正当指控，阻止以任何不正当方式对公民发动指控”的功能归于无效。取消人民检察院的该项特权，使其提起再审抗诉的理由同样受到人民法院的审查，使其提起再审抗诉的效力回归到和当事人申诉同样的地位，从而满足正当程序的要求，实现控辩平等。

从保护被告人人权的基点出发，基于穷尽救济手段原则的考虑和职权应当积极履行的要求，对人民检察院提出再审抗诉的权力应当进行如下限制：对一审裁判中存在的错误应当尽可能通过上诉程序进行纠正，如果人民检察院没有就一审裁判按照上诉程序提出抗诉，则对该判决不得以适用法律错误或者程序错误为由提出不利于被告人的再审，但为了防止对司法公正的过分克减而损害司法权威，允许人民检察院在有新的证据证明原裁判认定的主要事实与客观事实不符的情况下提出对被告人不利的再审，但应当强调在再审没有改变原生效裁判认定的主要事实的情况下不得加重对被告人的处罚；对二审人民法院的生效裁判，享有抗诉权的人民检察院应当尽早就该生效裁判中的错误提出抗诉，对法律适用和程序错误以及事实认定错误可以规定较短的期限——如一个月——以督促其积极履行职责，而对有新的证据证明原裁判认定的事实与客观事实不符的，则应当赋予一个较长的期限，但应当限制在追诉期限之内。[1] 由于提起有利于被告人的再审不存在恶化被告人地位、侵犯被告人人权的情形，故人民检察院提起有利于被告人的再审不受上述限制。

（三）当事人的申诉权利诉权化改造

申诉权是当事人的宪法性权利，审判监督程序应当为当事人行使申诉权提供有效的程序保障。将当事人的申诉权利进行诉权化改造，赋予其强制法院进行审查的效力，一方面可以为当事人行使申诉权提供程序保障，另一方面可以规范当事人的申诉行为，扭转申诉混乱的局面，实现申诉权利行使的程序化、法定化和规范化，从而实现申诉权利保障和维护司法终局性之间的平衡。

基于穷尽救济手段原则和“权利应当积极行使”的要求，应当对当事人的申诉权进行如下限制，以促使其尽可能通过常规的上诉程序获得救济：对当事人没有上诉的一审生效裁判，当事人不得以法律错误和程序违法为由提出申诉，除非其能证明其没有上诉是因为不可抗力或者其他正当理由，或者人民检察院就该判决提出了有利于被告人的再审抗诉；基于对司法公正的考虑，当事人提出新的证据证明原生效裁判认定的事实与客观事实不符的不受上述限制。对二审生效裁判，当事人以法律适用错误或者程序错误为由申请再审的，应当受到期限限制——如半年——以督促其积极行使权利；对于当事人以有新证据证明原生效裁判事实认定错误为由提出再审申请的不受期限的限制。[2]

三、科学设定再审事由

再审事由是审判监督程序的关键所在，再审事由是否科学直接关系到审判监督程序涉及的实现司法公正、保护被告人人权、维护司法终局性、保证法律统一实施以及维护司法独立等基本价值能否得到平衡兼顾。设定再审事由应当坚持的一个基本的原则是法官自由裁量权范围内的事项不得成为再审事由。

原生效裁判中的错误大体可以分为认定事实错误、适用法律错误和审理程序违法三个方面。认定事实错误是指裁判认定的事实与客观事实不符，即作为判决基础的事实不存在或者动摇。这主要包括：①原裁判认定的证据已经被证明是伪造或者变造的；②作为裁判基础的先前裁判被撤销；③就同一事实先后做出的不同裁判对该事实做出了相互矛盾的认定；④有新的证据证明原生效裁判认定的事实错误；⑤证人或者鉴定人作伪证，进行虚假陈述。

---

〔1〕 具体参见《刑法》第87～89条。笔者的设想是从犯罪行为终了之日起到人民检察院提出再审抗诉之日止应当不超过刑法规定的追诉期限，超过了的人民检察院将不得再以新证据提起对被告人不利的再审。

〔2〕 笔者这么设想是基于对实践中很多新证据是在日后的审判中逐步被发现的这一现实考虑的。

法律适用错误是指原生效裁判在实体法或者证据法适用上存在错误。这要涉及法官的自由裁量权，这种法律错误应当限定在法官自由裁量权范围之外。具体可以包括对罪与非罪、此罪与彼罪的认定，对证据能力有无的判断，对具体量刑刑档的选择，对法定量刑情节有无的认定，对是否已经超过法定的追诉期限的认定等。

程序错误是指原生效裁判存在违反刑事诉讼法的基本原则情形或者有对其他程序规定的违反并影响裁判公正性的情形。具体包括：①做出生效裁判的人民法院没有管辖权；②审判组织不符合法律规定；③违反公开审判规定；④审判方式不符合法律规定，如应当开庭而没有开庭；⑤违反回避制度的；⑥剥夺或者限制了当事人的法定诉讼权利，可能影响公正审判的；⑦审判人员在审理该案件的时候，有贪污受贿，徇私舞弊，枉法裁判行为并被查证属实的。

四、明确管辖法院

明确再审案件的管辖法院，是当事人申诉权诉权化改造的重要方面和关键所在。只要明确了再审案件的管辖法院，当事人申请再审抗诉的人民检察院也就确定了。只有明确了再审案件的管辖法院，当事人申诉才有明确的受理机关，而有关机关职权明确可以使责任追究机制充分发挥其督促有关机关履行职责的作用。

在我国现今的情况下，由做出生效裁判的人民法院的上一级人民法院专属管辖再审案件是一个较为合理的选择。首先，由较高级别的人民法院管辖再审案件体现了法律对再审案件的审慎态度，有利于法院统一法律适用和维护司法裁判的终局性。其次，由上级人民法院审理可以打消当事人的疑虑，增强裁判的可信性。再次，由上级人民法院管辖再审案件可以避免做出原生效裁判人民法院所在地的案外因素对裁判的干扰，实现法院审判独立。最后，由上级人民法院管辖再审案件可以避免因做出原生效裁判的人民法院消极履行职责而侵害当事人的合法权利的情况，从而更好地保护当事人的申诉权。

五、再审事由审查程序和再审审理程序“两步走”

审判监督程序实际上包含着两个相互衔接但又有区别的程序，即再审事由是否存在的再审事由审查程序和在再审事由存在的情形下的再审审理程序。前者是后者的前置程序，只有通过再审事由审查程序审查之后认为生效裁判存在错误的可能，方能重启审理程序。

（一）增设再审事由审查程序

再审事由审查程序是审判监督程序能否启动的关键程序。再审事由审查结果将对当事人申诉和人民检察院的抗诉产生重要影响。因此，再审事由审查程序应当满足正当程序的要求，赋予当事人享有充分的参与权，从而确立再审事由审查结果在道德上的可接受性和形式上的正当性。下面笔者将就再审事由审查程序的几个关键性问题进行论述：

1. 审判组织。再审事由审查应当由合议庭进行。基于我国各级人民法院都设立了独立的立案庭和审判监督庭的现状，再审事由审查程序应当由立案庭负责进行，而审判监督庭则只负责再审案件的审判工作。

2. 审判方式。再审事由审查原则上应当采用听证的方式进行，以使控辩双方可以充分表达自己的观点并反驳对方的观点，从而影响法官的裁判结果；对于仅以法律适用错误或程序错误为由提请再审的申诉或者抗诉可以采用不开庭的方式进行。

3. 审判的范围。再审事由审查程序之目的在于审查再审申请或者抗诉是否具备再审事由，故其不需要对原生效裁判进行全面审查，只需要对再审申诉或者抗诉涉及的问题进行审查即可，即以审查当事人申诉或者人民检察院抗诉的范围为限。

4. 举证责任及证明标准。审判监督程序是一项特殊的救济程序，其不在于确定被告人刑事责任的有无及其轻重，再审事由审查程序旨在审查生效裁判认定事实和适用法律的正确性和程序上的正当性，故其不受举证责任控方承担原则的限制，而应当实行“谁主张、谁举证”的原则。基于对当事人申诉权的保护，证明标准不宜设置太高，只需达到“原生效裁判存在错误的可能”即可。

5. 审查后的处理。法院审查后认为：①以有新的证据证明原裁判认定事实错误为由申请再审或者提出抗诉的，应当附有证据目录、证人名单和主要证据复印件和照片；需要申请法院调取证据的应当附有证据线索。未附有或者经补充后仍不完备的，决定不予受理。②申诉人没有申诉权或者提出抗诉的人民检察院没有管辖权，裁定不予受理；③申诉或者抗诉理由符合法律规定的，裁定重新审理；④申诉或者抗诉理由不符合法律规定的，裁定驳回。

6. 救济程序。基于“没有救济就没有权利”的基本法理，为当事人申诉或者人民检察院抗诉提供救济途径确有必要。对再审事由审查的裁定，当事人可以向上一级人民法院申诉，人民检察院可以向上一级人民法院抗诉，上一级人民法院只进行书面审查以裁定再审管辖法院的裁定是否正确。再审法院的上一级人民法院的裁定为终局性裁定，最高人民法院的再审事由审查裁定为终局性裁定。

7. 再审事由裁定的法律效力。基于对裁判终局性的考虑，再审人民法院对再审事由存在与否的裁定应当具有终局的效力，当事人不得以同一理由再次申请再审，即应当确立再审事由不重复原则。控辩双方以法律适用错误或者程序违法为由质疑生效裁判应一次性完成，否则不得再次以法律适用错误或者程序违法为由提出再审申诉或者抗诉。由于事实认定错误将从根本上动摇裁判的权威性，在有新证据证明事实认定错误的情形下可以不受上述限制。

（二）再审审理程序特殊化

再审程序是一项特殊的救济程序，是常规法律程序的例外。再审审理程序是对发生法律效力的裁判进行重新审理的程序。再审审理程序应当在一般审理程序的基础上搭建并突出其特殊性。

下面笔者将就再审审理程序的几个关键性问题进行论述：

1. 审判组织。基于我国各级人民法院都设立了独立的审判监督庭的现实和再审案件的特殊性，再审案件应当由审判监督庭组成合议庭进行审判，而不应当是一般的审判法庭。

2. 审判方式。基于正当程序原则的要求，再审案件审理应当以开庭审理为原则，不开庭审理为例外。对人民检察院抗诉的案件、对可能加重被告人刑罚的案件、对当事人提出新证据证明原生效裁判认定事实错误的案件应当开庭审理。对以法律适用错误或者程序错误为由裁定进行再审的案件，人民检察院不派员出庭的其提出抗诉的案件，原审被告人在交通十分不便的地方服刑，押解不便的案件可以不开庭审理。

3. 审判的范围。再审审理应当坚持全面审查原则。再审人民法院应当对原生效裁判在认定事实、适用法律以及遵守程序法方面进行全面审查，纠正其中存在的错误，但属于原审自由裁量权范围内的事项不得审查。

4. 举证责任及证明标准。再审审理程序要对被告人犯罪事实的有无及其情节轻重做出认定，再审审理中证明被告人有罪的责任依然由控方承担，辩方不承担证明被告人无罪的责任。再审审理程序中证明被告人有罪的证明标准同于一般审判程序，仍然为：犯罪事实清楚、证据确实充分。在案件事实真伪不明的情形下应当按照“存疑有利于被告”的原则做出判决。

5. 审理后的裁判。再审改判应当受下列原则的限制：①原审人民法院法官自由裁量权范围内的事项不得改判。再审人民法院审理后即使认为原审法官自由裁量权行使不当，也不得进行纠正。②再审不加刑原则。再审人民法院对于因当事人及其法定代理人、近亲属提出的申诉而启动审判监督程序的案件，以及人民检察院为了被告人的利益提出再审的案件审理后不得加重对被告人的处罚。在遵守上述原则的前提下，可以依据不同的情形做出如下处理：

（1）原判决认定事实和适用法律正确、量刑刑档选择符合法律规定，应当裁定驳回上诉或者抗诉，维持原判；

（2）原判决认定事实没有错误，但适用法律有错误，或者量刑刑档选择不符合法律规定，应当改判；

（3）原判决事实不清楚或者证据不足的，应当在查清事实后改判；事实无法查清的，应当做出有利于被告人的判决；

（4）原审裁判违反刑事诉讼法的基本原则或者违反其他程序规定并影响裁判公正性的，裁定撤销原判、重新审判。

6. 裁判的法律效力。再审案件一审终审，再审裁判一经做出，立即发生法律效力。对再审人民法院维持或者直接改判的判决、裁定，当事人不得再次以法律适用错误或者程序违法为由提请再审，人民检察院不得以法律适用错误或者程序违法为由提出再审抗诉，但当事人或者人民检察院有新的证据证明再审裁判认定的事实与客观事实不符不受上述规定限制。对最高人民法院做出的裁判不得以法律适用错误或者程序违法为由申请再审或者提出再审抗诉，但有证据证明最高人民法院做出的裁判认定的事实与客观事实不符不受上述规定限制。

结　论

审判监督程序是人民法院依照法定的程序对已经发生法律效力的判决和裁定进行重新审判的程序，是一项特别的审判程序。审判监督程序的第一要义是对存在错误的发生法律效力的裁判进行纠正。对当事人而言，审判监督程序实质上是当事人维护其合法权益的一项特别救济程序；对国家而言，审判监督程序却是其实现司法公正、树立法律权威、保证法律统一实施的重要手段。审判监督程序应当在维持司法裁判的终局性和司法公正之间保持平衡，其向任何一方的倾斜必将产生司法裁判的终局性和司法公正一损俱损的后果。

审判监督程序具有维护司法公正、树立司法权威、保护当事人合法权利、保证法律统一适用的功能。

审判监督程序的第一要旨是对存在错误的生效裁判进行纠正，其本质是一项特别的救济程序。对生效裁判中存在的问题进行纠正符合司法公正的要求，但是这一特别的纠错程序在刑事诉讼中不可避免地和其他价值发生冲突，审判监督程序面临着司法公正与司法终局性的对立统一、司法公正与被告人人权保障的对立、当事人申诉权利保护与司法终局性的对立以及保证法律统一实施和司法独立的对立的价值困境。

我国现行审判监督程序存在着启动主体权力（权利）配置失衡、启动事由功能性缺失、管辖法院设置混乱、再审事由审查程序缺失和再审审理程序一般化的弊病。

重构我国审判监督程序应当坚持正当程序原则、穷尽救济手段原则和再审事由不重复原则。

首先，重构我国审判监督程序要科学配置程序参与各方的权利（权力）。要取消法院主动启动审判监督程序的职权和人民检察院再审抗诉直接启动再审程序的特权并对当事人的申诉权进行诉权化改造。

其次，要科学设定再审事由。再审事由是审判监督程序的关键所在，其应当能够平衡兼顾实现司法公正与维护司法终局性的基本价值。设定再审事由应当坚持的一个基本的原则是法官自由裁量权范围内的事项不得成为再审事由。

再次，要明确管辖法院。只有明确了再审案件的管辖法院，当事人申诉才有明确的受理机关，而有关机关职权明确可以使责任追究机制充分发挥其督促有关机关履行其职责的功能。在我国现今的情况下，由做出生效裁判的人民法院的上一级人民法院专属管辖再审案件是一个较为合理的选择。

最后，将审判监督程序分再审事由审查程序和再审审理程序“两步走”。审判监督程序实际上包含着两个相互衔接但又有区别的程序，即再审事由是否存在的再审事由审查程序和在再审事由存在情形下的再审审理程序。前者是后者的前置程序，只有通过再审事由审查程序审查之后认为生效裁判存在错误的可能，方能重启审理程序。

第一，要增设再审事由审查程序。再审事由审查程序是审判监督程序能否启动的关键程序。再审事由审查结果将对当事人申诉和人民检察院的抗诉产生重要影响。再审事由审查程序应当满足正当程序的要求，赋予当事人充分的参与权，从而确立再审事由审查结果在道德上的可接受性和形式上的正当性。

再审事由审查程序应当由立案庭组成合议庭进行审判，原则上应当采用听证的方式进行，对于仅以法律适用错误或程序错误为由提请再审的申诉或者抗诉可以采用不开庭的方式进行。再审事由审查以当事人申诉或者人民检察院抗诉的范围为限。再审事由审查旨在审查生效裁判认定事实和适用法律的正确性和程序上的正当性，故其不受举证责任控方承担原则的限制，而应当实行“谁主张、谁举证”的原则。基于对当事人申诉权的保护，证明标准不宜设置太高，只需达到“原生效裁判存在错误的可能”即可。

法院审查后认为：①以有新的证据证明原裁判认定事实错误为由申请再审或者提出抗诉的，应当附有证据目录、证人名单和主要证据复印件和照片，需要申请法院调取证据的应当附有证据线索，未附有或者经补充后仍不完备的，决定不予受理；②申诉人没有申诉权或者提出抗诉的人民检察院没有管辖权，裁定不予受理；③申诉或者抗诉理由符合法律规定的，裁定重新审理；④申诉或者抗诉理由不符合法律规定的，裁定驳回。对再审事由审查的裁定，当事人可以向上一级人民法院申诉，人民检察院可以向上一级人民法院抗诉，上一级人民法院只进行书面审查以裁定再审管辖法院的裁定是否正确。再审法院的上一级人民法院的裁定为终局性裁定，最高人民法院的再审事由审查裁定为终局性裁定。再审人民法院对再审事由存在与否的裁定应当具有终局的效力，当事人不得以同一理由再次申请再审。控辩双方以法律适用错误或者程序违法为由质疑生效裁判应一次性完成，否则不得再次以法律适用错误或者程序违法为由提出再审申诉或者抗诉。由于事实认定错误将从根本上动摇裁判的权威性，在有新证据证明事实认定错误的情形下可以不受上述限制。

第二，对再审审理程序进行特殊化改造。再审审理程序应当在一般审理程序的基础上搭建并突出其特殊性。再审案件应当由审判监督庭组成合议庭进行审判；再审案件审理应当以开庭审理为原则，不开庭审理为例外；再审审理应当坚持全面审查原则，但属于原审自由裁量权范围内的事项不受审查；再审审理中证明被告人有罪的责任由控方承担，辩方不承担证明被告人无罪的责任。再审审理程序中证明被告人有罪的证明标准同于一般审判程序，仍然为：犯罪事实清楚、证据确实充分。在案件事实真伪不明的情形下应当按照“存疑有利于被告”的原则做出判决。

再审改判应当受原审人民法院法官自由裁量权范围内的事项不得改判原则和再审不加刑原则的限制。在遵守上述原则的前提下，可以依据不同的情形做出如下处理：①原判决认定事实和适用法律正确、量刑刑档选择符合法律规定，应当裁定驳回上诉或者抗诉，维持原判；②原判决认定事实没有错误，但适用法律有错误，或者量刑刑档选择不符合法律规定，应当改判；③原判决事实不清楚或者证据不足的，应当在查清事实后改判；事实无法查清的，应当做出有利于被告人的判决；④原审裁判违反刑事诉讼法的基本原则或者违反其他程序规定并影响裁判公正性的，裁定撤销原判、重新审判。再审案件一审终审，再审裁判一经做出，立即发生法律效力。对再审人民法院维持或者直接改判的判决、裁定，当事人不得再次以法律适用错误或者程序违法为由提请再审，人民检察院不得以法律适用错误或者程序违法为由提出再审抗诉，但当事人或者人民检察院有新的证据证明再审裁判认定的事实与客观事实不符不受上述规定限制。对最高人民法院做出的裁判不得以法律适用错误或者程序违法为由申请再审或者提出再审抗诉，但有证据证明最高人民法院做出的裁判认定的事实与客观事实不符不受上述规定限制。

参考文献

一、专著类

1. 宋英辉：《刑事诉讼原理》，法律出版社 2003 年版。

2. 谢佑平等：《刑事救济程序研究》，中国人民大学出版社 2007 年版。

3. 樊崇义主编：《诉讼原理》，法律出版社 2003 年版。

4. 张毅：《论刑事诉讼中的禁止双重危险规则》，中国人民公安大学出版社 2004 年版。

5. 张卫平《探究与构想——民事司法改革引论》，人民法院出版社 2003 年版。

6. 陈瑞华：《刑事诉讼的前沿问题》（第 2 版），中国人民大学出版社 2005 年版。

7. 陈光中主编：《刑事诉讼法》，北京大学出版社、高等教育出版社 2002 年版。

8. 褚红军主编：《审判监督制度实证研究》，人民法院出版社 2004 年版。

9. 陈卫东主编：《刑事诉讼法资料汇编》，法律出版社 2005 年版。

10. 陈卫东：《刑事审判监督程序研究》，法律出版社 2001 年版。

11. ［德］克劳思·罗科信著，吴丽琪译：《刑事诉讼法》（第 24 版），法律出版社 2003 年版。

二、期刊类

1. 陈瑞华："刑事再审程序研究"，载《政法论坛（中国政法大学学报）》2000 年第 6 期。

2. 陈卫东："刑事申诉制度改革研究"，载《法学家》1999 年第 4 期。

3. 陈卫东、石献智："法院主动提起审判监督程序之研讨"，载《中国刑事法杂志》2001 年第 2 期。

4. 陈卫东："论刑事审判监督程序的提起方式"，载《法学论坛》2003 年第 1 期。

5. 陈卫东："刑事申诉制度一审终审制之改造"，载《法学家》2000 年第 4 期。

6. 邓思清："完善我国刑事再审启动程序之构想"，载《当代法学》2004 年第 3 期。

7. 王新清、李江海："刑事案件启动再审条件的分解与重构"，载《人民检察》2006 年第 13 期。

8. 董伟威："对当前刑事审判监督程序中若干问题的思考"，载《法学评论》1998 年第 1 期。

9. 刘少军："关于我国刑事再审程序的法律思考"，载《国家检察官学院学报》，2002 年第 2 期。

10. 陈永革、李志平："刑事再审制度改进与完善探析"，载《中国刑事法杂志》2000 年第 4 期。

11. 虞政平："关于完善我国再审程序的课题报告——以有限再审为前提构建再审之诉法律模式"，参见沈德咏主编：《最新再审司法解释适用与再审改革研究》，人民法院出版社 2003 年版。

12. 沈德咏："坚持司法为民思想 深化审判监督改革 努力做好审判监督工作——在全国法

院审判监督工作座谈会上的讲话”，参见沈德咏主编：《审判监督指导与研究》2003 年第 3 卷（总第 11 卷），人民法院出版社 2003 年版。

13. 沈德咏："深化审判监督改革 加强审判监督工作——在全国审判监督改革经验交流会上的讲话”，参见沈德咏主编《审判监督指导与研究》2002 年第 2 卷（总第 6 卷），人民法院出版社 2002 年版。

14. 沈德咏："最高人民法院沈德咏副院长谈审判监督工作和审判监督改革”，参见沈德咏主编：《审判监督指导与研究》2001 年第 2 卷（总第 2 卷），人民法院出版社 2001 年版。

15. 陈卫东："刑事再审案件的证据评定”，参见《审判研究》2006 年第 2 辑（总第十五辑），法律出版社 2006 年版。

16. 郭志媛："刑事再审审理程序的完善——以比较法为视角”，参见《审判研究》2007 年第 5 辑（总第二十四辑），法律出版社 2007 年版。

17. 江西省高级人民法院课题组："民事再审制度改革实证研究”，参见最高人民法院研究室编：《审判前沿问题研究——最高人民法院重点调研课题组报告集》（上册），人民法院出版社 2007 年版。

盗窃罪量刑实务研究

刘迎迎

摘 要

量刑失衡，是古今中外普遍存在的刑法问题。为探究我国量刑失衡问题的现状、问题，笔者选择了盗窃罪进行个罪探讨。盗窃罪是以非法占有为目的，秘密窃取公私财产，数额较大或次数较多或以金融机构或珍贵文物为犯罪对象的行为。奇妙的是，作为使用典型非暴力手段侵犯财产的刑事犯罪，我国盗窃罪法定刑的全面程度也居于所有刑事犯罪的榜首，覆盖了从免予刑事处罚到死刑的包括生命刑、自由刑、财产刑、资格刑[1]的所有主刑和附加刑刑种。

笔者以北京市某基层法院 2005 ~ 2006 年的盗窃罪判决为样本，采用实证、对比的方法，对 531 份法院盗窃罪判决书中的量刑情节和量刑理由逐项分析，并通过典型案例的对比，对量刑中存在强制措施、户籍地、羁押时间、“以钱换刑” 的潜规则和若干问题进行了归纳。继而，笔者从刑

---

〔1〕 参见马克昌:《刑罚通论》，武汉大学出版社2007 年版。生命刑即死刑，自由刑包括无期徒刑、有期徒刑、拘役和管制，财产刑包括罚金、没收财产，资格刑包括剥夺政治权利等。

法理论层面，探讨了盗窃罪与贪污罪、职务侵占罪以及诈骗罪的不平衡问题，辨析了定罪情节和量刑情节，阐明了多次盗窃等定罪量刑情节之间的关系，提出了对盗窃金融机构、珍贵文物的法律条文的修正，并提出将坦白的酌情情节法定化；又从司法实务层面，剖析了检察机关的责令退赔、量刑建议改革以及法院系统的预缴罚金、缓刑等问题。最后，笔者结合盗窃罪的现行立法和司法解释，对盗窃罪的量刑提出了自己的见解。

前 言

说起我国的量刑失衡问题，不能不提及轰动一时的许霆案。许霆案之所以引起舆论极大关注，关键问题就是一审量刑过重。在给许霆定罪量刑的依据——《刑法》第264条中规定，盗窃金融机构，数额特别巨大的，法定刑只有两个选择——死刑或者无期徒刑。除非有法定的减轻处罚情节，否则不能够在法定刑期以下判刑。原审一审法官的裁量权有限〔1〕，因此只能判处许霆无期徒刑。

许霆案反映的其实是盗窃罪在立法层面的量刑失衡。比起贪污数百万也不过判个十几年，许霆从出错的ATM取款机盗窃十七万余元的行为在一审被判处无期徒刑，量刑实难相称，公众实难接受〔2〕。由于许霆案的发生，刑法第264条在许多人眼里成为一条严刑峻法，成为一条“恶法”。〔3〕

即便是同犯盗窃罪，仍存在量刑失衡的问题。例如，在盗窃数额或次数或对象或情节类似的情况下，如果被告人很不幸地是一个外地人，很有可能被批准逮捕，最后很有可能因此被判处自由刑（本地人通常可取保候审，量刑则顺理成章地不再羁押）；如果被告人很不幸地无法退赃，很有可能被当然判处自由刑；如果被告人很不幸地无法预缴罚金，那自由刑的当然可能性更是大大增加。

---

〔1〕刑法第63条规定，“犯罪分子具有本法规定的减轻处罚情节的，应当在法定刑以下判处刑罚。犯罪分子虽然不具有本法规定的减轻处罚情节，但是根据案件的特殊情况，经最高人民法院核准，也可以在法定刑以下判处刑罚”。许霆案的二审即适用本条，作为“不具有本法规定的减轻处罚情节”的“特殊情况”，报最高人民法院核准，在法定最低刑——无期徒刑之下量刑，被改判为有期徒刑5年，并处罚金2万元。

〔2〕参见天涯杂谈：“官员的贪污罪和百姓的盗窃罪为何量刑相差两万倍?!”，载 http://cache.tianya.cn/publicforum/content/free/1/1078830.shtml，访问日期：2009年3月12日。

〔3〕张劲、冼宇航：“《刑法》第264条不是‘恶法’”，载《法治论坛》2008年第2期，第231、233页。

侵犯财产权利的盗窃罪，与以自由刑为主体的量刑体系的关系，或许可以理解为财产权与人身权的角力。如何求得二者之间的平衡，既是一门技术，也是一门艺术。因此，以盗窃罪为突破口，探讨量刑建议和量刑规范化的司法改革，具有特别现实的法律意义和价值。笔者试图从所在辖区法院两年内的判决数据的实证分析中，发现问题，解析原因，探寻方法。

第一章 盗窃罪量刑实务研究的意义

一、论题的由来

（一）量刑独立性改革

以下内容都是论述刑法层面的量刑。但笔者要特别提及刑事诉讼法层面。原因在于，刑法、刑事诉讼法在司法实践中是浑然一体的，无法只谈其一不顾其二。具体到任何犯罪的量刑实务问题，必然涉及具体的司法程序，这是刑事诉讼法领域的当然命题。

我国的司法改革发展到今天，对量刑正义的追求已经提上日程。有学者提出，“法院的量刑依据与定罪依据有着明显的差异，在缺乏诉权制约的情况下，量刑裁决存在着滥用自由裁量权的可能性”，“为确保量刑程序的公正性，量刑程序有必要从现行审判制度中独立出来”。[1] 我国法院系统已经开展了将量刑辩论与定罪辩论分开的庭审改革。为了加强量刑的说理性，追求公正的刑罚结果，有必要对量刑实务问题，特别是以个罪为试点，进行探讨。

（二）量刑失衡

法官决定宣告刑的过程，是为刑罚的量定，即为量刑[2]。量刑的一般过程，即在法定刑和加重减轻事由的范围内量定具体的、宣告的刑罚。

一般认为，对同样的犯罪事实未能给予同等的刑罚而导致的量刑上的不相称（畸轻畸重、偏轻偏重[3]）称为量刑失衡。

笔者认为，上述定义局限于司法层面。在立法层面，对社会危害性轻重程度相近的犯罪事实未能给予同等的刑罚而导致立法上的量刑不平衡（畸轻畸重、

〔1〕 参见陈瑞华：“论量刑程序的独立性——一种以量刑控制为中心的程序理论”，载《中国法学》2009年第1期，第163～179页。

〔2〕 参见张明楷：《外国刑法纲要》（第2版），清华大学出版社2007年版，第410页。

〔3〕 参见陈兴良：《宽严相济刑事政策研究》，中国人民大学出版社2007年版，第200页。

偏轻偏重[1]）也是量刑失衡，而且是司法层面量刑失衡的根源。

量刑失衡，司法就失去公正。为解决量刑失衡的难题，英美法系国家自20世纪70年代中叶开始的量刑改革，在理论上提倡均衡量刑论，在方法上主张实施量刑统一标准。经过近三十年的发展，逐渐形成了三种不同模式：美国的数量化量刑指南、英国的论理式量刑指南和澳大利亚的信息化量刑指南。[2]

近年来，为了约束法官自由裁量权的恣意行使，解决司法活动中的量刑失衡问题，我国法院系统的量刑规范化改革已经展开。北京大学白建军教授设计的SCO罪量综合指数评价体系[3]、2003～2005年江苏省姜堰市人民法院、泰州市中级人民法院、江苏省高级人民法院的《量刑指导规则》系列、2004年山东省淄博市淄川区人民法院的《规范化量刑细则》及与武汉大学赵廷光[4]教授合作开发的《规范量刑软件管理系统》等，从理论和实务多个层面入手，通过规定量刑情节减免幅度或者计算机参考数据等方式，对常见罪名的量刑情节进行评估，最后得出刑罚。我国检察机关的量刑改革，始于1999年4月北京市东城区检察院提出的量刑建议权改革，现已从集中于论证检察机关量刑建议权的合法性以及行使方式等方面，推进到如何提出量刑建议，以及对具体罪名的量刑原则、基准、幅度等方面的研究。2008年，北京市人民检察院在综合基层

---

〔1〕参见陈兴良：《宽严相济刑事政策研究》，中国人民大学出版社2007年版，第200页。

〔2〕美国量刑指南模式采用的是量刑委员会制定的一种数字式量刑表格，简洁明了、容易操作，是一种有效地控制法官自由裁量权的量刑方法，对许多国家的量刑改革产生了较大的影响。英国量刑指南委员会和咨询委员会制定的量刑指南，采用的是论理叙述方式，重点论证量刑的具体适用原理和法官应该注意的问题，称为论理式量刑指南模式。澳大利亚新南威尔士的量刑信息系统，实际是有关量刑统计信息的数据库系统，为法官提供了大量以前的个案信息。该系统并不直接对法官提供其要判令的结果，而是提供有关类似案件的最高和最低的量刑规定，将量刑的决定权交给法官，其目的是让法官从保证量刑的一致性的角度考虑，尽量选择该数据库所提供的平均值。见杨志斌："英美法系国家量刑指南制度的比较研究"，载《河北法学》2006年第8期。

〔3〕S代表罪量评价关系中的评价主体（subject），C代表评价标准（criterion），O代表评价对象（object）。即作者认为，应该从评价关系、评价标准、评价对象三个维度来确定罪量的大小。罪量＝（被害关系＋行为类型＋加害地位）×0.7＋（国家被害＋犯罪暗数）×0.3＋（法定结果＋个人风险＋利益类型）×0.7＋伦理内容×0.3＋（要件数量＋结果趋势＋超饱和性＋罪过形式）×0.7＋犯罪态度×0.3。参见白建军：《罪刑均衡实证研究》，法律出版社2004年版，第135、158～159页。

〔4〕赵廷光是我国首位反计算机犯罪博士生导师，也是我国理论界最早进行规范化量刑研究的学者。在量刑方法上提出"积分量化法"，主张根据量刑情节，将罪行情节分为六等，与之相应法定刑也划分为六档，按照罪刑相适应的原则斟酌判处相应的刑罚。其研制的新型法律软件"中国刑法专家系统"，将法律知识与计算机技术结合起来，集知识检索、识别判断和分析推理等功能为一体，实现了人机智能对话：只要输入具体案情，便能依法规范办案思路、快速查询办案依据并提供处理案件的参考意见。该系统于1991年通过国家科委火炬高新技术成果银奖。通过12年的再认识、再深化，2003年，《刑事办案辅助系统》、《辅助量刑系统》等一系列法律智能软件相应诞生。山东省法院系统率先使用，俗称"电脑量刑"。资料来源：湖北刑事辩护网。

院试点经验的基础上，制定了《北京市检察机关公诉部门关于推广量刑建议改革的意见》。

二、盗窃罪量刑实务研究的意义

此次以盗窃罪量刑实务为论文主题，源于盗窃罪的量刑问题具有广泛的代表性，主要表现为：

（一）刑事高发性

盗窃罪是刑事司法实践中最常见的侵犯财产权利的犯罪，在历年公诉和判决的刑事案件中均名列榜首。

（二）定罪复杂性

盗窃罪的定罪量刑与犯罪金额、次数、对象（金融机构、文物）等情节之间关系较为复杂。同时，由于盗窃罪具有秘密窃取的行为特点，相关证据材料的主观性和不稳定性相对突出，该罪的证明体系亦较为复杂。此外，刑法中还有第210条第1款规定的盗窃增值税发票等、第265条规定的盗接电信设备、第196条第2款盗窃信用卡并使用等“注意规定”抑或“法律拟制”型盗窃罪。除此之外，刑法中还有若干罪名存在与盗窃行为的竞合，如破坏电力设备罪与破坏型盗窃的想象竞合等。

（三）刑罚多样性

盗窃罪的法定刑覆盖所有刑种（管制、拘役、有期徒刑、无期徒刑、死刑、以罚金为主的各类附加刑），幅度大（从单处罚金至死刑），导致个案审理中各种情节对宣告刑的影响相当复杂。

（四）立法和司法均有失衡

盗窃罪，不仅与贪污、职务侵占等侵犯多种客体的犯罪在量刑上差异悬殊，而且与诈骗罪、抢夺罪等同属侵犯财产权利一些简单客体的犯罪之间也存在量刑失衡。在司法实务层面，即便是同犯盗窃罪，仍存在量刑失衡的问题。量刑失衡的突出表现是“同案不同罚”——案情类似的案件，不同地区、同一地区的不同法院、同一法院的不同法官、甚至同一法官在不同时间段，判决的宣告刑不同，有的甚至差异重大。

第二章　盗窃罪量刑的现状调查

一、北京市某基层法院盗窃罪判决样本分析

（一）统计目的

总结分析当前盗窃罪量刑的规律和问题，为检察机关量刑建议和法院量刑规范化提供实证数据。

（二）统计样本

经过查询北京市某区人民法院2005～2006年〔1〕罪名为盗窃罪的刑事判决书，获取了531名被告人的判决情况（部分案件未归档）。由于基层法院对可能判处无期徒刑、死刑的案件无管辖权，故本次统计的样本仅限于有期徒刑以下刑罚的案例。考虑到近年来盗窃罪的死刑、无期徒刑判决较少，故笔者认为本样本仍具有一定的代表性。

（三）统计方法

以刑罚种类为基础项目，统计免予刑事处罚、单处罚金、管制、拘役、有期徒刑、剥夺政治权利、缓刑的人数、涉及的量刑幅度及判决书上书的量刑情节及理由。其中，有期徒刑一项以“三年”、“十年”为分界点，分段统计。

（四）统计结果（图1、图2、表1）

1. 自由刑比例惊人。531名被告人中，被判处自由刑的为503人，占样本总数的94.7%。其中判处管制0人；拘役87人，占17.3%；3年以下有期徒刑344人，占68.4%；3年以上9年以下有期徒刑59人，占11.7%；10年以上有期徒刑为13人，占2.6%；无期徒刑、死刑0（基层法院无管辖权）。在3年以下有期徒刑和拘役的被告人中，宣告缓刑22人，占3年以下有期徒刑和拘役被告人的5.1%。

2. 犯罪数额不仅是定罪也是量刑的主要情节。法官依据盗窃罪的司法解释〔2〕，牢牢把握北京市关于盗窃罪“数额较大”起刑点为1000元、“数额巨大”起刑点为10 000元、“数额特别巨大”起刑点为60 000元的立案标准，以“三年”、“十年”为分界点，把有期徒刑分为“三年以下”、“三年以上十年以下”和“十年以上”三种规格。

3. 量刑理由较单一，依法定情节的多，法官自由裁量的少。判决书比较稳定地体现未成年人、聋哑人、累犯、自首、从犯、未遂等法定量刑情节。判决

---

〔1〕自2004年12月25日至2006年12月24日两个司法统计年度。

〔2〕最高人民法院《关于审理盗窃案件具体应用法律若干问题的解释》（1998年3月10日法释〔1998年第4号〕）：

第三条　盗窃公私财物“数额较大”、“数额巨大”、“数额特别巨大”的标准如下：

（一）个人盗窃公私财物价值人民币五百元至二千元以上的，为“数额较大”。

（二）个人盗窃公私财物价值人民币五千元至二万元以上的，为“数额巨大”。

（三）个人盗窃公私财物价值人民币三万元至十万元以上的，为“数额特别巨大”。

各省、自治区、直辖市高级人民法院可根据本地区经济发展状况，并考虑社会治安状况，在前款规定的数额幅度内，分别确定本地区执行的“数额较大”、“数额巨大”、“数额特别巨大”的标准。若无特别注明，行文所称“司法解释”、“现行司法解释”特指本解释。

书对于盗窃地点、手段、次数、后果、被告人历史表现、认罪态度、退赃表现也有述及，但这种考虑对本地人和未成年人更宽松，对外地人和无业人员更严苛。

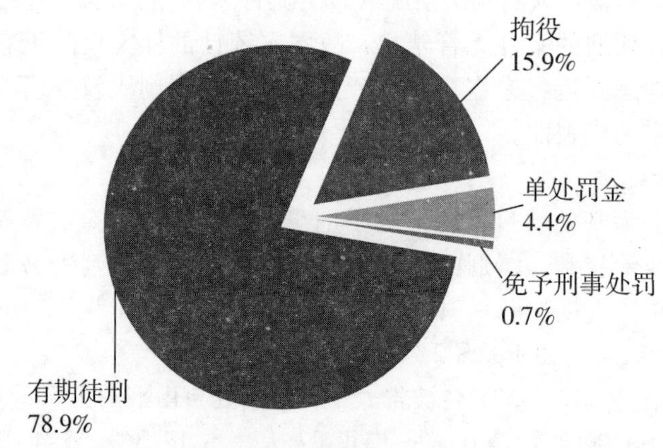

图1　盗窃罪各刑种比例图

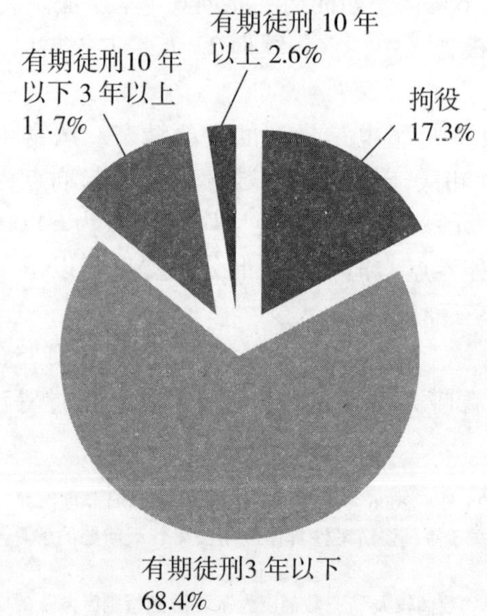

图2　自由刑各刑种比例图

4. “未给被害人造成损失”是主要的酌情从轻情节。被告人是否认罪、悔罪，不仅仅在于口头伏法，更要有实际行动。对于侵犯财产权利的盗窃罪，从恢复正义和法益的角度考虑，追缴赃物并发还或者退还被害人同等价值的赃款，是挽回被害人损失，恢复被害人财产利益的方式。退赃行为反映被告人的悔罪表现和愿望。因此，当被告人基于对自己所犯罪行的认识，积极退赃或由亲属主动为其退赃[1]，均被判决认定为可以予以酌情从轻的情节。

表1　盗窃罪量刑情节及理由统计表

刑罚种类	人数	量刑幅度	量刑情节及理由（判决书摘录）	
免予刑事处罚	4	无	法定[2]	数额较大（3720元）、未成年人、自首
			酌情	认罪、悔罪、赃物起获并发还、未给被害人造成损失、初犯
单处罚金	24	1000～5000元	法定	犯罪数额（1125～4000元）
				±聋哑人、±未成年人
			酌情	起获赃物并发还、未给被害人造成损失、认罪、悔罪、初犯
				±主动缴纳罚金
拘役	87	3月缓4月罚1000元～6月罚1000元	法定	犯罪数额（1100～3900元）
				±未成年人
			酌情	赃物起获并发还、未给被害人造成损失、初犯、认罪态度较好
				±主动缴纳罚金

---

〔1〕 最高人民法院在《关于被告人亲属主动为被告人退缴赃款应如何处理的批复》中明确规定：1. 被告人是成年人，其违法所得由自己挥霍、无法追缴的，应责令被告人退赔，其家属没有代为退赔的义务。被告人在家庭共同财产中有其个人应有部分的，只能在其个人应有的部分的范围内，责令被告人退赔；2. 如果被告人的违法所得有一部分用于家庭日常生活，对这部分违法所得，被告人和亲属均有退赔义务；3. 如果被告人对责令其本人退赔的违法所得已无实际上的退赔能力，但其亲属应被告人的请求，或者主动提出并征得被告人的同意，自愿代被告人退赔部分或者全部违法所得的，法院也可考虑其具体情况，收下其亲属自愿代被告人退赃款项，并视为被告人主动退赔的款项；4. 属于以上三种情况，已作为退赔的，均可视为被告人退赃，可以依法适当从宽处理；5. 如果被告人的罪行应当判处死刑，并必须执行，属于以上第一、二两种情况的，法院可以接受退赔的款项；属于第三种情况的，其亲属自愿代为退赔，法院不应接收。

〔2〕 法定，包括法律规定的法定量刑情节和酌定量刑情节；酌情，指法律规定以外的法官予以酌情考虑的情节。

续表

<table>
<tr><th>刑罚种类</th><th colspan="2">人数</th><th>量刑幅度</th><th colspan="2">量刑情节及理由（判决书摘录）</th></tr>
<tr><td rowspan="3">有期徒刑</td><td><3</td><td>344</td><td>1100～6960</td><td>法定</td><td>±累犯、自首
±未成年人</td></tr>
<tr><td>3，9</td><td>59</td><td>3710～991 450</td><td>酌情</td><td>赃物起获并发还、积极退赔赃款、认罪态度较好</td></tr>
<tr><td>≥10</td><td>13</td><td>100 000～839 000</td><td></td><td>±主动缴纳罚金</td></tr>
<tr><td rowspan="4">缓刑</td><td colspan="2" rowspan="4">22</td><td rowspan="4">拘3月缓4月罚1000～有〔1〕3年缓4年罚3000</td><td rowspan="2">法定</td><td>犯罪数额（1650～32 400元）</td></tr>
<tr><td>±未成年人</td></tr>
<tr><td rowspan="2">酌情</td><td>（部分）起获并发还、（部分）已退赔、初犯、认罪态度较好</td></tr>
<tr><td>±主动缴纳罚金</td></tr>
</table>

5. 主动缴纳罚金成为重要的从宽渠道。由于法院长期存在罚金刑的执行难问题，罚金刑的执行程度如何，往往取决于被告人的态度。由此产生了近年来司法实践中的预缴罚金制度，即被告人只要“主动”缴纳一定数额的罚金，就认定其认罪态度好，法官可酌情从轻或减轻处罚，甚至免除处罚。

6. 并处罚金适用较机械，数目不大。法院对盗窃罪并处罚金的标准，基本是判处自由刑1年并处罚金1000元〔2〕，单处罚金刑为1000元起。本样本的单处罚金案例共有24例，数额从1000元，1500元，2000元，3000元至5000元不等。并处罚金是自由刑主刑的附加刑，数额高低没有绝对的转化标准，1年1000元的对应似乎也无不可。但与盗窃罪的立案标准相比，单处罚金的数额有些偏低，在一定程度上显示不出刑罚的意义。

7. 缓刑适用率低，适用对象单一。考察判处3年以下有期徒刑和拘役的被告人中5.1%，共计22例缓刑的被告人，或系未成年人，或系刚刚成年的在校学生，均系初犯，且积极退赔。

二、量刑潜规则辨析

经逐份翻阅判决书，比对量刑理由，笔者发现，所选样本对于犯罪数额和

---

〔1〕“拘”指拘役，“缓”指缓刑，“有”指有期徒刑。

〔2〕抢劫罪是每判处有期徒刑1年并处罚金2000元。

法定情节的依赖性和忠诚度较高，不同法官之间的量刑总体趋于平衡。但仍存在犯罪数额及量刑情节相近但宣告刑不同的情况。此外，有的犯罪金额小的案件量刑重于犯罪金额大的案件量刑，有的犯罪金额大的案件量刑刑期长于犯罪金额小的案件，但适用缓刑，犯罪金额小的案件适用的却是实刑（即自由刑，因为受监禁，俗称实刑〔1〕）。

笔者从531份判决书中选取了两个量刑情节几乎一致的案例进行比较。

（一）典型案例对比

1. 案例一：李某盗窃案

被告人李某，女，24岁，汉族，北京市人，技校文化，无业。无前科劣迹。

强制措施：取保候审。

认定事实：被告人李某在本市某康体中心更衣室内，利用与被害人吴某使用同一更衣柜的机会，从吴某挎包内窃取中国工商银行牡丹灵通卡1张，随即使用该卡提取人民币4000元，后将卡放回吴某处。吴某发现被窃后报案。被告人李某于1月后被民警传唤到案。赃款已由被告人家属退赔被害人。

适用程序：简易程序。

判决书量刑理由：唯念被告人李某能够如实供述自己的罪行，系初犯；其家属代赔了全部案款，未给被害人造成实际损失，可对其酌予从轻处罚。

宣告刑：罚金人民币5000元（已缴纳）。

2. 案例二：韩某盗窃案

被告人韩某，女，18岁，汉族，河北省人，初中文化，农民。无前科劣迹。

强制措施：逮捕。

认定事实：被告人韩某在单位宿舍内，趁同事贾某外出之际，窃取贾的建设银行卡1张。次日上午，韩某使用该银行卡分五次提取现金人民币共计5200元，并将所提钱款存至其他账户。同时，贾某发现被窃后报案。民警调取取款录像后将韩某传唤到案。赃款当日退赔被害人。

适用程序：简易程序。

判决书量刑理由：鉴于被告人韩某自愿认罪，涉案赃款已全部起获并发还被害人，可酌予从轻处罚。

宣告刑：有期徒刑1年，并处罚金人民币1000元。

上述二被告人的犯罪数额相近，量刑情节相似，但最后案例一的李某被单处罚金5000元；案例二的韩某被判处有期徒刑1年，并处罚金1000元——量刑

---

〔1〕 一般百姓不管刑罚有多少种类，只要不受监禁，一律视为“无刑”。罚金就是罚款，缓刑就是自由。只有蹲进铁窗之内的牢房，才是实实在在的刑罚，所谓“实刑”。

相差着实悬殊。

除了量刑结果，二被告人的差异何在？一是户籍地，李某是北京市人，韩某是河北省人；二是强制措施，李某是被取保候审，韩某是被逮捕；三是主动缴纳罚金，判决前李某已缴纳5000元，韩某并未预缴。

（二）潜规则之忧

潜规则之一，强制措施的影响。滥用逮捕是我国公认的司法痼疾。虽然法律在对逮捕与取保候审的取舍中列出了差别，但不具有操作的可行性。以诉讼便利的名义，有时也为了规避错捕导致的国家赔偿，从侦查到公诉到审判，被告人被过多地羁押成为无法避免的必然。又一次以诉讼便利的名义，逮捕的羁押与量刑的监禁被错误却堂皇地“贯通”，最后，被逮捕的被告人，量刑维持监禁状态，取保候审的一般不再判处自由刑。

潜规则之二，歧视外地人、农村人。备受责难的城乡二元化体制和由此而生的户口制度使得外地人、农村人的量刑处境异常艰难。实践中，犯罪及量刑情节同样或者更加严重的本地人更容易被取保候审，犯罪及量刑情节同样或者更加轻微的外地人却更经常被逮捕。这种差别，不论基于何种理由，唯一不可能基于的就是正义。外地人、农村人被认为缺乏一定的监控改造环境，而被判处短期徒刑，致使其中的一些人一旦再次失足，易被认定为累犯而加重处罚从而造成更多的社会负担。

潜规则之三，判决前羁押时间的影响。超期羁押是又一个公认的司法痼疾。假如被告人判决前的羁押时间超过6个月，无论情节如何，被告人都不可能判处拘役，只能判处6个月以上的有期徒刑。法官也很为难：“被告人已经关了六个月多了，怎么也判不了拘役。”如果被告人幸运没赶上逢年过节黄金周什么的审理一切顺利，或许能赶上判个有期徒刑7个月，法官只能帮着慨叹：“好在没几天就放出去了。”[1]

潜规则之四，“以钱换刑”。退赔、预缴罚金，无疑减少了法院执行困难和空判的诟病，虽然挽回了被害人的损失，在某种程度上恢复了正义，维护了法益，但对认罪、悔罪但无预缴能力的人不公平。也难以避免人情案、关系案、金钱案的滋生。同时，退赔和主动缴纳罚金只能作为从轻处罚的酌定情节，一般不能减轻处罚。和案例二中刚满18周岁的韩某被判处的有期徒刑相比，案例

---

〔1〕 笔者曾和多位检察官、法官多次探讨此问题。办案质量和数量的积重难返，使得超期羁押已形成恶性循环。值得欣慰的是，近年来，纠正超期羁押的措施已经广泛推行，但仍需要一个过程。另外，随着轻罪案件流程提速机制、认罪轻案快速办理机制改革纷纷推出，部分案件已形成了快侦快诉快审的联动效应。

一中的被告人李某的量刑，直接降到了单处罚金，但仍然处在数额较大的盗窃罪“3 年以下有期徒刑、拘役、管制以及单处罚金”的量刑幅度内，不好认定法官对李某作了减轻处罚。而且，笔者未能了解此案的背景，不知是否系“适用宽严相济政策示范庭”抑或沐浴了其他刑事政策的春风，但一步跨越了拘役、管制（虽形同虚设但仍客观存在）两个刑种，足以让外人惊愕。

第三章　盗窃罪量刑的立法问题解析

纵观前述的盗窃罪判决样本，结合对刑法本身和司法实践的考量，笔者认为，盗窃罪量刑的问题可以从两个层面来解析，一是立法，二是司法。下面逐一阐述。

量刑问题是刑法理论的缩写图。[1] 盗窃罪量刑的立法问题，最突出的是此罪与彼罪之间的不平等，其次是逻辑混乱和观念滞后。

一、盗窃罪与贪污罪、职务侵占罪之间的不平衡

许霆案发生后，著名的互联网中文论坛“天涯论坛”爆出了一个帖子，帖子作者“村里晨雾”比较了许霆盗窃 17 万元一审被判处无期徒刑案和中国银行开平支行原行长余振东贪污挪用公款涉案金额达 4.82 亿美元一审被判处有期徒刑 12 年案，质问《官员的贪污罪和百姓的盗窃罪为何量刑相差两万倍?!》，痛陈盗窃罪之殇与贪污罪之弊，最后呼吁废除贪污罪，改为盗窃罪。[2]

职务侵占罪与贪污罪在客观方面有极大的相似之处，只是在犯罪主体上不具备“国家工作人员”身份。如果同样是非法侵占本单位 50 万元现金，且情节特别严重的，国家工作人员最高法定刑为死刑，而公司、企业或者其他单位人员则最高只能判处 15 年有期徒刑，刑罚悬殊。且职务侵占罪未设置罚金刑，对被告人在经济上的打击非常不力。

许霆案的焦点是盗窃金融机构如何量刑的问题。现行刑法明确规定，盗窃金融机构的财物，数额特别巨大的，处无期徒刑或者死刑。但如此极端的量刑只是针对金融机构以外的人。金融机构的不具有国家工作人员身份的人员监守

---

〔1〕 参见张明楷:《外国刑法纲要》（第 2 版），清华大学出版社 2007 年版，第 410 页。

〔2〕《刑法》第 63 条规定，“犯罪分子具有本法规定的减轻处罚情节的，应当在法定刑以下判处刑罚。犯罪分子虽然不具有本法规定的减轻处罚情节，但是根据案件的特殊情况，经最高人民法院核准，也可以在法定刑以下判处刑罚。”许霆案的二审即适用本条，作为“不具有本法规定的减轻处罚情节”的“特殊情况”，报最高人民法院核准，在法定最低刑——无期徒刑之下量刑，被改判为有期徒刑 5 年，并处罚金 2 万元。

自盗，犯的是职务侵占罪，不论数额高低其最高法定刑只不过是有期徒刑15年，而且没有罚金。

“官盗重于民盗”。作为普通人的社会成员，因不拥有从事公共事务和社会事务的权力，因盗窃行为所需承担的量刑，理所应当比监守自盗的贪污和职务侵占要轻。倘若我国立法迟迟不修正盗窃罪与贪污罪、职务侵占罪的量刑沟壑，笔者突发奇思，建议按想象竞合处理，择一重罪处罚，对贪污罪、职务侵占罪的行为人改定盗窃罪，以求得量刑正义。

二、盗窃罪与诈骗罪、抢夺罪之间的不平衡

盗窃罪、诈骗罪、抢夺罪，同属非暴力性侵犯财产罪，不同的是盗窃罪取财的手段是偷（秘密窃取），诈骗罪是骗（虚构事实隐瞒真相），抢夺罪是夺（暴力仅限于物）。对于此类犯罪，我国刑法历来是“以赃入罪”，犯罪数额对于定罪量刑起决定作用。1979年刑法生效期间，公安部《关于修改盗窃案件立案统计办法的通知》规定，诈骗罪、抢夺罪是比照盗窃罪的立案标准执行的。

1997年刑法生效后，在《最高人民检察院公安部关于经济犯罪案件追诉标准的规定》中，抢夺罪的犯罪数额（立案标准）参照盗窃罪，但诈骗罪却与盗窃罪存在较大差距。以北京市为例，盗窃罪数额较大、数额巨大和数额特别巨大（以下简称三档）的认定标准，分别以1千元，1万元，6万元为起刑点，而相应的诈骗罪三档分别以2千元、5万元和20万元为起刑点。

是什么导致了盗窃罪和诈骗罪的这种差异？是由于偷和骗的“技术含量”不同么？到底是偷的危害性大，还是骗的危害性大？依据什么标准来衡量呢？笔者认为，既然盗窃罪、诈骗罪、抢夺罪采取的都是非暴力性手段，并无本质差异，犯罪数额应相对统一。由于抢夺罪仍包含暴力的成分（对物暴力有时难免波及被害人），抢夺罪的犯罪数额起刑点不应机械比照盗窃罪，而应该低于盗窃罪。而无论从保护被害人权益的角度还是社会危害性而言，诈骗罪和盗窃罪之间并无不同，犯罪数额可以统一。

当前，为消除“据为已有”为中心的财产犯罪的适用漏洞，许多国家扩展了盗窃罪的边界。如，美国《模范刑法典》第223节，将传统的各种获取性犯罪合并为一个单一的犯罪，即“盗窃”。“此前的偷窃（larceny）、侵占（embezzlement）、诈骗（false pretense）、勒索（extortion）、讹诈（black*m*ail）、欺诈性变换（fraudulent conversion）、收受被盗财产（receiving stolen property）等相关犯罪以及它们之间在法律上存在的差异，从此皆有一个单一的犯罪予以替代。"[1] 美国对盗窃罪的联合，消除了罪名之间不必要的差别[2]，值得我国立法借鉴。

三、定罪情节与量刑情节辨析

（一）量刑情节和定罪情节的关系

区分量刑情节和定罪情节，是盗窃罪的一个难点。

定罪情节，是指存在于犯罪实行过程中的，表明行为的社会危害性和行为人的人身危险性及其程度的，定罪时作为区别罪与非罪、重罪轻罪，以及此罪彼罪标志的一系列主客观事实。量刑情节，是指定罪事实以外的，与犯罪人或者侵害行为密切相关的，表明行为社会危害性程度和行为人的人身危险性程度、并进而决定是否适用刑罚或处刑宽严或者免除处罚的各种具体事实。[3]

笔者的理解是，定罪情节和量刑情节共同组成犯罪事实，但在逻辑关系上并非相互排斥，而是交叉关系。

（二）盗窃罪定罪情节和量刑情节的交叉矛盾

盗窃罪的数额较大、数额巨大、数额特别巨大三个刑档，以及多次盗窃、情节严重、情节特别严重等规定的交叉，使得盗窃罪的定罪情节和量刑情节也出现了交叉，在适用上容易导致重复评价。主要表现是：

1. 数额犯与情节犯的交叉

盗窃罪似乎应该是典型的数额犯，又似乎无法排除出情节犯。究竟为何呢？

首先是"多次盗窃"情节的模糊性。刑法第 264 条把多次盗窃和数额较大并列作为定罪情节，盗窃罪现行司法解释规定"多次盗窃"既是定罪情节，又是量刑情节。从定罪情节和量刑情节的逻辑关系这是一个逻辑悖论。

有观点认为，刑法第 264 条克服了单纯数额犯的缺陷，把"多次盗窃"作为盗窃罪的要件，值得称道，但使用"多次盗窃"仍有不妥，改为"情节严重"更为恰当。[4] 笔者对"但"后结论表示部分同意，因为从财产犯罪的角度讲，盗窃罪的定罪情节理所应当是犯罪数额。多次盗窃作为社会危害性和人身危险性的程度标志，更宜归入量刑情节。

关键的问题是，何谓多次？多少算多，多少算少？是否限制时间、地点、手段？现行司法解释规定"对于 1 年内入户盗窃或者在公共场所扒窃 3 次以上

---

[1] 参见 Edited by The American Law Institute，刘仁文、王祎等译：《美国模范刑法典及其评注》，法律出版社 2005 年版，第 158～164 页。

[2] 参见于佳佳："论盗窃罪的边界"，载《中外法学》2008 年第 6 期，第 928 页。

[3] 参见马克昌：《刑罚通论》，武汉大学出版社 2007 年版，第 326、328 页。

[4] 参见王礼仁：《盗窃罪的定罪与量刑》，人民法院出版社 1999 年版，第 322 页。

的，应当认定为多次盗窃”。从逻辑角度看，多次盗窃除规定里注明的两种情况外，还有其他内容。如非入户非扒窃但累计10次以上，但没有达到犯罪数额最低起刑点的，有无追诉必要？笔者认为，在没有发生和他罪竞合的情况下（比如盗窃使用中的电力设备），不宜入罪。但是，已经接近第二档起刑点的，可以作为“情节严重”，升入高一档量刑。

2. “其他严重情节”，“其他特别严重情节”的依附性

仔细研读刑法第264条，在数额较大、数额巨大、数额特别巨大的盗窃罪三档中，也规定了相应的情节，与前相应依此是“多次盗窃”、“其他严重情节”和“其他特别严重情节”。（盗窃珍贵文物中还对应了“情节严重”。）有观点认为，在盗窃犯罪中，犯罪数额以外的其他情节具有二重性，即独立性与依附性。独立性是相对的，依附性随着数额的变化而发生性质的变化〔1〕。如数额未达到起刑点的标准，可以情节为补充，升入更高一档量刑。

除盗窃罪“数额较大”量刑档中，“多次盗窃”的定罪量刑情节同一自相矛盾外，盗窃罪现行司法解释有两类相对独立的量刑情节（与“数额巨大”对应的是“其他严重情节”，与“数额特别巨大”对应的是“其他特别严重情节”）。

笔者认为，“严重”、“特别严重”之类模糊描述，在操作性上很难把握。司法解释从被盗对象的属性是否系救灾救济等特殊物品，从被害人是否系老弱病残孤苦无依，从犯罪手段是否具有破坏性等各个角度，描述了“严重”的外延，有助于实践中的理解和把握。然而，盗窃罪以犯罪数额划分的三个刑档，犯罪数额是定罪情节，而“多次盗窃”、“严重情节”、“特别严重情节”都是量刑情节，两者之间是相互独立的，所谓的依附性不合法理。如在接近起刑点时因情节严重而升高一档定罪量刑，是对量刑情节的重复评价（低刑档时已作为量刑情节评价同时又作为升高刑档时的定罪情节评价）。

（三）犯罪数额是否应系唯一定罪情节

作为典型的财产犯罪，犯罪数额是盗窃罪首当其冲的定罪情节。对于其认定标准，司法实践中，在1998年3月26日最高人民法院、最高人民检察院、公安部关于盗窃罪数额认定标准的规定中，只给出了盗窃罪三档起刑点的幅度，各省直辖市可以结合实际依此制定自己的标准。1999年三机关又对铁路运输中盗窃罪数额认定标准进行了规定，三档起刑点分别为1000、10 000、60 000。此后10年，我国GDP每年都以超过8个百分点的速度上扬，北京市不知为何仍然坚守和当年的铁路运输系统的同一行列，依旧执行同样的数额认定标准。上海

〔1〕参见王礼仁：《盗窃罪的定罪与量刑》，人民法院出版社1999年版，第183页。

市则是2千，2万，10万的三档起刑点。广东省则按城市的经济发达程度不同，确定了三类城市三类不同的盗窃罪三档起刑点，而且考虑治安情况的变化，广州市还调低过三档起刑点。

尽管我国盗窃罪的立法及司法解释中规定了相关的量刑情节，但过分重视犯罪数额的倾向仍体现在诸多立法和司法思维中。而过分重视犯罪数额，忽视其他情节在定罪量刑中的作用，会导致盗窃罪地方立法对量刑情节的规定和相应的刑罚处罚的范围及力度的不合理，不利于罪刑均衡、刑罚个别化、个别公正及刑罚目的的实现，也不利于限制法官自由裁量权。

不能说我们有这样的传统习惯。其实，我国封建社会的盗窃罪立法并没有将犯罪数额作为唯一定罪量刑标准。《大明律》规定，盗窃一般财物的，“计赃论罪”，依据赃罪的计赃原则和平赃原则进行处罚；盗窃特殊保护对象的财产，不变计赃论罪的，如大祀神物、马牛畜产之类，则“盗不计赃立罪名”。[1] 当前，也有观点提出，入户盗窃应取消数额限制[2]，称入户盗窃以盗窃论处的，属于吸收犯中实行行为（盗窃）吸收预备行为（非法侵入他人住宅）的情况。

和我国刑法更为接近的他国刑法相比较，大陆法系国家在盗窃罪的定罪量刑标准方面主要分两种情况：一是概括性的规定犯罪数额，将数额大小作为选择不同审判方式的依据，通过规定一般与加重情节对行为人量刑，如《德国刑法典》，未规定盗窃罪起刑点，而是由受害人来决定是否将盗窃行为提交法庭裁决；二是不明确规定盗窃数额，而是规定亲告罪、加重情节等，但在定罪量刑时考虑被盗财物的价值，直接或间接影响定罪量刑，如日本、意大利。

因此，我国的盗窃罪立法有必要对数额标准进行重新审视和定位。

四、几个特殊的量刑情节

（一）以金融机构和珍贵文物为对象的量刑情节

1. 盗窃金融机构作为定罪量刑情节，建议废除

有观点认为，按照盗窃对象区分犯罪，反映了法律对不同性质财产的差别保护。[3] 笔者认为，随着经济和社会的发展，建设法治国家的步伐日益加快，国家对公有和私有财产的平等保护日益加强，在立法上区分对象的差别待遇会逐渐失去必要性和合理性。因此，金融机构（资金）不宜作为盗窃罪特殊的定罪量刑情节继续存在。理由是：

---

〔1〕 参见王礼仁：《盗窃罪的定罪与量刑》，人民法院出版社1999年版，第17～18页。

〔2〕 参见杨引：“入户盗窃应取消数额限制”，载《中国检察论坛》2007年第3期，第30页。

〔3〕 参见于佳佳：“论盗窃罪的边界”，载《中外法学》2008年第6期，第929页。

首先，在市场经济和法治国家体制下，金融机构的本质是商业机构[1]而不是国家机构，并无值得刑法特殊保护的法益和必要。

其次，盗窃罪仅仅侵犯了他人合法的财产所有权，根本不存在用剥夺生命的死刑来惩治简单侵财型犯罪的法律对价和社会心理需要。

再次，作为以犯罪数额为主要的定罪量刑情节的盗窃罪，盗窃金融机构的对象入罪应转入盗窃金融机构资金的具体犯罪数额入罪更为合理。

2. 盗窃珍贵文物的情节，宜从盗窃罪剥离

首先，盗窃珍贵文物侵害的是复杂客体，在侵害财产所有权的同时，更重要的是侵害了国家对文物的管理秩序。盗窃珍贵文物的行为，与刑法妨害文物管理罪章节规定的盗掘古文化遗址、古墓葬行为与盗窃珍贵文物的犯罪行为具有同质性：主观上都具有非法占有的目的，盗窃的对象都是珍贵文物，所侵害的应是同类客体，即国家对珍贵文物的管理秩序，只是盗窃的方法有所不同，一个是秘密挖掘，一个是直接将人保管、收藏的文物秘密窃走。

其次，珍贵文物的价值几乎不能或很难确定，而且，确定珍贵文物价值的主要标准和文物等级的评定相对主观。判断盗窃珍贵文物的行为是否构成犯罪应以文物的等级和文物数量的多少为标准，并不适用盗窃罪的一般数额标准。

鉴于盗窃珍贵文物与盗掘古文化遗址、古墓葬的行为相比仍有一定的特殊性，笔者认为，应当参照《刑法》第328条和《最高人民法院关于审理盗窃案件若干问题的解释》的规定，在比照刑法设置盗掘古文化遗址、古墓葬犯罪量刑幅度的基础上，为盗窃珍贵文物犯罪另设条款。

3. 盗窃罪应彻底废除死刑

1997年《刑法》和1979年《刑法》相比，对盗窃罪量刑的规定，突出了数额标准，增加了财产刑，限制了死刑，上述三点变化可以理解为与时俱进的进步。

现行《刑法》中，适用死刑的仅限于盗窃金融机构数额特别巨大的或盗窃珍贵文物情节严重的。笔者认为，经济和社会都在发展，价值观念在变化，犯罪概念也在变化。人头落地不可能再长，财物失去却可以再赚回来。因此，虽然盗窃罪是多发的财产犯罪，但是财产权利和人身权利毕竟是两种不同的法律概念和生物概念，不能等价交换。

笔者认为，对于盗窃罪，必须极其慎重地适用死刑，一般不宜适用死刑。现行立法以金融机构和文物两种犯罪对象决定生死的规定既不科学也不人道。

---

〔1〕 参见杨兴培："'许霆案'的技术分析及其法理思考"，载《法学》2008年第3期，第61页。

值得欣慰的是，近年来学术界“盗窃行为没有必要设置死刑”[1]、“废除非暴力犯罪死刑”[2] 的呼声日益高涨，实务界因盗窃被判死刑的案件几乎为零。通观别国的刑法，盗窃罪均未设死刑。比如：德国 1998 年刑法典对于盗窃罪最高仅处以 10 年自由刑；日本现行刑法典对盗窃罪的最高刑亦为 10 年惩役；而依据英国《1968 年窃盗法》及相关法律，窃盗罪的最高刑甚至仅为 7 年监禁。外国刑法中惩治盗窃罪的立法经验值得我国借鉴，刑法的谦抑性在此义不容辞。

（二）惯窃、累犯

1. 惯窃与多次盗窃

有观点认为，惯窃现被归入“多次盗窃”。理由是：中国 1979 年《刑法》第 151 条规定，“盗窃公私财物数额较大的，构成盗窃罪”，同时第 152 条规定，“惯窃、惯骗或者盗窃、抢劫公私财物数额巨大的，处 5 年以上 10 年以下有期徒刑”。因而这一时期对多次盗窃行为是以惯窃罪定罪处罚的。但是根据刑法理论，惯窃罪必须具有盗窃恶习深、连续作案时间长以及犯罪次数多等诸多特征，而这些特征与盗窃罪在犯罪构成上又无实质性的区别。随着社会经济的迅速发展和犯罪情况的不断变化，依据惯窃罪标准认定犯罪的难度越来越大，以犯罪次数和犯罪所得的使用途径认定犯罪也有失科学合理，因此，1997 年《刑法》取消了惯窃罪的规定，将原以惯窃罪处理的行为作为盗窃罪的行为表现出来。即“多次盗窃”。[3]

笔者认为，惯窃并非多次盗窃。依据 1979 年《刑法》施行期间最高人民法院、最高人民检察院的《关于当前办理盗窃案件中具体应用法律的若干问题的解答》，“惯窃罪是指盗窃已经习性，并以盗窃所得为其挥霍或生活的主要来源的犯罪行为，惯窃罪犯一般都具有盗窃恶习较深、连续作案时间长、犯罪次数多、盗窃数额巨大等基本特征，往往还有屡教不改、流窜作案、结伙盗窃、手段狡猾等情节。”[4] 可以看出，惯窃的外延包含了多次盗窃，除此之外，还有作案时间、数额等情节。虽然立法和司法解释不再特殊规定惯犯，但是，惯犯的表现形式，已糅合至现行盗窃罪司法解释的“情节严重”所列的各个款项里，如流窜作案、结伙等，并没有完全消失，仍是重要的量刑情节。

---

〔1〕 参见陈兴良：“中国死刑的考察：立法设置与司法限制”，载《第五届中韩刑法学术研讨会——中韩死刑制度比较研究论文集》（中文版），第 55 页。

〔2〕 参见卢建平：“国际人权公约视角下的中国死刑制度改革”，载《死刑立法改革问题学术座谈会论文集》，第 220 页；赵秉志：“中国逐步废止非暴力犯罪死刑论纲”，转引自［美］JeromeA. Cohen、赵秉志编：《中美死刑制度现状与改革比较研究》，中国人民公安大学出版社 2007 年版，第 28 页。

〔3〕 参见李世栋：“论盗窃罪中的‘多次盗窃’”，载《法制与经济》2008 年第 8 期，第 86 页。

〔4〕 参见何访拔主编：《抗诉案件百例评析》，中国人民大学出版社 1992 年版，第 274 页。

2. 累犯的法律与盗窃罪现行司法解释的冲突

现行《刑法》在总则的第65条明文规定，“累犯应当从重处罚”。所谓从重，是指在被告人的具体犯罪行为应当适用的法定刑幅度内从重处罚，而不能突破该法定量刑幅度。而最高人民法院《关于审理盗窃案件具体应用法律若干问题的解释》则将累犯作为对犯盗窃罪予以加重处罚的情节之一。

笔者认为，现行盗窃罪司法解释与法律规定相悖，最高人民法院《关于审理盗窃案件具体应用法律若干问题的解释》第6条第3项中将累犯作为加重处罚情节之一的规定明显违法。这是最高人民法院在制定司法解释过程中存在的一大缺陷，有必要更正。

五、坦白应成为法定从轻情节

我国《刑法》规定了自首是法定从轻情节，即犯罪以后自动投案，如实供述自己的罪行的，可以从轻或减轻处罚。但是，对于犯罪以后被动归案，如实供述自己的罪行，即坦白，我国《刑法》没有规定。

笔者认为，应当将坦白列为法定从轻情节，不仅仅是对盗窃罪。理由如下：

首先，司法实践中，“坦白从宽”作为一项刑事司法政策也长期被执行。坦白虽然不是法定的从轻情节，但作为一种可以酌情予以从轻情节被广泛运用。如果不加以法律规定，仅仅依靠法官的经验，也容易造成量刑实际的不统一和失衡。

其次，随着法治国家建设的深入，沉默权将成为司法过程中当事人享有的不可或缺的权利，相应地，坦白从宽从刑事政策进入法定情节是立法的必然趋势。

再次，当前我国的《刑事诉讼法》存在着制度性的缺陷，与无罪推定的原则所要求的立法精神和价值目标还相去甚远。侦查过程中，“坦白从宽”很容易成为一种诱供的手段。越早将坦白列为法定从轻情节，越有利于保障犯罪嫌疑人、被告人的合法权利。

最后，将坦白列为法定从轻情节，可以提高犯罪嫌疑人认罪的主动性和积极性，提高诉讼效率，节省司法资源。我国《刑法》对自首的规定限制较严，特别强调投案的主动性，使很多被动归案的犯罪嫌疑人不愿如实供述自己的罪行，这既无谓地增加了侦查机关的破案难度，又增加了公诉机关、审判机关的指控和审理难度。尤其是以秘密窃取为取财手段的盗窃罪，犯罪嫌疑人的坦白，往往是破案和定案的关键。因为在秘密的情况下，如果犯罪嫌疑人或被告人不认罪，被害人陈述和物证、书证很难组成可靠的证据锁链。办案流程提速改革要求尽可能多地采用简易程序或普通程序简易审理，所有提速程序的设计前提都是被告人认罪，而被告人坦白认罪，也有利于其改过自新，回归社会。

综上，笔者认为，盗窃罪量刑的立法缺陷对于量刑实践的限制是巨大的。如果不能从根本上修正立法，追求盗窃罪的量刑正义只能是空谈。

第四章　盗窃罪量刑的司法问题解析

目前，我国盗窃罪量刑的司法问题，既包括一般性问题，又包括个罪的特殊性问题，以下分而论之。

一、一般性问题

（一）退赔与责令退赔

前面提到过，退赔是盗窃罪量刑实践中重要的酌情从轻情节。责令退赔，源于《刑法》第64条规定，“犯罪分子违法所得的一切财物，应当予以收缴或者责令退赔”。责令退赔，一直以来都只是出现在法院判决书当中。

司法实践中，四川省成都市新都区检察院公诉部门已将责令退赔制度引入审查起诉阶段[1]。对于盗窃罪，规定以下情况适用责令退赔制度：①犯罪事实清楚，证据确实充分；②犯罪事实确为被告人所为，被告人对犯罪事实供认不讳；③被告人对被害人造成的财产损失价值明确；④赃物或赃款未追回或未全部追回，且在侦查阶段未进行退赔的。实际运行时，针对部分被告人不能退赔现金的情况，允许其在受害人同意的情况下以同等价值物品进行退赔。检察机关将根据被告人退赔情况，在法庭上将其作为建议从重或从轻的情节。

笔者认为，责令退赔的法律依据，表面看来是刑法第64条，位于“刑罚的具体运用”一章的第一节“量刑”最末一条，似乎更应由法院决定适用。但在本质上，责令退赔是民事侵权赔偿责任的一种。当刑事民事责任集于盗窃罪被告人一身时，我们往往偏重追究刑事责任而忽视了民事责任，被害人的利益也因此得不到保障。对盗窃罪实行责令退赔的司法改革的尝试，值得推广，因为其恢复了被害人的财产原状，切实保护了被害人的财产权利。现金和同等价值物品并存的退赔方式，也给了被告人实现退赔的选择和空间。但是，退赔与否是否可以作为从重或从轻的情节，值得商榷。笔者认为，刑事责任与民事责任的承担方式是不同的。将积极履行民事赔偿责任作为积极认罪表现，还能让人接受，但将民事赔偿责任的不履行作为刑事处罚的加重情节，违反了刑法的谦抑性原则。

---

〔1〕 四川省成都市新都区检察院公诉部门材料，载 http：//www. cdjcy. gov. cn：8008/open. jsp？ id = 3165，访问日期：2009年3月12日。

（二）预缴罚金或保证金

罚金易科为自由刑。《刑法》第53条规定，罚金应当在判决指定的期限内一次或者分期缴纳，特殊情形下，还可以减免。由于全国各地客观上存在着贫富不均，被告人犯罪情节不同，刑法关于如何适用罚金刑的规定过于笼统的问题，在审判实践中往往难以操作。为追求罚金刑的执行效果，在自由刑量刑中必然会产生潜规则下的诉讼交易。

由此，出现了预缴罚金制度，在判决书通常表述为主动缴纳罚金，是在案件审理期间，责令被告人或动员其亲友，按照人民法院预定的金额向法院缴纳现金〔1〕，待案件判决生效后当即执行。这一改革的初衷，源于法院的执行难问题。被告人预缴罚金，既保证了罚金刑的顺利执行，使法院的判决不会落空，同时也节约了不能一次性执行完毕情况下分期执行费用的支出。

有观点提出，宽严相济的形势政策提倡事后的由自由刑向罚金刑转换的轻缓化转换，但这种由严至宽的转换是有限制的。〔2〕不能抛弃自由刑单独适用罚金刑，更不能以罚金刑代替自由刑。笔者同意上述观点并认为，被告人通过预缴罚金试图证明其悔罪诚意，但将预缴罚金与否作为对量刑轻重的酌定情节，于法无据。首先，《刑法》第61条规定，应当根据被告人犯罪的事实、情节和社会危害性定罪量刑。罚金是附加刑之一种，是量刑的结果，不能摇身一变成为酌定从轻处罚的量刑根据。其次，预缴罚金也不同于对被害人的退赃和赔偿，被害人的权益与被告人是否预缴罚金没有任何关系。最后，根据预缴罚金的情况决定刑罚，实质上是缴钱轻罚，无钱重罚，造成了事实上的量刑失衡，既严重损害了司法公正，也降低了司法机关的公信力。

（三）缓刑及其考察费

缓刑天生带有欺骗性，名字占个刑，但根本不是刑种，只是对宣告刑3年以下有期徒刑或拘役的被告人有条件的不执行制度。而缓刑考验制度在司法实践中的缺位，使不管懂不懂法的人都在心里把缓刑等同于无刑。实际上，法律也默许和助长了这种“认识错误”，因为对于宣告缓刑的被告人不予关押，而且缓刑期满若无违法则原判刑法不再执行，即使被告再次故意犯罪，也不会构成累犯。在如此丰厚的“回报”面前，通过各种途径获得缓刑，是可能被判处3年以下有期徒刑或拘役的这部分被告人所能求得的最轻缓的处理。

---

〔1〕 四川省成都市武侯区人民法院称为罚金保证金，判决后多退少补，并作为酌定情节予以轻判。载 http：//news. xinhuanet. com/local/2008－04/11/content_ 7959343. htmhttp：//news. xinhuanet. com/local/2008－04/11/content_ 7959343. htm，访问日期：2009年3月12日。

〔2〕 参见于志刚：“关于罚金刑易科制度的批判性思考”，载《法学评论》2008年第2期，第21页。

笔者认为，缓刑在司法中的问题相对比较集中。

首先，适用缓刑条件的规定过于主观，难以操作。《刑法》对宣告刑为3年以下有期徒刑或拘役的被告人，宣告缓刑的唯一条件是“暂缓刑罚确实不致再危害社会”，对于不可知的未来谁也不敢保证，适用条件的空洞，导致了司法裁量权的膨胀和量刑失衡。

其次，同预缴罚金的理由一样，以缴纳缓刑考察费[1]或者罚金作为宣告缓刑的筹码。对于无力缴钱者，即使符合缓刑条件，也不作出缓刑判决。

2006年1月23日实施的《最高人民法院关于审理未成年人刑事案件具体应用法律若干问题的解释》中就明确规定符合《刑法》第72条第1款规定即适用缓刑条件，又具备初次犯罪、积极退赃或赔偿被害人经济损失、具备监护、帮教条件的未成年被告人，应当宣告缓刑。笔者认为，在量刑的司法改革中，应当以未成年人的形势政策为借鉴，提高缓刑适用条件的明确性。

笔者还认为，对于盗窃罪的立法缺陷和执法问题，比如累犯加重处罚的司法解释之误，自由刑的滥用，不同强制措施导致的量刑失衡，预缴罚金等“以钱易刑”之谬，检察机关均可以在量刑建议或者量刑辩论时予以纠正。

二、盗窃罪量刑的特殊性问题

（一）量刑方法论

1. 量刑标准

通说认为，犯罪行为的社会危害性和被告人的人身危险性是量刑的标准，并将犯罪行为的社会危害性作为量刑的首要因素。但有观点认为，社会危害性已经成为定罪的基本特征，再作为量刑的首要因素，有重复评价之嫌。[2] 笔者认为并非如此，刑法意义上，被告人及其犯罪行为系主客观统一的整体，必须全面考虑，定罪量刑虽然是两个阶段，但是都有必要考量，量刑阶段更需要细化和综合。

借鉴其他国家的立法和司法经验，多为以刑事责任为量刑标准，综合考察被告人的人格因素。[3] 哲学上所说的辩证法，刑罚学所说的刑罚个别化，都离

---

[1] 2003~2006年间，云南省永善县人民法院要求被处以缓刑者向法院交纳缓刑考察费，收费标准从1000元到5000元不等。考察费的别称是保证金。转引自新华网：“交‘缓刑考察费’就能不坐牢?”，载http://news.xinhuanet.com/legal/2007-03/19/content_5865645_1.htm，访问日期：2009年3月17日。

[2] 参见陈荣庆、徐振华：“量刑均衡问题研究”，载http://www.wxfy.gov.cn/fxyt/sfdy/index.shtmlhttp://www.wxfy.gov.cn/fxyt/sfdy/index.shtml，访问日期：2009年3月12日。

[3] 参见陈荣庆、徐振华：“量刑均衡问题研究”，载http://www.wxfy.gov.cn/fxyt/sfdy/index.shtmlhttp://www.wxfy.gov.cn/fxyt/sfdy/index.shtml，访问日期：2009年3月12日。

不开具体问题具体分析，不同情况不同对待。因此，笔者认为，除考虑社会危害性、人身危险性外，量刑时对人格因素的考察确有必要。人格因素不仅仅是罪前因素，而且是贯穿被告人罪前、罪中、罪后的“个人情况”因素。

2. 量刑方法

有观点认为，在立法相对完备和排除干扰的前提下，发生量刑偏差的原因，主要是量刑方法的问题。[1] 将量刑方法归纳为三种[2]：一是综合估量法，即不分定罪情节与量刑情节，估堆作业，全凭法官个人经验和理性。二是基准点法，首先确定基准点，然后视从重从轻情节划分不同档次确定基础刑，最后上下浮动得出宣告刑。三是分格法，用加权平均测评和模糊综合评判两种数学方法，根据量刑情节把罪行分为六等，刑罚分为六档，最后等级对号，斟酌判处。

笔者认为，上述方法各有利弊。量刑方法不可全凭经验也不宜太过繁琐，第二种方法兼顾科学性与实用性，适合在司法实践中采用。盗窃罪作为典型的财产犯，以犯罪数额的起刑点作为量刑的基准刑，以犯罪数额幅度比对法定刑幅度确定量刑幅度较为合理。作为典型的结果犯，根据本地区的社会经济、治安状况、案发频率，采用实例综合比较的方法确定量刑酌定情节较为合理。

至于犯罪数额的起刑点，前述盗窃罪的不同犯罪起刑点已经“落后于时代”，显得偏低。还有观点提出，可以对普通盗窃参照贪污罪、职务侵占罪的起刑标准（或大体持平的标准）来用刑。[3] 笔者认为，立法是滞后的，但执法者是与时俱进的。量刑时应结合实际提高或降低基准，目前而言亟需的是适度提高起刑点。

3. 量刑的基准点、基准刑与幅度

所谓基准点，即数额犯的起刑点。对于盗窃罪，本着操作性优先原则，在不突破现行法律的基础上，笔者认为可尝试设立浮动式基准点：将犯罪数额改规定为一定的浮动范围，结合具体的案情和社会治安情况入罪。如，规定犯罪数额较大的起刑点为1000～2000元；犯罪数额巨大的起刑点为1万～2万元；犯罪数额特别巨大的起刑点为6万～10万元。[4]

根据量刑基准点，就可以确定基准刑。笔者建议以6个月、3年、10年将有期徒刑分为三段，分别确定基准刑。如，犯罪数额在2000元以上1万元以下，

---

〔1〕 参见马克昌：《刑罚通论》，武汉大学出版社2007年版，第296页。

〔2〕 参见马克昌：《刑罚通论》，武汉大学出版社2007年版，第302～308页。

〔3〕 参见杨兴培：“‘许霆案’的技术分析及其法理思考”，载《法学月刊》2008年第3期，第61页。

〔4〕 比照贪污罪的5000元入罪，盗窃罪的起刑点实在太低。鉴于目前立法的相对滞后，不妨尝试动态的犯罪数额标准，同时也为其他情节留出空间。

基准刑为有期徒刑六个月。

基准刑确定后，可以以犯罪数额的递进数额为参照，确定比例性的量刑幅度，以体现不同数额的量刑不同。如，犯罪数额在2000元以上1万元以下，每增加犯罪数额500元[1]，可以增加有期徒刑1个月。

从基准点到基准刑再到量刑幅度，是量刑的连续过程，可以在一个条文中整体表述。如：犯罪数额在2万元以上8万元以下的，基准刑为有期徒刑3年。犯罪数额在2万元以上，每增加犯罪数额1万元，可以增加有期徒刑1年。

此外，还可以综合犯罪数额和量刑情节，规定加重的基准刑。如，具有下列情形之一的，基准刑为有期徒刑5年：

（1）累犯且犯罪数额3万元以上的；

（2）以危害公共安全或破坏性手段盗窃且犯罪数额3万元以上的；

（3）明知是国家救灾、抢险、防汛、优抚、扶贫、救济、医疗等公益性财物而盗窃，造成严重后果的；

（4）明知是残疾人、孤寡老人或者丧失劳动能力人的财物而盗窃，犯罪数额2万元以上的；

（5）导致被害人死亡、精神失常或者其他严重后果的。

（二）量刑情节

量刑情节既包括从严情节、从宽[2]情节，也包括法定情节与酌定情节。法定情节包括刑法总则和分则明文规定的法定量刑情节和酌定量刑情节。酌定情节一般包括：犯罪对象、犯罪手段、犯罪动机、被告人的年龄、受教育程度、心理和情感状况、犯罪记录、犯罪前一贯表现、犯罪后的态度、退赃和赔偿等情节。（见附录）

1. 需要注意的法定情节

第一，主犯和从犯。司法实践中，共同犯罪占据了盗窃罪的一定比例，如聋哑人犯罪就以结伙盗窃为主。对于共同犯罪的量刑原则，通说是“部分行为，整体责任”。一般是根据共犯的身份和作用划分责任。就盗窃罪而言，就是根据各共犯的身份和作用确定各自承担责任的犯罪数额，然后区分各自的量刑情节逐个量刑。

---

〔1〕 参见汤建国主编：《量刑均衡方法》，人民法院出版社2005年版，第41～43、80～81页。江苏省姜堰市、泰州市法院的量刑规范涉及的犯罪数额，包含330元，800元，8000元不等。此类划分遵循了数学上的比例原则，以犯罪数额比对刑期，虽然精确但难逃僵化之嫌。量刑只有具有一定的幅度，才能保证执法的张力和弹性。故笔者依据诉讼经验和生活习惯，秉承“宜粗不宜细”的思路，将犯罪数额断点为500，6000，1万，2万不等，司法实践中也方便操作。

〔2〕 加重、从重统属从严；减轻、从轻则统称从宽。

《刑法总则》规定，对于从犯，可以从轻、减轻处罚或者免除处罚。这里有两个认识误区需要注意。一是主犯与从犯之间，不是既遂和未遂的比照关系，而是相对独立的，表明从犯的从宽幅度可以脱离主犯的参照。二是主犯并不从重处罚，更不加重。主犯就是正犯，应当按照正常的定罪情节和量刑情节确定最后的刑罚，不能因为是主犯而刻意从严处罚。

第二，近亲属类盗窃。“盗窃罪”司法解释第1条规定，“偷拿自己家的财物或者近亲属的财物，一般可不按犯罪处理；对确有追究刑事责任必要的，处罚时也应与社会上作案的有所区别。”由此可知，针对近亲属类特殊关系被害人的盗窃罪，具有法定从宽的量刑情节。

有观点认为，对近亲属类盗窃需要追究刑事责任的情形要具体分析：对于勾结外盗的，社会危害性大于家庭成员间盗窃的，应按普通盗窃处罚；对于既盗窃他人财物又盗窃近亲属财物的，也按普通盗窃处罚，但对内盗部分量刑从宽；对于数额巨大且近亲属坚持追究的，应按犯罪处理。〔1〕笔者认为此观点颇有道理，但并未论及对近亲属类盗窃的从宽幅度。笔者认为，由于近亲属类盗窃是在极其亲密的特殊关系人之间发生，除了保障被害人的财产权利，也应该维护双方原有的亲密关系并促成恢复，因此量刑时可以考虑将其作为明确适用缓刑的条件。笔者建议，对于可能在有期徒刑3年以下刑罚量刑的认罪、悔罪的被告人，明确规定“应当适用缓刑”。

2. 需要注意的酌定情节

第一，特殊动机。笔者认为，对于老年人、残疾人、生活能力低下者、生活水平低下者等属于“家庭困难、生活无着”〔2〕的特殊被告人，可以在量刑时适当从宽。因为他们盗窃的原因确实可能是生活所迫，无路可走。改革开放导致的贫富分化日益加剧，如果不能从根本上解决贫困线、温饱线以下人群的生存问题，他们走向犯罪是社会发展的必然。对待这样的弱势群体，国家和社会负有不可推卸的责任。一味判处有期徒刑、罚金，不仅是非正义的，在客观上也不能实现刑罚的报复和功利的任何一个目的。

---

〔1〕 参见陈兴良：“盗窃罪研究”，载《当代中国刑法新境遇》学术文集，第691页。

〔2〕 最高人民检察院于2007年8月发布了新修改的《人民检察院办理不起诉案件质量标准（试行）》，其中重新规定了五种不起诉的情形：未成年犯罪嫌疑人、老年犯罪嫌疑人，主观恶性较小、社会危害不大的；因亲友、邻里及同学同事之间纠纷引发的轻微犯罪中的犯罪嫌疑人，认罪悔过、赔礼道歉、积极赔偿损失并得到被害人谅解或者双方达成和解并切实履行，社会危害不大的；初次实施轻微犯罪的犯罪嫌疑人，主观恶性较小的；因生活无着偶然实施盗窃等轻微犯罪的犯罪嫌疑人，人身危险性不大的；群体性事件引起的刑事犯罪中的犯罪嫌疑人，属于一般参与者的。按照宽严相济的刑事政策以及该标准的精神，对于具备类似要素但应当提起公诉的盗窃罪被告人，应当充分考虑五种不起诉情形，建议从轻量刑。

笔者建议，对于此类特殊被告人的量刑应考虑其客观生活条件而适当从宽，而且要通过国家救助的方式为其以后的生计留下出路。

第二，被害人过错。实践中，有许多因被害人过错导致的盗窃案。如债务人欠债不还促使债权人窃物抵债的，又如民工追薪无果为泄愤盗窃老板财物的。对于此类案件，在量刑时要考虑被害人的过错，对被告人适当从宽。笔者建议，以被害人的债务数额和被告人盗窃数额的差考虑从宽的幅度，如果相差无几，可以考虑免予刑事处罚或者缓刑。

结　论

基斯特雅考夫斯基说，在刑法中，第一把交椅无疑义的应属于刑罚。在刑罚中变现了刑法的灵魂与思想。[1]

笔者认为，司法公正的真正体现，不在于定罪，而在于量刑是否均衡。盗窃罪作为典型的财产犯、数额犯、情节犯，作为犯罪率最高、复发率也高的犯罪，其量刑的均衡问题尤为重要。

本文讨论的是盗窃罪量刑的实务问题，论及立法和司法层面。盗窃罪定罪的情形相当复杂，影响量刑的情形更是相当复杂。笔者结合判决书样本，对有限的案例的统计分析，以及在实践经验基础上对各种量刑情节的分析，可以说在一定程度上反映了当前我国盗窃罪量刑实务的现状，即以自由刑为主体的刑罚，仍然牢牢控制着盗窃罪的量刑。各种主客观原因，使得盗窃罪一时间难以与贪污罪等特殊的财产犯罪保持量刑的立法和司法均衡。加之司法实务中很多功利性的原因，也使得盗窃罪的量刑总体偏重，有的甚至是畸重。而对于缓刑、罚金、免予刑事处罚的从宽刑罚，又因为缺乏明确的规定和法治的精神而发挥不了应有的作用和效益。

盗窃罪的量刑，从立法到司法层面，的确存在不少问题，因此需要我们以勇气和智慧去探索，去改革。笔者提出的从浮动式量刑基准点到基准刑再到量刑幅度的量刑步骤，以“宜粗不宜细”思路拟定了数额标准，为的是尽量把法律的逻辑（法律和司法解释）和经验（司法实践）结合起来，在不违反现有立法的情况下，尽力求得量刑的均衡和正义。

诚然，盗窃罪量刑实务问题研究是为量刑改革服务的。无论是哪一国家或

〔1〕 参见邱兴隆：《刑罚的哲理与法理》，法律出版社2003年版，封面。

地区的量刑改革，都是服务于本国的司法实践，由社会各界广泛参与，集法官、检察官、律师以及专家学者的智慧，协力推进而成的。笔者相信，我国法律界通力合作的量刑辩论改革，不仅是量刑说理制度的组成部分，也在司法机关释法说理工作中承担着重要的角色，更是正义从立法到量刑得以实现的体现。毕竟，对于被告人而言，判什么罪的意义和处什么刑相比，微不足道。

参考文献

一、专著类

1. 何访拔、曾岫萍：《抗诉案件百例评析》，中国人民大学出版社 1992 年版。
2. 马克昌：《刑罚通论》（第 2 版），武汉大学出版社 1999 年版。
3. 王礼仁：《盗窃罪的定罪与量刑》，人民法院出版社 1999 年版。
4. 汪明亮：《审判中的智慧：多维视野中的定罪量刑问题》，法律出版社 2006 年版。
5. 汤建国：《量刑均衡方法》，人民法院出版社 2005 年版。
6. 孙春雨：《中美定罪量刑机制比较研究》，中国人民公安大学出版社 2007 年版。
7. 邱兴隆、许章润：《刑罚学》，中国政法大学出版社 1999 年版。
8. 邱兴隆：《关于惩罚的哲学：刑罚根据论》，法律出版社 2000 年版。
9. 邱兴隆：《刑罚理性评论：刑罚的正当性反思》，中国政法大学出版社 1999 年版。
10. 邱兴隆：《罪与罚讲演录》（第 1 卷），中国检察出版社 2000 年版。
11. 邱兴隆：《刑罚的哲理与法理》，法律出版社 2003 年版。
12. 邱兴隆：《比较刑法》（第 2 卷），中国检察出版社 2004 年版。
13. 陈兴良：《宽严相济刑事政策研究》，中国人民大学出版社 2007 年版。
14. 陈兴良：《刑法适用总论》（上下卷），法律出版社 1999 年版。
15. 陈兴良：《刑法方法论研究》，清华大学出版社 2006 年版。
16. 陈瑞华：《法律人的思维方式》，法律出版社 2007 年版。
17. 于志刚：《刑罚制度适用中的疑难问题研究》，吉林人民出版社 2001 年版。
18. 翟中东：《刑种适用中疑难问题研究》，吉林人民出版社 2001 年版。
19. 周其华：《刑法典问题之全景揭示》，法律出版社 2003 年版。
20. 张明楷译，根据日本三省堂《DAILY 六法》翻译：《日本刑法》（第 2 版），法律出版社 2006 年版。
21. [英] J. C. 史密斯、B. 霍根著，马清升等译：《英国刑法》，法律出版社 2000 年版。
22. 吕忠梅：《美国量刑指南：美国法官的刑事审判手册》，法律出版社 2006 年版。
23. 王秀梅、杜晓君等：《美国刑法规则与实证解析》，中国法制出版社 2007 年版。
24. [美] JeromeA. Cohen、赵秉志编：《中美死刑制度现状与改革比较研究》，中国人民公安大学出版社 2007 年版。

25. 许久生、庄敬华:《德国刑法典》,中国方正出版社2004年版。

26. [德] 弗兰茨·冯·李斯特著,许久生译:《德国刑法教科书》,法律出版社2000年版。

27. Edited by The American Law Institute,刘仁文、王祎等译:《美国模范刑法典及其评注》,法律出版社2005年版。

28. 陈兴良:《当代中国刑法新境域》,中国政法大学出版社2002年版。

二、期刊类

1. 于佳佳:"论盗窃罪的边界",载《中外法学》2008年第6期。

2. 杨兴培:"'许霆案'的技术分析及其法理思考",载《法学月刊》2008年第3期,总第316期。

3. 于志刚:"关于罚金刑易科制度的批判性思考",载《法学评论》2008年第2期。

4. 陈瑞华:"论量刑程序的独立性——一种以量刑控制为中心的程序理论",载《中国法学》2009年第1期。

5. 杨引:"入户盗窃应取消数额限制",载《中国检察论坛》2007年第3期。

6. 《增强刑事裁判文书说理性实用手册》(本书编写组),中国方正出版社2000年版。

7. 《死刑立法改革问题学术座谈会论文集》,北京师范大学刑事法律科学研究院2007年版(内部资料)。

8. 《第五届中韩刑法学术研讨会——中韩死刑制度比较研究论文集》(中文版),中国法学会刑法学研究会、北京师范大学刑事法律科学研究院2007年版(内部资料)。

9. 《认罪案件程序改革国际研讨会论文集》,中国检察官协会编印2008版。

10. 《北京市检察机关公诉部门贯彻宽严相济刑事司法政策资料及典型案例汇编》,北京市人民检察院公诉处2007年版(内部资料)。

附录:盗窃罪案件量刑规范稿

为进一步规范盗窃罪的量刑,根据刑法和相关司法解释的规定,拟定本规范。[1]

第一章 总 则

第一节 一般原则

第一条 【合法原则】量刑时,应当依照现行刑法及其立法、司法解释规定的量刑原则,结合被告人的社会危害性和人身危险性,在法律规定的法定刑幅度内

〔1〕 除参照我国现行法律和有关盗窃罪的司法解释外,拟定稿还参考借鉴了江苏省高级人民法院《量刑指导规则(试行)》、江苏省泰州市中级人民法院《刑事审判量刑指导意见》、江苏省姜堰市人民法院《规范量刑指导意见》、安徽省高级人民法院《关于盗窃罪适用刑罚的指导意见》等审判机关的量刑规范以及美国量刑指南等国外经验。笔者在此谨向诸位量刑改革的前辈和先锋致以崇高敬意。

刑罚。

第二条 【均衡原则】量刑应当既要在时间和地域上保持均衡，也要在主刑和附加刑上保持均衡。不同时期、不同公诉人之间对犯罪构成要件、量刑要素相同或者犯罪行为相似的被告人提出的量刑，应当基本平衡。

第三条 【情节原则】量刑应当综合考虑法定情节和酌情情节。法定情节包括刑法总则和分则明文规定的法定量刑情节和酌定量刑情节。酌情情节包括犯罪对象、犯罪手段、犯罪动机、犯罪前一贯表现、犯罪后的态度、退赃和赔偿等情节。

第二节 量刑要素

第四条 【量刑步骤】量刑应当遵循以下步骤：

（一）根据犯罪数额和情节，提取案件的法定情节和酌情情节；

（二）根据量刑情节，确定基准刑和增减幅度；

（三）根据量刑规范，结合案件实际，确定最终的量刑幅度。

第五条 【量刑情节冲突规则】被告人具有从重、从轻、减轻、免除等多个量刑要素的，量刑应当遵循法定情节优先于酌情情节的规则和"应当"型要素优先于"可以"型要素的规则。不得简单累加或者递减。

第六条 【未成年人、老年人犯罪】未成年的盗窃罪被告人，70周岁以上的盗窃罪被告人，根据其年龄段，比照其他成年犯分别提出从轻的量刑。

第七条 【聋哑人、盲人犯罪】又聋又哑的人或者盲人的被告人，比照完全刑事责任能力人，提出从轻的量刑。被告人故意利用身体残疾或者残疾身份犯罪的，应当相应降低从轻幅度。

第八条 【精神病人犯罪】精神病人的被告人，根据其犯罪时的行为失控程度，比照完全刑事责任能力人，分别提出从轻的量刑。

第九条 【自首、立功】对于自首、立功、重大立功的被告人，根据不同的情节，分别提出从轻或者减轻的量刑。同时具备自首、立功情节的，可以在法定刑幅度内降低刑档处罚。

第十条 【累犯、再犯】对于累犯的被告人，区分后罪发生的时间段，对于一年内又犯罪的，一至三年内又犯罪的，三至五年内又犯罪的累犯，分别提出相应的加重量刑，至少增加有期徒刑六个月。对于后罪在前罪刑罚执行完毕5年以后的被告人，根据案件实际，可以从重处罚。

第十一条 【酌情从轻】被告人坦白悔过的、退赃或者赔偿的、未给被害人造成实际损失的、盗窃亲友等特殊关系人的或者已取得被害人谅解的，根据案件实际，可以从轻处罚。

第十二条 【酌情从重】被告人的犯罪动机、犯罪手段、犯罪前一贯表现或者犯罪后的态度恶劣的，根据案件实际，可以从重处罚。

第三节 附加刑适用规则

第十三条 【罚金】被告人犯罪情节轻微的，根据立案标准和犯罪情节的实际，可以单处罚金，量刑并处罚金的，以1000元为基准刑，每增加有期徒刑六个月，罚金增加500～1000元。对于不满18周岁的被告人，以500元为基准刑，根据案件实际，增加幅度应当比对成年犯适度减低。

第十四条 【罚金幅度】判处罚金的幅度，应当在1000元以上犯罪数额二倍以下。犯罪数额无法计算的，幅度应当在1000元以上10万元以下。

第十五条 【剥夺政治权利】对于盗窃金融机构或者珍贵文物的，使用危害公共安全或破坏性手段实施盗窃的，或者具有其他严重情节或者造成其他严重后果的被告人，应当根据案件实际，分别剥夺政治权利的幅度。

第四节 缓刑适用规则

第十六条 【缓刑】对于判处有期徒刑三年以下刑罚的被告人，犯罪情节较轻，认罪悔过，且能够落实帮教、矫治政策和措施的，可以同时适用缓刑。

第十七条 【但书】具有下列情形之一的被告人，不得适用缓刑：

（一）累犯；

（二）明知是国家救灾、抢险、防汛、优抚、扶贫、救济、医疗等公益性财物而盗窃的；

（三）明知是残疾人、孤寡老人或者丧失劳动能力人的财物而盗窃的；

（四）犯罪前一贯表现不好，因故意犯罪受过刑事处罚或者因故意违法受过劳动教养或者其他行政处罚两次以上的；

（五）犯罪动机、手段恶劣或者将赃款、赃物用于其他违法犯罪活动的；

（六）犯罪后认罪态度不好，无悔罪表现的；

（七）不退赃或者赔偿，造成被害人重大损失无法弥补的；

（八）判处缓刑可能激化社会矛盾的；

（九）具有其它恶劣情节或者造成严重后果的。

第二章 具体规则

第一节 基本规定

第十八条 【犯罪数额】犯罪数额较大的起点为1000～2000元；犯罪数额巨大的起点为1万元～2万元；犯罪数额特别巨大的起点为6万～10万元。[1]

第十九条 【多次盗窃】一年内盗窃[2]累计3次以上，为多次盗窃。盗窃累

---

〔1〕比照贪污罪的5000元入罪，盗窃罪的起刑点实在太低。鉴于目前立法的相对滞后，不妨尝试动态的犯罪数额标准。同时也为立案标准、公诉标准和判决标准留出空间。

〔2〕不区分入户盗窃和在公共场所扒窃。

计10次以上的，为情节严重；累计20次以上的，为情节特别严重。

第二十条 【特别规定】盗窃增值税专用发票或者可以用于骗取出口退税、抵扣税款的其他发票的、盗窃信用卡并使用的、以危害公共安全或破坏性手段实施盗窃的被告人，结合案件实际，应当从重处罚。

第二节 单处罚金、管制

第二十一条 【基准】犯罪数额在1000元以上2000元以下，可以判处单处罚金或者管制。

（一）1000元以上1500元以下，基准刑为单处罚金；

（二）1500元以上2000元以下，基准刑为管制。

第二十二条 【单处罚金】犯罪数额不满3000元，认罪悔过，并具有下列情形之一，适用非人身刑罚不致再危害社会的，可以单处罚金；

（一）自首或者立功的；

（二）协从犯；

（三）犯罪时不满18周岁的；

（四）犯罪时已满70周岁的；

（五）初犯或者偶犯；

（六）全部退赃或者赔偿，未给被害人造成损失的；

（七）盗窃亲友、邻里及同学同事等特殊关系人，已赔礼道歉并得到被害人谅解或者双方达成和解并实际履行的；

（八）具有其他从轻酌情情节的。

第二十三条 【管制并处罚金】犯罪数额不满6000元，认罪悔过，并全部退赃或者赔偿，未给被害人造成损失的，可以判处管制并处罚金。

第三节 拘　役

第二十四条 【基准】犯罪数额在1000元以上5000元以下或者在一年内累计盗窃3次以上，以盗窃罪论处的，可以判处拘役，基准刑为拘役一个月。

第二十五条 【增加幅度】犯罪数额在1000元以上5000元以下判处拘役的被告人，每增加犯罪数额1000元，可以增加拘役一个月。

第四节 有期徒刑一般规定

第二十六条 【应当并处罚金】量刑判处有期徒刑的，应当并处罚金。

第二十七条 【应当减轻】具有如下情形之一的，量刑应当至少减少有期徒刑三至六个月。

（一）自首；

（二）立功；

（三）不满18周岁的；

（四）犯罪未完成，且未造成公私财物损失的；

（五）坦白悔过，全部退赃或赔偿，且已获得被害人谅解的。

第二十八条 【应当加重】具有如下情形之一的，量刑应当至少增加有期徒刑六个月。

（一）累犯；

（二）以危害公共安全或破坏性手段盗窃，造成严重后果的；

（三）导致被害人死亡、精神失常或者其他严重后果的；

（四）造成其他严重后果或者具有其他恶劣情节的。

第五节 有期徒刑六个月以上三年以下

第二十九条 【基准】犯罪数额在2000元以上1万元以下，基准刑为有期徒刑六个月。

第三十条 【增加幅度】犯罪数额在2000元以上1万元以下，每增加犯罪数额500元[1]，可以增加有期徒刑一个月。

第六节 有期徒刑三年以上十年以下

第三十一条 【基准】犯罪数额在2万元以上8万元以下的，基准刑为有期徒刑三年。

第三十二条 【增加幅度】犯罪数额在2万元以上，每增加犯罪数额1万元，可以增加有期徒刑一年。

第三十三条 【加重基准】具有下列情形之一的，基准刑为有期徒刑五年。

（一）累犯且犯罪数额3万元以上的；

（二）以危害公共安全或破坏性手段盗窃且犯罪数额3万元以上的；

（三）明知是国家救灾、抢险、防汛、优抚、扶贫、救济、医疗等公益性财物而盗窃，造成严重后果的；

（四）明知是残疾人、孤寡老人或者丧失劳动能力人的财物而盗窃，犯罪数额2万元以上的；

（五）导致被害人死亡、精神失常或者其它严重后果的；

（六）造成其他严重后果或者具有其它恶劣情节的。

第七节 有期徒刑十年以上

第三十四条 【基本规定】犯罪数额10万元以上，基准刑为有期徒刑十年，每增加犯罪数额1万元，同比增加有期徒刑一年。

第三十五条 【增加幅度】有下列情形之一的，基准刑为有期徒刑十二年。

---

〔1〕姜堰市、泰州市法院的量刑规范涉及的犯罪数额，包含330元，800元，8000元不等。此类划分遵循了数学上的比例原则，以犯罪数额比对刑期，虽然精确但难逃僵化之嫌。量刑只有具有一定的幅度，才能保证执法的张力和弹性。故笔者依据诉讼经验和生活习惯，秉承“宜粗不宜细”的思路，将犯罪数额点确定为500，6000，1万，2万不等，司法实践中也方便操作。

（一）累犯且犯罪数额10万元以上的；

（二）以危害公共安全或破坏性手段盗窃且犯罪数额10万元以上的；

（三）明知是国家救灾、抢险、防汛、优抚、扶贫、救济、医疗等公益性财物而盗窃，造成严重后果的；

（四）明知是残疾人、孤寡老人或者丧失劳动能力人的财物而盗窃，犯罪数额10万元以上的；

（五）导致被害人死亡、精神失常或者其他严重后果的；

（六）造成其他严重后果或者具有其他恶劣情节的。

2010 年

优秀学位论文

论亲亲相隐原则的正当性及容隐权制度的构建

王　磊

摘　要

亲亲相隐指亲属之间有罪互相隐瞒，不告发和不作证的不论罪。亲亲相隐制度是封建社会法律的一项重要原则，随着国民党“六法全书”的废除，该制度被认为是封建社会的糟粕被丢进历史的垃圾桶。然而，通过研究不难发现，世界上很多国家的法律对亲属包庇、藏匿犯罪人，帮助其伪造证据的行为都免除刑罚或减轻处罚，这说明亲亲相隐是中西法律的共同选择。追本溯源，令人惊异的是，中西两位先哲——孔子和亚里士多德，对这一问题都有过明确而且极为相似的论述，其能够在中西绵延存续数千年，必有其正当性的基础。本文主要采用价值分析、比较分析等方法全面探讨亲亲相隐制度的合理性，并为我国构建容隐权制度提出建议。

第一章主要是用历史研究的方法，首先探讨的是亲亲相隐制度在中国古代的产生和发展，并指出不同历史时期该制度的阶段特征；其次阐述了该制度在古代西方产生的哲学基础，并且对大陆法系和英美法系各国有关亲属容隐权的规定分别进行列举、概括。在这方面，已有学者进行了较为详尽的研究，比如中南政法学院的范忠信教授，这些研究为本文的写作提供了重要的参考。进行历史阐述的原因是要说明亲亲相隐制度是中西法律的不谋而合，进而引出以下问题——亲亲相隐制度的正当性何在?

第二章主要讨论的是亲亲相隐的正当性问题。①本章对法律和伦理道德两种社会调整手段的关系加以论述，从传统伦理的角度探寻亲亲相隐制度的人伦基础，提出亲亲相隐是缘情而制的。②期待可能性理论在大陆法系国家已经成为一条重要的责任标准，在我国虽然尚未形成责任认定标准，但是在刑法上也有诸多体现。本节主要论述强制亲属作证、不得隐匿犯罪人是在“强制人们完成不可能完成的任务”，也不符合刑法谦抑性的要求。③本章最后讨论了亲亲相隐制度的功能价值，提出该制度是符合法的秩序价值和效益价值的。

第三章首先讨论了我国法律对容隐权规定的缺失，并指出不允许亲亲相隐可能造成“亲属连坐”的不良效果；其次本章从实体法和程序法两个方面对我国构建亲属容隐权提出建议。

孔子说：“道之以政，齐之以刑，民免而无耻。道之以德，齐之以礼，有耻且格。”社会主义和谐社会应该是法律秩序和道德秩序和谐发展的社会，法律也不能够违反合理的伦理传统。本文的写作目的是希望立法者能够在批判继承的基础上重新肯定亲亲相隐原则，设置容隐权制度，以期该制度能够在未来的社会和谐、国家的长治久安中发挥重大作用。

第一章　亲亲相隐——中西法律传统的不谋而合

第一节　中国古代亲亲相隐制度的历史描述

一、春秋战国——亲亲相隐法律思想的萌芽时期

关于亲亲相隐思想的最早的历史记载出现在先秦时期。首先，《国语·周语》中记载，周襄王劝阻晋文公听理卫大夫元恒讼其君一案时说：“夫君臣无狱。今元恒虽直，不可听也。君臣将狱，父子将狱，是无上下也。”[1]从这则记载中可以看出，虽然周襄王在某种程度上肯定元恒诉其君行为的正当性，但他认为君臣父子之间的伦理纲常更重要，从而提出了臣、子应当为君、父隐瞒罪

〔1〕《国语·周语》。

行的观点。

其次，《论语·子路》中说到，“叶公语孔子曰：‘吾党有直者，其父攘羊，而子证之。’孔子曰：‘吾党之直异于是：父为子隐，子为父隐，直在其中矣。”[1] 从这段记载中可以发现亲亲相隐观念出现的微妙变化，周襄王提出的是一种单向容隐，即臣隐君、子隐父，也可以说是下隐上；而孔子主张的却是一种双向容隐，即父子相互容隐。古代刑律将亲亲相隐确立为一项法律制度后，其变化也是由单向容隐向双向容隐转化，详见下文，兹不赘述。孔子这段简单的论述是有深刻哲学内涵的，正如美国学者孙霄舫分析的那样：“孔子的哲学基础是仁。孔子以为我们处处都应该以仁为行动的准则。这‘处处’当然是指与道德有关的事物，不是指一切的生活行动，如吃饭睡觉之类。孔子的意思是，在‘其父攘羊’这一例子中，一个人自以为很正直，去控告父亲。对羊的原主未必有仁，对于自己的父亲则已有害于仁了。毕竟他是你的父亲，你何忍使他受苦。这不是说一个人应该包庇父亲的罪恶，当然不是的，但正直只是良好的品行，若与仁违背，则就失掉道德的价值了。”[2]

再次就是《孟子·尽心上》提到的孟子说舜的记载，“桃应问曰：‘舜为天子，皋陶为士，瞽瞍杀人，则如之何?”孟子曰：‘执之而已矣。’‘然则舜不禁与?’曰：‘夫舜恶得而禁之？夫有所受之也。’‘然则舜如之何?’曰：‘舜视谟天下，犹充电敝也；窃负而逃，遵海滨而处，终身然，乐而忘天下”。[3] 从这段假设式的问答中可以看出，孟子主张人道是治国之道的根本，从而从伦理的角度赋予了亲属之间容隐的正当性。综上所述，先秦时期，亲亲相隐已经成为传统伦理的固有成分，为后世亲属容隐法律制度的形成与发展奠定了基础。

二、秦汉时期——亲亲相隐法律制度的形成时期

“子告父母，臣妾告主，非公室告，勿听。而行告，告者罪。”这是秦律对亲属之间容隐的法律规定，也是亲亲相隐这一伦理观念上升为法律原则的最早体现，从这则条文可以看出，在秦朝亲亲相隐不是一项权利而是一项义务，即卑告尊不但官府不受理，而且反复告的话还会受到法律的制裁。但是尊长藏匿卑幼的行为是法律所禁止的。[4]

正式将亲亲相隐确立为一项法律制度源于汉宣帝颁布的一条诏令：“自今子

---

〔1〕《论语·子路》。

〔2〕参见［美］孙霄舫：“其父攘羊——孔子与苏格拉底”，载儒学联合论坛，http：//www.yuandao.com/dispbbs.asp？boardid＝2&id＝7162.

〔3〕《孟子·尽心上》。

〔4〕参见范忠信：“亲亲相为隐——中外法律的共同传统——兼论其根源及其与法治的关系”，载《比较法研究》1997年第2期，第114页。

首匿父母、妻匿夫、孙匿大父母，皆勿坐。其父母匿、夫匿妻、大父母匿孙，罪殊死，皆上请廷尉以闻。"[1] 从汉宣帝的这条诏令可以看出，汉代确立的"亲亲得相首匿"还是单向容隐，即卑幼隐匿尊长；虽然尊长隐匿卑幼只有在触犯死罪时才可以"上请廷尉以闻"，但这说明了亲属容隐已经开始向双向容隐转变。三国两晋南北朝也承袭了这种发展。亲亲得相首匿制度的出现并非偶然，而是具有深刻历史背景的。秦朝仅传帝三代，享国15年，主要原因就是施行暴政。秦国苛以严律，实行残酷的制度。汉朝统治者吸取秦朝灭亡的教训，抛弃了法家所谓"严刑重罚"的思想，代之以"罢黜百家，独尊儒术"，从而儒家思想成为官方思想，儒家的伦理观念也成为封建社会的主流思想。在法制上则以儒家的"德主刑辅"为主导思想。

三、唐宋明清时期——亲亲相隐制度的完善时期

唐代的亲亲相隐制度日臻完备，对后世直至清末变法以前产生了决定性的影响。一是确定了亲属容隐的范围，二是规定了法官不得强令亲属作证，三是规定了可容隐之罪的范围。唐律《名利律》规定："诸同居，若大功以上亲及外祖父母外孙，若孙之妇，夫之兄弟及兄弟妻，有罪相为隐……其小功以下相隐，减凡人三等。"[2] 该条文将容隐亲属的范围分两种进行规定：首先是同居的亲属不论亲疏远近都应当相隐；不同居的亲属大功以上亲属（即斩衰服，齐衰服，大功服亲属）之间可以相隐，小功服、缌麻服亲属容隐应当减轻处罚。《断狱律》疏议规定："其于律得相隐……故并不许为正名。若违律遣证，减罪人三等。"这说明如果司法人员如果强令作证将受到处罚。对于可容隐之罪的范围唐律采用禁止性条文加以规定，即"谋反、谋大逆、谋叛，此等三事，并不得相隐"。[3]

四、清末民国时期——容隐义务向容隐权利的转变

具体的社会制度在不同的时代可以变革，但是一个民族的伦理观念的影响却是世代根深蒂固的，因为伦理观念可以说是民族心理素质的核心组成部分。虽然清末的法制变革使中华法系的绝大部分特征归于消失，但亲亲相隐制度却被保留了下来。笔者认为，亲属之间的容隐是中华民族亲亲相爱的家庭伦理观念的集中体现，将其废除是社会公众从心理上根本无法接受的，所以当时立法者的选择是正确的。"从《大清新刑律》到民国刑法，先后保留了为庇护亲属而

---

[1] 《汉书·宣帝记》。

[2] 《唐律·名利律》。

[3] 王忠祥：《法律亲情体恤之法理探索——基于我国现行刑事法律禁止亲亲相隐的思考》，南京师范大学2004年硕士学位论文。

藏匿人犯及湮灭证据不罚、放纵或便利亲属脱逃减轻处罚、为亲属利益而伪证及诬告免刑、为亲属顶替自首或顶替受刑不罚、为亲属销赃匿赃得免罚、有权拒绝证明亲属有罪、对尊亲属不得提起自诉等规定。虽然这些规定与欧洲大陆法律多相吻合，但清末主持及参与修律者的主要动机仍然是继承和发扬中国的容隐传统。受西方法律的影响，从《大清新刑律》开始，基本取消了'干名犯义'即子孙告父母有罪等以相隐为强制性法定义务或纲常义务的规定，基本上只剩下容隐权利规定。亲亲相隐从以义务为主要特征到以权利为主要特征的转变，是在这一时期完的。"[1]

第二节 国外亲属容隐制度历史及发展概述

一、古希腊罗马时期——西方亲属容隐思想的萌芽

西方的亲属容隐思想最早见于《游叙弗仑》中的一段故事：游叙弗仑控告自己的父亲杀人，苏格拉底对这一做法表示不解，最终二人通过讨论何为对神的虔诚何为不虔诚而得出结论，即不告发自己的父亲不一定是对神的不虔诚，但是告发自己的父亲一定是"慢神"的行为。[2]

二、世界各国刑事法律有关亲属容隐权的规定

（一）大陆法系国家有关亲属容隐权的规定

《法国刑法典》对此规定甚为全面。其规定："明知亲属犯重罪而不制止或告发者，向犯重罪之亲属或其共犯提供住所隐所生活费及逃避侦查之手段者，明知被拘禁或受有罪判决之人有无罪证据但为保护亲属而故意不向官府提出者，均不处罚。"[3] 除此之外，法国刑事诉讼法还规定犯罪人的近亲属如果在自愿作证的情况下可以出庭作证，但是可以不宣誓；1871 年《德国刑法典》规定为亲属而伪证，帮助逃避或阻碍刑罚执行者免刑。[4] 同时《德国刑事诉讼法》也有很多配套规定，如第 52 条规定近亲属可以拒绝作证。除了这两个欧洲主要大陆法系国家以外，欧洲其他很多国家对亲属容隐权也做出了明确而细致的规定，如罗马法的发源地意大利、奥地利、芬兰、挪威等国的刑事法律。

亚洲各国的法律大多深受中华传统伦理的影响，大部分国家的刑法典仍保

---

〔1〕 参见范忠信："中西法律传统中的'亲亲相隐'"，载《中国社会科学》1997 年第 3 期，第 93 页。

〔2〕 参见［美］孙霄舫："其父攘羊——孔子与苏格拉底"，载儒学联合论坛，http：//www.yuandao. com/dispbbs. asp？ boardid = 2&id = 7162.

〔3〕 罗结珍译：《法国刑法典》，中国人民公安大学出版社 1995 年版，第 166 ~ 167、169 页。

〔4〕 《德国刑法典》（1871），载中国人民大学出版社 1955 年版《刑法资料汇编》第 7 辑，第 168、204 ~ 205 页。

留亲属容隐权的规定。如《日本刑法典》第105条规定："犯罪人或者脱逃人的亲属，为了犯人或脱逃人的利益而犯前两条之罪的[1]，可以免除刑罚。"[2]《泰王国刑法典》（1956年公布，修正截至1980年）第193条、214条分别规定："意在帮助父母子女配偶而犯湮灭证据罪、藏匿人犯罪、帮助脱逃人罪、供给犯罪组织食宿隐蔽集会场所罪者，均得免除其刑罚。"除此之外韩国刑法，印度刑法，巴基斯坦刑法对此也作出了详尽的规定。

（二）英美法对亲属容隐权的规定

英美刑诉法关于类似容隐的规定主要包括夫妻之间不得互相证明对方有罪，还有法院一定情况下拒绝子女作证。如英国刑事证据法中规定"在普通刑事案件中被告人的配偶可以作证，但只能当辩护证人，不能强迫其作证。如果被告人不让配偶出庭作证，控诉方也不能加以评论。"[3]

从以上研究可以发现，亲属容隐制度在中西已有上千年的历史。有的学者对此以人性假设为出发点进行研究。世界上没有比人性问题更加复杂的问题。孔子提出"性相近，而习相远也"，孟子进而提出"人之向善犹如水之向下"，虽然荀子认为人本向恶，但是在中国古代哲学中，性善论一直占主导地位，这也是中国"礼制"得以发展的原因。与此相反的是，西方则倡导性恶论，认为人一出生就带有"原罪"，因此需要法律制度的规范，这也是"法治"在西方得以生存和发展的原因。还有的学者提出人性由"善、恶以及无所谓善恶的中性成分构成的不完美的复合体"构成等。但笔者认为，无论人性为何，用法律来强迫人们抛弃家庭伦理道德证明自己的亲属有罪，亲手将自己的亲人置于刑法的刀俎之下是极度不人道的，这样的法律不能称之为善法。

第二章　亲亲相隐制度的正当性探寻

本文第一章采用历史研究方法和比较法研究得出无论是中国古代还是西方古代及近现代，亲属容隐制始终是刑事立法，刑事司法的不变选择的结论。新中国成立以来，"亲亲相隐"被看成是封建社会礼教宗法制度的残渣而被抛弃，通过研究我们不难发现，近代世界大多法治国家都没有因为时代的变迁而摒弃

---

[1] 指日本刑法第103、104条的"藏匿证据罪"和"隐灭证据罪"。

[2]《最新日本六法》，海南出版社1996年版，第116、336、355、376页。

[3] 王忠祥：《法律亲情体恤之法理探索——基于我国现行刑事法律禁止亲亲相隐的思考》，南京师范大学2004年硕士学位论文。

这一制度，可见封建专制并非“亲亲相隐”的土壤。但问题是，立法是立法者经过价值判断从而做出利益选择的过程，难道几千年来的立法者不知道容许亲属之间容隐会导致证据的湮灭，会导致犯人逍遥法外进而危及国家的利益吗？难道古代的立法者比今人愚笨？答案是否定的。本章将从伦理学，刑法原理等多方面研究该制度的正当性，探寻其价值基础。

第一节　缘情而制——亲亲相隐制度的人伦基础

一、法律源于伦理

随着时代的发展，法律已然成为社会上层建筑的独立部分，与伦理道德分属人类社会的两大基本规范，分别有自己的调整范围。“道德如一位慈爱的母亲，教导我们积极向善正直为人，法律则如一位严厉的父亲，督促我们享受权利承担义务，并阻止我们做错误的事。”[1] 但是从历史来看，伦理是法律的根源，法律是从原始的社会习惯转化而来，是从习惯到习惯法再到成文法的转变过程，原始习惯是原始社会氏族部落的行为准则，有类似于法律的功能，而当时的习惯就是部落群体伦理道德观念的精华。古人谓：“法者缘人情而制，非设罪以陷人也。”在历史上，法律和伦理道德经历了水乳交融的过程。因此，追求法律的伦理性、道德性是中国古代法律思想的追求，也是西方自然法学派的价值取向。伦理体系在维护社会秩序，促进社会和谐方面作用甚巨，孔子有所论述，西方学者亦有见解，“伦理体系得以建立，乃是源于有组织的群体希望创造社会生活的起码条件的强烈愿望。制定社会道德原则，就是为了约束群体间的过分行为、减少掠夺性行为和违背良心的行为，培养对邻人的关心，从而增加和谐共处的可能性。”[2]

我国古代法律文化倡导“礼法结合，德主刑辅”，将道德教化作为调整社会关系的主要手段，而法律只是“礼治”的外在保障。这就使刑事立法具备了很强的伦理因素，追求人与人之间的和谐而耻讼。具体的表现如“亲亲相隐”制度、汉代董仲舒倡导的“春秋决狱”，等等；在刑事司法中也强调人伦因素，要求执法官员必是修身养德的楷模。西方的自然法学派亦强调法律的道德性，法律首先要体现公平、正义等源于伦理道德的价值观念，并且这些价值标准成为检验一部法律是否可被称之为法律的标准。与之相对的是分析实证主义法学派，认为“恶法亦法”，因为“恶法”也是主权者的命令，也具备法律的特征。但是

---

〔1〕 舒国滢：《法理学阶梯》，清华大学出版社2006年版，第398页。

〔2〕［美］E. 博登海默：《法理学——法律哲学与法律方法》，邓正来译，中国政法大学出版社1999年版，第373页。

正是这样的一种观点为纳粹战犯提供了辩论依据，他们声称自己在执行“主权者的命令”，因此他们的行为是合法的。

从法律实践的角度来看，一部法律是否符合社会的主流伦理道德价值关乎法律的实现程度。所谓法律的实现即法的实施，法律的创制是法的运行的前提和基础，而法的实施则是目的。除执法和司法以外，守法是关乎法律实现程度的首要因素。一部法律若想得到社会公民的遵守，必须要符合社会大众伦理价值取向，获得一定的国民基础。刑事司法的正当性源于人民主权，刑事司法的过程其实是将人民的意志付诸实现的过程。“一个国家的刑事司法制度能否得到有效的实施和普遍的遵守，很大程度上取决于民众对该制度及其执行机构的信任程度。只有建立在民众信任的基础上的自觉服从，才是刑事司法制度的生命力的源泉，而不是一味依靠强制力的维护。”〔1〕

从以上分析不难发现，刑法的产生和运行其实是一个伦理刑法化和刑法伦理化的过程，后者是指将自觉遵守刑法上升为一种社会伦理，使人们发自内心地去遵守刑法，以期达到刑法实现的最大程度。然而，实现刑法的伦理化的前提是刑法必是符合伦理的。“……毕竟，刑法的依托和目的均是人类社会，而人类社会有别于异者的根本质的规定性是人之伦理——或曰人之情义、血缘等构塑了社会的基准。”〔2〕

二、亲亲相隐制度是伦理刑法化的集中体现

古人常说“家国天下”，为何要把家放在国的前面呢？古人也将“修身、齐家、治国、平天下”作为人生理想实现的四个阶段。可见家庭是国家的基础，一个社会若想真正实现和谐，每个家庭必须先其乐融融，统治者要想维护社会的稳定首先要考虑维护家庭的稳定。笔者认为，在致力于建设社会主义和谐社会的今天，重新发掘中华传统家庭伦理观念的精华其功甚巨。

儒家的伦理观念在古代一直占主流地位，也逐渐成为我们民族性格的重要部分，对今天人们的思维观念和行为方式的影响依然是根深蒂固的，并非一句“封建社会的残渣、流毒”可以回避的。“仁”是儒家个人道德的最高标准。孔子说：“克己复礼为仁。一日克己复礼，天下归仁焉。为仁由己，而由人乎焉？”〔3〕可见，孔子认为要想做到仁，必须要约束自己的行为以使自己的行为符合礼仪教化的要求，最基本的是要做到“亲亲，尊尊”，“孝悌者，其仁之本

---

〔1〕胡铭：《刑事司法的国民基础研究》，浙江大学出版社2008年版，第5页。

〔2〕高艳东：“法律、情感、良心之治——驳‘法律无情论’”，载《西南政法大学学报》2002年第4卷第5期，第113页。

〔3〕《论语·颜渊》。

与”，进而推己及人，正如孟子所言“老吾老以及人之老，幼吾幼以及人之幼，天下可运于掌”[1]，最后达到社会的和谐。那么，仁的内涵和外延是什么呢，“仁者，人也”[2]，“并且把‘仁’的含义发挥为‘恻隐之心’，即‘恻隐之心，仁之端也……’而‘仁’是‘恻隐之心’‘扩而充之’所达到的，‘若火之始然，泉之始达’”。[3]

由上述可见“恻隐之心”是仁爱思想的发端。笔者认为，亲亲相隐制度正是仁爱思想在法律上的体现，其根源也是“恻隐之心”。仁者爱人，对别人尚且要有恻隐之心，何况自己的父母亲人呢？亲亲相隐制度在古代固有维护封建宗法统治之嫌，但是它能够在当今西方法治国家依然存在的根本原因在于其发端源自于伦理，是符合人性的，也是冷酷的刑法给人以脉脉温情的表现。在汉语中，“伦”字是次序的涵义，引申为辈分；“理”则有治玉的意思。简言之，伦理研究的其实是人与人之间关系的学问。在西方，“伦理”一词兼有“道德(ethics)”的含义。虽然意思有所不同，但二者的基础都是人性。刑法给人的印象是冷酷无情的，试想哪一个儿女会忍心将养育自己多年的父母送入监狱？哪一个父母会忘掉自己对子女的人间大爱而将其置于刑罚的桎梏之下？又有哪一个人会眼看着自己的同胞、自己的爱妻或丈夫挣扎于刑罚的刀俎之上而心安理得呢？尽管他们有可能被教化他们大义灭亲的行为在法律上是正当的，是要受到法律褒奖的，然而这种教化能够消灭他们作为一个人源自良心的对自己的谴责吗？犯罪分子出狱后，面对作证揭发自己的家人亲属是能够和睦如初还是形同路人？这种制度给他们彼此造成的心灵创伤从长远来看是否真的有利于犯罪分子的改造和社会的稳定和谐呢？我国地域广大、人口众多，强调国家本位思想是正确的，但如果国家刑罚权忽视了基本的人伦亲情其正当性也就打了折扣。

三、小 结

法律源自伦理，立法在很大程度上是把某些伦理原则或规则法律化的过程。伦理道德在维持社会关系，促进社会稳定和谐方面的作用要大于法律；同时，将自觉遵守法律形成一种伦理将会使法律得到最大程度的实现，刑法的伦理化更是当今世界各国刑法发展的趋势。可见，伦理刑法化与刑法伦理化对社会的发展功效卓著。但是，立法者只可将最低限度的伦理法律化，如果不把握一个度，通过法律的外在强制力来规制许多本来应该通过人们内在良心操守来约束

---

〔1〕《孟子·梁惠王上》。

〔2〕《孟子·尽心下》。

〔3〕马志冰主编，姜晓敏副主编：《中国传统法律意识与和谐思想》，中国政法大学出版社出版2009年版，第33页。

的行为，这也是不可取的。“大义灭亲”作为一种更高层次的伦理值得赞扬和弘扬，但是用国家刑罚权来强制则是不合理的，是违反基本的人伦亲情的，甚至是不够人道的。“公正的标准只能是公共利益的需要。公正的标准除此之外，还有一个人道的标准……”〔1〕如果能把源于伦理的亲属容隐制度重新引入刑法，必将从长远上促进社会的稳定与和谐，体现出刑法对人伦亲情的脉脉关怀，岂不美哉！

第二节　法不强人所难——亲亲相隐制度与期待可能性理论

一、期待可能性理论概述

“所谓期待可能性，是指根据具体情况，有可能期待行为人不实施违法行为而实施其他适法行为。”〔2〕根据该理论，刑事责任的基础在于是否能够期待行为人实施其他适法行为，如果不能，就不能对其进行非难。期待可能性理论包含了有无刑事责任的问题和责任程度的问题。

期待可能性理论源于19世纪德意志帝国法院的一则判例，有一个马车夫为一家经营马车运送顾客的公司驾驶马车。期间该车夫发现其驾驶的由两匹马拉的马车中有一匹马生性顽劣，他担心会对他人造成伤害，便请求公司更换马匹。雇主不许，该车夫继续使用该马。不料，有一天该马癖性发作，车夫虽然想努力制服该马但还是致路人骨折重伤。检察官以该车夫为被告起诉他构成伤害罪，最后此案上诉至帝国法院，帝国法院的审理意见为“肯定基于违反义务之过失责任不注意责任此仅凭被告曾认识驾驭有恶癖之马可能伤及行人一点者则不能谓为得当更应以被告当时是否得以基于其认识而向雇主提出拒绝驾驭此有恶癖之马一点为必要条件然而吾人果能期待被告不顾自己职位之得失而违反雇主之命令拒绝驾驭该有恶癖之马乎此种期待恐事实不可能也因此本案被告不应负过失之责任”。〔3〕

期待可能性理论的哲学基础是相对意志自由理论，根据相对意志自由论，责任的存在是否合理依据在于具体情形下是否具有期待行为人实施合法行为的可能性，如果行为人有选择是否实施犯罪行为的自由，而他竟然不顾一切地违反法律的期待，选择了犯罪行为，那么他的行为便是可以非难的；反之，如果在此情形下他只能选择犯罪行为那么法律对其的惩罚也就失去了合理性。不同情形下相对自由的程度的差别决定了期待可能性的程度差别，进而决定了刑事责任的

---

〔1〕陈兴良：《刑法的人性基础》（第3版），中国人民大学出版社2006年版，第41页。

〔2〕张明楷：《刑法学》（第3版），法律出版社2007年版，第94页。

〔3〕张铁雁：《期待可能性理论》，中国政法大学2003年硕士学位论文。

程度。这种哲学基础最早可以追溯到刑事古典学派。“刑事古典学派从人的理性假设出发，认为犯罪人在本质上是意志自由的，基于这种意识自由而选择了犯罪行为，因而应当对其行为的后果承担刑事责任。”[1] 刑事古典学派的人性假设是理性人，因而犯人是基于一种意志自由而选择了犯罪行为，刑法对其惩罚乃是尊重其理性的存在。期待可能性理论在20世纪初得到了德国学界的广泛讨论，德国学者舒密德是集大成者，并在德国、日本等大陆法系国家成为通说。

期待可能性理论在我国虽然尚未形成责任认定标准，在刑法中的性质和在刑罚体系中的地位众说纷纭，但是在刑法中已经有诸多体现。比如，我国刑法有关刑事责任年龄的规定，根据法律期待不同年龄人在具体情况下不实施违法行为而实施合法行为的程度不同，对刑事责任年龄采取三分法，即不满14周岁为无刑事责任年龄，对14周岁至不满16周岁的人由于期待可能性程度较低，因此只对一定范围内的犯罪负刑事责任。对正当防卫、紧急避险的规定也可以用期待可能性理论获得合理的解释。

二、亲亲相隐制度与期待可能性理论

古人说徒法不足以自行，法律的实现程度厥赖于人们的遵守，关注人性和保障人性的发展也是现代刑法的基本价值。亲亲相隐制度在古代社会纵有维护封建统治秩序的功能，但是其在中外能够存续几千年的根本原因是它体现了人性的需求，体现了刑法对人性关怀的温情一面。趋利避害是人的最低欲求，并且人类具有自我保护的生存本能。我国刑法并未将犯罪人犯罪后窝藏赃物，毁灭或伪造证据的行为单独规定为犯罪，一定程度上是因为在犯罪以后行为人的这些行为是出于一种本能性的自我保护，不具有期待可能性。血缘亲情是人类情感的最低标准，以此为系带的家庭关系是社会关系的基本组成，因此对“自我”的解释应当扩大到家庭，家庭成员互相保护也是人类的自我保护。我国刑法有关“包庇”类的犯罪，诸如伪证罪，帮助毁灭、伪造证据罪，窝藏、包庇罪等的规定，都没有将亲属排除在外，显然是在设定一种大义灭亲的义务。孔子说见义不为是“无勇也”，但这只是一种道德上的义务。刑法为社会主体设定的只能是最基本的道德要求，不可能要求每个人都是圣贤。期待可能性是指即使行为人具有主观罪过，但是在具体情形下，存在不能使行为人支配自己意思的因素时，对行为人不能进行法律上的非难。否则，法律就是在强人所难。亲属之间相互作伪证、帮助毁灭伪造证据或者帮助逃脱的行为主观上存在故意，但是在这种情形下，他们是出于亲属之间的血缘亲情，是一种人类的自我保护，

---

〔1〕 陈兴良:《刑法的人性基础》(第3版)，中国人民大学出版社2006年版，第28页。

因此法律不能期待行为人选择适法行为。

三、小　结

期待可能性理论在产生初期受到了一些学者的批判，原因在于它削弱了刑法的功能。期待可能性的理论基础是相对意志自由论，它不仅抑制国家刑罚权的滥用，并且有利于实现刑法的目的，是符合理性的，因此在大陆法系国家的刑法理论中占据重要地位。在倡导以人为本的今天，这一理论应当受到重视。法律如果忽略期待可能性问题，强制人们去完成“不可能完成的任务”，最终会因为无法得到人们的遵守而沦为虚无。亲亲相隐制度是指亲属之间出于亲情而相互包庇，可以扩张解释为人类趋利避害和自我保卫的本能，是不具有期待可能性的，否则就是违背刑法的人道精神。由此可见，我国刑法在包庇类的犯罪主体中没有将亲属排除的做法是不合理的。

第三节　亲亲相隐制度的功能价值

一、亲亲相隐制度的效益价值

所谓效益是指社会或个人给予一定的劳动、资源等投入而获得收益最大化的比率。人类活动的效益大致可以分为四种：生产效益、配置效益、工作效益和社会效益。社会的发展和进步必然要以效益为价值目标，使整个社会既要公平公正，又要安全高效。社会管理是有成本的，管理者总是希望以最小的成本获得最大的管理效益。“效益（efficiency）”一词本来是经济学上的概念，是波斯纳的经济分析法学将这一概念引入法学领域中。该法学流派认为，法的宗旨是使价值得以最大的方式分配和使用资源以实现财富的最大化。立法、执法、司法等法律活动和全部的法律制度都要充分地利用自然资源，运用经济学的方法评价和分析法律活动和法律制度的效果。一项良好的法律制度如果不与正义、自由、平等的根本价值相冲突，应当能够实现以最小的投入使社会资源得到最合理的分配。

从经济分析法学的角度，我们可以对不允许亲亲相隐或强迫亲属作证，即“大义灭亲”的行为造成的负效益进行分析。假设一个父亲涉嫌犯罪，司法机关要求知道内情的儿子提供证据，儿子向司法机关提供了有关证据，父亲最终获刑。有学者分析大致意思如下：“父亲因为儿子提供证据而遭到刑法的非难，由于父子的特殊关系，儿子能够主动告发父亲不符合常理，因此他所提供的证据很难被司法机关采信，调查证据真伪的费用也将因为这种特殊关系而大大增加，父亲对儿子产生仇恨抱怨的精神痛苦，源于血脉亲情关系，儿子将遭受良心谴责的精神痛苦。"[1] 但是笔者认为除此之外还有更大的损失：父亲出狱后，他们将无法面对彼此，家庭和谐稳定的关系遭到破坏，父亲因为得不到家庭的关爱而很难重新回归社会，不利于父亲的彻底改造，不利于刑罚目的的最终实现。伦理道德观念是民族心理素质的组成部分，并逐渐形成一种强大的舆论力量，也是保证社会安全和秩序的重要力量，挑战者面临的将是社会的孤立，在指责的压力中难以在社会中生存下去。因为儿子的行为不符合人性常理，不能被社会接受，甚至会遭到社会一些民众的唾弃，很可能造成儿子无法在其固有的社会生活环境中继续立足。这种说法并非子虚乌有，曾经有一位军人，因他的父亲犯了罪而主动去司法机关告发，媒体报道称这是一种大义灭亲的行为，值得提倡，但可悲的是这位军人转业后却没有单位愿意接受他。

如果法律允许亲亲相隐，可以节省司法机关调查亲属提供证据真伪所花销的大量费用；可以避免家庭关系遭到破坏和犯罪人、亲属彼此遭受的精神痛苦；可以使犯罪人出狱后在家庭温情的关怀下重新回归社会，防止再次犯罪，进而保证刑罚目的的实现，最终通过维护家庭的和睦融洽来促进社会的安定和谐。大义灭亲的成本是巨大的，甚至高于惩罚犯罪获得的收益，不符合效益原则。"刑法的谦抑性，又称刑法的经济性或者节俭性，是指立法应当力求以最小的支出——少用甚至不用刑罚而用其他替代措施，获取最大的社会效益——有效地预防和控制犯罪。"[2] 刑法的谦抑性也要求在刑事司法中要符合效益原则，"亲亲相隐"制度是符合这一原则要求的。

二、"亲亲相隐"制度维护社会安全和稳定的价值

法律体现的是统治者的意志，亲亲相隐制度能够持续数千年，并非仅仅是出于人伦亲情的考量，除此之外更重要的原因是"亲亲相隐"制度能够维护社会的安定，进而有效维护统治者的统治利益。秩序是法律的基础价值，是法律调整的出发点。如果社会秩序得不到保障，公平、平等、自由和效率等价值就无从谈起了。"对秩序的追求，反映了人们对社会生活的'安全'、'可预见性'、'常规性'和'有组织性'的期待，秩序的维护永远是法律调整的首要任务。"[3] 家庭是社会的基本构成单位，家庭的和睦和稳定决定社会的秩序。否定亲属之间的容隐权会导致亲戚之间的怨恨，无疑破坏了家庭的稳定和谐，进而对社会的安全和秩序造成隐患。"旨在体恤亲情的亲属容隐制度把法律和伦理道德这两种社会控制手段有机地结合在一起，从而实现法律秩序（显秩序）和

---

[1] 江学："亲亲相隐及其现代化"，载《法学评论》2002年第5期，第68页。

[2] 陈兴良：《刑法哲学》，中国政法大学出版社1997年版，第6页。

[3] 舒国滢：《法理学阶梯》，清华大学出版社2006年版，第184页。

道德秩序（隐秩序）和谐共生的社会秩序。"[1]因此，亲属之间的容隐如果能够得到法律上的认许无疑是有利于构建社会和谐的明智之举。

三、小　结

亲亲相隐制度的功能价值主要有两个方面：一是该制度符合法的效益价值，从以上分析中不难发现，不允许亲属相隐或强制亲属作证的成本要大于打击犯罪所获的收益；二是该制度将法律和道德两种调控手段结合在一起，饱含融融温情，维护家庭的和睦稳定，有利于社会的安定，符合法的秩序价值。

第三章　亲属容隐权制度构想

第一节　我国现行法律中亲属容隐制度的缺失

一、我国现行法律的规定

从实体法上看，现行《刑法》第310条规定："明知是犯罪的人而为其提供隐藏处所、财物、帮助其逃匿或作假证明包庇的，处3年以下有期徒刑、拘役或管制；情节严重的，处3年以上10年以下有期徒刑。"这是我国刑法对窝藏、包庇罪的规定。除此之外，第305条（伪证罪）、第307条第2款（帮助毁灭、伪造证据罪）、第311条（拒绝提供间谍犯罪证据罪）、第312条（窝藏、转移、收购、销售赃物罪）、第349条（包庇毒品犯罪分子罪）以及第417条（帮助犯罪分子逃避处罚罪）也有类似的规定。从程序法上看，我国刑事诉讼法第48条规定："凡是知道案件情况的人，都有作证的义务。生理上、精神上有缺陷或年幼，不能辨别是非、不能正确表达的人，不能作证"。这说明我国法律在"包庇类"的犯罪中并未把犯罪人的亲属排除在外，刑事诉讼法也没有将犯罪嫌疑人、被告人、罪犯的亲属排除在证人的范围之外，所以我国刑法是禁止亲亲相隐的。

案例：儿子杀人父母窝藏获刑。安徽曹义受朋友之邀对仇人进行报复，至被害人夏献广死亡，被告人曹义作案后外逃，于2001年夏季返回其父母曹云凯、方祝年家居住。法院最后的判决是曹云凯、方祝年明知曹义将夏献广杀害，仍为其提供食宿，判处有期徒刑2年。

---

〔1〕王忠祥：《法律亲情体恤之法理探索——基于我国现行刑事法律禁止亲亲相隐的思考》，南京师范大学2004年硕士学位论文。

二、现行法律的规定容易造成“亲属连坐”

从以上案例中可以看出我国刑法的不通情理之处。犯罪嫌疑人投奔自己的亲属，亲属在司法机关面前无权保持沉默，甚至不能让嫌疑人住在家中，不能为其提供食宿。禁止亲亲相隐可能造成亲属之间的“连坐”。

现行刑法虽然将窝藏、包庇罪的犯罪主体规定为一般主体，但仔细分析一下就不难发现，这类犯罪针对的主要还是犯罪嫌疑人的亲属。基于家庭血缘关系，犯罪人对自己的家人几乎是不设防的，因为他们最后只能从亲属那里寻求帮助，亲属得知犯罪人实施犯罪的真相后，基于家庭情感往往会给其保护，并不会向司法机关告发。反之与犯罪人没有特殊关系的人，一般情况下难以得知犯罪人的犯罪事实。即使偶然得知，由于没有血缘亲情关系，作伪证包庇或窝藏嫌疑人的可能性不大。因此包庇类犯罪的犯罪主体往往是犯罪人的亲属。

古代的连坐制度是指如果家庭中有一个人实施了犯罪，那么整个家庭都要和他承担同样的刑事责任，后来逐渐发展成为什伍连坐、邻里连坐乃至“株连九族”，是统治者极端专制的体现。窝藏、包庇罪很容易造成“亲属连坐”的效果，试想犯罪人的亲属如果不把犯罪人拒之门外，而为其提供住宿、吃喝，就是为犯罪人提供隐藏处所；若为犯罪人提供钱物，让其离开，就是帮助犯罪人逃避法律的制裁；在司法机关询问时，如果亲属出于恻隐之心未如实提供证据，就是包庇，难逃干系。有学者认为我国《刑法》第310条的规定与古代的连坐制度有本质上的相似性，甚至认为只不过是在古代连坐制度上套上了现代法制的外衣而已。笔者认为，这种观点也过于偏颇。窝藏、包庇罪的规定和古代的连坐制度产生的阶级基础、时代背景和立法目的均有不同，因此本质上是不一致的，但是这一规定从效果上确实同连坐制度有相似性，上述案例就是很好的例证，司法实践中这样的案例也不胜枚举。

第二节　亲属容隐权的设置思路

一、实体法角度

第一，应当对亲属容隐的主观目的加以限制。允许亲亲相隐的意义在于尊重人类亲亲相爱的本性，维系人类的血缘亲情关系，体现法律的亲情体恤。因此，行使容隐权必须出于亲情目的，如德国《刑法》规定：若以为自己取得财产利益或物质报偿为目的而藏匿犯罪亲属者，不得免刑。英美法系国家也有类似的规定，亲属相隐如果接受了报酬就应该受罚。

第二，对容隐的行为类型应当加以规制。允许容隐是国家司法权对人伦亲情的一种让渡，法律能够容忍什么样的容隐行为呢？笔者认为应该是一般的容隐行为。如310条“明知是犯罪的人而为其提供隐藏处所、财务，帮助其隐匿或做虚假证明包庇的……”或者是312条规定的明知是犯罪所得的赃物而予以窝藏的行为都可以容隐；人类自我保护本能的“自我”应当扩大到家庭，前已论述。因此亲属帮助当事人毁灭、伪造证据也可以认为是一种自我保护，情节较轻的可以不认为是犯罪。但是笔者认为这毕竟是亲属以较为积极的行为干涉国家司法权，情节较重的可以入罪，应当从轻或减轻处罚。另外，还有一些容隐行为，比如亲属对他人使用暴力、胁迫、贿买等手段以达到包庇的目的，这些行为显然已经超出了一般容隐行为的限度，严重干扰了国家的司法权，也对他人造成了伤害，如果听之任之也必将对司法秩序造成严重的损害，因此对这类行为应当处罚。

第三，应当对容隐权的主体范围加以明确规定。容隐权的主体范围应当界定为亲属，但并不是所有亲属都享有容隐权。容隐权亲属的范围不应规定得太大，这是由我国人口众多，犯罪的发生率高的国情所决定的，如果容隐主体范围过大，将不利于打击犯罪、维护社会秩序；如果过窄又不能实现设立容隐权的目的。我国唐代将亲亲相隐的范围规定得很大，这主要是为了维护封建的宗法统治和伦理纲常，显然不符合当今的时代要求；国外规定得比较复杂，如《意大利刑事诉讼法典》（1988年公布）第199条规定：被告人的近亲属没有作证的义务，法官应告知其有拒绝作证的权利。这一规定甚至适用于收养关系、姘居关系、前配偶或前订婚人。[1]可见意大利刑诉法将容隐权的范围除了近亲属之外还有姘居关系、前配偶或前订婚人，这种范围过大，不符合我国的国情也不符合我国一般的伦理道德观；还有的国家将容隐权的范围规定得过于模糊，如《瑞士联邦刑法典》（1971年修正公布）第305条、308条分别规定：为庇护有亲密关系者而使其逃避刑事追诉或刑罚执行者，为避免自己或亲属受刑事追究而为虚伪陈述者，法官得免除或减轻其刑。[2]关系密切者的范围并不明确，容易造成司法机关的擅断。各国由于文化传统和社会伦理观念的不一致对此规定各有不同。笔者认为我国的容隐权范围应当是近亲属，包括父母、子女、配偶、祖父母、外祖父母、兄弟姐妹。确立容隐权范围标准应当是血缘关系的亲疏远近和社会大众的家庭伦理观念，除此之外还应当考量有些亲属虽不具有血缘关系，但是有物质上的依赖关系，也应当享有容隐权。因此继父母、继子女也应当划入容隐权的主体范围内。

第四，可容隐之罪的范围。对于什么样的犯罪可以容隐的问题应当采取例

---

〔1〕黄风译：《意大利刑事诉讼法典》，中国政法大学出版社1995年版，第70页。

〔2〕“瑞士联邦刑法典”，载苏朝荣、石荣显等：《各国刑法汇编》（上册），司法通讯社1980年版，第1122～1123页。

外性的规定。有两种犯罪是不应当允许容隐的。①危害国家安全的犯罪不得容隐。在我国古代，对谋反、谋大逆、谋叛等严重危害统治利益的行为不得容隐。但西方有的国家规定国事重罪亦可以相隐，这种做法不足借鉴。设立亲属容隐权制度的目的是体恤亲情，维护家庭的和睦，进而促进国家和社会的稳定和谐，保证人民当家作主。由于容隐权制度是以人伦道德为基础，是法律保护人权的体现，国家的长治久安是人民权利得到保障的根本前提，所以法律在考虑人性的同时还要充分考虑国家、社会的利益。危害国家安全、颠覆政权的行为是法律所不能容忍的，允许对这类犯罪分子容隐与设置容隐权的目的背道而驰。②对危害亲属、破坏亲情的犯罪不得容隐。设立容隐权的目的在于保护亲情，防止司法权破坏亲权。但实践中有一些犯罪恰恰是针对自己亲属的，实践中经常发生继父母伤害继子女的案件，甚至有“继母残忍烙伤继子生殖器”这样惨无人道、破坏人伦的行为。对这类犯罪是不得容隐的。国外也有类似规定，如意大利刑事诉讼法的规定，在自己提出控告或近亲属受到侵害的案件中，任何人应当作证。此外，英美法系的刑事法律也有类似的规定。法律如果容隐此类犯罪，就是在帮助犯罪分子破坏人伦亲情，不利于亲情关系的存续和健康发展。

第五，法律应当明确，容隐是一项权利，而非一项义务。我国封建时代的法律大多将亲属容隐规定为一种义务，尤其是卑亲属必须要为尊亲属隐罪，否则将受到法律的制裁，这与封建社会维护宗法统治的立法目的有关，也是封建社会伦理纲常的道德义务法律化的表现。直到民国时期，亲亲相隐才由义务向权利过渡。容隐应当是犯罪人亲属享有的一种权利——当事人可以选择保护犯罪人，也可以放弃容隐权，主动配合司法机关。

第六，从立法技术方面可以采取多种方式。有学者认为，应当在《刑法总则》部分规定行使容隐权的目的和可以行使容隐权的亲属范围。在《刑法分则》部分规定允许行使容隐权的犯罪类型，在《刑法分则》中进行个罪的量刑，理由是“刑法分则定量因素的存在，足以保证一般正义和个别正义的最佳平衡与实现，其中，一般正义由具体犯罪构成要件中的定性部分来充任，个别正义则由具体犯罪构成要件中的定量部分充任，从而克服了刑法分则条文定性模式，只利于确保一般正义而不利于实现个别正义的局面”。[1] 正如我国台湾地区“刑法”规定的藏匿人犯罪和湮灭证据罪，分为普通人藏匿人犯、湮灭证据和亲属藏匿人犯、湮灭证据两种情形，对亲属犯藏匿人犯罪或湮灭证据罪的，得依对普通人的规定减轻或免除其刑。[2]

---

〔1〕 付东年：《刑法伦理化》，西南政法大学2004年硕士学位论文。
〔2〕 蔡墩铭：《刑法各论》（第5版），三民书局2006年版，第723～728页。

还有学者认为，在《刑法总则》中设置容隐权的规定是不合理的，《刑法总则》是关于刑法的本体论、犯罪论、刑罚论的一般性规定，因此对亲属容隐权的设置应该规定在刑法分则中。本文较为赞成这种观点，可以在《刑法分则》第六章第二节的“妨碍司法罪”中设置例外条款，该条款应规定的内容应该包括：亲属容隐的目的、容隐的行为方式，可容隐之罪的例外，近亲属的范围，不同情况下的量刑情节等等。

二、程序法角度

实体法上肯定亲亲相隐体现了法律尊重人性，对人权的充分保障，除此之外还需从程序法角度对亲属行使容隐权予以保障。如果亲属的容隐权受到司法机关的侵犯时，不能通过正当的程序给予救济，那么实体法的规定也将沦为空谈。

第一，应当对《刑事诉讼法》第48条第1款进行修改。方案如下：“凡是知道案件情况的人，都有作证的义务。生理上、精神上有缺陷或年幼，不能辨别是非、不能正确表达的人，不能作证。犯罪嫌疑人、被告人、罪犯的近亲属可以拒绝作证，法律另有规定的除外。前款所称的近亲属是指犯罪嫌疑人、被告人、罪犯的父母、配偶、子女、兄弟姐妹、祖父母、外祖父母”。从而在程序法上明确亲属的容隐权，对近亲属范围的规定要保证实体法和程序法的一致。

第二，告知、申请和救济程序。正如意大利刑事诉讼法的规定，法官应告知被告人的近亲属有拒绝作证的权利，不得强迫其作证或宣誓。近亲属可以拒绝作证，即使自愿作证也有权不宣誓担保证词无伪，证人可以拒绝回答可能使自己的近亲属负刑事责任的问题。此点深值借鉴，行使容隐权的前提是知道自己拥有该项权利，因此司法机关在调查前应当履行告知义务。犯罪嫌疑人、被告人和罪犯的近亲属可以选择行使容隐权，保持沉默，也可以选择放弃，但不因证据证词的真伪而受到处罚，除此之外，还应当为犯罪人的近亲属设置申请程序，即在得知享有容隐权后，可以通过法定程序申请行使该权利，说明法定事由，最后，还应当为容隐权设置救济程序，即容隐权受到司法机关的侵犯时，可以提起一个正当的程序，向有关机关申诉，主张自己的权利，获得救济。

结　语

通过历史研究和比较法研究不难发现，亲亲相隐是人类共同的法律传统，原因在于亲亲相隐符合人性的基本要求，是人类自我保护、趋利避害本能的扩大。亲亲相隐也许会给打击犯罪造成一定的影响，但是从长远来讲，该制度有利于社会的团结安定，国家的长治久安，该制度也体现出冷酷的刑法亦有关爱人性的脉脉温情。我国古代极端强调义务本位的封建法律尚且如此，何况在以权利为本位的现代法治社会呢？因此亲亲相隐制度并不是封建社会的糟粕、流毒，反而应该被认为是我国优秀的法律文化传统，应当被继承和发扬，其所体现的精神与当今倡导以人为本，建设社会主义和谐社会的理念完全契合。因此本文认为我国法律应当重新肯定亲亲相隐制度，在实体法和程序法上都以完善的规定来保障容隐权。亲亲相隐制度在我国古代存续数千年，在欧陆诸国和英美法系至今仍是一项重要的制度。综上，我国在容隐权的法律设计上，既要继承传统的精华，又要剔除其糟粕，注入平等精神，还要在深入了解我国实际的基础上，合理借鉴其他国家的制度设计，以期设计出一套合理有效的制度来实现和保护容隐权。

参考文献

一、著作类

1. 陈兴良：《刑法的人性基础》（第3版），中国人民大学出版社2006年版。
2. 陈兴良：《刑法哲学》，中国政法大学出版社1997年版。
3. 蔡墩铭：《刑法各论修订五版》，三民书局出版2006年版。
4. 张明楷：《刑法学》（第3版），法律出版社2007年版。
5. 舒国滢：《法理学阶梯》，清华大学出版社2006年版。
6. 马志冰主编、姜晓敏副主编：《中国传统法律意识与和谐思想》，中国政法大学出版社出版2009年版。
7. ［美］博登海默：《法理学——法律哲学与法律方法》，邓正来译，中国政法大学出版社1998年版。
8. 胡铭：《刑事司法的国民基础研究》，浙江大学出版社2008年版。
9. 钱穆：《论语新解》，生活·读书·新知三联书店2002年版。
10. 冯友兰：《中国哲学史》，华东师范大学出版社2000年版。
11. 范忠信：《中西法文化的暗合与差异》，中国政法大学出版社2001年版。
12. 范忠信：《中国法律传统的基本精神》，山东人民出版社2001年版。
13. 柴文华、孙超、蔡惠芳：《中国人伦学说研究》，上海古籍出版社2004年版。
14. 程炼：《伦理学导论》，北京大学出版社2008年版。
15. 罗结珍译：《法国刑法典》，中国人民公安大学出版社1995年版。
16. 黄风译：《意大利刑事诉讼法典》，中国政法大学出版社1995年版。
17. 苏朝荣、石荣显等：《各国刑法汇编》（上册），司法通讯社1980年版。
18. 蔡墩铭：《刑法各论》（第5版），三民书局2006年版。

二、期刊类

1. 范忠信："中西法律传统中的亲亲相隐"，载《中国社会科学》1997 年第 3 期。

2. 范忠信："亲亲相为隐：中外法律的共同传统——兼论其根源及其与法治的关系"，载《比较法研究》1997 年第 2 期。

3. 范忠信："中国亲属容隐制度的历程、规律及启示"，载《中国政法大学学报》1997 年第 4 期。

4. 栾娟："论期待可能性理论之中国化"，载《法制与社会》2008 年第 5 期。

5. 高艳东："法律、情感、良心之治——驳'法律无情论'"，载《西南政法大学学报》2002 年第 4 卷第 5 期。

6. 江学："亲亲相隐及其现代化"，载《法学评论》2002 年第 5 期。

7. 付东年：《刑法伦理化》，西南政法大学 2004 年硕士学位论文。

8. 王忠祥：《法律亲情体恤之法理探索——基于我国现行刑事法律禁止亲亲相隐的思考》，南京师范大学 2004 年硕士学位论文。

9. 张铁雁：《期待可能性理论》，中国政法大学 2003 年硕士学位论文。

三、其他类

1. ［美］孙霄舫："其父攘羊——孔子与苏格拉底"，载儒学联合论坛，http：//www. yuandao. com/dispbbs. asp？ boardid = 2&id = 7162.

现有技术抗辩制度研究

朱 倩

摘 要

任何国家授予的专利权都难免会出现受保护的技术方案不具备新颖性或者创造性等原本不应授予专利权的情况。因此，凡是建立专利制度的国家都必须提供一种机制，以便在发现被授予的专利权不符合专利法有关规定时，可宣告该专利权无效，以维护公众的合法权益不受侵害。然而，以何种方式、在何种程序中宣告专利权无效，却存在不同模式。在职权分开模式下，专利侵权纠纷的受理机关不能审查专利权的有效性，要求所有实施现有技术的被控侵权人提起专利无效程序又不符合诉讼经济和公平原则，于是产生了一种新的抗辩形式——现有技术抗辩，被控侵权人只要能够证明所实施的技术属于现有技术，专利侵权指控就不能成立。本文探讨了现有技术抗辩相关的理论问题，希望能对专利侵权诉讼的法律实务有所帮助。

本文分为现有技术抗辩的基本理论、现有技术抗辩制度在我国司法实践中的运用、现有技术抗辩可援引的现有技术范围、现有技术抗辩的适用规则探讨四个部分。

现有技术抗辩制度的基本理论部分阐述了现有技术抗辩的概念、性质、由来，深入分析了其法理基础及其在防止专利权滥用方面的重要价值。

现有技术抗辩制度在我国司法实践中的运用部分结合司法判例总结了现有技术抗辩制度在我国的萌生、适用的历程，并指出其在适用过程中存在的问题。

现有技术抗辩可援引的现有技术范围部分依据现行《专利法》的规定，剖析了现有技术的概念，明确了在现有技术抗辩中可援引的现有技术包括非自由现有技术，但不包括抵触申请。

现有技术抗辩的适用规则探讨部分在详细分析以往理论和实践的基础上，试图从具体操作上构建一个合理的现有技术抗辩制度，以便最大程度地发挥现有技术抗辩制度优越性，同时又尽可能地保证现有技术抗辩制度与专利无效制度的结果一致。

文章结论部分指出，在专利侵权诉讼中运用现有技术抗辩时，应当首先只将被控侵权技术与现有技术进行比对；作为抗辩的现有技术应当是一项单独的技术方案，但是所属领域的普通技术人员认为相对于现有技术是显而易见的简单组合的技术方案也可作为现有技术抗辩的基础；在将被控侵权技术与现有技术进行对比时，应当就技术方案进行整体对比，看被控侵权技术与现有技术相比是否无新颖性和明显无创造性。

引　言

现有技术抗辩，是国外知识产权界普遍适用的原则。在专利法第三次修改以前，我国专利法及其实施细则中未有明确规定。关于现有技术抗辩能否适用以及如何适用，一直是争议较大又涉及面较广的问题。2008 年 12 月 27 日，第十一届全国人民代表大会常务委员会第六次会议通过了《中华人民共和国专利法修改草案》，其中一个重要的内容是增加了一条作为第 62 条："在专利侵权纠纷中，被控侵权人有证据证明其实施的技术或者设计属于现有技术或者现有设计的，不构成侵犯专利权。"从此，现有技术及现有设计抗辩被正式纳入我国法律的规定。基于篇幅所限以及现有设计与现有技术的类同性，本文仅对现有技术抗辩制度展开研究。《专利法》明文规定现有技术抗辩制度后，现有技术抗辩能否在专利侵权诉讼中得以适用，已无可争议，今后的争论焦点将要集中在现有技术抗辩制度的适用范围以及适用规则上。

本文从现有技术抗辩制度的基本理论入手，结合我国专利侵权诉讼的司法实践，对现有技术抗辩制度的若干重要问题进行研究，以期对我国现有技术抗辩制度完善有所裨益。

第一章　现有技术抗辩的基本理论

一、现有技术抗辩的概念与性质

（一）现有技术抗辩的概念

目前对现有技术抗辩有多种表述方式，如日本学术界称之为“自由技术水准的抗辩”或“自由技术抗辩”，德国学术界称之为“自由技术水准抗辩”，我国学术界目前多称之为“公知技术抗辩”。《专利法》第62条规定：“在专利侵权纠纷中，被控侵权人有证据证明其实施的技术或者设计属于现有技术或者现有设计的，不构成侵犯专利权。”这是我国首次以法律形式规定了现有技术抗辩制度。鉴于现行《专利法》采用了“现有技术”这一概念，因此笔者认为将上述制度称为“现有技术抗辩”更为准确。

现有技术抗辩，是指在专利侵权纠纷中，被控侵权人不通过行政程序质疑专利权的有效性，而直接在诉讼程序中提出并证明自己所使用的技术是现有技术，从而证明侵权不成立而免于承担侵权责任的一种抗辩形式。在专利侵权纠纷中，如果被控侵权人有证据证明所实施的技术或者设计属于现有技术或现有设计，其无须向专利复审委员会提出无效宣告申请，要求专利复审委员确认专利权无效。处理专利侵权纠纷的部门，一旦认定被控侵权人实施的技术或者设计属于现有技术或者现有设计，即可直接认定被控侵权人不构成侵权。[1]

（二）现有技术抗辩的性质

现有技术抗辩虽然是专利法中特有的抗辩事由，但其理论基础仍然来源于民法的抗辩及抗辩权理论。被告在诉讼中可以提起的抗辩有三类：权利障碍的抗辩、权利毁灭抗辩和抗辩权，其中前两类被称为程序法上的抗辩，后一类被称为实体法上的抗辩。[2] 专利法中的现有技术抗辩即属于抗辩权的一种，是实体法上的抗辩。现有技术抗辩权作为抗辩权的一种，具有抗辩权的一般特征：

首先，现有技术抗辩权的客体是请求权，且该项请求权通常只能是具有财产内容的请求权。

其次，现有技术抗辩权是防御性的权利而非攻击性的权利，只有一方当事

---

〔1〕 安建主编，全国人民代表大会常务委员会大法制工作委员会编：《中华人民共和国专利法释义》，法律出版社2009年版，第131页。

〔2〕 王泽鉴：《法律思维与民法实例》，中国政法大学出版社2001年版，第174页。

人向处理专利侵权纠纷的机关提请处理，主张另一方当事人构成侵权并要求其承担侵权责任时，被控侵权人才可以提出现有技术抗辩，行使其抗辩权。

最后，现有技术抗辩权的有效行使阻却请求权效力，但其并不能否认对方的请求权，也不能变更或消灭对方的请求权。现有技术抗辩权有效行使的结果是处理专利侵权纠纷的机关确认侵权行为不成立，被控侵权人无须承担侵权责任，但是相对人的请求权和实体权利仍然存在。[1]

二、现有技术抗辩的由来

现有技术抗辩是在职权分开原则的背景下产生的，按此原则，处理专利侵权纠纷的部门，不能对涉案专利的有效性做出判断。对于因为缺乏新颖性、创造性而具有瑕疵的专利，只要未经无效判定，处理侵权纠纷的法院或者专利行政部门就应将其与无瑕疵的专利同等对待。许多学者对此持有疑问，并提出应加以某种限制，“现有技术抗辩”即为其中的主张之一。

现有技术抗辩起源于德国，称为“自由公知技术抗辩”，是对德国职权分开模式下产生的“瑕疵专利”进行限制的主张之一。“自由公知技术抗辩”的最初出现与德国专利法对无效审理请求设定5年除斥期间相关。当该除斥期间经过后，即便对瑕疵专利，任何人也无权向专利局提出无效审理请求。这种制度虽有利于专利权的稳定性，但对社会公众却明显不公。1938年，在Keller Fenster专利侵权纠纷案中，原德国帝国最高法院基于兼顾专利权法律稳定性与现有技术禁止垄断的两方面社会要求的考虑，选择将专利权的保护范围加以限制，在专利权保护范围的解释中将现有技术排除在外。该判决虽未直接提及自由公知技术抗辩，但却向该抗辩方向迈进了一大步，已经包含了自由公知技术抗辩的基本思想。1986年，德国联邦最高法院在Formstein专利侵权诉讼案中首次提出了采用自由公知技术抗辩的原则。在该判决中有关自由公知技术抗辩的内容如下：“在依1981年专利法第14条确定专利的保护范围时，允许被告使用被指控为等同利用的侵权客体相对于技术水准并不构成具有专利适格的发明的抗辩。即依照1981年德国《专利法》第3条第1款规定所定的技术水准在所述的技术领域中的普通技术人员看来被控侵权客体是显而易见的。”[2]

三、现有技术抗辩制度的法理基础和存在价值

（一）现有技术抗辩制度的法理基础

现有技术抗辩的法理基础是知识产权利益平衡理论。

---

〔1〕 邢晓苏：《公知技术抗辩研究》，西南政法大学2006年硕士学位论文。

〔2〕 杨志敏：“专利侵权诉讼中‘公知技术抗辩’适用之探讨”，载国家知识产权局条法司主编：《专利法研究》，知识产权出版社2002年版，第74页。

在知识产权制度发展过程中，利益平衡一直是其不变的主题，是其追求的价值目标。《知识产权法》调整的知识产品关系具有很强的社会性和公共性，与社会公共利益密切相关。这使得《知识产权法》不能仅仅停留在保护知识产权人的利益或仅仅调整个体间利益关系方面，还需要保护社会公共利益，需要在对个体间利益关系进行调整的基础上调整个人利益与公共利益。《知识产权法》要通过制度设计维持知识产品创造者和社会公众之间的利益平衡。

《专利法》也不例外。《专利法》需在专利权人的垄断利益与社会公共利益之间进行利益衡量、选择和整合。任何成功的专利制度都需要在发明者的利益和一般公众的利益之间达成平衡。《专利法》中的利益平衡，从专利权人的角度来看，是在《专利法》的制度设计上确定适度和合理的保护范围，在《专利法》的实施中对专利权的保护范围做出适当的解释与适用；从社会公众的角度来看，则主要是确保公众对专利技术的必要接近和获得，以及对现有技术的自由实施和使用。[1] 一种理想的专利制度，应当既能够公正地保护专利权人的合法权益，同时也能够让公众明确哪些技术是专利技术，哪些技术是现有技术，从而使公众可以最大限度地利用现有技术，促进科学技术的发展。因而在专利制度中如何划分专利权的界限就成为实现利益平衡的关键。

专利权作为一种垄断权，它的授予具有充分的正当性，但是，专利权人的垄断权利的范围应当与其对社会做出的贡献相适应，因此被授予专利权的技术方案必须符合《专利法》有关新颖性、创造性等的要求，现有技术不应被划入专利权的保护范围。当专利权人将属于公众财产的现有技术划入专利权保护范围时，专利制度的天平就倾向了专利权人一边。现有技术抗辩制度的目的就是排除将现有技术归入个人专利保护之下的危险，以实现专利权人垄断利益与社会公共利益的平衡。

（二）现有技术抗辩制度的存在价值

被控侵权人实施的技术分明是现有技术，在受到不当授权的专利权人的侵权指控时，如果不允许其采用现有技术抗辩，被控侵权人迫于无奈只好向专利复审委员会提出无效宣告请求。对专利复审委员会做出的决定不服的，无论是请求人还是专利权人都可以向中级人民法院起诉，对一审判决不服可向高级人民法院上诉。在无效宣告程序终结后，如果专利权被维持有效或者部分有效，将接着进行侵权审理，又可能经历专利行政部门处理、向一审法院起诉、向二审法院上诉这三道程序。走完两轮起诉、上诉的全程，至少需要好几年时间。

---

〔1〕 冯晓青：《知识产权法利益平衡理论》，中国政法大学出版社2006年版，第420页。

被控侵权人缠于诉讼数年不得脱身，致使正常的经济活动受到严重影响，即使法院最终判定侵权指控不成立，被控侵权人也早已伤痕累累，犹如经历了一场噩梦。[1]

近年来专利权滥用在专利诉讼领域逐渐增多，给被控侵权人造成了损害，并给专利权的保护带来了负面影响。采用现有技术抗辩制度，能够显著减少被控侵权人的诉讼成本，最大程度地加快诉讼进程，了结纠纷，遏制滥用专利权行为，使实施现有技术的被控侵权人尽快地从诉讼中解脱出来，最大程度维护被控侵权人的利益。

备受瞩目的“万艾可”专利纠纷案件一波三折。2001 年 9 月 19 日，即授权公告日当天，北京市民潘华平向专利复审委员会提出申请，请求宣告“万艾可”专利权无效。2001 年 10 月 29 日，国内 12 家制药企业联手加入。2004 年 7 月 5 日，专利复审委员会以“专利说明书公开不充分”为由，宣告辉瑞“万艾可”专利权无效。2004 年 9 月 28 日，美国辉瑞公司提起行政诉讼，将国家知识产权局专利复审委员会告上法庭，2006 年 6 月 2 日，北京市中级人民法院一审裁定原告胜诉。2007 年 10 月 27 日，北京市高级人民法院终审判决专利复审委员会撤销“万艾可”专利权无效的决定，全球第一大制药企业美国辉瑞公司最终笑到了最后。[2]“万艾可”案历经侵权起诉、宣告专利权无效和司法裁决等过程，最终以辉瑞公司胜利而告终。新《专利法》实施后“现有技术抗辩”给国内“万艾可”生产企业带来了一线希望。由于“伟哥”品种的特殊性，且博弈双方背后涉及众多复杂的因素，目前看来这只是一种可能的应对方式，具体情形可能还有很多变数。中国的“万艾可”企业能否迎来转机，我们拭目以待。

第二章　现有技术抗辩制度在我国司法实践中的运用

一、现有技术抗辩制度的萌生

1984 年《专利法》对专利行政部门和法院职能的划分，在一定程度上给现有技术抗辩在中国司法实践中的应用带来中国特色。基于这种职能划分，法院在审理专利侵权纠纷案件时，一般不涉及专利有效性问题，且在相当长的时间里，人民法院也未认定专利侵权诉讼中的现有技术抗辩。

---

〔1〕 尹新天：《专利权的保护》（第 2 版），知识产权出版社 2005 年版，第 504 页。

〔2〕 肖山：“中国法院作出公正判决　美企辉瑞终获胜诉”，载搜狐新闻，http：//news. sohu. com/20071102/n253028054. shtml，访问日期：2010 年 3 月 10 日。

最高人民法院在1985年2月16日发布的《关于开展专利审判工作的几个问题的通知》〔法（经）发［1985］3号，已失效〕中规定“在专利侵权的诉讼过程中，与由被告反诉专利权无效时，受理专利侵权诉讼的人民法院，应当告知被告按照《专利法》第48条和第49条的规定办理。在此期间，受理专利侵权诉讼的法院，可以根据《民事诉讼法（试行）》第118条第4项的规定中止诉讼，待专利权有效或无效的问题解决后，再恢复专利侵权诉讼。”最高法院的这一通知，作为一种司法解释对下级人民法院开展审判工作具有约束力。法院在审理专利侵权纠纷案件时，遇到涉及专利有效性的问题，均应指引当事人按照专利法的规定提起无效宣告请求。由于该通知的发布，在1985年以后相当长的时间里，法院均未承认现有技术抗辩。

现有技术抗辩的引入，与专利权利要求保护范围的确定，尤其是等同物范围的确定有关。1985年的《专利法》规定：“发明或者实用新型专利权的保护范围以期权利要求的内容为准，说明书及附图可以用于解释权利要求。”对于权利要求的解释，存在偏向专利权人利益的中心限定主义和偏向社会公众利益的周边限定主义。中国的立法者始终选择平衡的“折衷说”。这给现有技术抗辩制度在中国适用提供了条件。

现有技术抗辩首次见于公开的官方文件，是1992年8月发布的《中国知识产权制度》(中国学技术蓝皮书第7号)。〔1〕该书在介绍审判实践中如何运用等同原则判定侵权时指出：“不能运用等同原则将其保护范围扩大到申请日时的已有的技术。”在此期间运用现有技术抗辩的典型案件是李光与北京首钢总公司重型机械公司专利侵权纠纷案。该案的二审法院认为：上诉人李光的旗杆专利技术方案与首钢制作的旗杆的根本区别在于：李光的专利技术方案在旗杆内有三个气室，而首钢制作的旗杆内仅有一个气室，而单气室“吹风旗杆”技术已于1987年1月14日公开于已届满的第85201537号实用新型专利，成为公知技术。因此，李光的“旗杆”专利保护范围不应包括单气室旗帜吹风装置。据此，二审法院维持了一审法院判定首钢采用的技术方案与专利技术二者不相等同的认定。现有技术抗辩被用于限制李光所主张的等同物的范围，将现有技术排除在专利等同范围之外。〔2〕

---

〔1〕这篇由当时的科学技术委员会（现在的科学技术部）名义发布的文件，其目的正像其前言中写到的，“以中国科学技术蓝皮书形式发布《中国的知识产权制度》，旨在阐明我国政府在知识产权保护方面的基本态度、观点和所实施的政策和措施，介绍中国在知识产权保护方面的各项法律制度”。

〔2〕李光与北京首钢总公司重型机械公司专利侵权纠纷案，北京市中级人民法院（1993）中经知初字第807号（一审），北京市高级人民法院（1995）高知终字第5号。

二、现有技术抗辩制度的引入与广泛应用

李光与首钢专利侵权纠纷案后，出现了现有技术抗辩适用于相同侵权的案件，即陈克和新羽工艺品厂与神风领带厂专利侵权纠纷案[1]，现有技术抗辩在司法实践中出现了不同的运用。该案二审法院浙江省高级人民法院认为，涉案专利的工艺是用染色液在单色刺绣品上着色彩化，该工艺是民间传统工艺，浙江省温州、台州的工艺品厂大多采用该民间工艺制作绣品，1989年第9期《丝绸》杂志上即介绍了该工艺流程。被上诉人使用申请日前已有的技术不构成对发明专利权的侵害，要求被上诉人承担侵权责任的理由不能成立。浙江省高级人民法院据此撤销了一审法院关于侵权的判决，以使用现有技术不侵犯专利权为由驳回了专利权人的诉讼请求。

随后现有技术抗辩在相同侵权案件中不断出现。现有技术抗辩可否用于相同侵权中，司法实践中出现了不同的做法。为了规范和统一其辖区的司法实践，北京市高级人民法院在2001年颁布了《专利侵权判定若干问题的意见（试行）》（京高法发［2001］229号）。该意见第四部分关于“已有技术抗辩”有如下规定：“已有技术抗辩仅适用于专利等同侵权，不适用于专利相同侵权的情况。当专利技术方案、被控侵权物（产品或方法）、被引证的已有技术方案三者明显相同时，被告不得依已有技术进行抗辩，而可以向专利复审委员会请求宣告该专利权无效。”北京市高级人民法院的上述意见明确了现有技术抗辩仅适用于等同侵权，不适用于相同侵权。该意见显然在强调专利行政机关和法院的职能划分，把运用现有技术抗辩对抗专利相同侵权的指控情形理解为是对专利有效性的争议，并指引当事人通过专利无效程序进行解决。

在《专利法》施行早期，最高人民法院对现有技术抗辩制度的运用采取了十分谨慎的态度，而随着司法实践的变化和法院对专利侵权案件审判经验的积累，最高人民法院对现有技术抗辩给予了更大范围的肯定。最高人民法院于2001年6月出台了《关于审理专利侵权纠纷案件适用法律问题的若干规定》，该司法解释第9条规定，在侵犯实用新型、外观设计专利权纠纷案件中，如被告提供的证据足以证明其使用的技术已经公知，人民法院可以不中止诉讼。该规定的必然逻辑是在这种情况下可以直接认定侵权指控不成立，包括了允许进行现有技术抗辩的含义，为我国法院采用现有技术抗辩制度提供了法律依据。尤其值得注意的是，该司法解释规定，在一定条件下可以不中止侵权诉讼，并没有区分被控侵权行为是相同侵权还是等同侵权的不同情况。2007年1月下发的

---

〔1〕吴玉和：“公知技术抗辩在中国司法实践中的运用和发展”，载《中国专利与商标》2007年第3期，第45页。

《最高人民法院关于全面加强知识产权审判工作为建设创新型国家提供司法保障的意见》中涉及“禁止知识产权权力滥用”，其中第16条要求各级法院“准确界定知识产权权利人和社会公众权利的界限，依法审查和支持当事人的在先权、先用权、公知技术、禁止反悔、合理使用、正当使用等抗辩事由”。

最高法院对于现有技术抗辩制度的意见，推动了运用现有技术抗辩的法律实践，全国各地法院也在司法实践中不断探索现有技术抗辩的具体运用方式。

最高人民法院2001年司法解释的不足在于，“被控侵权人提供的证据足以证明其使用的技术已经公知，可以不中止诉讼”的规定仅仅适用于实用新型专利和外观设计专利。但是经过实质审查的发明专利也不是当然有效的，保护范围仍然有可能涵盖了现有技术；无效宣告请求程序一般仅仅涉及该案请求人提出的无效证据和理由，并没有穷尽所有的现有技术，因而经无效审查维持有效的实用新型专利和外观设计专利的保护范围仍然有可能涵盖现有技术。现有技术抗辩制度是捍卫公众合法权益的制度，只要被控侵权人确实能够证明其实施的技术是现有技术，就应当本着实事求是的态度予以考虑。现有技术抗辩能否成立不应当因为专利权的授予是否经过实质审查或者无效宣告程序而有所不同。经过实质审查和无效宣告请求程序，只不过使被授权专利技术方案不具备新颖性、创造性的可能性降低一些而已。因此，应当给予法院和专利行政部门根据实际情况做出判断的自由裁量权。[1]

三、现有技术抗辩制度正式列入我国法律规定

2008年12月27日通过并自2009年10月1日起实施的《专利法》首次以法律形式确定了现有技术抗辩制度，其62条规定：“在专利侵权纠纷中，被控侵权人有证据证明其实施的技术或者设计属于现有技术或者现有设计的，不构成侵犯专利权。”同时自2010年1月1日起施行的《最高人民法院关于审理侵犯专利权纠纷案件应用法律若干问题的解释》第14条也对现有技术抗辩制度在司法实践中的具体适用进行了规定：“被诉落入专利权保护范围的全部技术特征，与一项现有技术方案中的相应技术特征相同或者无实质性差异的，人民法院应当认定被诉侵权人实施的技术属于专利法第62条规定的现有技术。”

笔者目前尚未搜集到新《专利法》正式实施后有关现有技术抗辩制度的司法判例，但现有技术抗辩制度具有较高的抗辩成功率和较低的抗辩成本，今后必将成为使用频率较高的不侵权抗辩方式。

---

〔1〕 尹新天：《专利权的保护》（第2版），知识产权出版社2005年版，第506页。

第三章　现有技术抗辩可援引的现有技术范围

一、现有技术的概念

在专利侵权纠纷中运用现有技术抗辩制度，必须首先明确能够用于现有技术抗辩的现有技术的范围。

根据《专利法》第22条，现有技术是指申请日前在国内外为公众所知的技术，包括申请日前在国内外出版物上公开发表、在国内外公开使用以及以其他方式为公众所知的技术。换句话说，现有技术应当在申请日以前处于能够为公众获得的状态，并包含有能够使公众从中得知实质性技术知识的内容。所以，处于保密状态的技术内容不属于现有技术。所谓保密状态，不仅包括受保密规定或协议约束的情形，还包括社会观念或者商业习惯上被认为应当承担保密义务的情形，即默契保密的情形。[1]

现有技术的概念强调了三点：首先，该技术应当是申请日前就已经为公众所知的技术。申请日当天或申请日之后为公众所知的技术，不属于现有技术范畴；其次，现有技术的范围采用绝对性标准，在世界范围内，只要在申请日前为公众所知即为现有技术，而不限于授予专利权的中国，这是新修订的专利法与旧法的一大区别；最后，为公众所知并不是指特定的公众已经知道了该技术，而是指该技术处于不特定公众想知道就能够知道的状态。

二、抵触申请不属于现有技术

抵触申请能否作为现有技术在现有技术抗辩中引用，在新《专利法》出台之前颇具争议。《最高人民法院关于审理专利侵权纠纷案件若干问题的规定》（会议讨论稿2003年10月27～29日）第40条规定，“已公开的专利抵触申请是为本规定所称公知技术。”最高人民法院讨论稿的意见是现有技术抗辩可以援引抵触申请。尹新天先生则指出：“公知技术抗辩不包括抵触申请的情况，也就是被控侵权人不能以其实施的是与原告的专利申请日相比申请在先、公开在后的专利申请所记载的技术方案进行抗辩。”[2]

《专利法》第22条第2款：“新颖性，是指该发明或实用新型不属于现有技术；也没有任何单位或个人就同样的发明或实用新型在申请日以前向国务院专利行政部门提出过申请，并记载在申请日以后公布的专利申请文件或者公告的

〔1〕 中华人民共和国知识产权局制定：《专利审查指南》，知识产权出版社2010年版，第109页。

〔2〕 尹新天：《专利权的保护》（第2版），知识产权出版社2005年版，第487页，脚注。

专利文件中。”在发明或者实用新型新颖性的判断中，由任何单位或者个人就同样的发明或者实用新型在申请日以前向专利局提出并且在申请日以后（含申请日）公布的专利申请文件或者公告的专利文件损害该申请日提出的专利申请的新颖性。为描述简便，在判断新颖性时，将这种损害新颖性的专利申请，称为抵触申请。[1] 抵触申请是在申请日当天或者之后公布的，在申请日前不能为公众所知，不属于现有技术。同时按照《专利法》第22条的字面规定，也可明确看出抵触申请不属于现有技术。

笔者也认为抵触申请不能用来进行现有技术抗辩。抵触申请在申请日当天或者之后公布，公众在申请日前不能得知其中的技术方案，更没有办法利用该技术方案来创造社会价值，现有技术抗辩不包括抵触申请，不会对社会公共利益造成危害，不违背知识产权利益平衡理论。在不损害社会公共利益的前提下，司法机关的处理结果应尽量与专利授权部门的认定结果保持一致，尊重行政权。

三、现有技术不一定是可以自由使用的技术

现有技术强调为公众所知，为公众所知的技术并非都可自由使用。现有技术可分为两种，一种是自由现有技术，已进入公有领域，任何人都可自由使用的现有技术，包括他人已经失效的专利技术；另一种是非自由现有技术，主要是指有效的专利技术，这种现有技术与自由现有技术不同，不是任何人都可以自由予以实施、应用的技术。被控侵权人是否能够援引非自由现有技术进行现有技术抗辩？对此曾有不同看法，有学者认为可用做现有技术抗辩的现有技术，必须是可自由使用的现有技术。[2] 但是目前大多数学者认为非自由现有技术能够用于侵权抗辩[3]，在此不做赘述。

第四章 现有技术抗辩制度的适用规则探讨

运用现有技术抗辩经常涉及被控侵权技术、涉案专利技术、现有技术三者之间的关系，在法院认定现有技术抗辩是否成立的过程中，会产生一些比较复杂而有争议的问题。

---

〔1〕 冯晓青：《知识产权法利益平衡理论》，中国政法大学出版社2006年版，第110页。

〔2〕 温旭：“自由公知技术抗辩在专利诉讼中的应用”，载《知识产权》1997年第1期。

〔3〕 参见陈建明：“现有技术抗辩与专利权保护范围的确定”，载程永顺主编：《专利侵权判定实务》，法律出版社2002年版，第273页；尹新天：《专利权的保护》（第2版），知识产权出版社2005年版，第487页。

一、现有技术抗辩的对比对象

当被控侵权人提出现有技术抗辩时，就会出现涉案专利、被控侵权技术、现有技术三个技术方案。那么如何将这三种方案进行对比？

在专利法第三次修订以前，学说和法院的判决中存在如下三种观点：

第一种观点是只将被控侵权技术与现有技术进行对比。从笔者收集的法院判决来看，绝大多数法院都是只将被控侵权技术与现有技术进行对比。[1] 例如在北京东方京宁建材科技有限公司与北京锐创伟业房地产开发有限公司的侵犯实用新型专利权纠纷上诉案[2]中，北京市高级人民法院将被控侵权物与公知技术进行对比，认为本领域的普通技术人员无需付出创造性劳动即可由对比文件1公开的B技术方案得出被控侵权物所使用的技术方案，进而认定被控侵权人使用的技术方案系公知技术，侵权不能成立。又如北京振冲工程股份有限公司与哈尔滨智顺弘达岩土工程专利技术有限公司侵犯专利权纠纷上诉案[3]，黑龙江省高级人民法院认为，判断公知技术抗辩是否成立，应将被控侵权产品与一份公知技术进行对比。被控侵权产品的技术特征与一份公知技术相同；或虽不完全相同，但该领域技术人员无须创造性劳动即可进行显而易见的简单组合，且未产生新的技术效果的，不论被控侵权产品的技术特征与涉案权利要求记载的技术特征是否相同或者等同，均应认定抗辩成立。故应认定振冲公司被控侵权施工方法的技术特征系已有公知的锚杆类型技术，不构成对智顺弘达公司涉案专利权的侵犯。

第二种观点是先将被控侵权技术与涉案专利进行比较，在被控侵权技术与涉案专利构成相同或等同的情形下，再将被控侵权技术与现有技术进行比较。采用此种方式进行对比的判例也为数不少。例如，在“北京燕赛流动检测设备有限公司与靖江长安检测设备厂侵犯专利权纠纷上诉案”[4] 中，一审和二审法院均认为，长安厂主张的现有技术抗辩成立。理由是：所谓现有技术抗辩，是指在专利侵权诉讼中，被控侵权物（产品或方法）与专利权利要求所记载的专

---

〔1〕 参见谭筱清：“已有公知技术抗辩原则在专利侵权诉讼中的运用”，载《人民司法》2002年第8期；张鹏、崔国振：“现有技术抗辩的对比方式和对比标准探析”，载《知识产权》2009年第19卷总第109期，第61页；张小都：“现有技术抗辩的认定——以防伪铆钉实用新型专利侵权纠纷案为例”，载《中国专利与商标》2007年第2期，第10页。

〔2〕 北京东方京宁建材科技有限公司与北京锐创伟业房地产开发有限公司等侵犯实用新型专利权纠纷上诉案，北京市高级人民法院（2008）高民终字第1165号。

〔3〕 北京振冲工程股份有限公司与哈尔滨智顺弘达岩土工程专利技术有限公司侵犯专利权纠纷上诉案，黑龙江高级人民法院（2008）黑知终字第36号。

〔4〕 北京燕赛流动检测设备有限公司与靖江长安检测设备厂侵犯专利权纠纷上诉案，江苏省高级人民法院（2005）苏民三终字第0086号。

利技术方案相同或等同的情况下，如果被告提供证据证明被控侵权物的技术特征与一项现有技术相同或等同，则被告的行为不构成侵犯原告的专利权。据此，适用现有技术抗辩原则的前提是被控侵权技术与专利权利要求记载的技术特征相同或等同，在此前提下，现有技术抗辩成立还必须满足两个基本条件：一是存在一项现有技术；二是被控侵权物与该现有技术相同或等同。在该案中，法院最终认为：各方当事人对长安厂被控侵权的检测车与涉案专利权利要求记载的技术特征相同没有异议，长安厂据以主张现有技术抗辩的 CA－1 型检测车构成专利法意义上的现有技术，同时长安厂生产并销售的被控侵权产品与该现有技术相同。

第三种观点是将被控侵权技术分别与涉案专利和现有技术进行比较，判断被控侵权技术与哪一项技术更为接近。这种观点源自下述内容："只有对三者同时进行比较，两头分别是专利发明和现有技术，中间是被控侵权技术或者方法，判断被控侵权技术或方法更为靠近专利发明，还是更为靠近现有技术，结论是前者时就判定为等同侵权，结论是后者时就判定现有技术抗辩成立。"〔1〕但是尹新天先生后来对其进行澄清，"当被控侵权人提出现有技术抗辩时，法院或者专利行政部门应当进行的只是被控侵权技术或者方法是否与其举证的一项现有技术相同或与之十分接近的判断，而不是'靠谁更近'的判断。"〔2〕将三者同时进行比较的观点得到了最高人民法院的认可。时任最高人民法院副院长的曹建明在全国法院知识产权审判工作座谈会暨优秀知识产权裁判文书颁奖晚会上的讲话指出，"被控侵权人以现有技术抗辩成立的，应当认可该抗辩理由……对于更接近现有技术而与专利技术有一定差别的，应当认定不构成侵权。"〔3〕自此之后，这种将三者都作为对比对象的做法在司法实践中获得广泛适用。〔4〕

关于现有技术抗辩制度的对比对象，以上三种观点在司法实践中皆有不少判例。由于缺乏统一的运用规则，加之各地人民法院对现有技术抗辩制度的不同理解，现有技术抗辩在司法实践中的运用比较混乱。

新《专利法》的出台彻底消除了实务界对现有技术抗辩制度的对比对象的疑问。《专利法》第 62 条明确了在被控侵权人提出现有技术抗辩的情况下，应

〔1〕尹新天：《专利权的保护》，专利文献出版社 1998 年版，第 384 页。

〔2〕尹新天：《专利权的保护》，专利文献出版社 1998 年版，第 495 页。

〔3〕曹建明："正确实施知识产权法律，促进科技进步和经济发展加快推进社会主义现代化建设——在全国法院知识产权审判工作座谈会暨优秀知识产权裁判文书颁奖会上的讲话"，载《科技与法律》2002 年第 4 期，第 1～2 页。

〔4〕顾韬："论在先专利抗辩在专利侵权纠纷中的理解和适用——兼评在先专利与新颖性"，载 http：//www. chinaiprlaw. cn/file/200602217095. html，访问日期：2010 年 3 月 19 日。

当将被控侵权技术与现有技术进行对比，只要能证明被控侵权技术属于现有技术，则可认定不构成侵犯专利权，无须将被控侵权技术与涉案专利进行比较，也无须将涉案专利与现有技术进行比较。将被控侵权技术与现有技术进行对比后，只有在认定被控侵权技术不属于现有技术，现有技术抗辩不能成立的情形下，才需进一步将被控侵权技术与涉案专利技术进行比较，确定最终是否构成侵权（相同或者等同）。

被控侵权人若想抗辩成功，必须举证证明其实施的技术属于现有技术。如何才能证明“其实施的技术或者设计属于现有技术或者现有设计”？这就涉及现有技术抗辩的对比方法和对比标准问题。

二、现有技术抗辩的对比方法

将被控侵权技术与现有技术进行对比时，采用什么样的对比方法比较合理，一直是现有技术抗辩制度适用规则的争议焦点之一。

（一）被控侵权技术是与一项现有技术进行对比，还是与几项现有技术的结合进行对比

当被控侵权人向法院提出现有技术抗辩时，其所提供的现有技术可能是一项单独的技术，也可能是几项技术，但被控侵权人主张这几项技术组合在一起就是被控侵权技术。对于是否允许将几项技术组合在一起作为现有技术抗辩，主要存在以下三种不同意见：

第一种意见认为，被控侵权人进行现有技术抗辩时，只能援引一项现有技术而不能将两项或多项现有技术组合起来进行抗辩。[1] 在司法实践中有的法院依据该观点否定了被控侵权人的现有技术抗辩主张。例如在北京英特莱特种纺织有限公司诉北京新辰陶瓷纤维制品公司侵犯实用新型专利权纠纷案[2]中，法院认为已有技术应是一项单独的技术方案，两个以上的技术方案是否可以破坏原告专利的创造性属于专利无效宣告程序审查的范畴，不能据此主张已有技术抗辩。

第二种意见认为，作为抗辩的现有技术应当是一项单独的技术方案，但是所属领域的普通技术人员认为相对于现有技术是显而易见的简单组合的技术方案也可作为现有技术抗辩的基础。北京市高级人民法院制定的《专利侵权判定若干问题的意见（试行）》第101条规定：“用已有技术进行侵权抗辩时，该已有技术应当是一项在专利申请日前已有的、单独的技术方案，或者该领域普通

[1] 尹新天：《专利权的保护》（第2版），知识产权出版社2005年版，第495页。

[2] 北京英特莱特种纺织有限公司诉北京新辰陶瓷纤维制品公司侵犯实用新型专利权纠纷案，北京市第一中级人民法院（2002）一中民初字第3258号。

技术人员认为是已有技术的显而易见的简单组合成的技术方案。”从对该意见的解释来看，这里所谓的“显而易见的简单组合”应当明显低于创造性的标准。[1] 在达昌电子科技（苏州）有限公司与瀚洋电子（苏州）有限公司的侵犯专利权纠纷上诉案[2]中，二审法院认为，在在先专利的技术方案的基础上，得出本案被控侵权产品的全部技术特征，应属于本领域内普通技术人员的简单联想，无须经过创造性的劳动，最终认定现有技术抗辩成立，被控侵权人无须承担侵权责任。

第三种意见认为，被控侵权人可以将几项现有技术组合起来作为现有技术抗辩的基础。[3] 但是笔者还未见到承认该观点的法院判决。

对于是否允许将几项技术组合在一起作为现有技术抗辩，笔者比较同意上述第二种观点。

首先，两份或者多份现有技术组合起来构成的技术方案，本身就可能构成一项可以被授予专利权的发明创造，组合而成的该技术方案可能既不属于现有技术，也不同于任何一项单独的现有技术。如果将被控侵权技术方案与两份或多份现有技术的组合进行对比，这就相当于要求法院去判断被控侵权技术相对于现有技术是否具有创造性，当被控侵权技术相对于现有技术不具有创造性时，现有技术抗辩才可成立。审理侵权纠纷的法院毕竟不是专门的专利行政部门，没有强大的检索系统，法官也没有经过专门的专利审查训练，不具备丰富的技术背景。如果采取这种做法对于法院来说负担过大，不仅不能体现现有技术抗辩尽快解决纠纷的优点，影响审判效率，而且还容易造成各级法院的判决之间互相矛盾以及法院的判决与专利复审委员会的决定互相矛盾的局面。允许非简单叠加的现有技术的组合来进行侵权抗辩，会造成现有技术范围不适当的扩张，进而造成这样的局面：一方面涉案专利权符合《专利法》关于新颖性、创造性的要求，被控侵权技术落入了该专利权的保护范围，另一方面由于现有技术抗辩的成立，专利权人的利益无法获得保护。这显然违背了专利法的立法目的。

---

〔1〕 程永顺先生对此条的解释认为，已有技术组合可以形成一个新的技术方案，如果依据的已有技术是东拼西凑的技术方案，势必要求法官对涉及该技术方案创造性的判断，而法官是无此职权和能力的。但是，被控侵权人可以依据显而易见的、简单组合而成的已有技术方案进行抗辩。参见程永顺：“对专利侵权如何判定——关于执行《专利侵权判定若干问题意见（试行）》几个问题的说明”，载程永顺主编：《专利侵权判定实务》，法律出版社 2002 年版，第 3 页。从上述解释来看，这里所说的“显而易见的简单组合”是非常明确不具有创造性的，其标准远远低于创造性的标准。

〔2〕 达昌电子科技（苏州）有限公司与瀚洋电子（苏州）科技有限公司侵犯专利权纠纷上诉案，江苏省高级人民法院（2004）苏民三终字第 103 号。

〔3〕 参见陈建民：“现有技术抗辩与专利权保护范围的确定”，载程永顺主编：《专利侵权判定实务》，法律出版社 2002 年版，第 280 页。

因此在用现有技术进行侵权抗辩时，援引的现有技术应当是一项单独的技术方案，或者必须是该领域普通技术人员认为是现有技术的显而易见的简单组合的技术方案。

其次，司法实践中确实存在着这样一些被控侵权技术，它们仅仅是将某些现有技术中的已知产品或方法组合或连接在一起，各自以其常规的方式工作，而且总的技术效果是各组合部分效果之总和，组合后的各技术特征之间在功能上无相互作用关系，仅仅是一种简单的叠加。如果不允许这种“显而易见的简单组合”作为现有技术抗辩的基础，其结果就是法院简单地据此认定被控侵权人的现有技术抗辩不能成立，并在此基础上进一步去认定被控侵权人是否构成侵犯专利权。如果法院的最终判定结果是被控侵权人构成侵犯专利权，被控侵权人为了获得公平的结果，势必向专利复审委员提起无效宣告请求，而这种现有技术的简单叠加、明显缺乏创造性的涉案专利最终被宣告无效的几率极高。被控侵权人经过复杂的、漫长的程序，才能最终获得本来“显而易见”的公平结果，这显然不符合诉讼经济原则。

再者，“显而易见的简单组合”明显低于创造性的标准，司法机关在实际操作中完全有能力将其与创造性的严格标准区分开来[1]，我国从事知识产权审判的法官专业素质相对较高，容易识别出“显而易见的简单组合”，众多成功的司法判例也证明了这一点。

综上所述，作为抗辩的现有技术应当是一项单独的技术方案，但是所属领域的普通技术人员认为相对于现有技术是显而易见的简单组合的技术方案也可作为现有技术抗辩的基础。

（二）是将技术方案进行整体对比还是将技术特征进行逐个对比

被控侵权人提供的现有技术有时只包含被控侵权技术的部分技术特征，而非全部技术方案，这时就存在是否认可该现有技术抗辩的问题。

大部分人都是认为现有技术不是指与被控侵权技术相对应的几个技术特征，而应该是一个完整的技术方案。[2] 法院一般是将现有技术与被控侵权技术的技术方案作为整体进行比较，如果现有技术只披露了被控侵权技术的部分技术特征，法院会直接认定现有技术抗辩不能成立。例如，在“电控燃油喷射器清洗

〔1〕 参见《专利审查指南》第二部分第四章。发明的创造性，是指与现有技术相比，该发明有突出的实质性特点和显著的进步。其中发明有突出的实质性特点，是指对所属技术领域的技术人员来说，发明相对于现有技术是非显而易见的。如果发明是所属技术领域的技术人员在现有技术的基础上仅仅通过合乎逻辑的分析、推理或者有限的试验可以得到的，则该发明是显而易见的，也就不具备突出的实质性特点。

〔2〕 参见程永顺：《中国专利诉讼》，知识产权出版社2005年版，第261页。

与检测装置”专利侵权案[1]中，法院认为被控侵权人提供的作为现有技术抗辩的公知技术非完整的技术方案，不能作为已有技术抗辩的依据。

也有一些法院在判决中承认只披露了某个或某几个技术特征的现有技术，并将之与被控侵权技术进行对比。例如，在宁波市东方机芯总厂诉江阴金铃五金制品有限公司一案[2]中，被告作为公知技术抗辩的技术都没有完全反映被控侵权技术，被告只是主张公知技术中已经披露了被控侵权技术中的一些技术特征，但是最高人民法院仍然将这些公知技术中的相应技术特征与被控侵权技术的相应技术特征进行了对比。

笔者认为，在将被控侵权技术与现有技术进行对比时，应当就技术方案进行整体对比，而非针对个别技术特征进行对比，这样才符合专利法的基本原理。专利侵权的判断标准是：被控侵权技术的整个技术方案或者说所有技术特征都落入专利权利要求范围。相应的，如果被控侵权技术与涉案专利技术相同或者十分近似，则只有在其整个技术方案或者说所有技术特征同时也被现有技术所披露，导致涉案专利技术因为援引的现有技术而丧失新颖性或创造性时，才能绕过专利无效程序而直接认定成立公知技术抗辩不成立侵权。[3] 最新颁布的《最高人民法院关于审理侵犯专利权纠纷案件应用法律若干问题的解释》第 14 条第 1 款规定：“被诉落入专利权保护范围的全部技术特征，与一项现有技术方案中的相应技术特征相同或者无实质性差异的，人民法院应当认定被诉侵权人实施的技术属于专利法第 62 条规定的现有技术”。该条强调了应将被控侵权技术的全部技术特征与现有技术的相应技术特征的进行对比，意即在将被控侵权技术与现有技术进行比对时，应当将两者的整体技术方案进行比对。

三、现有技术抗辩的对比标准

将被控侵权技术与现有技术进行对比达到何种程度可认定现有技术抗辩成立？这就涉及现有技术抗辩的对比标准问题。关于现有技术抗辩标准问题，目前大致存在三种说法。

第一种说法是看被控侵权技术与现有技术更接近还是与涉案专利技术更接近。

前文在谈到现有技术抗辩的对比对象的第三种意见时，曾提到最高人民法院副院长曹建明在讲话中指出：“对于更接近公知技术而与专利技术有一定差别

---

〔1〕 天津市第二中级人民法院（2000）二中知初字第23号。

〔2〕 宁波市东方机芯总厂诉江阴金铃五金制品有限公司侵犯专利权纠纷案，最高人民法院（2001）民三提字第1号。

〔3〕 高代飞：《公知技术抗辩研究》，中国政法大学2009年硕士学位论文。

的应当认定为不侵权。”司法实践中依照该标准进行判决的法院不在少数。例如在“自动送料定位装置”专利侵权纠纷案〔1〕中，江苏省高级人民法院在二审判决中认为，虽然被控侵权技术与涉案专利的技术特征在功能、效果上基本相同，但是被控侵权产品的结构与在涉案专利以前已经公开的另一专利更加接近，最终认定现有技术抗辩成立。再如弗雷西亚汽车座椅公司诉常州市跃进汽车附件厂侵犯专利权纠纷一案〔2〕。在该案中，江苏南京中级人民法院认为，公知技术抗辩的判断规则，应当是以被控侵权产品与公知技术方案进行对比，判断其是否与公知技术相同或者等同。如果相同的，应当认为公知技术抗辩成立，被告不构成专利侵权；如果是等同的，则应当分析被控侵权产品是与公知技术更加接近，还是与专利技术更加相似。当被控侵权产品与专利技术更加相似，则应当认为构成专利侵权；反之则不构成。

第二种说法是看被控侵权技术与现有技术是否相同或等同。

该对比标准实质上同于“看被控侵权技术与现有技术是否相同或十分接近”。尹新天先生指出：“只有得出被控侵权产品或者方法确实与一项公知技术相同或者十分接近，就有充分理由直接得出抗辩成立，侵权指控不成立的结论。”〔3〕“在被控侵权人提出公有技术抗辩时，法院或者专利性部门所要进行的判断是被控侵权技术与举证的公知技术是否相同或者十分接近，这与判断被控侵权技术是否与专利技术相同或者等同从判断性质上看是相似的。”〔4〕

这种观点在法院的判决中较多。例如，在王月雀与台州北平机床有限公司侵犯实用新型专利权纠纷上诉案〔5〕中，一审法院认为：将在先专利与被控侵权产品进行比较，虽然被控侵权产品旋动座端面起固定夹持钻头作用的卡缘这一技术特征与在先专利技术相应的技术特征有所不同，但二者构成等同技术特征，北平机床公司提出的公知技术抗辩成立。二审法院维持了一审判决，其理由是：被控侵权产品与在先专利相比，其主要差别在于固定夹持钻头的设置不同，被控侵权产品是通过在旋动座的端面上设有两道卡缘以固定夹持钻头，而在先专利是通过在旋动座前端面上设两个凸柱以固定夹持钻头。上述差别均能实现固

---

〔1〕 南京晶昌科技有限公司与海尔斯曼特科技实业有限公司专利侵权纠纷上诉案，江苏省高级人民法院（2005）苏民三终字第0090号。

〔2〕 常州市跃进汽车附件有限公司与弗雷西亚汽车座椅公司专利侵权纠纷案，江苏省中级人民法院（2005）宁民三初字第55号。

〔3〕 尹新天：《专利权的保护》（第2版），知识产权出版社2005年版，第495页。

〔4〕 尹新天：《专利权的保护》（第2版），知识产权出版社2005年版，第507页。

〔5〕 王月雀与台州北平机床有限公司、山东通利机械进出口有限公司侵犯实用新型专利权纠纷上诉案，北京市高级人民法院（2009）高民终字第731号。

定夹持钻头的功能，其技术效果也基本相同，且本领域技术人员不需要付出创造性劳动就容易由在先专利在旋动座前端面上设置两个凸柱的技术手段联想到被控侵权产品在旋动座的端面上设置两道卡缘的技术手段。因此，被控侵权产品与在先专利的上述差别属于以基本相同的技术手段、实现基本相同的功能、达到基本相同的技术效果，且本领域技术人员无需经过创造性劳动就能够联想到的等同技术特征，原审法院有关北平机床公司提出的公知技术抗辩主张成立的判定正确。

第三种说法是看被控侵权技术与现有技术相比是否具有新颖性和创造性。

程永顺先生指出："当被告有证据证明被控侵权客体属于专利申请日前的自由现有技术时，法院应该在做出专利等同侵权结论之前，将被控侵权的客体与现有技术进行对比分析，看其相对于这些现有技术是否具有新颖性、创造性。如果缺乏新颖性和创造性的话，则不允许将等同性范畴专利侵权扩展到现有技术范围，即应判决被告不构成侵权。"[1]

上述几种观点表明，我国对于现有技术抗辩的对比标准还缺乏统一的认识。笔者认为，现有技术抗辩的对比标准应当是看被控侵权技术与现有技术相比是否无新颖性和明显无创造性。

对于有无新颖性的判断类似于是否构成相同侵权的判断，法院对此已有丰富的审判经验，并且《审查指南》对于新颖性的判断具有明确详细的规定，包括审查原则、审查基准等，便于人民法院实际操作。需要指出的是新颖性的概念宽于相同的概念。在现有技术抗辩制度中进行新颖性判断时，并非严格要求被控侵权技术与现有技术完全相同，当两者的区别是所属技术领域惯用技术手段的直接置换或者《审查指南》第二部分第三章第3.2小节列举的其他情况时，被控侵权技术与现有技术相比仍然不具有新颖性，现有技术抗辩成立。

《最高人民法院关于审理侵犯专利权纠纷案件应用法律若干问题的解释》第14条第1款规定："被诉落入专利权保护范围的全部技术特征，与一项现有技术方案中的相应技术特征相同或者无实质性差异的，人民法院应当认定被诉侵权人实施的技术属于专利法第六十二条规定的现有技术。"对于该规定中的"无实质性差异"，最高人民法院目前还未有更为详细的解释说明。在对专利的创造性进行审查时，"实质性特点"是审查的一个重点。首先需确定最接近的现有技术，并在此基础上判断对于所属领域普通技术人员来说，专利申请相对于最接近的现有技术是否显而易见。最高人民法院该司法解释中的"无实质性差异"

[1] 程永顺：《中国专利诉讼》，知识产权出版社2005年版，第258页。

明显低于《专利法》中的创造性标准，等同于“明显无创造性”。在前文论述现有技术抗辩的对比方法时曾提及：作为抗辩的现有技术应当是一项单独的技术方案，但是所属领域的普通技术人员认为相对于现有技术是显而易见的简单组合的技术方案也可作为现有技术抗辩的基础。判断被控侵权技术相对于现有技术是否明显无创造性，对于法院来说并非难事，而且更符合诉讼经济原则。

采用“无新颖性和明显无创造性”标准能够最大限度地实现现有技术抗辩制度的价值，使专利权人利益和社会公共利益达到最佳平衡。

结 语

现有技术抗辩制度是防止专利权滥用和维护社会公众合法权益的重要武器，随着新《专利法》的实施，该制度在今后的专利侵权诉讼中将得到更加广泛的适用。

在职权分开原则下，运用现有技术抗辩制度能够平衡侵权诉讼双方当事人的诉讼权利，加快诉讼进程，降低诉讼成本，可以有效地遏制恶意诉讼。在设计现有技术抗辩制度的适用规则时，既要保证程序的便捷性，又要最大限度地确保侵权诉讼程序与专利无效程序结果的协调性。鉴于《专利法》只给出了原则性的规定，而第二次修订后《专利法实施细则》也未对现有技术抗辩制度的具体运作进行规定。本文对现有技术抗辩原则的适用规则提出以下建议：

第一，应当只将被控侵权技术与现有技术进行比对，如果现有技术抗辩不成立，才进一步比对被控侵权技术与涉案专利技术，看是否成立相同侵权或者等同侵权。

第二，作为抗辩的现有技术应当是一项单独的技术方案，但是所属领域的普通技术人员认为相对于现有技术是显而易见的简单组合的技术方案也可作为现有技术抗辩的基础。

第三，在将被控侵权技术与现有技术进行对比时，应当就技术方案进行整体对比，而非针对个别技术特征进行对比，被控侵权人所援引的现有技术必须能够对应地覆盖被控侵权技术的所有技术特征。

第四，现有技术抗辩的对比标准应当是看被控侵权技术与现有技术相比是否无新颖性和明显无创造性。

参考文献

一、专著类

1. 尹新天:《专利权的保护》(第2版),知识产权出版社2005年版。

2. 闫文军:《专利权的保护范围: 权利要求解释和等同原则适用》,法律出版社2007年版。

3. 冯晓青:《知识产权法利益平衡理论》,中国政法大学出版社2006年版。

4. 程永顺:《中国专利诉讼》,知识产权出版社2005年版。

5. 王泽鉴:《法律思维与民法实例》,中国政法大学出版社2001年版。

6. 安建主编,全国人民代表大会常务委员会大法制工作委员会编:《中华人民共和国专利法释义》,法律出版社2009年版。

7. 中华人民共和国知识产权局制定:《专利审查指南》,知识产权出版社2010年版。

二、期刊类

1. 杨志敏:"专利侵权诉讼中'公知技术抗辩'适用之探讨——中、日、德三国判例、学说的比较研究",载《专利法研究》,知识产权出版社2002年版。

2. 顾韬:"论在先专利抗辩在专利侵权纠纷中的理解和适用——兼评在先专利与新颖性",载 http: // www. chinaiprlaw. cn/fle/i200602217094. html.

3. 高代飞:《公知技术抗辩研究》,中国政法大学2009年硕士学位论文。

4. 邢晓苏:《公知技术抗辩研究》,西南政法大学2006年硕士学位论文。

5. 谭莜清:"已有公知技术抗辩原则在专利侵权诉讼中的运用",载《人民司法》2002年第8期。

6. 张鹏、崔国振:"现有技术抗辩的对比方式和对比标准探析",载《知识产权》2009年第19卷总第109期。

7. 张小都:"现有技术抗辩的认定——以防伪铆钉实用新型专利侵权纠纷案为例",载《中国专利与商标》2007年第2期。

8. 吴玉和:"公知技术抗辩在中国司法实践中的运用和发展",载《中国专利与商标》2007年第3期。

9. 温旭:"自由公知技术抗辩在专利诉讼中的应用",载《知识产权》1997年第1期。

10. 须建楚、马晓都、朱丹、王静:《发明与实用新型专利侵权判定标准》,载《〈专利法〉及〈专利法实施细则〉第三次修改专题研究报告》,知识产权出版社2006年版。

11. 陈建民:《现有技术抗辩与专利权保护范围的确定》,载程永顺主编:《专利侵权判定实务》,法律出版社2002年版。

三、其他类

1. 北京市中级人民法院(1993)中经知初字第807号(一审),北京市高级人民法院(1995)高知终字第5号。

2. 北京市高级人民法院，（2008） 高民终字第 1165 号。
3. 黑龙江高级人民法院，（2008） 黑知终字第 36 号。
4. 苏省高级人民法院，（2005） 苏民三终字第 0086 号。
5. 北京市第一中级人民法院，（2002） 一中民初字第 3258 号。
6. 江苏省高级人民法院，（2004） 苏民三终字第 103 号。
7. 天津市第二中级人民法院（2000） 二中知初字第 23 号。
8. 最高人民法院（2001） 民三提字第 1 号。
9. 江苏省高级人民法院（2005） 苏民三终字第 0090 号。
10. 江苏省中级人民法院（2005） 宁民三初字第 55 号。
11. 北京市高级人民法院（2009） 高民终字第 731 号。
12. http：//news. sohu. com/20071102/n253028054. shtml.
13. http：//www. chinaiprlaw. cn/file/200602217095. html.

论利用影响力受贿罪的犯罪构成

严　生

摘　要

利用影响力受贿罪是《中华人民共和国刑法修正案(七)》新增的一个罪名，本罪顺应了当前反腐败形势的需要，弥补了贿赂犯罪法律的空缺，契合了我国业已参加的《联合国反腐败公约》的精神，为应对我国当前腐败的复杂化、隐蔽化的局势，深入、有效打击腐败提供了法律上的支持。因为法律出台不久，对本罪的探讨还缺乏司法案例的支撑，今后在司法适用中可能会出现的问题还无从知晓，本文仅试图就该罪犯罪构成问题做一探讨和界定，以期对司法实践中本罪的适用做一参考。

论文分为四个部分。

第一部分阐述《刑法》第388条之一的保护法益。该罪的保护法益是国家工作人员职务行为的廉洁性，其中以职务行为的不可收买性为基础，重心为职务行为的纯洁性或公正性。本章分别从受贿类犯罪体系上、与斡旋受贿罪的比较上、受贿罪的本质特征上、法律条文的文意上等方面来加以阐释。

第二部分利用影响力受贿罪的主体范围。本罪的主体是与国家工作人员关系密切的人。本章分别从内在的逻辑上厘清与近亲属、特定关系人的关系，从自身的身份属性来把握它的内涵，从以自身、请托人与被其利用的国家工作人员这三方为视角在横向上加以认定，同时认为本罪主体不限于非国家工作人员，国家工作人员也可能成为本罪主体。另就本罪的本质及考虑到该罪的立法原意及可操作性而言，本罪主体关系“密切”的限定无实质意义，应该取消。

第三部分本罪客观行为要素的分析。客观行为分别从利用影响力、为请托人谋取不正当利益、索取或者收受请托人财物、数额较大或具有其他较重情节的等方面加以阐释。其中通过分析行为方式及与《联合国反腐败公约》中影响力的比较来说明“利用影响力”；并重点从其定位、内涵、适用三方面来理解“为请托人谋取不正当利益”。

第四部分主观方面。从故意的意识和意志两方面略论，包括间接故意。

本文始终以服务法律实务为着眼点，参照当前对该问题的理论成果和理论争议，运用体系解释的方法、比较的方法、综合分析的方法及例证法力图从多角度不同层面来探讨本罪的构成要件，并在主体的探讨中，得出取消“密切”对主体的限制，符合本罪的本质及其立法原意的结论，从而对今后的立法提出参考建议。

引　言

2009年2月28日第十一届全国人民代表大会常务委员会第七次会议通过了《中华人民共和国刑法修正案（七）》，其中第13条规定：“国家工作人员的近亲属或者其他与该国家工作人员关系密切的人，通过该国家工作人员职务上的行为，或者利用该国家工作人员职权或者地位形成的便利条件，通过其他国家工作人员职务上的行为，为请托人谋取不正当利益，索取请托人财物或者收受请托人财物，数额较大或者有其他较重情节的，处3年以下有期徒刑或者拘役，并处罚金；数额巨大或者有其他严重情节的，处3年以上7年以下有期徒刑，并处罚金；数额特别巨大或者有其他特别严重情节的，处7年以上有期徒刑，并处罚金或者没收财产。”“离职的国家工作人员或者其近亲属以及其他与其关系密切的人，利用该离职的国家工作人员原职权或者地位形成的便利条件实施前款行为的，依照前款的规定定罪处罚。”2009年10月16日起施行的《最高人民法院、最高人民检察院关于执行〈中华人民共和国刑法〉确定罪名的补充规定（四）》中把该罪罪名确定为利用影响力受贿罪。

利用影响力受贿罪顺应了当前反腐败形势的需要，弥补了贿赂犯罪法律的空缺，契合了我国业已参加的《联合国反腐败公约》的精神，为应对我国当前腐败的复杂化、隐蔽化的局势，深入、有效打击腐败提供了法律上的支持。因为法律出台不久，对本罪的探讨还缺乏司法案例的支撑，今后在司法适用中可能会出现的问题还无从知晓，本文仅试图就该罪犯罪构成问题做一探讨和界定，以期对司法实践中本罪的适用做一参考。鉴于此，本文对于该罪对我国贿赂犯罪刑法理论的“突破”、给我国刑法体系造成的“冲击”不做探讨，且在对本罪犯罪构成要件的探讨中，把重点放在法益保护、主体及客观行为上。因为法益无论有没有构成要件之功能，它对一个罪的指导意义、解释意义是至关重大的，它反映的是犯罪的本质属性，对法益的理解与厘清自然首当其冲；而主体的扩大是该罪的最大特点，对主体的理解与准确界定自然成为重点；尽管本罪的客观要件与斡旋受贿罪的客观要件极为相似，但因为主体的变化必然会引起客观行为的相应变化，且在本罪的客观行为方面引入了“影响力”这一新的概念，自然对此作一阐释成为必须。

第一章 《刑法》第388条之一的保护法益

一、有关贿赂罪立法保护法益各种学说

“关于受贿罪的立法形式，一直存在两种立场：起源于罗马法的立场是，受贿罪的保护法益是职务行为的不可收买性。根据这一立场，不管公务员所实施的职务行为是否合法，只要他要求、约定或者收受与职务行为有关的不正当报酬，就构成受贿罪（以下简称不可收买性说）。起源于日耳曼法的立场是，受贿罪的保护法益是职务行为的纯洁性或公正性、职务行为的不可侵犯性。根据这一立场，只有当公务员实施违法或者不正当的职务行为，从而要求、约定或者收受不正当报酬时，才构成受贿罪（以下简称纯洁性说）。”[1] 以上述两种基本立场为核心，各国关于受贿类犯罪保护的法益出现了各种具体的观点与学说，如职务行为的不可收买性说、纯洁性说、信赖保护说、清廉说、公务行为的无报酬说、合并说等等。

---

〔1〕 张明楷：《法益初论》，中国政法大学出版社2003年版，第612页。

我国关于受贿罪立法保护法益[1]的通说是国家工作人员职务行为的廉洁性说[2]，笔者同意这一观点，并进一步认为这种廉洁性以职务行为的不可收买性为基础，同时考虑职务行为的纯洁性。而利用影响力受贿罪的保护法益是什么呢？

目前，我国对本罪之法益的研究很少，归纳起来主要有下面三种观点：第一种观点认为，利用影响力受贿罪的保护法益是国家工作人员职务活动的不可玷污性。“如果说前者（《刑法》第385条受贿罪和第388条斡旋受贿罪）是国家工作人员自己对自己所从事公务活动廉洁性的侵犯，那么后者则是非国家工作人员对国家工作人员公务活动廉洁性的侵犯，具有被动性。”[3]第二种观点认为，利用影响力受贿罪的保护法益是国家工作人员职务行为的正当性。[4]本罪的行为人是利用国家工作人员的职务行为或者是利用国家工作人员职权或地位形成的便利条件，去为请托人谋取不正当利益，使国家工作人员的职权受到损害，从而侵犯了公职人员职务行为的正当性。第三种观点是本条所要保护的是附随的廉洁性这一特殊法益。《刑法》对国家工作人员的近亲属或者其他与该国家工作人员关系密切的人加注了一种新型的义务，即“国家工作人员的近亲属或者其他与该国家工作人员关系密切的人附随于其特别身份的廉洁性义务”。[5]

上述第一种、第二种观点实际上是一致的，其本质是国家职务行为的纯洁性说；第三种观点附随的廉洁性的依据是因为本罪犯罪主体较多情况下是非国家工作人员，不具备国家工作人员的身份，故无法侵犯职务行为的廉洁性；又因为他与国家工作人员“关系密切”，具有较大的危害性，也间接侵犯了职务行为的廉洁性，所以解释为附随的廉洁性义务。该观点的不足在于：其一，没有把握利用影响力受贿罪法益的本质。本罪虽然表面上是非国家工作人员的非职务行为，但实质上是该非国家工作人员与国家工作人员“关系密切”，且利用自身对国家工作人员的影响力而最终作用于国家工作人员，并最终通过国家工作

---

〔1〕“法益，是指根据宪法的基本原则，由法所保护的、客观上可能受到侵害或者威胁的人的生活利益。其中由刑法所保护的人的生活利益，就是刑法上的法益。从受侵害的角度而言，法益被称为被害法益，即犯罪所侵害或者威胁的利益。从受保护的角度而言，法益被称为保护法益，即法所保护的法益，或者被称为保护客体。”张明楷：《刑法学》（第3版），法律出版社2007年版，第86页。

〔2〕阮齐林：《刑法学》，中国政法大学出版社2008年版，第793页；陈兴良：《口授刑法学》，中国人民大学出版社2007年版，第720页；高铭暄、马克昌、曲新久等教授都持这一观点，但表述上略有差异。

〔3〕杨书文：“试论影响力交易罪”，载《人民检察》2009年第9期。

〔4〕赵长青：“利用影响力受贿罪：从实际出发的要件设计”，载《检察日报》2009年12月4日。

〔5〕赵佳：《刑法第三百八十八条之一的构成要件分析》，中国政法大学2009年硕士学位论文。

人员的职务行为实施，最终也侵犯了职务行为的廉洁性。其二，从侵害职务行为的间接性来看，附随的廉洁性说也不无道理，但虽然国家工作人员的近亲属及其他与该国家工作人员关系密切的人、离职的国家工作人员及其近亲属以及其他与其关系密切的人与国家工作人员关系密切，但不能因此就给他们加注附随的廉洁性义务，这种附随的廉洁性义务也没有法律上的依据。

二、《刑法》第388条之一的保护法益是职务行为的廉洁性

（一）廉洁性的含义

廉洁，新华字典解释为“不损公肥私；不贪污”，百度词典解释为“谓不贪财货，立身清白。不受曰廉，不污曰洁”。可见，廉洁包含两层含义：其一，“不受曰廉”，意思是不贪财货，不受不正当之报酬，正体现了职务行为的不可收买性这一本质特征。其二，“不污曰洁”，具有纯洁之意，体现了职务行为的纯洁性或公正性。因此，廉洁性同时包含国家工作人员职务行为的不可收买性和职务行为的纯洁性或公正性。

（二）本罪法益为国家工作人员职务行为的廉洁性的理由

笔者认为利用影响力受贿罪并没有其特殊的法益，保护法益同样是国家工作人员职务行为的廉洁性。理由如下：其一，从体系上来看，本罪尽管是非国家工作人员犯罪，但它被安排在贪污贿赂的类罪之中，且是第388条（斡旋受贿罪）之一。所以，本罪的保护法益必然被包含在受贿类犯罪的保护法益之中。其二，从与斡旋受贿罪的比较来看，斡旋受贿罪与本罪是第388条的不同款，两罪除了主体不同以及因为主体不同引起的客观行为的细微差别之外，其他并无两异。“斡旋”和“利用影响力”只是角度不同并无实质差异，“斡旋”是从行为方式的角度，而“利用影响力”是从行为本质的角度来阐释。而斡旋受贿罪的法益是职务行为的廉洁性（当然与一般受贿罪相比，不仅要求侵犯职务行为的不可收买性，同时职务行为的纯洁性的侵犯也是其要素）。[1] 其三，从受贿罪的本质特征上来看，受贿罪的本质特征是权钱交易，这已成共识。所谓权钱交易，是指受贿方利用自己的职权索取或者收受贿赂，而行贿方通过贿赂从而达到利用对方手中的职权为自己谋取利益的目的。这种交易行为侵蚀了国家工作人员职务行为的廉洁性，损害了职务行为的不可收买性。本罪的特征显然也是权钱交易，即“利用影响力”而进行的权钱交易，只是更为间接而已。可见，利用影响力受贿罪不仅侵害了国家工作人员职务行为的纯洁性或公正性，同时也侵害了国家工作人员职务行为的不可收买性。其四，从法律条文及《刑

〔1〕 张明楷：《法益初论》，中国政法大学出版社2003年版，第630页。

法罪名四》的规定上来看，因为法益具有刑事政策的机能即指导刑事立法的机能，所以利用影响力受贿罪的立法应以本罪的法益内涵为指导，反过来，我们可以从对利用影响力受贿罪的立法即条文中推知法益的内涵，“国家工作人员的近亲属或者其他与该国家工作人员关系密切的人，通过该国家工作人员职务上的行为，或者利用该国家工作人员职权或者地位形成的便利条件，通过其他国家工作人员职务上的行为，为请托人谋取不正当利益，索取请托人财物或者收受请托人财物”、“离职的国家工作人员或者其近亲属以及其他与其关系密切的人，利用该离职的国家工作人员原职权或者地位形成的便利条件实施前款行为的，依照前款的规定定罪处罚”。可见，行为主体利用自己的影响力通过国家工作人员的职务上的行为，索取或者收受贿赂，从而间接并最终侵犯了职务行为的不可收买性。“为请托人谋取不正当的利益”自然是以国家工作人员实施违法或不正当的职务行为为前提，因为国家工作人员的职务行为必须依法行使，谋取的利益必然是正当合法利益，显然也侵犯了职务行为的纯洁性或正当性。最后，本罪的法益界定为国家工作人员职务行为的廉洁性，不仅涵盖了前述的第一、二种观点，较之更为全面，而且廉洁性一词更符合我国的语境和用语习惯。

因此，本罪的保护法益仍然是职务行为的廉洁性，是以职务行为的不可收买性为基础的，重心在职务行为的纯洁性或公正性上的廉洁性。

第二章　利用影响力受贿罪主体范围

一、《刑法》第388条之一确定的犯罪主体范围

传统受贿罪属于职务犯罪，其犯罪主体属于纯正的身份犯，即只有国家工作人员才能构成此罪的主体。而利用影响力受贿罪对受贿类犯罪主体的扩张，既顺应当前反腐形势的需要，成为《刑法修正案（七）》的一大亮点，又因为本罪主体突破传统刑法体系备受争议。

根据《刑法修正案（七）》第13条之规定，“国家工作人员的近亲属或者其他与该国家工作人员关系密切的人，通过该国家工作人员职务上的行为，或者利用该国家工作人员职权或者地位形成的便利条件，通过其他国家工作人员职务上的行为，为请托人谋取不正当利益，索取请托人财物或者收受请托人财物，数额较大或者有其他较重情节的，处3年以下有期徒刑或者拘役，并处罚金；数额巨大或者有其他严重情节的，处3年以上7年以下有期徒刑，并处罚金；数额特别巨大或者有其他特别严重情节的，处7年以上有期徒刑，并处罚金或者没收财产。”“离职的国家工作人员或者其近亲属以及其他与其关系密切的人，

利用该离职的国家工作人员原职权或者地位形成的便利条件实施前款行为的，依照前款的规定定罪处罚。”本罪具体包含五类主体：一是国家工作人员的近亲属；二是其他与该国家工作人员关系密切的人；三是离职的国家工作人员；四是离职的国家工作人员的近亲属；五是其他与离职的国家工作人员关系密切的人。以上这五类主体在本质上可归结为一类——与国家工作人员关系密切的人（以下简称关系密切的人）。

值得注意的一点是，《刑法修正案（七）》第13条第2款的规定，即“离职的国家工作人员或者其近亲属以及其他与其关系密切的人，利用该离职的国家工作人员原职权或者地位形成的便利条件实施前款行为的，依照前款的规定定罪处罚。”此款条文在性质上是一种提示性规定，“‘离职国家工作人员’和‘离职国家工作人员的近亲属’身份定位，应当是他们所利用的‘其他国家工作人员’的‘关系密切的人’”。“具体地说，离职国家工作人员和离职国家工作人员的近亲属在性质上都属于前款规定的‘其他与国家工作人员关系密切的人’。”〔1〕

国家工作人员能否成为本罪的主体呢？因为《刑法》第388条的斡旋受贿罪的主体限定为国家工作人员，所以对于本罪——《刑法》第388条之一的主体易被理解为非国家工作人员，但笔者认为本罪主体不限于非国家工作人员，国家工作人员符合条件的也可能成为本罪的主体。首先，尽管司法实践中国家工作人员的近亲属及其他与该国家工作人员关系密切的人绝大多数都是非国家工作人员，本罪的立法初衷也可能是为了规制这类非国家工作人员〔2〕，但无论是在关于《中华人民共和国刑法修正案（七）（草案）》的说明中，还是在《最高人民法院、最高人民检察院关于执行〈中华人民共和国刑法〉确定罪名的补

---

〔1〕于志刚：“‘关系人’受贿的定罪规则体系之思考”，载《人民检察》2009年第7期，第5页。

〔2〕关于《中华人民共和国刑法修正案（七）（草案）》的说明：“刑法第388条对国家工作人员利用本人职权或地位形成的便利条件，通过其他国家工作人员的职务行为为请托人谋取不正当利益，索取或收受请托人财物的犯罪作了规定。有些全国人大代表和有关部门提出，有些国家工作人员的配偶、子女等近亲属，以及其他与该国家工作人员关系密切的人，通过该国家工作人员职务上的行为，或者利用该国家工作人员职权或者地位形成的便利条件，通过其他国家工作人员职务上的行为，为请托人谋取不正当利益，自己从中索取或者收受财物。同时，一些已离职的国家工作人员，虽已不具有国家工作人员身份，但利用其在职时形成的影响力，通过其他国家工作人员的职务行为为请托人谋取不正当利益，自己从中索取或者收受财物。这类行为败坏党风、政风和社会风气，对情节较重的，也应作为犯罪追究刑事责任。”

充规定（四)》中[1]，都没有把国家工作人员的近亲属及其他与该国家工作人员关系密切的人限定为非国家工作人员；相反，国家工作人员的近亲属及其他与该国家工作人员关系密切的人完全有可能也具有国家工作人员的身份。其次，如果国家工作人员没有利用本人职权或地位形成的便利条件，通过其他国家工作人员的职务行为为请托人谋取不正当利益而受贿，而只是利用非本人的职务行为如亲情或其他密切的关系，为请托人谋取不正当利益而受贿，那么他（她）就不可能构成斡旋受贿罪。若把利用影响力受贿罪的犯罪主体限定为非国家工作人员，那么显然就有放纵国家工作人员之嫌，也违反“法律面前人人平等”的刑法基本原则。所以，国家工作人员如果利用的是非权力性影响力，那么也可能成为本罪的主体。

二、本罪主体“关系密切的人”实质要件的解释和认定

本罪行为主体“关系密切的人”这一概念内涵模糊，外延不确定，必然成为司法适用上的难题，“立法界、理论界和实务界对究竟如何认定关系密切的人尚无清晰的解决办法，立法机构有关人士在答记者问时，指出对关系密切人的认定有待于司法实践中进一步探索，将来以司法解释的形式加以明确”。[2] 显然，这一概念的界定只能有待于司法实践的进一步探索，但法律的生命在于运用，而运用的实践又急需理论的指导，但我们不能等到司法机关在司法实践中探索并以司法解释的形式明确后再指导实践。在此，笔者试图从以下三方面来对“关系密切的人”这一概念加以剖析，以期对本罪的适用做一参考。

（一）从内在的逻辑上厘清

从内在的逻辑上厘清近亲属、特定关系人、关系密切的人三者之间的关系，从而对犯罪主体“关系密切的人”初步定位。

“近亲属”、“特定关系人”、“关系密切的人”这三个概念分别先后出现在

---

〔1〕 最高人民法院、最高人民检察院《关于执行〈中华人民共和国刑法〉确定罪名的补充规定（四)》中指出，《刑法修正案（七)》第13条在刑法第388条后增加1条作为第388条之一，将国家工作人员的近亲属或者其他与该国家工作人员关系密切的人，通过该国家工作人员职务上的行为，或者利用该国家工作人员职权或者地位形成的便利条件，通过其他国家工作人员职务上的行为，为请托人谋取不正当利益，索取或者收受贿赂数额较大或者有其他较重情节的行为，以及离职的国家工作人员或者其近亲属以及其他与其关系密切的人，利用该离职的国家工作人员原职权或者地位形成的便利条件实施的索贿受贿行为，规定为犯罪。从罪状表述分析，行为人索取或者收受贿赂的行为都是围绕国家工作人员的职务或者职权、地位形成的便利条件，或者离职的国家工作人员原职权、地位形成的便利条件，本罪罪名可以对应《联合国反腐败公约》第18条规定的影响力交易犯罪，因此将本罪罪名确定为“利用影响力受贿罪。”

〔2〕 王明星：“关注《刑法修正案（七)》系列之五——斡旋型受贿罪新主体问题研究”，载《中国廉政网——中国纪检监察报》2009年4月23日。

有关司法解释和《刑法修正案（七）》中，用来表示国家工作人员的“关系人”。其中，“近亲属”概念出现在2003年11月13日最高人民法院《全国法院审理经济犯罪案件工作座谈会纪要》（以下简称《纪要》）中，“非国家工作人员与国家工作人员勾结伙同受贿的，应当以受贿罪的共犯追究刑事责任。非国家工作人员是否构成受贿罪共犯，取决于双方有无共同受贿的故意和行为，国家工作人员的近亲属向国家工作人员代为转达请托事项，收受请托人财物并告知该国家工作人员。或者国家工作人员明知其近亲属收受了他人财物，仍按照近亲属的要求利用职权为他人谋取利益的，对该国家工作人员应认定为受贿罪，其近亲属以受贿罪共犯论处；近亲属以外的其他人与国家工作人员通谋，由国家工作人员利用职务上的便利为请托人谋取利益，收受请托人财物后双方共同占有的，构成受贿罪共犯，国家工作人员利用职务上的便利为他人谋取利益，并指定他人将财物送给其他人构成犯罪的，应以受贿罪定罪处罚。”而“特定关系人”概念出现在2007年7月8日最高人民法院、最高人民检察院《关于办理受贿刑事案件适用法律若干问题的意见》（以下简称《意见》），第6条是关于特定关系人“挂名”领取薪酬问题的规定，“国家工作人员利用职务上的便利为请托人谋取利益，要求或者接受请托人以给特定关系人安排工作为名，使特定关系人不实际工作却获取所谓薪酬的，以受贿论处。”第7条是关于由特定关系人收受贿赂问题的规定，“国家工作人员利用职务上的便利为请托人谋取利益，授意请托人以本意见所列形式，将有关财物给予特定关系人的，以受贿论处。”“特定关系人与国家工作人员通谋，共同实施前款行为的，对特定关系人以受贿罪的共犯论处。特定关系人以外的其他人与国家工作人员通谋，由国家工作人员利用职务上的便利为请托人谋取利益，收受请托人财物后双方共同占有的，以受贿罪的共犯论处。”第11条是关于“特定关系人”的范围的规定，“本意见所称‘特定关系人’，是指与国家工作人员有近亲属、情妇（夫）以及其他共同利益关系的人”。“关系密切的人”首次出现在《刑法修正案（七）》第13条利用影响力受贿罪的规定中。

从以上的规定中可以看出，《意见》中的“特定关系人”包括三类：一是国家工作人员的近亲属；二是情妇（夫）；三是其他共同利益关系的人。利用影响力受贿罪中的“关系密切的人”包含的五类主体又可划分为两大类：国家工作人员的近亲属和其他关系密切的人。《纪要》中的“国家工作人员的近亲属”被《意见》中的“特定关系人”和利用影响力受贿罪中的“关系密切的人”所包容是非常清晰的。“特定关系人”中所含的“情妇（夫）”属生活用语，并非法律概念，难以准确定义，表述不一，如“情妇（夫）是指在经济上有赖于国家工作人员，国家工作人员以经济利益取悦其欢心，维系着他们之间的关系，他们为了共同的经济利益，其实质上与家属并无二致”[1]；“情妇（夫）是指行为人的配偶以外，长期保持有不正当关系的人”[2]，等等。但对于“情妇（夫）”属于利用影响力受贿罪中的“关系密切的人”并无争议。

“特定关系人”中的第三类主体“其他共同利益关系的人”是否能被“关系密切的人”中“其他关系密切的人”所包含，出现了两种不同的观点：一种观点认为，“‘其他共同利益关系的人’一般认为只限于具有经济利益关系的人，不包括老乡、同学、故友等只具有情感往来的人”。而《刑法修正案（七）》中的“其他关系密切的人”当然包括“其他共同利益关系的人”[3]；另一种观点认为，尽管“从实践的角度可以肯定的是，在相当多的案件中，共同利益关系也属于密切关系，或至少可以推定为属于密切关系”。但“在关系的程度方面，特定关系人的近亲属、情妇（夫）属于关系密切人的范畴，而其他共同利益关系是否可以归入关系密切的范围则有待权威解释”。[4] 因此，由于对“其他共同利益关系的人”与“其他关系密切的人”之间关系的不同理解，从而导致对“特定关系人”与“关系密切的人”之间关系的观点不同：前一种观点认为，“特定关系人”与“关系密切的人”是一种包容关系；后一种观点则认为，“二者既有相当范围的交叉，也具有少数独有的范畴”。“对‘特定关系人’主要从关系的性质上认定，属于侧重形式的认定。即使关系没有达到实质的密切程度，但只要符合相应特定身份关系或共同利益关系，就可以归入特定关系人的范畴。对‘关系密切的人’主要从关系的程度上认定，属于侧重实质的认定。至于关系的范围则不做具体的限制，但明确要求此种关系需要达到密切的程度方可。”[5]

正是由于“特定关系人”和“关系密切的人”均属规范性概念，且定义的角度又不同，才会导致对两者之间关系的理解不一。但对于“关系密切的人”的外延大于“特定关系人”的外延，上述两种观点是一致的，这也正是《刑法修正案（七）》采用“关系密切的人”的概念而没有沿用“特定关系人”概念的原因所在。

---

〔1〕 廖福田：《受贿罪纵览与探究——从理论积淀到实务前沿》，中国方正出版社2007年版，第540页。

〔2〕 陈正兵：“如何认定‘特定关系人’受贿”，载《检察日报》2007年8月17日。

〔3〕 于志刚：“‘关系人’受贿的定罪规则体系之思考”，载《人民检察》2009年第7期，第6页。

〔4〕 丁英华：“关注《刑法修正案（七）》系列之二——‘关系密切人’的范围：理解与适用”，载《中国廉政网——中国纪检监察报》2009年3月31日。

〔5〕 丁英华：“关注《刑法修正案（七）》系列之二——‘关系密切人’的范围：理解与适用”，载《中国廉政网——中国纪检监察报》2009年3月31日。

笔者赞同前一种观点，认为“关系密切的人”包容“特定关系人”，原因在于：其一，《刑法修正案（七）》中没有继续采用“特定关系人”的概念，宁愿牺牲刑法概念的统一性，显然是因为“特定关系人”概念的范围过窄，不足以涵盖本罪主体的外延，而需另外选用一个能广于并包含“特定关系人”概念的主体概念——“关系密切的人，来适应新形势下立法的需要”。其二，对“关系密切的人”关系是否“密切”的理解，不能仅从“密切”本身做割裂性的、孤立的理解，还需从“特定关系人”的视角来加以理解，即无需考虑“特定关系人”的这种“特定”的关系是否密切来界定他是否属于“关系密切的人”，而是反过来因其具有“特定”的关系，所以他属于“关系密切的人”。亦即特定关系人的“特定”这一属性是“关系密切的人”的“密切”的一个属性，只要行为人属于国家工作人员的“特定”关系的人，就足以认定他属于该国家工作人员关系“密切”的人。其三，也只有这样，才能清晰地认定三个概念之间的关系，不致引起三者之间的混乱，在一定程度上也有利于司法实践中对关系人受贿的准确适用。

厘清三者的关系只是理解和认定“关系密切的人”的一个前提条件，还需从关系密切的人自身的属性及与他者的关系为视角来揭示和理解这一概念。

（二）从关系密切的人的身份属性来把握

该主体的身份既具有人身依附性，又具有相对独立性，同时还具有中介性。[1] 首先，与国家工作人员关系密切的人之所以能为他人谋取不正当利益，索取或者收受他人财物，正是因为他（她）与国家工作人员具有“密切”的关系，借助由依附关系而产生的影响力来达到自己受贿的犯罪目的；也正由于其具有的人身依附性，其行为才会间接并最终侵犯国家工作人员职务行为的廉洁性。其次，利用影响力受贿罪的立法初衷是规制关系人与国家工作人员没有同谋，不构成受贿罪共犯的条件下关系人的受贿问题，关系密切的人单独成为本罪的行为主体，可见该关系密切的人身份的相对独立性。最后，本罪的行为主体成了行贿者与国家工作人员的桥梁，也是使本罪的保护法益最终得以侵犯的中介。把握关系密切的人上述的三个身份属性，对深入理解和把握该主体的内涵大有裨益。

（三）从请托人、关系密切的人、被其利用的国家工作人员三方的关系方面来认定

“关系人”本身就是一个联系的概念，对该概念的把握必然要有联系的视

---

〔1〕 王明星：“关注《刑法修正案（七）》系列之五——斡旋型受贿罪新主体问题研究”，载《中国廉政网——中国纪检监察报》2009 年 4 月 23 日。

角。在纵向上，“密切”是对关系人的程度要求和限定；在横向上，若不存在能被利用的国家工作人员，就无所谓“关系密切的人”这一犯罪主体；另外，若请托人对本罪主体与国家工作人员的密切关系没有认识，也很难想象请托人会有行贿动机，本罪也难以发生。因此，对本罪主体“关系密切的人”的把握必然要从自身及他的两极——请托人与被利用的国家工作人员三个方面来进行。

从本罪主体自身方面，该主体对其与被其利用的国家工作人员的“密切关系”有足够的认识，并自认为因为此关系对该国家工作人员有足够的影响力从而有可能完成请托事项；对于该国家工作人员，他也认同与本罪主体的“密切关系”，并因为该“密切关系”才得以为请托人谋取不正当利益；对于请托人，正是因为其认识到本罪主体与国家工作人员的“密切关系”，才会请托本罪主体为其谋取不正当利益，才会授之贿赂。

“关系密切的人”这一主体概念既有客观的表现形式，也有情感的、心理的主观因素，只有从以上三者不同的视角来对此加以认定，才能较为全面地把握这一概念。

三、建议取消对本罪主体的限定

笔者对“关系密切的人”的大胆假想：取消关系“密切”对本罪主体的限定，使本罪主体为关系人，成为一般主体。

本罪的主体限定为“关系密切的人”，其立法本意既是对国家工作人员的“身边人”利用对该国家工作人员的影响力收受贿赂，败坏党风政纪，违法犯罪的现象的一种回应，是有效打击腐败，加强廉政建设的必然之举，同时也是贯彻宽严相济的刑事政策，防止打击面过宽的一种考虑。那么，笔者又为何大胆主张取消“关系密切”对主体的限制呢？理由如下：

首先，是因为该概念的内在缺陷。如前文所述，“关系密切的人”概念模糊，立法界、理论界、实务界都对此难以认定，“一方面，《刑法修正案（七）》将‘关系密切的人’这样具有巨大解释余地和空间的术语写入刑法中，容易导致犯罪圈的弹性过大，轻易出入人罪。另一方面，即使如此，该主体仍然无法涵盖司法实践中非国家工作人员受贿的所有情形”。[1] 这一内在的矛盾显然不能实现立法本意。

其次，从刑事政策的角度来看，我国的刑事政策是宽严相济，但宽严相济并非是一种宽和严的折中，而是有宽有严。十七届四中全会指出，坚决反对腐败，是党必须始终抓好的重大政治任务。必须充分认识反腐败斗争的长期性、

---

〔1〕 于志刚：“刑法修正案（七）出台后受贿犯罪罪名体系的调整”，载《检察日报》2009 年4 月3 日。

复杂性、艰巨性，把反腐倡廉建设放在更加突出的位置。从司法解释（《纪要》不是严格意义上的司法解释，但它在司法实践中的指导作用是显而易见的）到《刑法修正案》，关系人的概念由近亲属、特定关系人到关系密切的人，这一系列概念外延不断扩大的趋势表明我国立法对受贿类犯罪主体的不断扩大，预示着对该类犯罪打击的从严要求。因此，取消主体限制，把主体变为关系人这一一般主体符合刑事政策，也符合严厉打击腐败的价值取向。

再者，从法益的本质及其指导立法的功能来看。利用影响力受贿罪的保护法益是国家工作人员职务行为的廉洁性，而“密切关系人”以外的人利用对国家工作人员的影响力（倘若他有足够的影响力的话），通过该国家工作人员的行为，索取或者收受贿赂，为他人谋取不正当利益，这种行为对法益的侵犯程度与关系密切的人实施该行为对法益的侵犯程度几无二致。而法益所具有的指导立法的功能也要求还原该罪的主体为关系人，这也符合法律平等、公平的理念。

另外，本罪的实质在于行为人利用所具有的影响力受贿，对特殊主体的规定实际上是为了说明影响力的有无。[1] 司法实践中，确实犯本罪的都是些与国家工作人员具有密切关系的人，但一个人犯本罪，不是因为他（她）具有了“关系密切的人”的身份，而是因为他（她）具有对国家工作人员的影响力、并利用了该影响力为请托人谋取不正当利益索取或收受贿赂；而不是相反，否则便有因果倒置、舍本求末之嫌。

实际上，主体为关系人不会随意扩大本罪惩罚的范围，违背刑法应有的谦抑性。因为“影响力”这一行为的本质就已经限定了本罪的惩处范围，更具有可操作性，避免把有限的司法资源耗费在证明行为人是否有密切的关系上。这既契合本罪的立法原意——既针对现实需要有效打击腐败，又贯彻宽严相济的政策，避免打击面过宽，同时又与《联合国反腐败公约》的精神相符合。其他许多国家如新加坡、法国、西班牙等国对影响力交易犯罪主体的规定也没有这一限制。[2]

---

〔1〕 赵秉志主编：《刑法修正案最新理解适用》，中国法制出版社2009年版，第206页。

〔2〕 新加坡《防止贿赂法》规定，利用影响力受贿罪是指“非公务员为自己或他人从别人处收受或索取，或者同意收受或着手索取任何酬劳作为诱因或报酬并运用个人影响力诱使公务员为或不为某事的行为”。《法国刑法典》中规定，“任何人直接或间接索要或同意奉送、许诺、赠礼、馈赠或其他任何好处，以滥用其实际或设定的影响，企图从权力机关或公共行政部门获得区别于他人的礼遇……”

第三章　本罪的客观行为要素的分析

一、利用影响力

影响力是指一个人在与他人交往的过程中，影响或改变他人心理或行为的一种能力。[1] 影响力根据是否与权力有关分为权力性影响力和非权力性影响力，显然本罪中的主体是非国家工作人员及非以本人的职务行为的国家工作人员，不具有职权或非利用自己的职权，其影响力属于非权力性影响力。影响力又根据起作用的方式不同分为直接影响力和间接影响力，本罪中的行为方式有三种：其一，通过该国家工作人员职务上的行为……；其二，利用该国家工作人员职权或者地位形成的便利条件，通过其他国家工作人员职务上的行为……；其三，利用该离职的国家工作人员原职权或地位形成的便利条件，通过其他国家工作人员职务上的行为……其中，第一种属于利用直接影响力，第二、三种属于利用间接影响力。但无论哪种影响力，最终都作用于国家工作人员，通过国家工作人员职务上的行为为请托人谋取不正当利益，从而最终利用对国家工作人员的影响力实现自己索取或者收受贿赂的犯罪目的，也间接并最终侵害了本罪的法益——国家工作人员职务行为的廉洁性，从而具有可罚性。

与《公约》影响力交易罪中的影响力相比，显然本罪的影响力的外延要小：《公约》中的影响力包括实际的影响力、被认为具有的影响力，包含权力性影响力和非权力性影响力；本罪中的影响力只属于非权力性影响力，且本罪中影响力外延的界定是通过对主体的确定来实现的。另，《公约》中对利用影响力而采取的行为方式没有限定，而本罪中对利用影响力规定只能采取上述的三种行为方式。

二、为请托人谋取不正当利益

（一）“为请托人谋取不正当利益”之定位

在受贿罪中，“为他人谋取利益”是主观要件（主观要件说）还是客观要件要素（客观要件说），抑或应该取消（非要件说）争论已久。主观要件说认为，“为他人谋取利益是一种‘超过的主观要素’，即只要行为人在收受财物时主观上具有这一目的，即使这一目的没有付诸实施也构成受贿”。[2] 但不仅在刑法的表述上不能直接断定“为他人谋取利益”是否是主观要件，而且主观要件说

---

〔1〕 李德明：“非正式组织和非权力性影响力”，载《中国行政管理》1997年第9期。

〔2〕 陈兴良：《口授刑法学》，中国人民大学出版社2007年版，第726页。

还会不当缩小受贿罪惩处的范围，因为行为人没有这一目的或虚假承诺为他人谋取利益而收受贿赂的，就难以受到法律的制裁；更为重要的是，对于行为人来说，他犯本罪的目的是收受贿赂，“为他人谋取利益”只是实现他收取贿赂的手段而已，因此，把“为他人谋取利益”看作是主观要件，有颠倒因果关系之嫌。客观要件说认为，“应当把为他人谋取利益与收受贿赂联系起来掌握。为他人谋取利益，表明在给予财物与收受财物的过程中授受双方实际上进行着权钱交易。对收受贿赂者而言，其首先当然地认识到行贿者的谋利需要，同时，收受贿赂的行为本身意味着承诺并实际利用职务上的便利为他人谋取利益。只有当收受贿赂的行为具有这样的特征时才显现出权钱交易的性质。因此，把此当做客观要件较为合理”。[1]“其内容的最低要求是许诺为他人谋取利益”。[2]

笔者赞同客观要件说，因为：其一，结合斡旋受贿罪、利用影响力受贿罪的刑法条文的表述上看，“…通过其他国家工作人员职务上的行为，为请托人谋取不正当利益，索取请托人财物或者收受…”显然属于客观要件要素；有关司法解释也印证了这一点。[3] 其二，“为他人谋取利益”固然存在种种缺陷，如“国家工作人员只要收受了他人的财物，就侵害了其职务的廉洁性，理应构成受贿罪，其是否为他人谋取利益在所不问”。司法实践中，“一方面，行贿人没有明确请托国家工作人员为其谋取利益，这就是所谓‘放长线钓大鱼’‘感情投资’，不惜重金拉拢收买某些国家工作人员，其目的只是在于建立感情，为将来请托受贿人为其谋利创造条件。另一方面，受贿人对行贿人的红包来者不拒，因为他们有法律空子可钻，只要不为其谋取利益，就不构成犯罪”。[4] 不符合《联合国反腐败公约》的精神及国际立法潮流。[5] 但这些缺陷只能说明该要件存在的不科学性、不必要性，却不能否认它是客观要件要素。

如上所述，正因为“为他人谋取利益”作为构成要件要素存在难以回避的缺陷，所以很多人主张取消说，“要解决上述矛盾必须要着眼于这一规定的本

---

〔1〕 阮齐林：《刑法学》，中国政法大学出版社 2008 年版，第 794 页。

〔2〕 张明楷：《刑法学》（第 3 版），法律出版社 2008 年版，第 878 页。

〔3〕《纪要》规定：为他人谋取利益包括承诺、实施和实现三个阶段的行为。只要具有其中一个阶段的行为，如国家工作人员收受他人财物时，根据他人提出的具体请托事项，承诺为他人谋取利益的，就具备了为他人谋取利益的要件。明知他人有具体请托事项而收受其财物的，视为承诺为他人谋取利益。

〔4〕 赵秉志主编：《中国刑法典型案例研究》第 5 卷《贪污贿赂与渎职研究》，北京大学出版社 2008 年版，第 133 页。

〔5〕 熊永明、胡祥福：“受贿罪若干问题新界说”，载《中国刑法学年会文集（2004 年度）》第 2 卷，中国公安大学出版社 2004 年版，第 81 页。

身，在受贿罪中取消这一要件才是根本出路”。[1]

对于受贿罪中有关“为他人谋取利益”的定位直接影响利用影响力受贿罪中“为受托人谋取不正当利益”的准确定位。鉴于上面的论述，得到“为受托人谋取不正当利益”属于客观要件要素当属必然的结论，至于取消说只是应然层面的对立法的一种建议。其实“为请托人谋取不正当利益”是作为定罪的客观要件要素还是作为量刑的情节加以考量最根本的是取决于一国的刑事政策，反映的是《刑法》的保护机能和保障机能的权衡与博弈。我国1997年修改《刑法》时把“为他人谋取利益”加入刑法条文，并在《刑法》第388条中把“为请托人谋取不正当利益”作为斡旋受贿罪的构成要件，很显然立法上是为了限缩惩罚的范围，强调刑法的保障机能。而在司法实践中，把“为他人谋取利益”的行为解释为“不管利益是否谋取到，也不管谋取的利益正当与否，都不影响受贿罪的成立”，“为他人谋取利益的行为包括承诺、实施和实现三个阶段的行为”，从而把谋取利益的行为提前到承诺这个阶段，同时承诺还包括暗示的承诺，即明知他人有具体请托事项而收受其财物的，视为承诺为他人谋取利益。足以看出，司法上通过在不违背罪刑法定原则的前提下通过对谋利的扩张解释来努力扩大受贿罪惩罚的范围，彰显《刑法》的保护机能，从而适应现实中反腐斗争的需要。

（二）“为请托人谋取不正当利益”的理解

隔开受贿罪中“为他人谋取利益”要件的存废之争，由于在利用影响力受贿罪中，尽管行为人同样侵害了国家工作人员职务行为的廉洁性，但毕竟较之受贿罪，本罪侵害的法益较为间接，针对的行为主体又多是非国家工作人员，故对本罪设置了更为严格的限制条件，要求“为请托人谋取不正当利益”，符合罪刑相适应的《刑法》原则，同时也符合《联合国反腐败公约》的精神。[2] 所以，在罪刑法定原则的制约下，对“为请托人谋取不正当利益”的准确理解进而准确适用它至关重要。笔者试图从以下三个方面来把握这一要件：

1. “不正当利益”的理解点

对于“不正当利益”要件决不能做孤立的字面上的理解，否则就会如有学者所说的，“这种立法给人们传递的信息并不是刑法要禁止利用职务上的便利收受贿赂的行为即受贿行为本身，而只是禁止收受了贿赂之后为他人谋取利益的

---

〔1〕赵秉志、赵辉：“龚建平受贿案的法理研究”，载《刑事法判解研究》，人民法院出版社2005年版，第337页。

〔2〕《联合国反腐败公约》第15条受贿罪中没有规定类似为他人谋取利益的要件，但在第18条影响力交易犯罪中却规定了要求行为人为请托人谋取“任何不正当好处”的要件。

行为”。[1] 因此，要把该要件要素与本罪中其他客观要件要素联系起来这样理解：“应当把为他人谋取利益与收受贿赂联系起来掌握”[2]，为他人谋取利益（当然包括不正当利益）“显然是基于国家工作人员的职务行为，旨在说明国家工作人员收受的财物与其职务行为之间具有对价关系”，[3] 同时不正当性表明对法益侵害的加重——不仅侵犯了职务行为的不可收买性，并且侵犯了职务行为的公正性。

2. “不正当利益”的内涵

对于“不正当利益”的内涵，理解不一，概括起来主要有：其一，不正当利益是指根据法律、法规和有关政策不应当得到的利益，利益的正当与否取决于其性质本身，而不决定于取得利益的手段。[4] 依照这一观点，不正当利益实质上就是指非法利益。其二，不正当利益指非法利益以及不正当手段谋取的利益。[5] 其三，不正当利益包括非法利益和不法手段谋取的不确定的合法利益。[6] 其四，不应以谋取不正当利益为限制条件，而应以要求受贿罪违背职务为其谋利为限制条件。[7]

从上面的各种观点中可以形成以下争点：其一，对于不正当利益是以自身为角度还是跳出来从是否违背职务为其谋利为视角？其二，若以自身为角度来理解，不正当利益是只取决于其性质本身（利益本身的不正当）还是同时包括程序或手段的不正当（手段违法）？其三，若包含手段违法，那么是所有手段违法的利益（包括确定的合法利益）都属不正当利益，还是仅指手段违法的不确定利益？其四，手段违法是否包含行贿、受贿的行为本身？

要对上面的争点一一作出全面的回答实属不易，因而对不正当利益的区分变得很困难，必然影响司法实践中对该要件的适用。笔者认为，要在不违反罪刑法定原则的前提下，发挥法益对构成要件的解释论机能，通过考察刑法条文可能具有的含义来对上述争点作出回答从而尽可能地界定不正当利益的内涵。1999 年最高人民法院、最高人民检察院在《关于在办理受贿犯罪大要案的同时要严肃查处严重行贿犯罪的通知》（以下简称《通知》）中规定，谋取不正当利

---

[1] 阮齐林：《刑法学》，中国政法大学出版社 2008 年版，第 794 页。

[2] 阮齐林：《刑法学》，中国政法大学出版社 2008 年版，第 794 页。

[3] 张明楷：“论受贿罪中的‘为他人谋取利益’”，载《政法论坛》2004 年第 5 期，第 146 页。

[4] 陈忠林主编：《刑法分论》，高等教育出版社 2007 年版，第 345 页。

[5] 朱孝清：“斡旋受贿的几个问题”，载《法学研究》2005 年第 3 期，第 80 页。

[6] 赵秉志、赵辉：“龚建平受贿罪的法理研究”，载《刑事法判解研究》，人民法院出版社 2005 年版。

[7] 陈兴良：《当代中国刑法新理念》，中国人民大学出版社 2007 年版，第 867 页。

益是指谋取违反法律、法规、国家政策和国务院各部门规章规定的利益，以及要求国家工作人员或者有关单位提供违反法律、法规、国家政策和国务院各部门规章规定的帮助或者方便条件。[1] 根据该解释，不正当利益以是否违法（亦即是否违背职务）为视角从利益的性质本身及谋取利益的手段不正当两个方面来理解，即不正当利益应该包括利益本身的不正当（不应当利益或非法利益）和手段违法的利益。又根据后者"要求国家工作人员或者有关单位提供违反法律、法规、国家政策和国务院各部门规章规定的帮助或者方便条件"文意的理解，手段违法应不包含行贿、受贿的行为本身；况且，若仅以行贿人通过行贿而谋取的利益或行为人因为受贿为他人谋取的利益都被界定为不正当利益，那么利用影响力受贿罪中设置"为请托人谋取不正当利益"的限制条件就失去了意义，因为在这个意义上，很难有正当利益可言。但如果行为人收受请托人贿赂，利用对国家工作人员影响力，通过该国家工作人员为行贿人谋取了不确定的利益[2]，而该国家工作人员又没有违背职务，该行为显然具有危害性，若不按利用影响力受贿罪惩处，是不是有放纵犯罪之嫌呢？笔者认为，倘若国家工作人员行使自由裁量权时受到收受贿赂的行为人的影响为行贿人谋取了不确定的利益，自然违反了获取该不确定利益的相关规定，行为人也就构成本罪；反之，则行为人不构成本罪。尽管该行为也具有一定的社会危害性，但因为本罪保护的法益不仅保护职务行为的不可收买性，同时更重要的是保护职务行为的公正性，又因为根据罪刑法定原则，只有谋取的是不正当的利益才能定此罪，所以，尽管该行为具有一定的危害性，却不构成此罪。

另外一方面，若为行贿人谋取的是确定、合法的利益，但国家工作人员的手段违法又是否入罪呢？例：A公司欠B一百万元合法债务，到期不还，B向某局长的儿子C行贿十万元，C通过其父某局长让A公司还钱，A公司经费不足，某局长指示A公司挪用扶贫资金来还给B一百万。笔者认为，在这种情况下，尽管其谋取的利益本身确定合法，但因为手段违法，同样应认定为不正当的利益。

综上，不正当利益应该包括非法利益和非法手段取得的利益，非法手段不包含行贿、受贿行为本身，非法手段取得的利益不仅仅指非法手段取得的不确定的合法利益，也包括非法手段谋取的一切利益。

---

〔1〕 最高人民检察院《关于人民检察院直接受理立案侦查案件立案标准的规定（试行）》（以下简称《规定》）中也有相同规定。

〔2〕 不确定的利益是指其本身并不违反法律、法规及相关政策的规定，但究竟能否取得，取得多少则不确定，经常表现为竞争性，这也使得行使这项职责的国家工作人员具有很大的自由裁量权。

3. “不正当利益”的法律适用

对于不正当利益的解释，上述《通知》中已作出规定，但2008年12月20日最高人民法院、最高人民检察院在《关于办理商业贿赂刑事案件适用法律问题的意见》（以下简称《商业贿赂意见》）中对“不正当利益”又作了相对扩大的规定，即“‘谋取不正当利益’，是指行贿人谋取违反法律、法规、规章或者政策规定的利益，或者要求对方违反法律、法规、规章、政策、行业规范的规定提供帮助或者方便条件。”可见，《商业贿赂意见》将原《通知》中关于“国家政策和国务院各部门规章”扩大为“政策和规章”，意味着违法的依据增加了地方政策和地方政府规章；同时，在为请托人谋取利益的手段的不正当方面的判断依据还增加了行业规范，当然，本处行业规范是指根据法律授权或者依职责制定的行业规范。那么对于“不正当利益”该如何适用呢？是分别适用（即在商业贿赂领域，适用《商业贿赂意见》，在非商业领域，适用《通知》中关于不正当利益的解释），还是适用在后的司法解释（即统一适用《商业贿赂意见》的规定）？

笔者认为，应该统一适用后者的规定，因为：其一，尽管后者是针对商业贿赂提出来的，但商业贿赂犯罪“并非刑法规定的独立罪名或类罪名，而是对与商业活动有关的犯罪活动的统称。商业活动既包括平等主体之间的商业交易活动，也包括行政管理人对相对人的商业管理活动。理解和认识我国的商业贿赂犯罪，必须立足于我国商业贿赂犯罪的现状、司法实践的客观需要及专项治理工作的目标要求。商业贿赂虽然发生在商业、贸易和投资等领域，但是与整个社会的现状，尤其是与政府部门的廉政程度紧密联系的”。[1] 可见，商业贿赂犯罪不仅不是个罪也不是类罪名，而且显然进行了扩大的解释——是与整个社会的现状特别是与国家工作人员职务行为的廉洁性密切联系的。因此，侵犯国家工作人员职务行为廉洁性的利用影响力受贿罪自然也被包含在其中。但问题是《商业贿赂意见》出台在《刑法修正案（七）》之前，自然没有把本罪包含进去，那么，本罪适用《商业贿赂意见》是否有违罪刑法定原则呢？笔者认为是否定的，《商业贿赂意见》的第1条规定“商业贿赂犯罪涉及刑法规定的以下八种罪名”只是对商业贿赂犯罪的一种提示性列举，而并非穷尽性列举，这只是对有些学者认为的“商业贿赂犯罪仅指刑法第163条、第164条规定的非

---

〔1〕 逄锦温：“《关于办理商业贿赂刑事案件适用法律若干问题的意见》的理解与适用”，载《刑事审判参考》（总第66集），法律出版社2009年版，第68页。

国家工作人员受贿罪、对非国家工作人员行贿罪”[1]这种理解误区的一种修正。所以，利用影响力受贿罪只要在实质上属于商业贿赂犯罪的范畴，就应该适用《商业贿赂意见》的规定。其二，从“不正当利益”含义扩大的背景中，我们也能窥见其初衷，“由于社会背景的原因，该《通知》所规定的‘不正当利益’的范围相对较窄，随着经济社会的发展，也不能全面反映有关领域中的现实情况，有些谋取与《通知》规定的利益本质相同，同样具有不正当利益的行为不能得到正确的认定和处理，实践中对此反应比较强烈。为适应惩治贿赂犯罪的客观需要，有必要对不正当利益的范围做适当的调整。”这种对“不正当利益”含义的调整当然对后来《刑法修正案（七）》中的利用影响力受贿罪要件的理解起着指导作用。

三、索取请托人财物或者收受请托人财物，数额较大或者有其他较重情节的

因为本罪的行为主体毕竟不是利用本人职务行为（包含利用职权或地位形成的便利条件）的国家工作人员，对法益的侵害也极为间接，所以立法对本罪的构成要件限制极为严格，不仅要求谋取的利益限定为“不正当利益”，同时与受贿罪相比还作出其他更为严格的限定，体现在以上构成要件要素中。具体表现在：其一，索取请托人财物同样要求以谋取不正当利益为要件，这一点是与斡旋受贿罪的要求是一致的；其二，还有数额较大或者其他较重情节的限制；其三，为请托人谋取不正当利益、索取或者收受请托人财物、数额较大或者具有其他较重情节的这三要素同时具备，才达到构成此罪的起刑点，充分体现了宽严相济的刑事政策和罪刑相适应的刑法原则。另外，本罪的最高刑限制在有期徒刑之内。

有学者认为，“具有其他较重情节”中的“较重”用语不规范，因为“较重”文意上可理解为比较严重、较为严重，它与“严重情节”究竟孰轻孰重，容易产生歧义。根据法律的规定，“数额较大或者有其他较重情节的，处3年以下有期徒刑或者拘役，并处罚金；数额巨大或者有其他严重情节的，处3年以上7年以下有期徒刑，并处罚金；数额特别巨大或者有其他特别严重情节的，处7年以上有期徒刑，并处罚金或者没收财产。”本罪分为三个量刑情节，且由轻到重，从体系解释上来看，显然能得出“较重”比“严重”轻。但“较重”到底有多重的尺度难以把握，且根据刑法理论，只有社会危害性达到严重的程度才构成犯罪，而此处“较重”还没有达到“严重”的程度，有何以构成犯罪

---

[1] 逄锦温：“《关于办理商业贿赂刑事案件适用法律若干问题的意见》的理解与适用”，载《刑事审判参考》（总第66集），法律出版社2009年版，第67页。

呢？从这个意义上来讲，此用语确有模糊之处，要对此作以准确理解，还有待于相关的司法解释。

第四章 本罪的主观构成要件

主观构成要件，是指刑法规定成立犯罪必须具备的表明行为的非难可能性的要件。[1] 利用影响力受贿罪的主观构成要件是故意，即行为人明知通过国家工作人员职务上的行为或者利用该国家工作人员职权或者地位形成的便利条件，通过其他国家工作人员职务上的行为，或利用该离职的国家工作人员原职权或者地位形成的便利条件为请托人谋取不正当利益，索取请托人财物或者收受请托人财物的行为会引发危害国家工作人员职务行为的廉洁性的结果，并希望或放任这种结果的发生。

从意识方面来看，包括三个方面：其一，行为人主观上具有索取或者收受贿赂的意思；其二，行为人认识到索取或收受的贿赂是利用自己对国家工作人员的影响力并通过国家工作人员的职务行为为请托人谋取不正当利益的不正当报酬，即索取或收受的贿赂与行为人利用影响力的行为的关联性；其三，行为人认识到为请托人谋取的是不正当利益。从意志方面来看，行为人希望或放任上述结果的发生，即对危害国家工作人员职务行为的廉洁性的结果持希望或放任态度。

需要强调的是，因为本罪侵害的法益是职务行为的廉洁性，所以本罪的主观要件是受贿行为本身对职务行为廉洁性的侵害的认识及希望或放任的态度，而并非是对为请托人谋取的不正当利益而造成严重危害结果的认识及希望或者放任的态度。

有学者认为，受贿罪的主观要件只能由直接故意构成，而不能由间接故意构成。[2] 在这里姑且不讨论受贿罪的主观构成要件问题，但笔者认为，利用影响力受贿罪主观构成要件中的故意包含直接故意和间接故意，因为：首先，刑法条文没有排除间接故意。且当人们说某种犯罪只能由直接故意构成时，只能根据有限事实所作的归纳，并非法律的规定。[3] 其次，本罪保护的法益是职务行为的廉洁性，这里的廉洁性是以职务行为的不可收买性为基础，而重心应在

---

〔1〕 张明楷：《刑法学》（第3版），法律出版社2007年版，第203页。

〔2〕 孟庆华：《贪污贿赂罪重点疑点难点问题判解研究》，人民法院出版社2005年版，第290页。

〔3〕 张明楷：《刑法学》（第3版），法律出版社2007年版，第221页。

职务行为的纯洁性或公正性。实践中，行为人利用影响力索取或收受贿赂为请托人谋取不正当利益，特别是在谋取的利益本身是正当的而只是手段不正当的情况下，又因为行为人不是直接为请托人谋取该利益，而是通过国家工作人员为其谋取不正当利益，所以对于国家工作人员谋取该利益是通过正当手段还是违法手段是持放任心态的，无论怎样都符合行为人的心态，故对是否侵害职务行为的公正性，行为人是持放任态度的。

结论

综上所述，利用影响力受贿罪没有特殊的法益，它的法益仍然是国家工作人员职务行为的廉洁性，职务行为的廉洁性说与职务行为的不可收买性说具有内在的统一性，且“廉洁”一词还蕴含“纯洁、公正”之义，从而涵盖不可收买性说及纯洁性说，使用“廉洁性”符合我国的语境和用语习惯。只不过本罪法益的廉洁性是以不可收买性为基础，以职务行为的纯洁性或公正性为重心所在，只不过行为人对本罪的法益侵害更为间接。本罪主体可总括为“关系密切的人”，该概念内涵模糊，外延难以界定，既具有客观形式，又具有情感、心理等主观特点，只能从与特定关系人的比较中、从对“关系密切的人”的身份属性的分析中、从与请托人、被其利用的国家工作人员的关系中来加以厘清；本罪的主体不排斥国家工作人员，非以本人职务行为的国家工作人员也可能成为本罪的主体。但在对该概念的分析过程中，笔者发现该概念本身存在内在的缺陷，且对本罪主体的界定最终还要回到是否具有并利用“影响力”的本质上来，对主体关系是否密切的界定最终是为了说明影响力的有无，从而得出对本罪主体的限定无实质意义，反而舍本求末、增加追究犯罪的成本、成为打击犯罪的障碍，削减立法的效果的结论。因此，笔者大胆建议取消对本罪主体的关系“密切”的限制，使其成为一般主体。对于本罪的客观构成要件，利用的“影响力”属于非权力性影响力，包含直接影响力和间接影响力；“为请托人谋取不正当利益”的理解与界定在斡旋受贿罪中早已展开过充分的讨论，但考虑到该要件要素对于本罪界定的重要性，本文仍从其定位、内涵、适用三个方面来加以阐述，并结合相关司法解释得出该要件要素属于客观要件要素，包括非法利益和非法手段取得的利益，非法手段不包含行贿、受贿行为本身，非法手段取得的利益不仅仅指非法手段取得的不确定的合法利益，也包括非法手段谋取的一切利益。对该要件要素的理解应依据最新的司法解释《商业贿赂意见》中的规定来界定。本罪的主观方面包含间接故意，因与受贿类犯罪并无不同之处，因此略加述之。

参考文献

一、专著类：

1. 张明楷：《法益初论》，中国政法大学出版社2003年版。

2. 阮齐林：《刑法学》，中国政法大学出版社2008年版。

3. 曲新久：《刑法学》，中国政法大学出版社2009年版。

4. 陈兴良：《口授刑法学》，中国人民大学出版社2007年版。

5. 廖福田：《受贿罪纵览与探究——从理论积淀到实务前沿》，中国方正出版社2007年版。

6. 赵秉志主编：《刑法修正案最新理解适用》，中国法制出版社2009年版。

7. 赵秉志主编：《中国刑法典型案例研究》第五卷《贪污贿赂与渎职研究》，北京大学出版社2008年版。

8. 陈忠林主编：《刑法分论》，高等教育出版社2007年版。

9. 陈兴良：《当代中国刑法新理念》，中国人民大学出版社2007年版。

10. 孟庆华：《贪污贿赂罪重点疑点难点问题判解研究》，人民法院出版社2005年版。

11. 张明楷、黎宏、周光权：《刑法新问题探究》，清华大学出版社2003年版。

12. 张明楷：《外国刑法学纲要》（第2版），清华大学出版社2007年版。

13. 张明楷：《刑法的基本立场》，中国法制出版社2002年版。

14. 周光权：《刑法各论》，中国人民大学出版社2008年版。

15. 王作富：《刑法论衡》，法律出版社2004年版。

16. 曲新久：《刑法的逻辑与经验》，北京大学出版社2008年版。

17. ［日］大谷实：《刑法各论》，黎宏译，中国人民大学出版社2009年版。

18. 肖中华：《贪污贿赂罪疑难问题解析》，上海人民出版社2006年版。

二、期刊类

1. 杨书文："试论影响力交易罪"，载《人民检察》2009年第9期。

2. 赵长青："利用影响力受贿罪：从实际出发的要件设计"，载《检察日报》2009年12月4日。

3. 赵佳：《刑法第三百八十八条之一的构成要件分析》，中国政法大学2009年硕士学位论文。

4. 于志刚："'关系人'受贿的定罪规则体系之思考"，载《人民检察》2009年第7期。

5. 王明星："关注《刑法修正案（七）》系列之五——斡旋型受贿罪新主体问题研究"，载《中国廉政网——中国纪检监察报》2009年4月07日。

6. 陈正兵："如何认定'特定关系人'受贿"，载《检察日报》2007年8月17日。

7. 丁英华："关注《刑法修正案（七）》系列之二——'关系密切人'的范围：理解与适

用”，载《中国廉政网——中国纪检监察报》2008 年 12 月 15 日。

8. 于志刚：“刑法修正案（七）出台后受贿犯罪罪名体系的调整”，载《检察日报》2009 年 4 月 3 日。

9. 李德明：“非正式组织和非权力性影响力”，载《中国行政管理》1997 年第 9 期。

10. 熊永明、胡祥福：“受贿罪若干问题新界说”，载《中国刑法学年会文集（2004 年度）》第二卷，中国公安大学出版社 2004 年版。

11. 赵秉志、赵辉：“龚建平受贿案的法理研究”，载《刑事法判解研究》，人民法院出版社 2005 年版。

12. 张明楷：“论受贿罪中的‘为他人谋取利益’”，载《政法论坛》2004 年第 5 期。

13. 朱孝清：“斡旋受贿的几个问题”，载《法学研究》2005 年第 3 期。

14. 逄锦温：“《关于办理商业贿赂刑事案件适用法律若干问题的意见》的理解与适用”，载《刑事审判参考》总第 66 集，法律出版社 2009 年版。

15. 高博：“影响力交易罪若干问题研究”，载《法治论丛》2005 年第 3 期。

16. 吴华清：“斡旋受贿犯罪主体的扩张与界定”，载《中国检察官》2009 年第 4 期。

17. 黄太云：“《刑法修正案（七）》解读”，载《人民检察》2009 年第 6 期。

18. 吴情树、李婕：“影响力交易罪之探讨”，载《法治论丛》2009 年第 4 期。

19. 杨书文：“试论影响力交易罪”，载《人民检察》2009 年第 9 期。

20. 车明珠：“《刑法修正案（七）》实施后‘斡旋受贿’如何认定”，载《检察日报》2009 年 4 月 3 日。

21. 于阳、朱建伟：“《刑法修正案（七）（草案）》与《联合国反腐败公约》的协调与完善”，载《法学论坛》2008 年第 1 期。

三、其他类

1、罗结珍译：《法国新刑法典》，中国法制出版社 2003 年版。

2、潘灯译：《西班牙刑法典》，中国政法大学出版社 2004 年版。

2011 年

优秀学位论文

情事变更下的再交涉义务研究

许元果

摘　要

再交涉义务，即合同订立后发生不可归责于当事人的情事变更，双方当事人有义务就合同的调整进行协商、交涉，以达成变更合同的合意。再交涉义务自德国学者 Norbert Horn 于 20 世纪 80 年代首次提出以来，受到学术界和司法实务界高度重视。虽然就各国国内立法而言，再交涉义务仍然处于理论研究层面，但是作为反映国际商事交往规则的《国际商事合同通则》和《欧洲合同法原则》已经对于再交涉义务进行了成文化表述，这也在一定程度上反映了在情事变更原则下解决合同调整问题的立法趋势。目前，我国最高人民法院已通过司法解释确立了情事变更原则，但任何一个法律原则，都应该是一个开放的体系，尤其是在解决实践中的问题时，更应该是一个不断完善的过程。因此，笔者希望通过对再交涉义务的理论介绍以及价值分析，使我国情事变更的理论研究和立法实践都更加完善。

本文除前言和结论之外，分为四章，结构和内容如下：

第一章主要是从再交涉义务的一般理论入手，对再交涉义务的提出作背景介绍，进而分析再交涉义务的概念、法律性质和内容。

第二章主要是对再交涉义务进行理论分析，论证了再交涉义务存在的理论基础，总结了关于再交涉义务在情事变更原则中的地位的不同观点，并提出了自己的见解。

第三章主要是对再交涉义务的法律制度构造进行实证分析。主要是从再交涉义务的构成要件及法律效果方面进行全面的微观考察，使再交涉义务具有现实立法和实践操作的可行性。

第四章是在总结前三章的基础之上，结合我国国情作出的现实性的分析和设想。笔者从情事变更原则在我国的确立入手，分析将再交涉义务引入我国的必要性和可能性，并以我国民事诉讼调解制度为基础，从反面论证将再交涉义务引入我国的必要性，最后提出在情事变更原则下完善再交涉义务的一般构想。

前　言

情事变更原则是一项历史悠久的制度，却不是一项陈旧的制度，从20世纪前半叶动荡的战争年代，到世界和平与发展时代，情事变更原则不仅没有消逝反而愈显其生命力。这源于情事变更原则不断地理论创新与发展，再交涉义务即为其一。

再交涉义务，就制度层面而言，实质上是情事变更原则下设定的一种磋商机制。即双方当事人在合同缔结之后，合同基础发生不能归责于双方当事人的异常变动，继续履行原合同会导致双方当事人严重利益失衡的情况下，课以当事人自我协商的义务，促使当事人通过自我协商达成变更合同的合意，从而解决合同纠纷。再交涉义务自提出以来，虽然并未被各国立法在条文上予以承认，但是已经成为国际商事交往的重要规则，在《国际商事合同通则》和《欧洲合同法原则》中都有相关条文对其进行表述。

再交涉义务是情事变更原则下的一项具体制度设计。1999年我国《合同法》草案第四次审议稿在设计情事变更原则时已经包含了再交涉义务的内容，但最终随同情事变更原则一起流产。由于情事变更原则在司法实践中有着强大的生命力，我国目前已经以司法解释的方式对情事变更原则予以确立。但是就目前司法解释而言，在情事变更的情况下，如何对合同进行变更，是否有当事人自主协商调整合同的余地，或者是否存在促进当事人自主磋商这样一种机制，至少在现行司法解释下是不能得到明确回答的，这不能不说是一种遗憾。本文拟从再交涉义务的一般性介绍入手，对再交涉义务进行理论和实证上的深入分析，进而探讨其引入我国的必要性以及可能性，对完善我国情事变更原则提出自己的见解。

我国学术界对情事变更原则的研究甚为繁荣，成果丰硕，然而再交涉义务却并没有得到重视，仅仅被学者在论述情事变更原则时作为情事变更原则的效果简单提及。目前，我国没有一篇专门研究再交涉义务的专著、学位论文以及期刊论文。作为第一篇以再交涉义务为题的学位论文，作者克服了资料收集和制度论证上的重重困难，难免有偏颇，唯求能抛砖引玉，引起学界对再交涉义务的更为深入的研究，使未来我国情事变更原则的构建更为完善。

第一章　再交涉义务概述

第一节　再交涉义务的提出

合同作为双方当事人意思表示一致的结果，对于双方当事人具有相当于法律的约束效力。在合同已经缔结的前提下，双方当事人应该按照业已生效的合同行使权利、履行义务。“这正是各国合同法中一条被普遍接受的原则——契约必须严守”。[1] 此原则是民法私法自治的最重要体现，也是交易安全最重要的保障。然而，有原则必有例外，严格遵循“契约必须严守”原则，也会出现种种弊端。最典型的情况是，在合同缔结后的履行过程中，常常会出现当事人缔结合同时无法预见的情况，致使合同成立的基础丧失，此时若仍然恪守“契约必须严守”原则，必然导致双方当事人利益失衡，因为在不能归责于当事人前提下，合同基础变化导致的风险由一方当事人承担，有悖于民法公平理念。因此，民法理论在“契约必须严守”原则之下，积极寻求在情事变化情况下实现合同公平的正当化途径，即情事变更原则。[2] “所谓情事变更，即合同订立后至合同关系消灭前，发生了当事人不能预料、不可归责于当事人的情事，如果仍然维持合同效力将产生显失公平的结果，因此法律允许变更或解除合同并免

〔1〕 孙美兰：《情事变动与契约理论》，法律出版社2004年版，第1页。

〔2〕 对于情事变更原则，各国称谓不同，大陆法系以德国为代表，创立“交易基础丧失”理论解决情事变更问题，法国称为“不可预见理论”，英美法系中的类似理论则表述为“合同受挫”，日本为“事情变更原则”，我国大陆和台湾地区则表述为“情事变更原则”或“情势变更原则”。

除违约责任的基本规则。”[1]“究其实质，情事变更原则为诚实信用原则的具体运用，目的在于消除合同因情事变更所产生的不公平后果。”[2]

依情事变更原则，一旦出现影响合同基础变动的事由，当事人可以诉请法院变更或解除合同以恢复失衡的利益。“但是由法官在调查案情的基础上得出合同是否应当调整、甚至如何调整，这是对法官的苛求，因为法官并非训练有素的商人，他们是否有能力修改和调整复杂的商事契约也不清楚，所以法官发挥更大作用的能力也已受到质疑。”[3] 而且，当围绕能否变更合同的请求诉至法院时，经由法官裁量而形成的新的合同内容并不一定完全符合双方当事人的真实意愿。另外，合同纠纷一旦进入诉讼阶段，意味着纠纷解决成本的增加，对于当事人而言，需要投入相关的时间和费用；对于司法机关而言，冗长的诉讼程序导致的诉累也是对司法资源的耗费。也就是说，以诉讼方式解决情事变更导致的合同纠纷并非最佳方式。

司法实践中出现的问题迫使理论创新。对此，德国学者 Norbert Horn（以下简称“Horn”）于20世纪80年代首次在其《再交涉义务》（Neuverhandlungspflichten）一文中提出再交涉义务理论。[4] 该理论主张在情事变更的情况下，当事人将合同诉至司法机构之前，应通过自主磋商，对已经形成的权利义务关系进行调整，进而形成合意，公平分担由情事变更导致的合同风险，实现合同正义。该理论反映了现代民法功能导向的变化，即传统民法更注重通过法律强制（如合同必须信守，债务的强制履行）来实现私权的保护，现代民法则更倾向于为当事人自主交易提供制度性框架，通过当事人之间自主性的相互交涉实现各自利益的最大化。换言之，解决情事变更下合同调整问题的最佳途径是以法律规范为导向，鼓励当事人之间自主协商，这也是再交涉义务的意义之所在。

“德国对于情事变更问题的解决以行为基础丧失作为理论基础，但是二十世纪德国民法典中并未对情事变更原则进行规定。”[5] 情事变更在德国的适用主要还是通过法院以判例形式运用于司法实践。在情事变更原则下，可以说是德国法学教授 Horn 和 Nelle 开启了再交涉理论的先河，并为情事变更原则带来了新的发展。与此同时，Horn 教授积极促使情事变更原则下的再交涉义务法定化。Nelle 更是一语道破了再交涉义务法定化的初衷：“如果能够实施具有秩序的制度

---

〔1〕 杨立新：《债法总则研究》，中国人民大学出版社2006年版，第88页。

〔2〕 梁慧星：《中国民法经济法诸问题》，中国法制出版社1999年版，第170页。

〔3〕 孙美兰：《情事变动与契约理论》，法律出版社2004年版，第72页。

〔4〕 Norbert Horn，Neuverhandlungspflicht，AcP 181（1981），255. 转引自张文婷：《论德国法上情势变更制度以及对中国的借鉴意义》，中国政法大学2010年硕士学位论文，第18页。

〔5〕 情事变更原则最终于2002年通过德国债法现代化进入民法典。

化交涉，双方当事人容易在较为理想的状态下获得有关再交涉的合意”。[1] 因此，再交涉义务是一种促进双方当事人形成新的合意的制度设计。

Horn 教授对情事变更问题进行了条文提案设计，并在其中明确对于再交涉义务进行相应规定。德国民法典修正后，情事变更原则在 313 条得到体现，应该说，313 条是综合德国之前学说、判例而产生的，Horn 教授对 313 条的形成作出巨大贡献，其提案可以认为是 313 条的原型。“但是，没见到再交涉义务的规定，比 Horn 的提案后退了一步。”[2]

“日本民法典并没有情事变更原则的一般规定。”[3] 第一次世界大战后，情事变更原则法理由三位学者介绍到日本，并在学说上予以确认。但是，最初日本法院对于情事变更原则在司法实践中的适用却持谨慎态度，直到 1944 年，大审院才在不动产买卖契约中认可以情事变更作为解除合同的理由。自 Horn 教授提出再交涉义务理论后，日本学者对此的研究也开始增多。

对于日本契约法上是否存在再交涉义务，五十岚清教授认为：“在法律、合同约款或个别合同条项中，规定一定情况的再交涉义务时，不用说是承认再交涉义务的。”[4] 但是虽然日本民事特别法中对于调整合同有先行协商的规定，但是这是否属于情事变更下的再交涉义务，学界还是有争议的。此外，日本并未将再交涉义务作为情事变更原则下的一项制度性设计提升到立法高度，仍然停留在理论研究方面。

自再交涉义务理论提出以来，国际私法领域不断尝试在情事变更原则下将再交涉义务作成文化规定，《国际商事合同通则》和《欧洲合同法原则》作为再交涉义务成文化的突出表现，反映了国际私法对于解决情事变更下当事人先行磋商义务的立法趋势。虽然上述两个法案并不具有国际公约对于成员国的拘束力，但是其在当事人选择适用以及作为准据法导向时，无疑是会对当事人产生影响的。而且上述两个法案对国际商事活动具有重要的指导价值，也能作为国内立法重要的参考依据。

《国际商事合同通则》第 6.2.3 条对于“艰难情形”（即情事变更）下当事人的再交涉义务表述如下，其第 1、2、3 款规定为：

---

〔1〕 顾祝轩：《合同本体解释论——认知科学视野下的私法类型思维》，法律出版社 2008 年版，第 287～291 页。

〔2〕 见五十岚清：“情事变更·合同调整·再交涉义务”，刘士国译，载梁慧星主编：《民商法论丛》第 15 卷，法律出版社 2000 年版，第 430 页。

〔3〕 孙美兰：《情事变动与契约理论》，法律出版社 2004 年版，第 147 页。

〔4〕 见五十岚清：“情事变更·合同调整·再交涉义务”，刘士国译，载梁慧星主编：《民商法论丛》第 15 卷，法律出版社 2000 年版，第 443 页。

“1. 若出现艰难情况，处于不利地位的当事人有权要求重新谈判。但是，提出此要求应毫不延迟，而且应说明提出要求的理由。

2. 重新谈判的要求本身并不能使处于不利地位的当事人有权停止履约。

3. 在合理时间内不能达成协议时，任何一方当事人均可诉诸法院解决。”[1]《欧洲合同法原则》第6：111条第2款也有类似规定，其第2款前半部分规定：“如果由于情事的变更使合同履行变得格外困难，当事人应当进行磋商以改订合同或者解除合同”。[2]

另外，第3款也有如下表述：“在任何一种情形，法院可以对因一方当事人悖于诚实信用与公平交易之拒绝磋商或者终止磋商而遭受的损失判予损害赔偿”。[3]

从两个法案的规定来看，都支持在缔约后发生情事变更时，以当事人之间的先行磋商作为诉至法院的前提条件。即承认“再交涉”在情事变更原则中具有独立意义。但是两者之间的区别也是比较明显的。一是《国际商事合同通则》对于再交涉义务的内容规定更为详细，其对当事人提出交涉的理由、交涉期间以及交涉中止履行抗辩权都有相应规定，而《欧洲合同法原则》则概括地以诚实信用原则解决上述问题；二是，对于违反再交涉义务是否产生损害赔偿的问题，《欧洲合同法原则》是予以肯定回答，而《国际商事合同通则》则回避了这个问题。

第二节 再交涉义务的概念

“交涉”在汉语中的意思为“与他人相互协商以便对某事得出解决办法”。[4]之所以在合同法中使用“交涉”一词，是受到日本民法用语的影响。实际上合同法中的“交涉”即“协商，以达成合意”之意。

交涉存在于整个合同过程中，当事人通过交涉达成合意，缔结合同，从而形成或者变更权利义务关系。由于合同文本不可能完美地规定所有内容，对合同未尽事宜在履行过程中均通过交涉弥补，因此合同的履行过程实际上也是交涉不断进行的过程。若出现纠纷，当事人往往也是先通过交涉自主解决，无法解决时才诉至法院。并且，在司法实践中，尤其是在我国，在诉讼过程中，法

---

〔1〕 周晓燕主编：《国际商事合同通则》（第2版），法律出版社2003年版，第129页。

〔2〕 见《欧洲合同法原则》，韩世远译，http：//wenku. baidu. com/view/f272dca6f524ccbff121846e. html，访问日期：2011年3月15日。

〔3〕 见《欧洲合同法原则》，韩世远译，http：//wenku. baidu. com/view/f272dca6f524ccbff121846e. html，访问日期：2011年3月15日。

〔4〕 www. 521yy. com/cihaizaixianchaci/cihai1. asp，访问日期：2011年3月15日。

官也会先对当事人进行调解，在调解过程中促使当事人交涉并达成合意。而且，现代民法理念并不强制当事人为或者不为一定行为，而仅仅提供框架性的指导和保障，使当事人以交涉的方式获得利益，或承受负担。因此，凡合意存在的地方，就存在交涉。也正是通过交涉，个体在法律体系中获得主体地位，而不仅仅是通过法律规制或者受保护的被动主体。而在这一系列的交涉中，处于第一顺位的是缔结合同所进行的交涉，这是所有其他交涉的前提，合同缔结后双方当事人之间的交涉均被称为“再交涉”。而本文所指的“再交涉”仅仅限定在情事变更下的交涉。

再交涉，即在构成情事变更的情况下，合同双方当事人为消除继续履行原合同所造成的利益严重失衡状况，以变更或者解除合同为目的所进行的交涉。“对于再交涉义务，Horn 认为是指，现存契约之双方当事人依合意将契约调整适应于情事之变化，为此目的应当相互进行交涉之义务。”〔1〕德国学者 Nelle 的观点是：“现存契约的一方当事人，为了依合意对契约进行调整、补充或变更，与另一方当事人进行交涉的义务。”〔2〕“而日本学者五十岚清则将众多学者的观点归纳为，有效存在的合同的当事人，根据其合意变更合同适应事情，为此目的的相互交涉义务。”〔3〕以上定义并无实质性差异，均突出了三个关键词：既存合同、情事变更与合意交涉。再交涉义务的对象是既存的合同，再交涉所进行所有工作的目的都是为了突破既存合同效力的约束。再交涉义务的前提是情事变更，在没有情事变更的情况下，合同当事人也可以合意的方式对合同进行调整，但这种“再交涉”并没有迫切性和必要性，不能被法律强制为“义务”。与情事变更后由法院解决合同的调整不同的是，再交涉过程充分体现了合同当事人的意思自治，所追求的是以合意的方式解决情事变动对合同利益的影响。另外，再交涉义务并非为合同受损方所独自负担，而是双方共同负担的义务。整合以上学者对再交涉义务的定义，再交涉义务可被认为是有效存在的合同符合情事变更要件时，合同双方当事人所相互负担的为寻求以合意方式调整合同而积极实施交涉的义务。

---

〔1〕 Norbert Horn, Neuverhandlungspflicht, AcP181 (1981), S. 256. 转引自孙美兰：《情事变动与契约理论》，法律出版社 2004 年版，第 189 页。

〔2〕 Andreas Nelle, Neuverhandlungsflicht; Neuverhandlungen zur Vertragsanpassung und Veragserganzungals Gegenstand von Pflichten und Obliegenheiten, 1993 (Munchen, Diss,), S. 12. 转引自孙美兰：《情事变动与契约理论》，法律出版社 2004 年版，第 189 页。

〔3〕［日］五十岚清著，刘士国译：“情事变更 · 合同调整 · 再交涉义务”，载梁慧星主编：《民商法论丛》第 15 卷，法律出版社 2000 年版，第 442 页。

第三节　再交涉义务的法律性质

权利与义务并非两个截然独立的法律概念。在通常情况下，一方所享有之权利必定为他方负担之义务；一方在享有权利的同时也必然负担一定的义务作为权利之对价。这在合同领域表现得尤为明显。在情事变更之下，受到损害的合同一方当事人可以要求另一方与其进行交涉以调整失衡的利益。这样再交涉似乎有权利的倾向，即请求他人进行交涉之权利。但是情事变更之下的合同受损方同样必须积极、诚信、善意地进行交涉，否则需承担法律上的不利益。并且，交涉行为之实施所获得的利益也并非情事变更的受损方所独享。交涉行为的实施是对双方当事人利益的照顾，双方均从中获益。因此，“再交涉”并不是单独为某一方的利益而存在的权利，而是为合同的整体利益或者说是为各方当事人的利益所应当由合同双方当事人负担的义务。对再交涉义务的法律性质进行全面理解，应当包括以下方面：

一、不真正义务

合同义务是指基于可能发生、已经发生或者终止的合同所产生的义务。从当事人相互表达合作意向、就缔结合同进行相互磋商之始合同义务已经产生，甚至到合同履行完毕之时合同义务还不能终结。因此，合同义务是所有与合同相关的综合性的义务群，可以分为以下方面：

（1）给付义务。给付义务明确规定在合同中，若合同一方不履行，另一方得通过诉讼的方式请求债务人履行或要求损害赔偿等违约责任。

（2）附随义务。附随义务是为了更好地实现给付义务的履行效果而依诚实信用原则产生的义务，如照顾、通知、保护、协助、保密、注意等义务。由于附随义务并没有在合同中明确体现，因此不能向法院起诉请求债务人履行，仅在因不履行附随义务使另一方受到损害时，得请求损害赔偿。

（3）不真正义务。“不真正义务，并非是债务人的义务，而是债权人对自己权利的照顾义务，如果债权人没有履行这些义务，会使自己的债权效力减损或丧失，因此，这种义务也被称为债权人的权利性义务或对己义务。”[1]

德国学者将再交涉义务定性为不真正义务，以 Obliegenheit 表述，区别于 Pflicht（通常的义务）。与 Pflicht 相比，Obliegenheit 是弱化了的义务，即较于通常的义务，再交涉义务效力较弱。如赖默尔·施密特认为，“这是一种非常轻微的义务，其主要特征是，法律并不强制当事人履行，如果当事人没有履行此义

---

〔1〕 江平主编：《民法学》，中国政法大学2007年版，第473页。

务，他也不必因此而承担损害赔偿的义务，而只是受到很轻的制裁，一般地也只是失去一个较为有利的法律地位，或者接受某种法律上的不利而已”。[1]

再交涉义务之所以为不真正义务，可以从以下几个角度进行分析：

首先，从再交涉义务的内容上看，再交涉义务是义务人为照顾自己利益应负担的义务。义务人可通过及时有效的再交涉避免合同在情事变更下进一步恶化或者陷入僵局。对受情事变更影响可能利益受损一方而言，及时进行再交涉是对自己合同利益的挽救，为照顾己方利益，当然有实施再交涉的义务。而对受情事变更影响维持既存合同可能获得巨大利益的一方而言，积极实施再交涉也可能免除因合同调整或解除导致对自己不利的风险，而且，应对方要求进行再交涉可以避免双方诉至法院进行冗长的诉讼程序，实现己方现实利益的最大化。在情事变更之下，与其诉诸繁琐的司法程序，让合同效力及内容受制于可能并不能全面照顾当事人意思及利益的法官，不如合同双方以自主交涉的方式寻求合同的再生。因此，从再交涉义务的利益指向来看，可以将其理解为不真正义务。

其次，从再交涉义务的强制力看，再交涉义务并不能诉请履行。在情事变更下，一方当事人可以向法院请求调整或者解除合同，但无权请求对方当事人就合同变更进行交涉，即无履行再交涉的请求权。

最后，从再交涉义务的法律效果看，一旦违反再交涉义务，“并不发生因债务不履行而导致的损害赔偿责任，仅发生调整或解除契约的权限丧失或发生变化的不利后果”。[2]

需要注意的是，再交涉义务并非一种纯粹的不真正义务，再交涉行为的实施不仅对自己有利，而且对对方当事人有利，这在情事变更的受益一方当事人身上表现得尤为明显。这也正是违反再交涉义务将导致损害赔偿的原因所在。

二、行为义务

“根据债法理论，债的内容即债权和债务，债权是特定人可以请求特定人为特定给付的权利；债务是被请求方应对方的请求所实施的特定给付的义务。此特定给付是债权债务所共同指向的对象，因而又被称为债的标的。给付的对象被称为给付标的，包括物和行为两种。”[3] 从广义上理解，物即有形或无形的成果，行为则指不要求成果的行为本身。因此，合同义务也可以分为两种：结

---

〔1〕 Reimer Sehmid. Die Obliegenheit 1953. 转引自卡尔·拉伦茨著，王晓晔等译：《德国民法通论》（上册），法律出版社 2003 年版，第 269 页。

〔2〕 孙美兰：《情事变动与契约理论》，法律出版社 2004 年版，第 190 页。

〔3〕 江平：《民法学》，中国政法大学出版社 2007 年版，第 439 ~ 440 页。

果义务与行为义务（又称“过程义务”）。对于结果义务的履行必须实现一定的有形或者无形成果，而行为义务的履行仅仅需要行为本身即可。

再交涉义务理论提出之后，德国学者 Fecht 和 Nelle 在 Horn 的基础上，对再交涉义务理论作了进一步深化。“通过分析论证，他们对再交涉义务进行了细化，认为在合同改定的交涉过程中存在两种不同性质的义务——过程义务（prozessbezogene Teile von Neuverhandlungen）和结果义务（ergebnisbezogene Teile von Neuverhandlungen），并认为再交涉义务的本质是过程义务而非结果义务。”[1]

过程义务也即行为层面的义务，交涉过程由一系列复杂的行为构成，包括交涉的准备行为，一方当事人提出交涉方案的行为，对方当事人对提出方案进行回应的行为等等，这一系列行为都是双方当事人为调整合同所必不可少的。因此，再交涉义务的实质就在于双方当事人履行相关的交涉行为，再交涉义务的设定，也是为了促使当事人积极履行交涉行为，在这个意义上，再交涉义务是一种过程义务，也即行为义务。至于在交涉过程中，当事人并非必须达成调整合同的合意，只需实行为达成合意的交涉行为即可。“即不能够将它理解为一种‘结果义务’，而只能够理解为‘行为义务’，只要当事人符合诚信地再交涉了，即符合要求。”[2]

三、实体义务和程序义务

再交涉义务是对于规范交涉过程中诸义务群之总体称呼。“从此种意义上讲，再交涉义务属于一项相当于‘框架义务’的概念。”[3] 在再交涉义务框架下，诸义务具有实体义务和程序义务双重属性。就实体义务而言，再交涉义务主要体现为以请求权为基础，通过行使请求权以变更现有权利义务关系来分担因情事变更导致的合同风险。对于在再交涉义务程序效果上的理解，应当将再交涉视为当事人为调整合同而进行的“前置程序”，在民事实践中可以被认为一个独立的程序环节。也就是说，对于情事变更下合同的调整予以动态考察，再交涉义务的履行是对当事人进行司法救济的必不可少的过程。

四、双方义务

情事变更下合同内容的调整并非一方当事人单方行为和其能力所及，需要双方以同等程度的诚意，相互配合的态度，以及共同的努力方能完成。因此，

---

〔1〕张文婷:《论德国法上情势变更制度以及对中国的借鉴意义》，中国政法大学 2010 年硕士学位论文，第 18 页。

〔2〕韩世远:《合同法总论》，法律出版社 2004 年版，第 450 页。

〔3〕顾祝轩:《合同本体解释论——认知科学视野下的私法类型思维》，法律出版社 2008 年版，第 287 页。

再交涉义务并非为合同的任何一方所单独负担，而是双方共同的义务。如一旦情事变更，遭受不利影响一方当事人履行提出交涉义务，为使调整合同的合意达成，也应课以对方当事人积极回应的义务。因此，对于再交涉义务的制度设计，必须在义务框架的范围内对各项义务在双方当事人之间进行有利于达成合意的分配，而不能简单将再交涉义务理解为仅由一方当事人承担的义务。需要注意的是，再交涉义务虽然是一种双方义务，但各方所负担的具体义务却有所不同。

第四节 再交涉义务的内容

再交涉义务作为一个框架性义务，由诸多义务构成。在这个框架性义务群下，再交涉义务可以分为以下三类：

一、促使交涉程序得以形成的义务

再交涉义务设置的主要目的在于保障交涉程序顺畅无阻地实现，良好的交涉程序也是形成合同调整合意，解决情事变更带来的合同问题的保障。促使交涉程序顺利开展，当事人必须着手进行相关准备工作，体现为义务形式就是：及时通知对方进行再交涉的义务，说明再交涉理由的义务，开始再交涉的义务，设定再交涉的时间和地点的义务，为再交涉进行充分准备的义务，信息披露义务，接受第三人监督以及设定监督方案的义务等。

二、与合同调整方案相关的义务

提出再交涉方案义务，是再交涉义务的核心。再交涉义务设定的目的在于通过当事人自主协商，最终达成调整合同的合意。因此，提出合同调整方案，是双方当事人进行协商的前提。在情事变更的情况下，受到不利影响的一方当事人往往有对合同进行调整的动力，因此，为促使再交涉的顺利进行，一般应当由受到不利影响的一方当事人承担提出合同调整方案的义务。其中包括：提出合同调整的具体方案、对于合同调整方案的理由进行说明，对相关信息进行披露等等。

对于再交涉义务，学者往往分为狭义的再交涉义务和广义的再交涉义务，其核心区别在于在一方当事人提出合同调整方案之后，对方当事人是否承诺调整后合同内容的义务。[1] 即在一方当事人提出合同调整方案的前提下，如果不能就此达成合意，再交涉义务是否完成，是否应当赋予对方当事人就合同调整方案予以同意的义务。对此，日本学者五十岚清认为：“再交涉义务终归是以促

---

〔1〕 顾祝轩：《合同本体解释论——认知科学视野下的私法类型思维》，法律出版社 2008 年版，第 291 页。

进、保障当事人自主性交涉为目的的行为规范，所以应当理解为再交涉义务不包含同意义务。"[1] 再交涉义务作为一种促进当事人自主协商的制度设计，最终合意的达成，必须以双方当事人自主意思表达为基础。提出合同调整一方当事人基于自我利益考虑，提出的合同调整方案往往不符合对方当事人利益；而且，再交涉行为是一个复杂的动态过程，不可能通过一次协商就能够达成合意，如果承认对方当事人对于合同调整方案负有同意义务，无疑是对其利益的损害。但是，基于诚实信用原则，对于一方当事人提出的合同调整方案，对方当事人应当予以积极回应，包括对于合同调整方案的承认或否认、相关理由的说明，以及另行提出合同调整方案等等，这样才能在比较理想的状态下达成再交涉的合意。

三、真诚交涉义务

真诚交涉义务是再交涉义务的兜底内容，包括再交涉过程中所有根据诚实信用原则应当履行的义务。再交涉义务的理论基础在于诚实信用原则，在交涉过程中，当事人必须诚实守信，以义务形式表现出来可以体现为一系列禁止性义务，包括不得阻碍交涉进行，不得故意拖延交涉时间，不得故意提供不准确信息，不得欺诈、胁迫等义务。

第二章 再交涉义务的理论分析

第一节 再交涉义务的理论基础

一、诚实信用原则

诚实信用原则作为现代民法的帝王条款，几乎无一例外被各国普遍接受。在近代民法向现代民法过渡过程中，诚实信用原则在弥补法律规范漏洞，解释契约，协调当事人之间权利义务平衡，进而实现民法实质正义方面起着重要作用。"诚实信用作为民法的基本原则，要求民事活动当事人在行使权利和履行义务时，应当遵循诚实信用的道德准则。"[2] 由此可见，诚实信用兼有法律原则和伦理原则双重功能。

就契约法领域而言，作为当事人意思表示一致而缔结的合同，在合同基础

---

〔1〕 见［日］五十岚清著，刘士国译："情事变更·合同调整·再交涉义务"，载梁慧星主编：《民商法论丛》第15卷，法律出版社2000年版，第444页。

〔2〕 梁慧星：《民法总论》（第3版），法律出版社2007年版，第48页。

发生变更的情况下，如何突破“契约必须严守”的束缚，为平衡当事人之间的利益找到正当化依据？对此，诚实信用原则发挥了不可替代的作用。诚实信用原则要求合同双方当事人言而有信，遵守合同约定，但是当合同受到情事变更影响将要导致利益失衡时，诚实信用原则更要寻求此时对失衡利益的再调整。诚实信用原则所追求的实质正义，而情事变更原则正是为达到实质正义而对合同形式正义的矫正。因此，情事变更原则以诚实信用原则为基础当无疑义。正如拉伦茨所言“即根据通行的观点，由于没有其他的规范调整行为基础学说，因此该学说在法律上的连接点为诚实信用原则”。[1]

再交涉义务作为一种不真正义务，其理论基础也在于诚实信用原则。“在交易领域，诚实信用为交易双方必须遵守的准则，不独应为债务人所遵守，即债权人亦有遵守之义务。”[2] 因此，在诚实信用原则指导之下，当事人不仅要为对方利益承担注意义务，也须关注自己的权益。“如果当事人放弃对自己利益的关注，往往会使对方处于一种可能侵害第三人权益或者增加责任发生概率的状态。”[3] 再交涉义务即诚实信用地进行交涉的义务。再交涉义务实施之目的不仅在于合理照顾自己利益，也在于增进和保障对方利益。只有当事人（往往是债务人）依据诚实信用，积极进行交涉，共同商讨合同调整方案，这是解决双方利益失衡的最佳方式。否则，在没有充分协商的情况下，单独由对方当事人承担合同变更或解除导致的不利益，对于对方当事人而言，也是不公平的。

最后，再交涉作为一个动态过程，无疑也应当是以诚实信用原则为指导的。“即处于不利地位之当事人提出重新谈判要求和双方在重新谈判过程中的行为，应当遵守诚实信用原则以及合作义务的一般原则。”[4] 这就要求，处于不利地位的一方当事人必须真诚地提出确实存在变更的情事，而并非基于投机的动机为自己谋求不当利益，对方当事人也应当对提出的交涉予以真诚的回应，双方互为对方提供达成合意的相关信息并努力排除达成合意的障碍。

二、关系契约理论

随着古典契约理论的衰落，20 世纪 80 年代，麦克尼尔用社会学研究方法对契约理论进行再次构建，提出关系契约理论。麦克尼尔认为：“契约的约束力及围绕着契约之各种义务乃基于社会关系而发生。契约的内容也依据当事人间的

---

〔1〕［德］卡尔·拉伦茨著，王晓晔等译：《德国民法通论》（上册），法律出版社 2003 年版，第 535 页。

〔2〕史尚宽：《债法总论》，中国政法大学出版社 2000 年版，第 331 页。

〔3〕李岳：《论不真正义务》，黑龙江大学 2010 年硕士学位论文，第 33 ~ 34 页。

〔4〕周晓燕主编：《国际商事合同通则》（第 2 版），法律出版社 2003 年版，第 131 页。

关系和事实的变化而发生灵活变化，并且作为当事人义务的根据，与其说是缔结时的意思，不如说是当事人间已形成的‘关系’本身更为确切。”[1] 根据麦克尼尔的理论，“契约不过是有关规划将来交换过程的当事人之间的各种关系，这种规划，或者更确切地说，这种规划发生时当事人之间的各种关系。”[2] 由此可见，在关系契约理论看来，契约并非当事人缔约时所形成的文本规范，而是以当事人的社会关系为基础，并在此基础之上的各种对话和协商。

可见，在关系契约理论构建下，当事人之间的合同关系并非是由缔约到合同履行这样一个单向的过程，而是包括从缔约准备开始，在合同履行过程中不断磋商、交涉，直至合同履行完毕之后以及附随义务实现逐步深入的动态过程。真正的“合同规范”，在当事人的交往过程中不断生成、变动，而最初缔结的合同文本只是“合同规范”的一部分。在合同关系中除了僵化的合同条款，合同的目的还通过当事人之间交涉义务的履行不断体现出来。

从司法实践来看，基于有限理性，当事人几乎不可能在缔约时就对所有合同未来事项达成合意。相反，在合同实践中往往还存在这样的情况，即当事人为了合同的顺利履行，有意在合同中设置“空白条款”，把合同内容的进一步确定交由当事人在具体情事发生后的自主交涉。“即随着双方合同关系的进一步发展，合同当事人会自觉或不自觉地审视彼此之间合同的关系，一旦出现问题，常常通过协商方式变更合同内容，以继续维持合同关系。”[3] 而这些协商和交涉，在关系契约理论框架下，同样也是合同的组成部分。

由此可见，在关系契约理论基础上，对于合同关注的重点已经从合同文本转向存在于当事人之间的，对于合同关系具有影响力的社会事实，尤其是长期性合同，更不能忽视当事人背后所存在的社会关系，这种社会关系的存在，也应该被纳入契约范畴，其中就包括当事人在存续合同关系中的不断交涉的事实。因此，合同文本背后的社会关系的变化本身就意味着合同的变化，而要弥补合同的缺陷，当事人之间的交涉则成为必然，而且交涉的成果将成为合同内容的组成部分。因此，关系契约理论赋予了当事人就合同调整而进行交涉的权益，为再交涉义务正当化提供理论基础。

---

〔1〕［日］内田贵著，胡宝海译：“现代契约法的新发展与一般条款”，载梁慧星主编：《民商法论丛》第2卷，法律出版社1994年版，第143页。

〔2〕［苏格兰］麦克尼尔著，雷喜宁等译：《新社会契约论》，中国政法大学出版社1994年版，第1页。

〔3〕顾祝轩：《合同本体解释论——认知科学视野下的私法类型思维》，法律出版社2008年版，第265页。

三、交涉法学理论

契约自由，作为近代民法的基石，在资本主义发展过程中，其所追求的形式合理性，越来越背离民众对于实质正义的要求，契约自由的公正性也不断受到质疑。由于近代契约法已经无力对以劳动者和消费者为代表的社会弱势群体进行有力保护，这就迫使大量涉及劳动者和消费者益权保护的特别立法出台。即使是在契约法领域，对于格式合同的立法干预、强制缔约义务以及契约义务的扩张，也是对于契约自治原则的修正，“正如梁慧星教授所言：近代民法向现代民法转变的理念可以归结为形式正义向实质正义的转变。”[1]

不可否认，大量特别法出台，对于社会弱势群体的保护和增进社会福利，促进实质正义的实现起到巨大推动作用。但是，成文法——不限于民事立法——过度泛滥，尤其是强制性法规的增多，又在一定程度上威胁到社会共同体内部人们自律生活准则。结果，人们生活中本可以通过自律方式解决的问题反而演化成法律纷争的诉讼形式。[2] 这样的消极后果反而损坏社会内部自主生成的健全结构。

在这种大量泛滥的强制性立法与私法自治产生的紧张关系的背景下，以追求实质合理性为基点，学者提出通过交涉、协商为核心概念重新构筑法学体系尤其是合同法学体系的新思路。这样，交涉法学理论便应运而生。在合同法领域，对于解决合同纠纷而言，交涉法学理论认为，应当将关注重点放到“交涉”层面。一方面，僵化地适用合同规范或者强行将事实纳入既定规范之中，不利于现实中纠纷的彻底解决；另一方面，现实中纠纷的常态往往是，一开始双方的争议并不是相当明朗，而且，随着事态的不断推进，争议的焦点也会随之变化。因此，在合同交涉理论看来，能够被适用的合同规范绝大多数是在当事人之间相互关联中逐步形成的。[3] 可见，交涉法学理论是以一种动态视角对于合同纠纷进行重新认识，并以此为基础提出对实体法进行重新构建。这样更能够保障当事人的意思自治，避免法院过于僵化地解决合同纠纷。

在交涉法学理论看来，合同法应该被设计成为促进交涉的规范和调整当事人之间进行的交涉的工具，而非静态规范当事人权利义务的文本，这样更能作为私法自治的保障。因此不难理解，在情事变更的前提下，通过课以当事人再

---

〔1〕 梁慧星：“从近代民法到现代民法”，载《中外法学》1997 年第 2 期。

〔2〕 顾祝轩：《合同本体解释论——认知科学视野下的私法类型思维》，法律出版社 2008 年版，第 267 页。

〔3〕 顾祝轩：《合同本体解释论——认知科学视野下的私法类型思维》，法律出版社 2008 年版，第 268 页。

交涉义务，设定交涉过程中最低限度的规则，从而使合同变更所必须具备的构成要件有所缓解，在某种程度上缓和了合同规制与当事人之间意思自治的紧张状态。[1] 另外，通过指引当事人自主协商，达成调整合同的方案，相比于法院按照法律条文和僵化的合同文本解决纠纷，更有利于纠纷的彻底解决。

第二节　再交涉义务在情事变更原则中的地位

一、情事变更原则的适用效果

再交涉义务出现之前，德日关于情事变更原则适用效果的争论主要表现为："①在当事人没有请求调整契约的情况下，法官是否有权调整契约内容；②契约调整与契约解除两效果之间的关系如何，即何者是第一位的。"[2]

再交涉义务提出后，对于情事变更原则的法律效果，比较有影响力的学说为两次效力说和三次效力说。对于前者，"代表人物史尚宽先生认为：情事变更的法律效果包含两个层面，一是变更合同，二是解除合同。前者可称为第一效力，后者可称为第二效力。"[3] "而在日本近时却有学者认为再交涉义务是情事变更原则独立的、第一次性的效果，而二次性的效果是合同的调整，三次性的效果是合同的解除。"[4] 从逻辑结构上来讲，再交涉义务存在是以情事变更在适用效果上三次效力说为前提的。再交涉义务存在的价值在于为当事人提供一种自主交涉的制度范式。"但毋庸置疑，就'三次效力说'而言，'再交涉'作为情事变更原则之下的一种独立效果，目的在于以强制为导向，使交涉成为排除情事变更障碍的必经过程，当事人对再交涉没有选择是否适用的权利。"[5]

因此，再交涉义务在情事变更原则中的地位，实质是处理在情事变更的前提下，再交涉与合同调整和合同解除之间的顺位关系。对此，日本学者五十岚清认为，契约成立后，发生情事变更时，当事人首先就契约调整进行协商，即再交涉。如果再交涉达成合意，被调整的契约将重新拘束当事人。如果再交涉未达成合意，则由法院等机关进行强制性调整，或解除契约，或维持原契约。

---

〔1〕 顾祝轩：《合同本体解释论——认知科学视野下的私法类型思维》，法律出版社 2008 年版，第 274 页。

〔2〕 参考孙美兰：《情事变更与契约理论》，法律出版社 2004 年版，第 189 页。

〔3〕 史尚宽：《债法总论》，中国政法大学出版社 2000 年版，第 455～456 页。

〔4〕 五十岚清著，刘士国译："情事变更·合同调整·再交涉义务"，载梁慧星主编：《民商法论丛》第 15 卷，法律出版社 2000 年版，第 447～448 页。

〔5〕 戚枝淬："论情事变更原则适用的法律效果"，载《河南省政法管理干部学院学报》2003 年第 3 期，第 61 页。

五十岚清用以下图示表示再交涉义务与契约调整与解除之间的关系[1]：

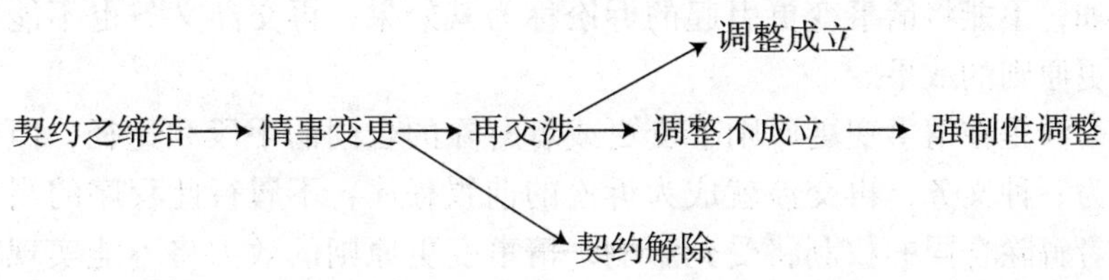

图1　再交涉义务与契约调整与解除之间的关系

与此同时，围绕再交涉义务在情事变更原则中属于实体法上的效果还是程序要件也有以下两种争论：

（一）第一次效果说

该说为日本学者久保宏之、内田贵、松井和彦等人所提倡，“认为再交涉义务是情事变更的第一次效果，而且是独立的效果；解除契约或者变更契约是情事变更原则的第二次效果”。[2] 这样的观点是基于对现实的考查，在情事变更下，契约的效力并没有立即受到影响，而首先发生契约当事人再交涉义务的负担。而且，要求适用情事变更原则的一方当事人如果违反作为第一次效果的再交涉义务，将不能诉请法院解除或者变更契约（情事变更原则的第二次效果）。

（二）程序要件说

该说为日本学者熊见善久、石川康博和五十岚清所提倡。熊见善久认为，再交涉义务并非情事变更原则的效果，而是主张情事变更原则一方当事人的加重性“程序要件”。石川康博诠释了熊见善久的观点称，如果主张适用情事变更原则的一方当事人不履行再交涉义务，即使具备了适用情事变更原则的实体要件，情事变更原则最终还是不得适用。“五十岚清也认为：再交涉义务并非情事变更原则适用的独立效果，而只是达到修改或解除契约的途径。”[3]

二、对再交涉义务在情事变更原则中的地位的思考

情事变更原则的适用效果是指情事变更对合同效力带来的影响。再交涉义务仅仅是试图改变合同效力的途径之一，本身无关合同效力。由于情事变更所要实现的就是对原合同效力的突破，因此情事变更原则对于合同效力的影响只有两种：一是变更；二是解除（包括终止）。再交涉义务的设置实质上是对交涉前置程序的设置，此程序的目的在于促使当事人达成合同调整或解除的合意，

---

〔1〕 孙美兰：《情事变动与契约理论》，法律出版社2004年版，第181～182页。

〔2〕 孙美兰：《情事变动与契约理论》，法律出版社2004年版，第194页。

〔3〕 孙美兰：《情事变动与契约理论》，法律出版社2004年版，第194～195页。

否则，承担法律上的不利益。也可以将其理解为一种情事变更原则下的非讼程序。正如，不能将情事变更引起的诉讼称为其效果，再交涉义务也不能被称为情事变更原则的效果。

再交涉是在情事变更原则下变更或者解除的合同的手段和途径，但是当再交涉成为一种义务，再交涉就成为诉讼的前置程序，不履行此程序的当事人的改变或者解除合同的权利将受到影响，情事变更原则的效力将不能实现或者不能完全实现。因此，笔者认为再交涉义务是情事变更效果实现的程序性要件。

第三章　再交涉义务的实证分析

第一节　再交涉义务的构成要件

再交涉义务作为一项立法层面的制度设计，必须有其特定的构成要件。对于再交涉义务的构成条件，学者有不同论述。“Horn 认为：只要满足行为基础之丧失的法律要件，就会自动产生再交涉义务，除非不存在再交涉的可能性以及实施再交涉对另一方当事人而言为期待不能。”[1] Horn 在其关于情事变更的提案中称“再交涉没有希望，或者对他方合同当事人来说不能期待时，不能请求。”[2] “Nell 将合同当事人承担合同再交涉义务的前提分为‘固定的前提条件’和‘变动的前提条件’两类”，[3] 其中，固定的前提条件即当事人拥有变更或解除合同的权限，变动的前提条件则包括，存在对于合同变更或解除的必要性以及再交涉对于对方当事人而言具有可能性。日本学者石川康博也将再交涉义务的前提条件分为固定的构成要件和变动的构成要件两类：“前者是指存在法律上的合同调整问题，后者包括：①合同调整问题复杂；②不存在使再交涉义务期待不能的情况”。[4] 另有学者认为，再交涉义务的存在应当具备以下要素：“一是对提出再交涉义务的当事人有再交涉的必要；二是有认可相对方回应再交

---

〔1〕 顾祝轩：《合同本体解释论——认知科学视野下的私法类型思维》，法律出版社 2008 年版，第 288 页。

〔2〕 ［日］五十岚清著，刘士国译：“情事变更 · 合同调整 · 再交涉义务”，载梁慧星主编：《民商法论丛》第 15 卷，法律出版社 2000 年版，第 429 页。

〔3〕 孙美兰：《情事变动与契约理论》，法律出版社 2004 年版，第 192 页。

〔4〕 孙美兰：《情事变动与契约理论》，法律出版社 2004 年版，第 192 页。

涉的必要。"[1] 综合以上学说，再交涉义务作为一个"框架义务"，其构成要件可以从两个方面加以表述：一是对于提出交涉请求权一方当事人而言，有要求进行交涉的必要性；二是对于相对方当事人而言，存在进行再交涉的可能性。而这两个方面又可以具体化为以下条件：

一、情事变更的事实[2]

情事变更原则体现现代民法对于合同实质正义的追求，因为在急剧变化的现代商业社会中，人们不可能在合同缔结时就对将来发生的一切情况事先进行安排。在缔结合同时所依据的客观基础发生变化的情况下，让合同一方当事人承担不可归责于自己的损失，无疑是有悖于合同公平理念的。在这种情况下，最好的方式就是赋予当事人变更或解除合同的权利，以恢复失衡的利益关系。但是，这也体现了契约自由和契约正义两种法律价值的冲突。"因此，情事变更原则不能修正当事人应当承担的合理风险，国家权力不应过多地在正义的名义下介入市民社会，从而破坏市民社会的自律性。"[3]

在情事变更的情况下，当事人之间通过自主交涉达成合同变更和解除合同的合意可以在一定程度上修正契约自由和契约正义之间的紧张关系，这也是再交涉义务存在的正当化依据之一。但是反过来说，这种正当化的依据正是以当事人有权变更或解除合同为前提的，而且，我们谈论再交涉义务，也是在情事变更原则的大框架下进行论述的，因此，再交涉义务的理论构建，必须建立在情事变更原则基础之上。

二、当事人对于交涉的内容具有处分权

再交涉义务的设定，从本质上是私法自治的体现。私法自治，意味着当事人通过自由合意对权利的自由处分，但是这种对于权利的自由处分并非不受任何限制。从世界各国立法来看，对于自由合意的有效要件都是以不违反法律的禁止性规定、不违反社会公序良俗、不损害第三人利益为前提的。在情事变更原则下的再交涉行为，目的也是通过双方当事人的协商达成调整合同的合意，因此，对于所调整的合同内容必须在当事人的处分权限范围之内。

---

〔1〕［日］五十岚清著，刘士国译："情事变更·合同调整·再交涉义务"，载梁慧星主编：《民商法论丛》第15卷，法律出版社2000年版，第444页。

〔2〕也有学者认为，再交涉义务作为一种独立的制度，即使是在不适用情事变更的情况下，也可以独立存在（见［日］五十岚清著，刘士国译："情事变更·合同调整·再交涉义务"，载梁慧星主编：《民商法论丛》第15卷，法律出版社2000年版，第444页），但是本文仅在情事变更原则的基础上讨论再交涉义务的合理性。

〔3〕王晨："日本契约法的现状与课题"，载《外国法评译》1995年第2期。

三、再交涉的必要性

对于再交涉的必要性是否存在的判断并无确定标准。一般认为，以下要素的存在有助于提高再交涉的必要性：其一，合同的调整对双方当事人均具有存续利益；其二，合同中并没有明确约定情事变更下的合同调整请求权；其三，合同内容复杂；其四，再交涉较其他救济方式更有效率、成本更加低廉以及更能维持双方的良好的合作关系。相反，如果契约调整的问题很简单，无需经过再交涉即可实现契约的调整；受到不利影响的合同当事人甘愿受损等情况则会使再交涉的必要性降低。

四、再交涉的可能性

就再交涉的可能性而言的，以下要素的存在将增大再交涉的可能性：一是双方当事人地位平等，信息对称；二是对方当事人已经为合同交涉进行准备工作；三是围绕再交涉产生的风险较小。“这里的风险主要是指针对要求调整合同被拒绝的风险、延迟调整合同的风险、基于交涉反而使自己获得不利益合同内容的风险以及基于再交涉反而进一步扩大纷争的风险等。”[1]

对合同双方当事人而言，再交涉义务的负担以现实可能性为条件，例如不存在以下情况：双方当事人地位悬殊，不存在平等交涉的可能性。再如若另一方当事人拒绝进行再交涉，则提出再交涉一方当事人之再交涉义务也随之消灭。

五、当事人没有在合同中排除再交涉的适用

情事变更的构成要件之一即当事人对于变更的情事是不可预见的，这也是当事人不可归责的基础。因此，如果当事人在合同缔结时能够预见到合同缔结后可能发生的风险，在此基础上仍然作出签订合同的决定，这就表明其愿意承担由于合同正常风险所导致的损失，如果在这种情况下仍然强制性调整合同，反而会使交易安全受到破坏。同理，如果当事人已经在合同中约定情事变更前提下排除再交涉行为，这样就没有了再交涉行为的适用余地。“比如合同本身已经含有规定合同自动修改的条款（例如条款中规定了某些事项发生时的自动价格指数），则不允许要求重新谈判。”[2]

第二节　再交涉义务的法律效果

一、再交涉义务和中止履行抗辩权

情事变更下，一方当事人请求进行再交涉后以及再交涉过程中，合同双方

---

〔1〕顾祝轩：《合同本体解释论——认知科学视野下的私法类型思维》，法律出版社2008年版，第293页。

〔2〕周晓燕主编：《国际商事合同通则》（第2版），法律出版社2003年版，第129页。

是否可以中止履行合同义务？对此，《国际商事合同通则》第6.2.3条第2款明确规定："重新谈判的要求本身并不能使处于不利地位的当事人有权停止履约。"[1] 应该说，这样的规定有利于避免一方当事人滥用情事变更原则以规避义务的履行，因为契约必须信守永远是合同的履行原则，而情事变更原则仅仅是例外。这样也可以促使当事人积极进行再交涉，在协商不成的情况下，尽快进入司法程序。

但是，在司法实践中，如果发生情事变更，往往是受到不利影响的一方当事人提出再交涉，对方当事人很可能是情事变更的受益者，在这种情况下，基于自身利益的驱使，对方当事人有可能拒绝交涉方案。若此时仍然要求遭受不利影响的一方当事人履行合同，将来诉诸司法机构，也必然存在利益返还等复杂的问题。此外，对于情事变更导致的履行不能，尤其是事实上已经不能履行（如标的物已经毁损、灭失），在当事人在中止履行的情况下，让其承担违约责任也是不合理的。因此，必须在个案中承认当事人在一定程度上享有中止履行抗辩权，当然，这是作为原则的例外而出现的。

二、违反再交涉义务的效果

再交涉义务作为一种不真正的义务，是一种效力较弱的义务，但是这并不意味着违反再交涉义务不用承担任何法律后果。再交涉义务作为一种法律义务，对其的违反，必然体现为当事人需承担法律上的不利益。再交涉作为情事变更下合同变更或解除的程序性要件，其功用在于促进交涉过程的推进，因此，违反再交涉义务的后果主要体现在变更或解除合同权限的变化上。另外，违反再交涉义务给对方当事人造成的非合同履行利益方面的损失，须承担损害赔偿责任。因此，对于违反再交涉义务的效果，可以归结为以下三方面：

（一）合同调整权限的限制或变更

合同调整权限的限制或变更主要有以下形态：一是合同变更或解除权的丧失。如应当提出交涉的一方当事人（往往是情事变更下受到不利影响的一方当事人，希望对合同进行变更或解除）不主动实施交涉行为，怠于提出交涉方案，则其丧失要求变更或解除合同的权利，受到已经订立的合同约束。二是合同变更或解除权限种类的变更。如最初请求通过交涉对合同进行调整的一方当事人在对方当事人拒绝交涉时可取得合同解除权。三是"对合同变更或解除权限限制之缓和"。[2] 如不履行或者不完全履行再交涉义务的一方当事人的对方当事人在合同变更或者解除权上的限制得以减轻或消除。四是合同变更或调整权限

---

〔1〕 周晓燕主编：《国际商事合同通则》（第2版），法律出版社2003年版，第130页。

〔2〕 孙美兰：《情事变动与契约理论》，法律出版社2004年版，第193页。

效力发生实现之延期。“另外如一方当事人违反再交涉义务或在对方提出再交涉后不予合作的，另一方再交涉义务的负担可减轻或免除。”〔1〕

（二）强制性合同调整

“当事人违反再交涉义务，不依诚实信用原则和对方当事人进行交涉，则必须接受法院对于合同的强制调整，必须甘心忍受不利益的调整内容。”〔2〕对于强制性调整，主要是针对司法机关以审判方式对合同进行调整，表现为：希望维持合同效力的一方当事人在违反再交涉义务的情况下，必须接受法院对合同进行变更或解除的后果；希望对合同进行变更的当事人则必须接受对于合同维持、解除，或者对于自己更为不利的变更方案；对于希望解除合同的当事人而言，则受到既存合同的约束或对于自己的不利变更。

（三）损害赔偿

关于违反再交涉义务是否会导致损害赔偿，“ Horn 并不反对违反再交涉义务应当承担损害赔偿责任，但认为对违反再交涉义务进行惩罚仅是一种例外，不应将其明确规定在法律中”。〔3〕我国在合同法第四审议稿中规定再交涉义务时也没有涉及损害赔偿。

如果将再交涉义务视为不真正义务，则不会涉及损害赔偿责任，但是由于再交涉义务毋庸置疑涉及合同双方利益，因而违反再交涉义务给另一方当事人造成损失的，受损方可以主张损害赔偿。但损害赔偿并非法律追求的目标，只是作为一种制度上的威慑，促使当事人就合同的调整达成一致方案，尽量避免通过法院以强制力解决纠纷。“因此，我们对于此项法律义务的要求仅限于符合诚实信用原则，并不要求必须达到一定的结果，因而，也可以限制不良影响（即对义务人的要求过高）的发生。”〔4〕

“对于违反再交涉义务所产生的损害赔偿责任，在德国，其根据求助于积极侵害债权，在日本则解释为违反附随义务。”〔5〕无论是积极侵害债权或是对附随义务的违反，都应考虑为违反诚实信用原则所导致另一方当事人的损失。也就是说，再交涉义务作为一种法定义务而存在，法律一旦提供这样一种义务指引，当事人也会合理信赖对方当事人会本着诚实信用原则进行再交涉。诚实信

---

〔1〕孙美兰：《情事变动与契约理论》，法律出版社2004年版，第193页。

〔2〕参见［日］五十岚清著，刘士国译：“情事变更·合同调整·再交涉义务”，载梁慧星主编：《民商法论丛》第15卷，法律出版社2000年版，第446页。

〔3〕顾祝轩：《合同本体解释论——认知科学视野下的私法类型思维》，法律出版社2008年版，第297页。

〔4〕韩世远：“情事变更原则研究”，载《中外法学》2000年第4期。

〔5〕［日］五十岚清著，刘士国译：“情事变更·合同调整·再交涉义务”，载梁慧星主编：《民商法论丛》第15卷，法律出版社2000年版，第446页。

用原则是各国民法的基本原则，我国《民法通则》第4条亦明确规定诚实信用原则是民事主体从事民事活动准则。在合同法领域，不论是在合同缔结之前，还是在合同履行过程中，抑或合同履行完毕之后，当事人都须在诚实信用原则指导下承担相应义务。违反诚实信用原则导致对方当事人的损失，表现为信赖利益的损失，这种损失与基于履行利益的损失有着根本性区别。对于违反诚实信用原则导致他方当事人信赖利益的损失，其中最为典型的就是违反先前合同义务所导致的缔约过失赔偿责任。

再交涉义务下的损害赔偿是在合同因情事变更履行困难需要调整的情况下，一方过失地违反诚实信用原则，导致合同私力调整不能，致使对方当事人遭受损失而应负的责任。如果说缔约过失责任是对合同缔结过程中因违反交涉义务而产生的损害赔偿；那么再交涉义务下的损害赔偿是在合同出现法定调整事由时违反再交涉义务而所产生的损害赔偿，因而可以称之为“再交涉过失责任”。两者仅仅在发生时间上有所区别。因此，违反再交涉义务的损害赔偿可以比照缔约过失责任。我国《合同法》第42、43条仅仅规定了缔约过失导致对方损害的应当承担损害赔偿责任，但对于此损害赔偿的范围却没有做出规定。学理上较一致的观点是：“以信赖利益为限度，使对方当事人的利益恢复到缔约前的状态，但不应大于合同有效成立时的履行利益。”[1] 因此，对于违反再交涉义务的损害赔偿范围，应以信赖对方当事人能够诚实守信地履行再交涉义务所导致的损失为限，如为再交涉所花费的费用、没有正当理由拒绝交涉或延迟交涉给对方当事人带来的损失等，而不应当承认履行义务的一方当事人可以获得因合同效力调整或维持而产生的利益。

第四章　我国构建再交涉义务的必要性分析以及构建模式

第一节　再交涉义务与我国的合同立法

再交涉义务作为情事变更原则下的一项制度设计，是以情事变更原则作为存在前提的，情事变更原则在我国的确立是一个一波三折的过程。新中国成立以后，在计划经济体制下，当事人缔结合同后发生情事变更，往往通过行政手段解决，因此并无情事变更原则的适用余地。改革开放以来，在经济市场化改

[1] 王卫国：《民法》，中国政法大学出版社2008年版，第461～462页。

革过程中，行政调控方式已经不能适应经济发展要求。最明显的表现就是市场变化导致的产品价格大幅波动，导致合同履行极为困难。1981年《经济合同法》第27条规定："由于一方当事人虽无过失但无法防止的外因，致使经济合同无法履行，允许变更或解除经济合同。"〔1〕这被学界普遍认为是对情事变更原则的规定。但是在1993年修订《经济合同法》时却取消了上述规定，因此，情事变更原则就成为我国立法上的一项空白。

在我国《合同法》制定过程之中，对于是否采纳情事变更原则也曾有过激烈的争论。在《合同法》立法过程中形成过五个草案，其中后三个草案对情事变更都进行了相应规定，其中比较成熟的规定出自第四次审议稿，其第76条规定："由于国家经济政策、社会经济等客观情事发生巨大变化，致使履行合同将对一方当事人没有意义或者造成重大损害，而且这种变化是当事人在订立合同时不能预见而且不能克服的，该当事人可以要求对方就合同的内容重新协商；协商不成的，可以请求人民法院或者仲裁机构变更或者解除合同。"〔2〕从合同法草案第四次审议稿关于情事变更的规定来看，要求当事人就合同履行困难进行重新协商，这无疑是第一次在立法实践中对于情事变更原则下再交涉义务的肯定，"草案的这一规定，被认为'堪称是相当前卫的立法。'"〔3〕

但是，1999年《合同法》最终通过时还是放弃采用情事变更原则。《合同法》之所以未采纳情事变更原则，主要原因包括以下三个方面：一是情事变更适用于社会经济形势动荡条件，在目前经济运行平稳的情况下没有必要对情事变更进行规定；二是情事变更难以和商业风险进行区分，在执行时难以操作；三是规定情事变更原则有可能在法官整体素质不高的情况下导致自由裁量权的滥用；另外，情事变更在一定程度上也可以被诸如不可抗力等相关制度吸收，即可以通过不可抗力等制度解决情事变更的问题。虽然情事变更原则最终未被立法者采纳，但正如梁慧星教授所言："删掉情事变更原则实在是特殊时期的特殊情况，可以理解，但删掉这些制度是非常可惜的，将来制定民法典的时候还要把它规定上去。"〔4〕

虽然情事变更原则未被写入我国民事立法，但是在司法实践中对情事变更原则的运用一直在摸索和完善。从最高人民法院《关于审理农村承包合同纠纷案件若干问题的意见》、《最高人民法院关于武汉市煤气公司诉重庆检测仪表厂

---

〔1〕参见1981年《经济合同法》第27条。

〔2〕参见《中华人民共和国合同法草案第四次审议稿》。

〔3〕崔建远主编：《新合同法原理与案例评释》（上），吉林大学出版社1999年版，第278页。

〔4〕梁慧星："合同法的成功与不足"，载《中外法学》2000年第1期。

煤气表装配线技术转让合同购销煤气表散件合同纠纷一案适用法律问题的函》、《全国经济审判工作座谈会纪要》等司法文件发布来看，合同缔结后因合同基础发生变化所产生的纠纷都是运用情事变更原则的法理解决的。

正是在这种情况下，2009 年最高人民法院发布的《最高人民法院关于适用〈中华人民共和国合同法〉若干问题的解释（二）》[1] 第 26 条对于情事变更原则作出明确规定："合同成立以后客观情况发生了当事人在订立合同时无法预见的、非不可抗力造成的不属于商业风险的重大变化，继续履行合同对于一方当事人明显不公平或者不能实现合同目的，当事人请求人民法院变更或者解除合同的，人民法院应当根据公平原则，并结合案件的实际情况确定是否变更或者解除。"[2] 该解释是最高人民法院在司法解释中首次确立情事变更原则，由于我国最高人民法院司法解释也是正式法律渊源，该解释的发布，标志着情事变更原则在我国的正式确立。

《合同法解释二》第 26 条规定了情事变更原则的适用条件及法律效果，条文设计比较完整，但是并没有涉及再交涉义务。可喜的是，最高人民法院似乎看出了这一缺陷，在 2009 年 7 月 7 日公布的《最高人民法院关于当前形势下审理民商事合同纠纷案件若干问题的指导意见》[3] 第 4 条中规定："在诉讼过程中，人民法院要积极引导当事人重新协商，改订合同；重新协商不成的，争取调解解决。"[4] 可见，最高人民法院对情事变更下合同双方当事人协商解决合同纠纷是持肯定态度的。需要说明的是，与上文说明的再交涉义务理论稍有不同的是，《指导意见》中的再交涉仅限于诉讼程序中的再交涉，并非纯粹的当事人自主交涉，而且与我国的民事调解制度有所重合；而且《指导意见》中的再交涉并非双方当事人的义务，仅仅是法院的工作方法。这和再交涉义务的制度设计和价值取向有所差别，因此，笔者认为，有必要重新对情事变更原则下再交涉义务进行重新审视。

第二节 再交涉义务与民事诉讼调解制度

民事诉讼调解制度是一项极具中国特色的诉讼制度。"民事诉讼调解，是指在民事诉讼中，由人民法院主持，协同当事人及相关人员的积极参与，根据自愿原则，通过法、理、情的疏导、说服和规劝，促进当事人平等协商妥协让步

---

〔1〕 以下简称《合同法解释二》。

〔2〕 见《合同法解释二》第 26 条。

〔3〕 以下简称《指导意见》。

〔4〕 见《指导意见》第 4 条。

达成协议，最终终结诉讼程序的活动。"[1] 民事诉讼调解的制度价值在于以公权力为保障，促使双方当事人自主协商，化解纠纷。在这个意义上，将民事诉讼调解制度和再交涉义务进行比较，两者在价值追求方面有以下相似之处。

首先，两者都体现为一种当事人的自主磋商机制，体现当事人的意思自治。自愿原则是民事调解的基本原则，是当事人意思自治在民事诉讼法领域的体现。"在民事诉讼法领域保障意思自治有助于维护私法秩序，使民法上的私权自治得到最终的贯彻和落实。"[2] "当事者的调解协议，是当事者双方对解决他们之间纠纷的合意，具有契约性质。"[3] 而再交涉义务的设定，也是为当事人充分实现意思自治创造空间前提，促使当事人能够通过协商达成合意。

其次，两者都是一种非规范性的合意达成机制，能够促进司法资源的节约。"和诉讼程序相比，调解程序具有非规范性。"[4] 调解程序的非规范性体现在无需严格遵守民事实体和程序规范，具有较大的灵活性。"正是由于其灵活性，因此，在解决民事纠纷时，调解往往更为高效，更有利于节约司法资源。这在现阶段法院案件激增的情况下，有着更为积极的益处。"[5] 而再交涉义务的设定，也是通过当事人对自我权利的自由处分，从而就合同的调整达成合意。这种自我处分则完全是建立在当事人私权自治基础之上。在达成合意之后，则无需通过司法途径进行合同调整，避免对司法资源的占用。

再次，两者都利于当事人之间关系的稳定。民事诉讼中的调解和合同变更前当事人的自主协商的共同特点之一就是都是在当事人之间相互交涉下完成的。就交涉的动机而言，尽管双方当事人存在利益博弈，但是通过让步达成双方都能接受的合意是双方进行交涉的目的所在，因此，双方当事人往往会以更为积极的态度进行协商，尽力维护友好关系，避免两败俱伤。

最后，两者都是一种纠纷的自主解决方式，可以避免国家公权力的不当干预。民事诉讼调解中，法官作为中立的第三方出现，其作用在于为当事人进行自主协商创造良好的条件，并且就相关问题进行指导。因此，民事诉讼调解是严格排斥法官对当事人自主达成合意进行干预的。再交涉义务之所以存在，很大程度上也是因为在合同基础变更的情况下，法官囿于专业素养，对于合同调整的判断不能完全符合商业规律以及当事人的意愿，才将合同调整交由当事人

---

〔1〕 田平安、陈飏："民事诉讼调解论纲"，载《民事诉讼法学前沿问题研究》，北京大学出版社2006年版。

〔2〕 李卫国："民事诉讼契约探析"，载《贵州社会科学》2008年第11期，第127页。

〔3〕 陈锦红："法院调解改革构想"，载《河北法学》2001年第6期，第66页。

〔4〕 季卫东：《中国调解制度研究》，中国民主法制出版社2001年版。

〔5〕 范愉：《非诉讼纠纷解决机制研究》，中国人民大学出版社2000年版，第576～577页。

先行协商。

虽然两者在制度设计和功能实现方面有诸多相似之处，但是不能就此认定诉讼调解制度可以替代再交涉义务。不论从制度设计还是司法实践中的运作效果来看，两者之间都存在着一定的差异。

首先，就程序设置而言，再交涉义务存在于诉讼之前，如果当事人能够通过交涉达成合意，则无需通过诉讼程序对合同进行调整。而民事诉讼调解存在于诉讼程序之中，是以当事人将纠纷提交司法机关为前提的。因此，尽管诉讼调解具有高效、便捷等特点，但是相比于诉讼前的交涉，诉讼调解本来就意味着对司法资源的占用，因此，就诉讼成本的节约而言，无疑是再交涉义务的存在更有意义。与此同时，就我国传统理念中，早已形成以和为贵、耻诉息讼的观念，因此，纠纷一旦提交到法院，就意味着当事人之间的友好关系存在破裂的危险，而诉前协商则可以起到充分维护当事人之间关系的作用。换言之，就维护当事人关系而言，诉前交涉无疑具有更好的效果。

其次，在我国目前司法环境下，调解制度还存在一定争议。一是“我国目前仍然是以法官为主导的诉讼模式，当法官摆在裁判者的身份进行调解时，或明或暗的强制就会在调解中占主导地位，在强制力的作用下，自愿原则不得不变形、虚化”。[1] 这样，调解往往就成为一种变相强制，使调解异化为在“司法权威外衣”笼罩下的“合意的贫困”，甚至造成当事人对诉讼程序缺乏信心、消极抵抗和调解进一步形式化。[2] 这从根本上违背了民事调解的价值理念。二是我国在调解中仍然坚持以查清事实、分清是非作为指导思想。查明事实、分清是非，对于正确确定当事人的权利义务无疑具有积极作用，但是在司法实践中，尤其是在调解程序中，查明事实是以尊重当事人处分权为前提的，如果当事人能够自愿达成协议，法官仍要求对案件事实予以查明，这也增加了当事人诉累，未能充分发挥调解制度的功能。

因此，笔者认为，再交涉义务和民事调解制度虽然在制度设计和功能上有相似之处，但是再交涉义务有其特定的前提和独立的价值，在某些方面比民事调解制度更有利于合同纠纷的解决。

第三节　确立再交涉义务的必要性分析

目前，我国已经通过司法解释确立了情事变更原则，但是《合同法解释二》第26条却没有对情事变更下再交涉义务进行相关规定，这不能不说是一个遗

---

〔1〕 李浩：“民事审判中的调审分离”，载《法学研究》1996年第4期，第62～63页。

〔2〕 蒋大兴：“审判何须对抗”，载《中国法学》2007年第4期，第131页。

憾。就再交涉义务是否应该确立的问题，学界和司法实务界的观点应该是比较统一的。如韩世远教授就认为："在我国的情事变更原则之法理上，是应当肯定'再交涉义务'的存在的。"[1] 也有学者认为："司法解释虽没有规定此方面（再交涉义务）的内容，但可以肯定的是，由于合同外界变化导致合同基础发生重大变更后，当事人进行协商以期根据新的情况重新缔结合同，这种行为本身是一种体现诚实信用的行为，应该值得鼓励。"[2] 对于以上观点，笔者是持赞同态度的，再交涉义务作为一种制度设计，首先表现为一种促进当事人自律的机制，将纠纷于诉前解决，同时可以缓解刚性的合同文本和当事人真实合意之间的紧张状态，另外，再交涉可以促进当事人之间和谐关系，这与我国传统法律理念也是不谋而合的。因此，在我国在已经确立情事变更原则的情况下，也应确立再交涉义务。

第一，再交涉义务是合同法意思自治原则的体现。"市民社会的基本结构是以契约性关系为网络组合而成的社会系统，而联结契约当事人的纽带就是意思自治。"[3] 而对意思自治的强调实际上就是对国家公权力的限制，更深层次的意义在于体现个体自由、人格平等。"从再交涉义务的设定来看，就是为当事人自主协商提供一种制度性保障，使当事人能够通过意思自治对合同进行调整，在最大程度上回避了与合同拘束力之间的冲突。"[4] 以意思自治赋予合同调整的正当性理由，从而实现合同实质正义。

第二，再交涉义务的设定有利于节约纠纷解决成本。"法律经济学认为法律的价值之一在于以有利于提高效率的方式分配资源，并以权利和义务的规定保障资源的优化配置和使用。"[5] 在合同缔结后，通过课以当事人再交涉义务，有助于防止损失的进一步扩大，因为当事人往往是最能对风险进行控制的人。同时，这种义务的设定，也是对当事人进行风险控制的有效激励。另外，再交涉义务作为一种通过以诉讼解决纠纷的前置程序，即如果违反再交涉义务将承担一定不利益，使当事人在将纠纷诉至法院之前尽量通过磋商对现有法律关系进行调整，避免对国家司法资源的占用。

---

〔1〕 韩世远："情事变史原则研究"，载《中外法学》2000 年第 4 期。

〔2〕 沈德咏、奚晓明主编：《最高人民法院关于合同法司法解释（二）理解与适用》，人民法院出版社 2009 年版，第 193 页。

〔3〕 赵万一："对民法意思自治原则的伦理分析"，载《河南省政法管理干部学院学报》2003 年第 5 期，第 15 页。

〔4〕 顾祝轩：《合同本体解释论——认知科学视野下的私法类型思维》，法律出版社 2008 年版，第 295 页。

〔5〕 张文显主编：《法理学》，法律出版社 2004 年版，第 251 页。

第三，再交涉义务的设定有利于民事纠纷的合理解决。“审判往往并不是民事纠纷的最好解决方式，尤其是当解决当事人之间纠纷的诉讼程序异化为法律专家——律师在严格程序规则下展开的激烈对抗的竞技。”[1] 在法律专家主导的诉讼程序中，当事人的主体性地位被弱化，缺乏表达自我意愿的途径。而法官、律师作为精通法律以及诉讼程序的专家，并不意味着同样对商事实践领域有着和商人同样深刻的理解，因此，由法律专家主导对合同进行调整，并不能完全得到当事人认可。当然，这也是对法律专家的苛求。“有鉴于此，作为对法律技术合理性的一种反省，有必要重新评估纷争当事人间实践论证的作用。”[2]

第四，再交涉义务的设定，可以通过当事人诚信协商，维护合同关系顺畅，这与我国传统“以和为贵”价值观念是相符的。我国在传统上是一个熟人社会，崇尚无讼的理想境界。“身处自然农业经济社会里的中国人，以血缘和地缘关系为生存纽带，组成生存空间，再加上儒家思想的影响，形成了以和为贵的价值取向。”[3] 而对于和谐的追求，使得中国传统社会尤其推崇以协商、调解方式解决纠纷。因此，再交涉义务作为一种促进自主磋商规范，其运行机制在本质上是和我国传统理念相符的。通过当事人的协商，将纠纷解决于诉讼之前，对于维护合同秩序的稳定，维护当事人之间的友好关系都具有重要意义。

第五，再交涉义务的设定符合我国合同法确立的协商规范。我国合同法虽然没有就情事变更下当事人的协商进行直接规定，但这种以协商方式优先解决合同问题的宗旨却贯穿于整个合同法。例如，在合同内容约定不明以及双方当事人需要变更合同的情况下，从我国《合同法》相应条款规定来看，无疑是鼓励当事人自主协商的。另外，在债务人延迟履行债务时，债权人必须进行催告，以及债务人在行使不安抗辩权时，要求对方当事人提供担保等行为。因此，情事变更下再交涉义务的设立并非特立独行，而是与整个合同法宗旨和理念一致的。

第六，再交涉义务的确定符合国际私法的立法趋势。虽然各国立法均没有对再交涉义务进行规定，但是，情事变更下的再交涉义务已经成为国际私法的内容，《国际商事合同通则》和《欧洲合同法原则》对于再交涉义务的内容、效果都进行了相关规定。换言之，在国际商事交往日益频繁的今天，在处理情事

---

〔1〕［日］谷口安平著，王亚新、刘荣军译：《程序的正义与诉讼》，中国政法大学出版社 1996 年版，第 29 页。

〔2〕顾祝轩：《合同本体解释论——认知科学视野下的私法类型思维》，法律出版社 2008 年版，第 264 页。

〔3〕尹伟民：“协商性纠纷解决机制之反思”，载《学术界》2010 年第 8 期，第 54 页。

变更的情况下，当事人承担再交涉义务已经成为国际商事活动的一项基本规则。国际私法对各国立法无疑是有一定指引作用的，因此，为了更好地参与国际经济的竞争与合作，在我国确立再交涉义务也是有必要的。

第四节　确立再交涉义务的可行性分析

一、我国民事法律制度已经体现了再交涉义务的精神

虽然我国司法解释规定的情事变更原则中并没有再交涉义务的内容，但我国民事法律制度中的个别规定已经体现了再交涉义务的精神。

(1)《合同法》第 77 条规定：“当事人协商一致，可以变更合同。”[1] 此处法律允许双方当事人以再交涉的方式变更合同。合同是双方意思表示一致的产物，合同的如约履行是实现双方当事人利益的要求；在情事不变的情况下，当事人并没有变更合同的动机，而情事变更正是合同当事人以协商方式变更合同的需求来源。因此，该条规定为情事变更原则下的再交涉义务提供了制度基础。

(2)《合同法》第 93 条规定：“当事人协商一致，可以解除合同。当事人可以约定一方解除合同的条件。解除合同的条件成就时，解除权人可以解除合同。”[2] 根据该条规定，即使是已经生效的合同，合同双方当事人也可以以再交涉的方式解除合同或者约定在出现特定情形时合同自动解除。法律并没有限定当事人通过协商解除合同的前提条件和确定的解除合同的条件；而造成合同履行不能或严重利益失衡的情事变更往往成为当事人协商解除或约定合同自动解除的条件。

(3) 在我国的合同法实践中，往往存在一些协商条款，约定当存在特定情势时，由当事人进行磋商以调整合同的内容；这已经非常类似于情事变更下的再交涉义务。

(4) 从最高人民法院《指导意见》第 4 条规定来看，最高人民法院已经意识到情事变更下由当事人自主再交涉对于维护双方当事人利益、及时定纷止争、节约司法资源的重要价值，因而规定了调解前的再交涉程序，这离本文所论述的再交涉义务仅一步之遥。个中理由乃司法解释的位阶太低，无权为民事主体设定义务；而且司法解释所规定的内容乃法院在审判案件时的指导，无法规范当事人在诉前的行为。

二、我国司法实践中的再交涉义务

“武汉市煤气公司诉重庆检测仪表厂煤气表装配线技术转让合同、煤气表散

---

〔1〕 见《合同法》第 77 条。

〔2〕 见《合同法》第 93 条。

件购销合同违约纠纷案”被认为是我国正式适用情事变更原则的标志性案例，而该案就已经涉及了再交涉义务。该案案情大体如下：“武汉煤气公司（原告）和重庆仪表厂（被告）签订的煤气表散件合同，在合同签订后，由于原材料铝锭价格因国家定价大幅上升，如按照所签订的合同继续履行，重庆仪表厂将承担巨大损失，重庆仪表厂协商请求变更合同价格，但协商未果，原告起诉被告要求承担违约责任，被告则以情事变更为由提起反诉。”〔1〕为此，最高人民法院出具最高人民法院《关于武汉市煤气公司诉重庆检测仪表厂煤气表装配线技术转让合同购销煤气表散件合同纠纷一案适用法律问题的函》，其中就是以情事变更原则作为法理依据对案件的审判进行指导在案件审理过程中，该案最终以调解结案，双方解除合同。在本案中，被告强调自己在情事变更的情况下多次和原告协商，正是由于原告拒绝协商才导致双方对簿公堂；而案件最终的结果，原告不得不接受合同在法院的干涉下解除的结果。

三、我国司法实践对情事变更原则适用“慎之又慎”的态度

情事变更原则是“合约必须严守”原则的例外，又因为在司法实践中情事变更与正常的商业风险没有明显的界限，是否能够适用情事变更原则往往存在很大争议；而且情事变更原则的适用往往涉及重大的利益纠纷，适用不当则会引起社会不稳定因素，影响社会和谐；因此我国司法实践对于情事变更原则的适用可以用“慎之又慎”来形容。

2009年7月，在世界金融危机的背景下，最高人民法院印发《关于当前形势下审理民商事合同纠纷案件若干问题的指导意见》的通知中特别提出：“对于情事变更原则要慎重适用、严格审查，注意合理区分情事变更与商业风险的区别，并侧重保护守约方的利益法，防止滥用情事变更原则影响市场正常的交易秩序。”〔2〕

情事变更原则适用也有严格的程序要求。2009年4月27日最高人民法院《关于正确适用〈中华人民共和国合同法〉若干问题的解释（二）服务党和国家的工作大局的通知》中规定：“适用情事变更原则应当由高级人民法院审核，必要时应报请最高人民法院审核。”〔3〕

不仅我国，日本对于情事变更原则的适用也是非常谨慎的，“日本判例一般

---

〔1〕参见中国法院网，http：//www.chinacourt.org/html/article/200211/04/16940.shtml，最后访问日期：2011年3月15日。

〔2〕http：//vip.chinalawinfo.com/newlaw2002/slc/slc.asp？db = chl&gid = 119232，最后访问日期：2011年3月15日。

〔3〕见最高人民法院《关于正确适用〈中华人民共和国合同法〉若干问题的解释（二）服务党和国家的工作大局的通知》第2条。

并不轻易承认情事变更，如买卖合同中，价格上涨了六倍，但日本最高裁判所仍然不承认是情事变更，因为他们认为在市场经济中，这些都是合理的，是当事人应当预见的或必然承担的风险。”〔1〕

情事变更原则的适用必须慎之又慎，又有繁琐的审核程序；而且一旦适用不当则会造成严重的后果。而再交涉义务一则在最大程度上可以促使当事人自我协商以消除情事变更对合同当事人造成的不利影响，充分体现了合同双方当事人的意思自治，促进在当事人之间再次达成利益双赢的合同方案；二则有效地节约了司法资源；最重要的是避免了法院适用情事变更原则的巨大的法律风险，这与我国现阶段的国情尤为契合。

第五节　在我国构建再交涉义务的构想

无论是在理论上还是在司法实践中，情事变更原则都在民法中占据重要地位，我国虽然已经在司法解释中规定了情事变更原则，但司法解释较低的法律位阶显然难以与情事变更原则的重要地位相匹配。因此，在未来民法典中规定情事变更原则是必然的趋势，在未来民法典确立情事变更原则之时完善情事变更原则的制度构造也是应由之举。对于情事变更制度之完善，再交涉义务是应有内容之一。笔者认为，我国在再交涉义务立法过程中必须遵循以下要点：

（1）再交涉义务的根本目的在于照顾和调整情事变更下双方当事人的利益；

（2）再交涉义务是以义务的方式保障当事人自由意思的实现；

（3）再交涉义务所构造的是一种双方当事人均诚信协商的程序；

（4）再交涉义务并无强制性，但是违反再交涉义务须承担一定的不利益。

在此基础上，结合上文关于再交涉义务的概念、法律构成，并借鉴国际私法对再交涉义务的规定，笔者对我国情事变更及情事变更下的再交涉义务立法建议如下：

1. 合同成立以后客观情况发生了不可归因于当事人并无法预见、无法克服、无法避免的不属于商业风险的重大变化，继续履行合同对于一方当事人明显不公平或者目的落空，受到不利影响的一方当事人有权要求对方当事人就合同内容调整进行协商，但是协商之请求应毫不迟延地提出并说明理由。

2. 协商过程中，当事人不得中止履行，但法律有特别规定的除外。在合理期间内协商不能，任何一方当事人均可向法院起诉。

3. 法院在查清事实的基础上，应按照公平原则对合同内容作出调整，调整

---

〔1〕 参见王晨：“日本契约法的现状与课题”，载《外国法译评》1995年第2期，第48页。

不能的，解除或终止合同。

4. 法院对合同的变更、解除或终止应考虑双方当事人协商行为的实施情况，一方当事人在协商过程中有违诚实信用与公平交易的行为给对方造成的损失，可以判决损害赔偿。

结　论

情事变更下的再交涉义务作为一项民法理论，由德国法学家 Horn 最早提出，兴盛于德日债法研究，实现于《国际商事合同通则》和《欧洲合同法原则》。该理论依托于情事变更原则，以诚实信用原则为理论基础，受到了契约关系理论和合同交涉理论的重要影响。

再交涉义务可以定义为，合同符合情事变更原则之要件时，合同双方当事人所相互负担的为寻求以合意方式调整合同而积极实施交涉的义务。再交涉义务的性质是复杂的：再交涉义务是非典型的不真正义务；是为自己和对方利益而为交涉行为的义务；兼具实体义务和程序义务于一身，负担于合同双方。再交涉义务是框架义务，包含所有合同双方当事人诚实、公平交涉的内容。

再交涉义务以诚实信用原则、关系契约理论和交涉法学理论为基础。再交涉义务在情事变更中的地位具有很大的争议，但公认的是，再交涉义务是向法院起诉的非强制性前置程序。本文通过分析得出结论：再交涉义务是情事变更原则效果实现的程序要件，而非情事变更原则的效果本身。

再交涉义务的法律构造目前还不清晰，但可以明确的是：情事变更下，除非存在消极要素，再交涉义务便自动产生；再交涉义务的法律效力较弱，但违背此义务不仅要承担合同调整上的不利益，而且可能产生损害赔偿。

学者对情事变更原则进入合同法甚至民法典的呼吁，也为情事变更原则的进一步完善提供了契机，更为再交涉义务的法定化提供了历史时机。再交涉义务的法定化虽然“相当前卫”，世界各国民法均鲜见此规定，但是不能不看到再交涉义务在解决情事变更下合同调整上的优越性，并由此体现的一种立法趋势，不能不看到国际商事合同法领域的实践与惯例，更不能不考虑我国已有的立法、实践和情事变更原则适用的现状。因此，当情事变更原则正式入驻法律[1]时，希望能够看到再交涉义务的身影。希望本文对再交涉义务的介绍及研究能够抛

〔1〕 此处的法律是狭义的，仅指由全国人民代表大会及其常务委员会制定并通过的法律文件。

砖引玉，引起我国理论界对再交涉义务的更深层次的研究。

参考文献

一、专著类

1. 顾祝轩：《合同本体解释论——认知科学视野下的私法类型思维》，法律出版社 2008 年版。

2. 孙美兰：《情事变动与契约理论》，法律出版社 2004 年版。

3. 江平主编：《民法学》，中国政法大学 2007 年版。

4. 王卫国主编：《民法》，中国政法大学 2008 年版。

5. ［德］卡尔·拉伦茨：《德国民法通论》（上册），王晓晔等译，法律出版社 2003 年版。

6. 史尚宽：《债法总论》，中国政法大学出版社 2000 年版。

7. 周晓燕主编：《国际商事合同通则》（第 2 版），法律出版社 2003 年版。

8. ［苏格兰］麦克尼尔著，雷喜宁等译：《新社会契约论》，中国政法大学出版社 1994 年版。

9. 杨立新：《债法总则研究》，中国人民大学出版社 2006 年版。

10. 李永军：《合同法》（第 3 版），法律出版社 2010 年版。

11. 王泽鉴：《民法学说与判例研究》（第 4 册），中国政法大学出版社 2005 年版。

12. 崔建远主编：《新合同法原理与案例评释》（上），吉林大学出版社 1999 年版。

13. 季卫东：《中国调解制度研究》，中国民主法制出版社 2001 年版。

14. 范愉：《非诉讼纠纷解决机制研究》，中国人民大学出版社 2000 年版。

15. 沈德咏、奚晓明主编：《最高人民法院关于合同法司法解释（二）理解与适用》人民法院出版社 2009 年版。

16. 张文显主编：《法理学》，法律出版社 2004 年版。

17. ［日］谷口安平著，王亚新、刘荣军译：《程序的正义与诉讼》，中国政法大学出版社 1996 年版。

18. 梁慧星：《民法总论》（第 3 版），法律出版社 2007 年版。

19. 王家福主编：《中国民法学 民法债权》，法律出版社 1991 年版。

20. 何宝玉：《英国合同法》，中国政法大学出版社 1999 年版。

21. 隋彭生：《合同法要义》（第 2 版），中国政法大学出版社 2005 年版。

22. 李开国主编：《合同法》，法律出版社 2002 年版。

二、期刊类

1. ［日］五十岚清著，刘士国译："情事变更·合同调整·再交涉义务"，载梁慧星主编：《民商法论丛》第 15 卷，法律出版社 2000 年版。

2. ［日］内田贵著，胡宝海译："现代契约法的新发展与一般条款"，载梁慧星主编《民商法论丛》第 2 卷，法律出版社 1994 年版。

3. 梁慧星："从近代民法到现代民法"，载《中外法学》1997 年第 2 期。

4. 王晨："日本契约法的现状与课题"，载《外国法评译》1995 年第 2 期。

5. 韩世远："情事变史原则研究"，载《中外法学》2000 年第 4 期。

6. 梁慧星："合同法的成功与不足"，载《中外法学》2000 年第 1 期。

7. 田平安、陈飏："民事诉讼调解论纲"，载《民事诉讼法学前沿问题研究》，北京大学出版社 2006 年版。

8. 李卫国："民事诉讼契约探析"，载《贵州社会科学》2008 年第 11 期。

9. 陈锦红："法院调解改革构想"，载《河北法学》2001 年第 6 期。

10. 李浩："民事审判中的调审分离"，载《法学研究》1996 年第 4 期。

11. 蒋大兴："审判何须对抗"，载《中国法学》2007 年第 4 期。

12. 赵万一："对民法意思自治的伦理分析"，载《河南省政法管理干部学院学报》2003 年第 5 期。

13. 尹伟民："协商性纠纷解决机制之反思"，载《学术界》2010 年第 8 期。

14. 卡斯腾·海尔斯特尔著，许德风译："情事变更原则研究"，载《中外法学》2004 年第 4 期。

15. 杨振山："试论我国民法确立情势变更原则的必要性"，载《中国法学》1990 年第 5 期。

16. 王江雨："论情事变更原则"，载《现代法学》1997 年第 1 期。

17. 张文婷：《论德国法上情势变更制度以及对中国的借鉴意义》，中国政法大学 2010 年硕士学位论文。

18. 李岳：《论不真正义务》，黑龙江大学 2010 年硕士学位论文。

19. 张昕：《比较法视野下的情事变更原则考察》，中国政法大学 2009 年硕士学位论文。

公司章程契约性研究

田金花

摘　要

众所周知，公司章程是公司必不可少的文件，其涵盖了公司从设立、运营至解散等诸多方面的事项，它对公司的重要性是不言而喻的。然而从学界对其的研究来看，对公司章程的性质却没有形成统一的结论，而我国《公司法》对此也没有明确的规定。笔者认为，对公司章程性质的研究是公司章程研究中一个前提性、基础性的课题，只有明确其性质，才能对其效力、功能以及公司章程与《公司法》的关系作一个合理的认定。本文基于公司契约理论，借鉴支持契约论学者的观点并从契约理论分析问题的视角，将公司章程确定为契约，从而明确公司章程契约性是其根本属性。

本文共分为四章。

第一章，介绍了公司章程的不同概念界定，重点分析了关于公司章程性质的不同学说，通过比较评判以及对否定公司章程契约性论者的回应认定了公司章程的契约性。

第二章，分析了公司章程作为契约，其具有的内部效力，即对公司、股东、董事、监事及高级管理人员的约束力。

第三章，分析了公司章程作为契约，其具有的构建公司治理结构的功能，同时以案例形式就实践中公司章程预防公司僵局的作用进行说明。另外，介绍了公司章程的另一功能，即公示功能。

第四章，分析了公司章程作为契约，其自由与限度的问题。主要结合学者已有的关于公司法规则的分类对此问题的解答提供了一个宏观的标准，同时以案例分析的方式为此问题的解决提出了个案判定的标准。

引　言

一、问题的提出

在研一的商法课上，老师讲解了“公司法的强制性与任意性”和“公司治理机制”，其中，老师对“强制性规范过度，任意性规范不足”的我国公司法规范的现状以及公司治理措施的一系列制度安排进行了讲解，促使我思考这样几个问题：公司章程与公司法之间是什么关系，在二者就同一事项规定不一致的情况下，应该如何适用？在公司出现僵局的时候，公司章程又能否发挥作用，或者说公司章程能否作为解决公司僵局的一个路径？而如何解决这些问题，或者说我们在哪里找到解决这些问题的出发点？笔者在查找了大量资料以及在认真地比较和思考之后，认为如要对上述问题做出相对合理的分析，必须首先对公司章程的性质正确定位。而下面的一则案例也印证了这一思路。

“甲、乙、丙、丁4人共同设立某注册资本为100万元的有限责任公司，其中，甲、乙、丙、丁分别出资40万元、30万元、20万元和10万元。公司成立后，甲、乙、丙3人与丁订立承包合同，约定公司由丁承包经营，丁每年向三人支付固定的承包金25万元，公司经营利润由丁享有，经营期满时，丁必须保持该公司的股权资本，若出现亏损则由其弥补损失。该承包合同的主要条款载入了公司章程。后发生纠纷引发诉讼。对此公司章程应如何评价？”[1]

二、研究思路和研究意义

对公司章程不同性质的判定关系到公司以及公司法不同性质的认定，关系

---

〔1〕 对此案例，后文中将有详细分析，在此只是用来说明对公司章程性质认定的必要性。案例引自罗培新：《公司法的合同解释》，北京大学出版社2004年版，第168～169页。

到股东权的保护及公司治理结构的构建等较多实践性较强的问题。因此，有必要对其性质进行深入研究。本文基于公司契约理论、股东契约自由及比较其他关于公司章程性质的其他学说得出，公司章程的性质为契约性，也可以说，公司章程为契约。[1] 将公司章程确定为契约，可以合理界定公司章程和公司法的关系，并且有利于建立合理的公司治理模式，发挥公司章程在公司治理中的积极作用，正如汉密尔顿所言："如果缺乏协议，对僵局的任何补救方案都不能完全令人满意。"

三、研究方法

本文将采用案例分析方法，通过分析实践中某些公司章程条款的具体约定，为公司章程契约性的自由与限度找到一个界定标准。另外，本文也会采用对比分析方法。

第一章　公司章程契约性的认定

在法学学习和研究中，我们习惯和倾向于在研究某个制度时先对其进行概念剖析，之后进行性质研究，继而展开分析讨论。虽然该途径有些僵化，但却不失为一种有效的研究方法。对于公司章程性质的界定，我们同样采取这样的一个研究途径，以便于对其有个清晰的理解和定位。

一、公司章程的概念

概念乃是解决法律问题所必需的和必不可少的工具。没有限定严格的专门概念，我们便不能清楚和理性地思考法律问题。[2] 对公司章程概念的界定，由于大陆法系和英美法系的公司章程的表现形式不同，导致其具体含义差异迥然。

在大陆法系国家譬如德国、日本、法国等，公司章程只由一种书面文件构成。其一般记载公司的名称、宗旨、资本总额及其他重要事项，并且须提交到相应的公司注册登记机关。尽管公司章程只有一种书面文件的表现形式，学者们对公司章程的概念却有不同的表述。韩国学者李哲松认为，实质意义上的公司章程是依社员们的法律行为而成立，具有对成文法的补充性、变更性的效力，

---

〔1〕 依梁慧星先生的观点，契约系指两个相对应的意思表示一致，而合同则是指同一内容的多个意思表示的一致，两者的区别在于"对立的意思表示有无及对立的利益的有无"。参见梁慧星：《民法总论》，法律出版社 2001 年版，第 179 页。本文依国内学者习惯用法，将"契约"与"合同"作同义词使用。

〔2〕 [美] E. 博登海默著，邓正来译：《法理学——法律哲学与法律方法》，中国政法大学出版社 2004 年版，第 504 页。

并以此对公司的团体性质的法律关系进行规律的规范的总称；形式意义上的公司章程是指记载其规范的书面文件。[1] 德国学者传统上大多认为公司章程乃股东之间的“合同”，《德国有限责任公司法》与《德国商法典》直接将有限责任公司、无限公司、两合公司的章程定位为“公司合同”。[2] 我国台湾学者柯芳枝认为，实质意义之章程，系指规定公司组织及活动之公司根本规则本身而言；形式意义之公司章程，系指记载上述根本规则之书面而言。[3] 我国大陆有学者认为公司章程是指依法制定的规定公司性质、宗旨、组织和活动原则、名称和住所、经营范围、组织机构及其活动方式、权利义务分配重大事项的文件。[4] 有学者认为，公司章程是指公司必需具备的由发起设立公司的投资者制定的，并对公司、股东、公司经营管理人员具有约束力的调整公司内部组织关系和经营行为的自治规则。[5] 另有学者认为，公司章程是指公司所必须具备的，规定其名称、宗旨、资本、组织机构等对内对外事务的基本法律文件。[6]

在英美法系国家，公司章程由章程大纲（英国 memorandum or memorandum of association or external constitution，美国 certificate of incorporation or articles of incorporation）和章程细则（英国 articles of association or internal constitution，美国 by-laws）两个文件组成。[7] 章程大纲记载了公司名称、经营范围、住所等涉及公司对外关系的基本事项，其规定公司赖以成立的基本条件，而且必须对外公示。而章程细则是在章程大纲基础上制定的，记载了股东大会、董事、高管人员等有关公司内部关系的基本事项，其无须公示，也无须报请相关的主管机关备案，通常只需股东大会或董事会认可，即对股东、董事等公司内部人员具有效力。当然，章程细则不能更改章程大纲，且不得与章程大纲的规定相抵触。现在的英美法国家的公司章程大纲，一般已无须报批，只须备案并公示，以利于公司的投资者以及交易相对人能够了解公司的经营范围、资本数额等基本情况，从而妥当地评估交易风险。而章程细则则主要在于公司内部的权利配置。[8]

从上述分析，我们可以看到，各个概念界定似乎都有其道理，但是，任何

---

〔1〕［韩］李哲松著，吴日焕译：《韩国公司法》，中国政法大学出版社 2000 年版，第 75 页。

〔2〕范建、王建文：《公司法》，法律出版社 2006 年版，第 204 页。

〔3〕柯芳枝：《公司法论》，中国政法大学出版社 2004 年版，第 78 页。

〔4〕周友苏：《新公司法论》，法律出版社 2006 年版，第 195 页。

〔5〕赵旭东主编：《公司法学》（第 2 版），高等教育出版社 2006 年版，第 170 页。

〔6〕范健：《商法》，高等教育出版社 2002 年版，第 117 页。

〔7〕有学者将章程大纲译为组织大纲、设立章程、外部章程等，把章程细则译为运作章程、内部章程、内部细则等，不同的译法，并不影响我们对其性质的判断。参见朱慈蕴：“公司章程两分法论——公司章程自治与他治理念的融合”，载《当代法学》2006 年第 20 卷第 5 期，第 9 页。

〔8〕罗培新：《公司法的合同解释》，北京大学出版社 2004 年版，第 136 页。

一个概念显然都无法表达公司章程的全部内涵，因此，想要对公司章程作出一个统一、全面而客观的概念界定，这是不现实的。因为“时代背景和学术信仰、甚至个人短时期内的理论偏好都影响着对概念的解说”。[1] 尤为重要的是，概念的界定要反映事物的本质，对公司章程的性质的不同理解是造成出现概念上的差异的最根本原因。

二、公司章程性质的论争

如何判定公司章程的性质，理论界众说纷纭，且一直没有形成统一的观点。下面我们仅就比较具有影响力的几个学说具体分述之。

（一）契约说

章程性质契约说为英美法系流行的观点，由英美法系大部分学者所主张，[2] 国内也有部分学者赞同将章程视为契约。[3]

契约说最初来源于经济学家提出的公司契约理论，该理论认为公司是“一系列契约”或一组“默示”或“明示”的契约。[4] 按照此种观点，作为逻辑上的自然延伸，既然公司是“一系列契约”，那么公司设立相关者通过面对面谈判达成的规定内部权利义务关系的公司章程当然是一种契约。

该学说认为，章程的约束力在于社员的自由意思，章程制定后，成为社员或机关者认可章程的内容，与公司建立关系，但如果想脱离其约束，随时退出或转让出资份额，因此章程具有契约性质。[5] 英国1985年《公司法》第14条就是将公司章程视为契约的观点的实证法上的例证。[6] 英国《公司法》一般将章程视为是公司和股东之间以及股东相互之间的契约。而在美国，章程通常被认为是公司和其股东、董事、经理人之间以及这些人相互之间的契约。[7] 后者关于公司章程约束力的范围也是现代契约说所主张的。

---

〔1〕 罗培新：《公司法的合同解释》，北京大学出版社2004年版，第6页。

〔2〕 丹尼斯·吉南认为，“章程和细则构成公司与每个股东之间的合同”，而加拿大的柴芬斯也谈到，在很多案例中法官已经确认章程和组织简章的合同地位。另外，学术评论家已经承认这些文件在本质上是合同，这一基本原则基本上不存在争议。

〔3〕 罗培新：《公司法的合同解释》，北京大学出版社2004年版，第139～141页。蒋大兴：《公司法的展开和评判》，法律出版社2001年版，第281～285页。

〔4〕 ［美］弗兰克·伊斯特布鲁克、丹尼尔·费希尔著，张建伟、罗培新译：《公司法的经济结构》，北京大学出版社2005年版，第13页。

〔5〕 ［韩］李哲松著，吴日焕译：《韩国公司法》，中国政法大学出版社2000年版，第76页。

〔6〕 英国1856年公司法以章程取代了公司设立契约，作如下规定：“公司章程一经登记，即对公司和其成员产生约束力，就像每个成员在这些文件上分别签名或盖章那样，构成每个人都须加以遵守的契约”。该表述为1985年公司法第14条所沿用。

〔7〕 Robert W. Hamilton, *The Law of Corporations*, West Group，法律出版社，pp. 43～62.

"契约说充分表达了当事人的意思自治，有相当大的合理性。它不仅揭示了公司结构的基本特征，而且还用私法上的缔约各方的同意说明了公司形式上的合法性，使公司权利义务在本质上蜕变为个人权利义务，公司章程成为个人权利交易的书面契约。"[1] 但是，反对契约说者却对此提出质疑。[2]

（二）自治法说

公司章程自治法说是大陆法系公司法理论界关于公司章程最流行的学说，日本学界普遍持公司章程是自治法规的观点，有学者甚至将公司章程作为公司法的渊源。[3]

自治法说认为，公司章程不仅是股东合意的结果，更是对公司内部各种利益主体进行约束和规范的具有一定稳定性、强制性的自治规范。公司章程不仅约束制定章程的设立者或者发起人，而且当然也约束公司机关和新加入公司的股东。[4] 因此，章程对于已经成为其成员者，不管其意思如何都具有普遍约束力；章程不管其成员的个别意思如何，都可以根据其成员的一般意思而变更；社员的变动或者股份的转让也不影响章程的法规性质。[5] 目前，该学说也是我国学界的通说，只是学者们在表述上略有不同而已。[6]

笔者认为，从理论上来说，自治法说一方面鼓励公司意思自治，另一方面适当限制公司自由，这是可取的。但是，自治法规论者需回答这样一个问题，即公司自治是股东的自治，还是全体公司参与者的自治？因为，通过观察我国的村民自治，社会团体自治等，我们可以发现，这些团体自治都是由全体成员共同参与，共同制定章程作为自治的行为规范，按此理解，公司章程也应由包括股东、董事、经理等全体公司参与者共同制定，但实际上，公司章程是由股东或发起人制定的。[7] 而其他公司参与者并未参与其中，且其只有接受约束的义务，这是否与自治法性质相悖？因此，对于这个问题，持该学说者无法回答。另外，从契约理论来讲，契约在当事人之间即为法律，所以对于公司章程来说，

---

〔1〕 温世扬、廖焕国："公司章程与意思自治"，王保树主编：《商事法论文集》（第6卷）法律出版社2002年版，第7页。

〔2〕 关于反对契约说者的疑问，笔者将在下文当中具体阐述并给予回答。

〔3〕 罗培新：《公司法的合同解释》，北京大学出版社2004年版，第136页。

〔4〕 赵旭东主编：《公司法学》（第2版），高等教育出版社2006年版，第170页。

〔5〕 ［韩］李哲松著，吴日焕译：《韩国公司法》，中国政法大学出版社2000年版，第75页。

〔6〕 施天涛：《公司法》（第2版），法律出版社2006年版，第117页。赵旭东主编：《公司法学》（第2版），高等教育出版社2006年版，第170页。刘俊海：《公司法》，北京大学出版社2008年版，第68页。董慧凝：《公司章程自由及其法律限制》，法律出版社2007年版，第13～14页。

〔7〕 侯东德：《股东权的契约解释》，西南政法大学2008年博士学位论文，第43页。同时参见《中华人民共和国公司法》第23、77条。

其对公司参与者的约束力实际是来自于当事人之间的契约安排，而不是片面强调公司章程的法规性。[1] 而且，随着我国新公司法倡导公司自治、公司自由的发展趋势，强调公司章程的法规强制性实不可取。

（三）宪章说

该说认为，公司章程是公司的设立者为实现公司设立目的而为公司的内部组织和管理活动所制定的根本性或纲领性制度。[2] 其认为应当将公司章程作为公司的宪章，增加国家意志的干预，将股东对于章程的制定与修改等权利都限制在一个比较小的范围内。[3] 而且，该说强调，在公司的社会责任受到广泛重视的今天，公司章程的契约性不足以反映其本质，由于当事人信息不对称、市场滞后性，需要公司章程中大量强制性规定的存在。

本文认为，该说强调过多的国家干预，使股东丧失了意思自由，丧失了章程的多样性，有违私法自治的精神。现实生活中，公司作为市场经济的私法主体，强化国家意志的介入会在很大程度上束缚公司的自主性。把公司章程宪章化、绝对化不利于公司自治，也有悖于社会经济发展潮流。

三、本文观点：公司章程契约性

比较上述各个学说，本文认为，公司章程的本质为契约性。所以将公司章程视为契约，在理论上是可以接受的。[4]

（一）作为公司契约理论的逻辑结果的自然延伸，章程具有契约性

公司契约理论认为，公司是股东之间通过协商所达成的一种契约。在此种契约中，每一个股东承诺将自己的某一财产或资本交由其他股东支配，或至少交给对公司事务进行管理的公司股东支配，由这些股东或管理者使用此财产或资本来从事商事活动，并将由此而获得的收益交付给自己。[5] 公司契约理论由古代罗马法时代发展而来，到了现代，其不仅在人合公司中得到反映，而且还在资合公司中得到反映。[6] 既然公司是一种契约，那作为“对未来事务筹划安排”的配置股东权利义务协议的公司章程当然具有契约的本质属性。

（二）从公司章程产生的历史分析，公司章程本质上具有契约性

公司章程融于公司之中。公司本质上是一种资本集中和风险分担的方式，其由具有不同利益诉求和要素的成员组成，该成员的目的在于通过协作劳动创

---

〔1〕 侯东德：《股东权的契约解释》，西南政法大学2008年博士学位论文，第44页。
〔2〕 董慧凝：《公司章程自由及其法律限制》，法律出版社2007年版，第63页。
〔3〕 周友苏：《新公司法论》，法律出版社2006年版，第196页。
〔4〕 罗培新：《公司法的合同解释》，北京大学出版社2004年版，第141页。
〔5〕 张民安：“公司契约理论研究”，载《现代法学》2003年第2期，第46页。
〔6〕 张民安：“公司契约理论研究”，载《现代法学》2003年第2期，第46页。

造出比单个生产要素所有者单干更高的效率。公司为各个利益主体进行资本积累、经营管理和风险分担等方面的合作提供了一种机制，但在这种机制的背后却是各个投资者趋利的一致和对于投资利益和风险分配的合意。〔1〕 随着公司的发展，记录这种合意内容的契约也在变化，像公司的名称、经营范围、股东的权利义务等较为重要的反映公司基本内容的条款经常被投资者在契约中明确约定，之后逐渐形成为公司建立契约中一些固定、标准的条款，后来便形成为公司章程，因此，公司章程本身就是一种记载合意的标准性契约。〔2〕

（三）对否定公司章程契约性论者所提出的问题的回应

1. 关于公司章程是否体现契约各方的“合意”，及如何解释一人公司章程性质问题

认为章程非契约的学者，坚持章程拟就未体现所有股东意志，有违合同的意思自治。针对此种观点，笔者认为，公司章程在形式上体现为部分股东拟就，但实质上并没有从根本上改变其与所有契约方细为协商的事实。就有限责任公司而言，其公司章程由股东（此时只有出资人）签署，如果有出资人对此提出异议，其享有充分的意志自由，可以选择退出公司的设立；对股份公司而言，创始股东拟定公司章程后，还须经创立大会以资本多数决方式通过，这本身是股东意思自治的体现，至于后来加入的股东，其可以查看公司章程来自由决定是否购买股票，接受公司章程或者是不接受。〔3〕 由此说明，公司章程充分体现了契约各方的合意。

对于一人公司章程的性质，有学者认为在其制定中并没有体现股东间的合意，这也是传统公司章程契约说所遇到的一个难题。对此，本文认为，我们应采取现代契约说的观点，即公司章程不仅仅是股东之间的契约，也应是公司、股东、董事、监事、公司高级管理人员之间的契约。因此，对于一人公司章程来说，虽然不存在股东间的“合意”，但该章程仍体现了股东与公司及其他公司组成人员之间的“合意”，所以，仍可将一人公司章程视为契约。〔4〕

2. 关于公司章程的涉他性问题

否认章程契约性的学者认为，公司章程具有涉他性，这与契约仅及于缔约当事人的传统契约理论不符。具体表现为未参与公司章程制定的后加入的股东

---

〔1〕 何忠：“公司章程的契约性”，载《经营与管理》2003 年第 6 期，第 31 页。

〔2〕 何忠：“公司章程的契约性”，载《经营与管理》2003 年第 6 期，第 31 页。

〔3〕 宋从文：“公司章程的合同解读”，载《法律适用》2007 年第 2 期，第 56 页。

〔4〕 本部分关于一人公司章程性质的解说也适用于独资公司章程性质的认定。参见王军：“对公司章程性质的思考”，载《河北青年管理干部学院学报》2007 年第 2 期，第 69 页。

要受章程约束；未参与章程制定或修改的公司董事、监事、高级管理人员要受章程约束；公司章程对公司债权人具有约束力。下面，笔者就此问题一一进行回应。

（1）关于后加入股东虽未制定章程却要受章程约束问题。上文已论述，公司章程充分体现了股东的合意，其对股东具有约束力。其约束的不仅是签署章程的投资者，也约束未来的投资者，该未来的投资者指的是对公司有投资意向、经过特定程序加入公司的确定的股东，而不是不确定的任何人。[1] 在加入公司与否方面投资者是自由的，其如果对公司有投资的意愿想加入公司，则必须接受公司章程，同意受公司章程约束，因此，其虽非通过协商一致签署公司章程，但其加入公司的行为实际上也是实施了一次签署契约的行为，只不过其签署的是一个标准契约。[2] 所以，公司章程约束的是公司的设立者及其他股东，从这一角度而言，并不存在涉他性问题。

（2）关于公司董事、监事、高级管理人员未参与章程制定或修改却受章程约束问题。本文认为，一方面，依据契约理论，公司的董事和高级管理人员与公司之间是一种委任与代理的关系，因为公司是股东共同意志下的工具，所以实际上，董事和高级管理人员是股东的受托人或者代理人，其权力源于章程规定。另一方面，公司董事和经理等高级管理人员，在进入公司成为公司成员时，即含有接受法律和公司章程拘束的预期。[3] 公司章程是股东和公司管理层之间合约的当然条款。[4] 所以此类人员应当受章程的约束。

（3）关于公司章程对公司债权人是否具有约束力。有学者认为，公司章程不仅是公司内部的行为准则，而且还对社会具有公示作用，其将公司的基本状况公之于众，以便他人了解公司的信用状况。[5] 这与传统的契约只在当事人之间发生作用，不必对外公开相悖。[6]

本文认为，商事登记制度要求章程公开，目的在于维护交易安全，这与章程是否属于契约性质无关。[7] 另外，公司章程的公开只是一种管理上的强制公

---

〔1〕 姚彦吉："公司章程的契约性与自治性"，载《宁波大学学报（人文科学版）》2006年第1期，第114页。

〔2〕 何忠："公司章程的契约性"，载《经营与管理》2003年第6期，第32页。

〔3〕 这点可参照后加入股东的上述有关内容来理解。

〔4〕 罗培新：《公司法的合同解释》，北京大学出版社2004年版，第141页。

〔5〕 徐燕：《公司法原理》，法律出版社1997年版，第152～153页。

〔6〕 朱慈蕴认为公司章程与普通民事合同作用范围不同。参见朱慈蕴："公司章程两分法论——公司章程自治与他治理念的融合"，载《当代法学》2006年第5期，第11页。

〔7〕 伍坚：《章程排除公司法适用：理论与制度分析》，华东政法学院2007年博士学位论文，第17页。

开，具有管理公开性，并不具有效力公开性，不会产生外部效力。其公示有利于他人了解公司的基本情况，而他人若想与公司进行交易，必须由其自己做出判断。若与公司达成交易，其后发生纠纷，该人与公司之间只能依据双方签订的交易契约进行处理，而不能依赖公司章程。对此，实践审判中就有例证。[1]

另有学者以公司章程规定了公司合并、分立等事项将对债权人产生影响为由，认为公司章程具有涉他性。[2]

笔者认为，合约的一个基本原则是，合约方不能为合约之外的其他人设定义务。公司章程中有关公司合并、分立或解散等事项的约定固然会对债权人利益产生影响，但并不表明其为债权人创设了义务。[3] 就此种约定而言，因为股东是公司的剩余索取权人，其风险最大，对公司的运作也最为关心，所以，在制定章程时由其对这些事项做出约定具有经济合理性。而债权人可以方便地知道公司章程的相关规定，其可以据此做出风险评估。

3. 关于公司非章程签订者，却受章程约束的问题

持自治法说的学者认为，公司章程签署时公司尚未成立，而契约仅约束合意者，由此看来，章程怎能约束后成立的公司？

就此，笔者赞同王军学者的观点。其认为，“公司是股东追求其共同利益而进行经济行为的产物，公司的利益和意志与股东的共同利益和意志是一致的，而股东的共同意志恰恰是股东在为各自利益为意思表示的过程中冲突协调形成的，这种一致的意思正体现了股东的共同利益，也是以后成立的公司的利益。”[4] 易言之，公司的意思已体现在公司章程所体现的合意之中，其是各股东之间及股东全体与以后成立的公司之间合意的结果。[5]

---

〔1〕 案例：A公司的公司章程中规定，“董事会是总公司的最高权力机关，分公司经理等高级管理人才的任免必须经董事会讨论决定，由董事长签字才生效”。1999年4月，总公司经理王某未经董事会讨论通过，擅自以总公司的名义任命李某为其下属分公司的经理。后李某持该分公司的营业执照，向中国银行该市某分行申请为期3个月的贷款12万元。但后来由于该分公司经营管理不善，贷款到期后，余款8万元贷款无力偿还。于是银行找到A公司总公司，要求其承担下属分公司的贷款债务。总公司以总公司的章程规定，下属公司经理的任免应当由董事会决定，而张某的任命不符合章程规定为由，认为张某无权代表分公司，遂拒绝银行偿债请求。银行遂将A公司及其分公司作为共同被告起诉至法院。最后法院判决认为公司章程的规定不能对抗善意第三人，此规定不能作为免除总公司责任的证据。案例引自吴春岐、郝志刚、王维嘉：《公司章程》，知识产权出版社2008年版，第135页。

〔2〕 蒋大兴：《公司法的展开和评判》，法律出版社2001年版，第281～285页。

〔3〕 罗培新：《公司法的合同解释》，北京大学出版社2004年版，第140页。

〔4〕 王军：“对公司章程性质的思考”，载《河北青年管理干部学院学报》2007年第2期，第69页。

〔5〕 王军：“对公司章程性质的思考”，载《河北青年管理干部学院学报》2007年第2期，第69页。

4. 关于公司章程修改方式与契约原则不符的问题

传统民法上的契约在修改程序上，须经当事各方协商一致同意，而公司章程的修改须依一定表决机制通常为资本多数决方式，这种做法似与契约原则不符。[1]

笔者认为，在交易关系简单，交易人数较少的简单商品经济中，修改契约要当事人完全协商一致是可能的；但在交易关系日益复杂，交易一方或双方人数众多的市场经济中，要求所有交易方完全达成一致是很困难的，而且是非效率的，浪费交易成本的，甚至可能导致交易失败。[2] 在公司章程修改时，也会产生此种问题，所以，出于上述考虑，在公司章程修改时，采取多数表决方式是可取的。另外，如果公司章程在制定时即规定章程修改采取资本多数决的方式，那么对于原始股东来说，其是同意的，对于后加入股东来说，其是接受的。所以，从这一方面来看，这也是股东合意的结果，充分体现了章程的契约性。

5. 关于公司章程生效时间与一般契约生效时间矛盾问题

质疑章程契约性者认为，公司章程必须经有关部门登记后才能生效，这与民事契约自当事人签字、盖章即生效不符。

现实情况并非如此。我国《合同法》第44条规定："依法成立的合同，自成立时生效。法律、行政法规规定应当办理批准、登记等手续生效的，依照其规定。"由此来看，一般的民事合同也不都是成立即生效的。另外，在学理上，合同也有要式合同和非要式合同之分。所以，公司章程须经登记才能生效并不影响其契约性。[3]

6. 关于公司章程必须采取书面形式、必须具备法定条款与契约自由相矛盾的问题

传统契约理论贯彻契约自由原则，认为契约方合意约定契约条款，选择契约形式。但公司法要求公司章程必须采取书面形式，且要记载一定的必要事项，这看似与契约自由原则相违背。笔者认为，契约说并不意味着绝对的契约自由，上述观点误解了契约说的内涵，而且从现代契约理论[4]来看，即使在合同法领

〔1〕 朱慈蕴："公司章程两分法论——公司章程自治与他治理念的融合"，载《当代法学》2006年第5期，第11页。

〔2〕 何忠："公司章程的契约性"，载《经营与管理》2003年第6期，第32页。

〔3〕 伍坚：《章程排除公司法适用：理论与制度分析》，华东政法学院2007年博士学位论文，第17页。

〔4〕 契约自由理论向契约正义原则的发展，具体体现为在契约当中出现了大量的强制性条款，其目的是维护契约正义的需要。

域，却也存在着一些强制性规则，这是学者们的共识。[1] 譬如，合同法规定，契约方签订的合同应当具备的条款等。所以，强行性规范存在并不影响其契约性质。

四、本章小结

公司章程在不同的立法国家，在不同的学者表述中，有不同的体现。而且对其性质纷繁复杂的界定，也导致了对其难有一个统一明确的概念界定。本文认为，从公司章程起源及关于公司契约学说理论对公司章程的理解，公司章程本质上应是契约。公司章程作为对公司、股东及高管人员具有约束力的一种书面文件，其是公司成员追求利益最大化的合意。这种利益包括个体利益与公司利益，而公司利益恰是个体利益的共同利益。为了追求这种利益，公司成员协商一致就权利分配与风险负担等事项达成了契约即公司章程。公司章程虽与传统契约理论有差别，但是从现代契约理论角度，仍可将其视为契约。

第二章　公司章程契约性的效力

公司章程的性质界定与公司章程的效力密切相关，前者对后者而言具有基础性的作用，后者的内容也体现了前者的性质。而本文上述内容已经述及，契约性是公司章程的根本属性。公司章程作为契约，仅具有内部效力性，并不具有外部效力性。因此，这里所说的公司章程契约性的效力，主要是指公司章程作为契约对哪些主体具有约束力。在明确该问题之前，我们以公司章程的绝对记载事项[2] 为例先来分析公司章程所表述的契约关系。公司章程的绝对记载事项中，“发起人的姓名和义务条款表示发起人与公司之间的契约关系；股东的权利义务条款表示股东基于出资而达成的产权契约即投资人契约；公司的利润分配条款表示股东与公司之间关于公司权利的分配契约；公司机构的组成、任期、职权和议事规则条款表示股东间关于分配后公司权力行使的契约以及股东与其

---

〔1〕 伍坚：《章程排除公司法适用：理论与制度分析》，华东政法学院 2007 年博士学位论文，第 17 页。

〔2〕 该事项是长期的商业实践当中逐渐确立的契约样本，虽然各国关于公司章程的立法体例不同，但对章程记载内容的规定几乎一致。我国公司法对章程的记载事项并没有进行理论上的分类，但强制规定章程应具备的内容实际上表明了绝对记载事项的意思。参见《中华人民共和国公司法》第 25 条、82 条。有限责任公司和股份有限公司关于公司章程的绝对记载事项略有差别，但这不影响笔者上述对其中契约关系的分析。

授权的经营者之间关于公司治理权力的授权及分配契约。"[1] 由此，我们可以看出，立法上的公司章程体现了公司与其成员之间的一种契约关系。公司章程约束的对象不仅仅是公司、股东，还有公司的董事、监事、高级管理人员。下面结合我国《公司法》的规定对这些主体的权利义务具体分述之。

一、公司章程对公司的效力

公司章程是公司组织与行为的契约，在此基础上，公司章程及于公司的法律效力主要表现为三个方面：

第一，公司依照章程约定，建立公司组织机构，这些机构按照章程约定的权限范围行使职权。即一旦公司章程选择了治理结构的方式，无论是何种方式，公司就必须遵守该约定。[2]

第二，公司须在章程确定的经营范围内从事活动。我国《公司法》第12条规定："公司的经营范围由公司章程规定，并依法登记。公司可以修改公司章程，改变经营范围，但是应当办理变更登记。"从此方面来看，公司可以按照公司章程的约定，自由地选择以及变更经营范围。但如果公司超越公司章程，从事超越其经营范围的行为，按照契约理论，该行为理应无效。[3] 但是，随着现代契约理论的发展，出于契约正义原则的需要以及经济效率的角度考量，公司越权行为无效的适用范围受到了限制。[4]

第三，公司依照公司章程对股东负有义务，公司若有违反，则须承担相应的责任。我国《公司法》第22条规定，"股东会或者股东大会、董事会的会议召集程序、表决方式违反法律、行政法规或者公司章程，或者决议内容违反公司章程的，股东可以请求人民法院撤销。"按此理解，上述主体若违反公司章程造成损害，则由公司对其行为承担责任。除此之外，对于公司不按章程约定满足股东知情权，不按规定召开董事会等违反公司章程对其义务约定的行为，公司也应承担责任。

---

[1] 刘漪：《公司章程的法理研究》，湘潭大学2004年硕士学位论文，第15页。

[2] 参见《公司法》关于有限责任公司和股份有限公司关于组织机构及其职权的规定，由于涉及法条较多，不在这里一一列举。

[3] 对于公司越权行为，在英国普通法时代是绝对排斥的，因而其行为也是绝对无效的。

[4] 就我国而言，《合同法》第50条规定："法人或者其他组织的法定代表人、负责人超越权限订立的合同，除相对人知道或应知道其超越权限的以外，该代表行为有效。"最高人民法院《关于适用〈中华人民共和国合同法〉若干问题的解释》（一）第10条规定："当事人超越经营范围订立合同，人民法院不因此认定合同无效。但违反国家限制经营、特许经营以及法律、行政法规禁止经营规定的除外。"这些规定体现了限制公司越权行为无效的适用范围。

二、公司章程对股东的效力

公司章程作为公司成员间的合意，尤其作为股东之间的一种合意，对公司股东具有约束力。前面述及，公司章程作为公司成员追求利益、分配利益、协调利益的合意，更多的是关于权利义务如何分配的内容。因此，关于其效力，具体表现为两个方面：

第一，公司章程规定了股东的权利。一旦股东履行了出资义务之后，对公司便不再负有其他积极义务。[1] 因此，公司章程的主要内容便是关于股东权利的约定。股东具体享有的权利有股权请求权、股利分配权、剩余财产分配权、股份转让权、表决权、知情权、股东会召集权、监督权、诉讼权等。[2] 至于股东如何行使这些权利，公司章程也可根据股东协商进行约定，一旦约定，则股东就需要按照约定方式行使，不得违反。

第二，公司章程规定了股东应负有的义务。一方面，体现为股东对公司的出资义务。股东若违反该义务，除向公司继续履行该出资义务外，还要对其他已履行出资义务的股东承担违约责任。[3] 另一方面，体现为股东要遵守章程约定行使权利，不得滥用权利，如果滥用权利，则要对公司或其他股东承担赔偿责任。[4]

三、公司章程对董事、监事、高级管理人员的效力

公司章程作为公司成员间的契约，其对公司的董事、监事及高级管理人员同样也具有约束力。在现代公司治理结构当中，对这些主体的权利义务约定不明，经常成为公司纠纷产生的原因，而公司章程就此可以作出更为详尽的规定。具体表现为以下两个方面：

第一，公司章程是此类人员行使职权的具体依据。譬如，公司章程可以规定公司经理的职权，可以决定监事会的构成，可以规定董事的任期，可以规定高级管理人员的范围，可以根据公司的实际情况赋予这些主体或多或少的职权。[5]

第二，公司章程规定了此类人员承担的义务及责任。我国《公司法》第148条规定，“董事、监事、高级管理人员应当遵守法律、行政法规和公司章程，对

---

〔1〕 赵旭东:《公司法学》(第2版)，高等教育出版社2006年版，第188页。

〔2〕 我国《公司法》第4条规定:“公司股东依法享有资产收益、参与重大决策和选择管理者等权利”，而关于具体的股东权利的规定，都散见于公司法条文之中。

〔3〕 参见《公司法》第28、31条。

〔4〕 我国《公司法》第20条规定，公司股东违反公司章程，滥用股东权利损害公司或其他股东利益，造成损失的，要承担赔偿责任。

〔5〕 具体参见《公司法》第47、50、51、52、54、114、118、119条。

公司负有忠实义务[1]和勤勉义务[2]。”该法第149条具体列举了此类人员违反忠实义务和勤勉义务的行为。[3]另外，该法第150条明确规定，此类人员执行公司职务违反公司章程规定给公司造成损失时，要承担赔偿责任。[4]总而言之，公司章程对此类人员的义务及责任承担问题，可以作出具体的规定。

四、本章小结

基于公司章程的契约性质，对其效力的研究我们着重于其对公司及公司成员的约束力。其中，最典型的表现就是关于公司及其成员权利与义务的具体规定，而这些具体的规定反过来又印证了公司章程的契约性质。从该部分内容的阐述中，我们发现，实际上权利义务是公司章程的核心，调整公司各组织结构权利义务的内容以及公司各成员的权利义务的内容大部分体现在公司章程中，这凸显了章程所具有的调整公司成员参与公司管理和分配利益关系的功能。[5]因此，其在决定公司治理结构上扮演积极的角色。[6]

第三章　公司章程契约性的功能

在私法领域，允许当事人根据自己的意愿设定自己的权利义务，对自己的事务作出合理的安排是契约的主要功能。[7]公司章程作为公司契约中最基本的契约，其主要的任务就是按照公司参与者的意愿通过对权利义务的分配来对公司内部事务作出合理的安排，从而构建最有效率的使公司及其成员利益最大化的公司治理结构。[8]所以，从这一角度来说，笔者将公司章程的此项功能称为构建治理结构的功能。而最有效率的公司治理结构就是使财富创造一直处于最

---

〔1〕忠实义务，指公司高管作为公司的代理人在思想上应当始终效忠于公司，并在行动上始终以公司利益最大化作为自己行为指南的义务。引自刘俊海：《新公司法的制度创新：立法争点与解释难点》，法律出版社2006年版，第397页。

〔2〕勤勉义务，指公司高管在从事公司经营管理活动时应当恪尽职守，敬业精进，深思熟虑，尽到普通谨慎的同行在同类公司、同类职务、同类相关情形中所应具有的经营管理水平。引自刘俊海：《新公司法的制度创新：立法争点与解释难点》，法律出版社2006年版，第404页。

〔3〕详见《公司法》第149条。

〔4〕详见《公司法》第150条。

〔5〕刘漪：《公司章程的法理研究》，湘潭大学2004年硕士学位论文，第14页。

〔6〕Cindy A. Schipani, Junhai Liu, “Corporate Governance in China: Then and Now”, *Columbia Business Law Review*, 2002, Vol. 1.

〔7〕李永军：《合同法》（第2版），法律出版社2005年版，第23页。

〔8〕侯东德：“股东权的契约解释”，西南政法大学2008年博士学位论文，第46页。

大化的同时，又不会给第三方或社会整体带来不合理的成本，为了防止给第三方或社会整体带来不合理的成本的外部性，公司章程的第二个功能就是提供外部世界需要知道的信息，即公示功能。[1]

一、构建公司治理结构功能

公司的传统契约理论已经揭示了公司制度中，公司与股东、公司与管理者、股东与股东之间围绕契约性的公司章程而产生的关系，在公司制度中，公司、股东以及管理者是法律关系中的主体，他们建立关系的纽带在于公司章程。[2] 当代公司法契约理论则从企业经济学理论出发，从一个更加广泛的角度揭示了公司制度中的各个利益主体以及他们的契约联系：在这里，公司是作为能够降低交易成本的一个市场要素交换机制而存在的，公司的众多参与者之间的关系是建立在契约基础之上的。[3]

（一）关于构建公司治理结构功能的理论解说

何为公司治理？汉密尔顿认为：公司治理在美国一般是指公众公司的职业经理人、董事会和股东之间的关系。[4] 英国卡德伯里公司治理报告将公司治理界定为："经营和控制公司的制度"。从法学的角度而言，公司治理结构是指，为维护股东、公司债权人以及社会公共利益，保证公司正常有效地运营，由法律和公司章程规定的有关公司组织机构之间权力分配与制衡的制度体系。[5] 因此，由于现代公司的股权分散，导致公司所有权和控制权的分离，股东作为所有权人，其和经营者之间是委托人和代理人的关系，同时由于二者的利益追求并不总是一致，代理人会有自己的利益考虑，在这种情况下，如何保证代理人有足够的经营自由为公司创造价值，同时又对其行为进行必要的合理的规制，这才是公司治理的根本问题。"公司参与者需要建立最有益于公司兴旺发达的结构模式，外部投资者也不可能找到一个放之四海而皆准的、适合于所有公司的一成不变的统一模式。公司发展的历史，就是那些在治理结构上因不能适应周围环境的公司，在竞争中不断被击败的历史。"[6] 因此，公司参与者作为自身利益的最佳判断者，其可以通过公司章程对公司的治理结构作出最合理的、最

---

〔1〕 侯东德："股东权的契约解释"，西南政法大学2008年博士学位论文，第46页。

〔2〕 曹兴权：《公司法的现代化：方法与制度》，法律出版社2007年版，第75页。

〔3〕 曹兴权：《公司法的现代化：方法与制度》，法律出版社2007年版，第75页。

〔4〕 Robert W. Hamilton, "Corporate Governance in America 1950 - 2000: Major Changes but Uncertain Benefits", *Journal of Corporation Law*, Winter 2000, p. 349.

〔5〕 崔勤之："对我国公司治理结构的法理分析"，载《法制与社会发展》1999年第2期，第13页。

〔6〕 [美] 弗兰克·伊斯特布鲁克、丹尼尔·费希尔著，张建伟、罗培新译：《公司法的经济结构》，北京大学出版社2005年版，第2~15页。

有效率的安排，实现个别最优的公司结构模式。

公司章程、公司治理的研究表明，公司治理的一般合理性最根本的是股东主导模式。股东主导模式要求经营者仅对股东利益负责。[1] 这里的股东利益，包括少数股东，适用于公司股权高度分散的公众公司，也适用于股权集中的封闭公司。[2] 股东主导模式表面看来，是公司董事、经理只对公司利益负责就可以了，但其背后包含的深层次的含义是股东对公司治理的参与，即股东权自治。我们知道，在公司治理中，如果没有作为委托人股东的参与和监督，没有相应的应对机制，股东的利益会受到损害。而股东主导模式恰恰强调股东自治，强调股东的参与和监督，在最大限度范围内保护股东的利益。因此，公司治理的选择关键还是在于公司股东本身，即股东通过什么样的公司章程来选择适合公司经营的治理模式。

（二）关于构建公司治理结构功能的实践运用

公司章程是公司成员间的契约，其通过规定股东的参与管理和监督实现对公司治理的建构，具体表现为股东的权利行使、股东会、董事会、监事会的权限与程序安排。

首先，公司章程规定公司组织机构中的公司组成人员资格、组成问题。譬如，有关董事的人数、董事的任命和解聘、监事会的人数、监事会的任命和解聘以及股东的退出和除名等。其次，公司章程规定股东会、董事会与监事会的职权分工、股东大会的程序等。其中，股东参与管理和监督体现在："通过投票表决，股东可以选举或更换董事、监事，并决定有关报酬事项；批准某些特别事项，如公司合并、公司所有资产的出售、公司解散以及修改公司章程等；审议批准董事会、监事会的报告；通过、修订或废止公司内部规章；以及通过股东决议以批准董事会的行动或要求董事会采取行动等。"[3] 另外，股东对因自身权益受到公司、董事、控股股东的不法侵害，其基于股东身份可以向法院起诉。具体如：撤销决议之诉[4]、查阅权行使不能之诉[5]等、异议股东股份回

---

〔1〕 这并不表示利益相关者不应受到保护，其实保护非股东利益相关者的大量有效法律机制存在于公司法之外。如对于劳工而言，保护其的法律机制包括劳工契约、退休金法、健康和安全法以及反歧视法。

〔2〕［美］杰弗里·N. 戈登、马克·J. 罗著，赵玲、刘凯译：《公司治理：趋同与存续》，北京大学出版社2006年版，第48～49页。

〔3〕［美］罗伯特·C. 克拉克著，胡平等译：《公司法则》，工商出版社1999年版，第70页。转引自侯东德：《股东权的契约解释》，西南政法大学2008年博士学位论文，第66页。

〔4〕 参见《公司法》第22条第2款。

〔5〕 参见《公司法》第34条。

购请求权之诉[1]、损害赔偿之诉[2]、解散公司之诉[3]。除此之外，股东还可以提起派生诉讼。[4]“目前，派生诉讼对股东权益保护功能已被充分认识，与此同时，其另一重要功能——对经营权与控制权的监督制约功能也被充分展示和释放，而且，随着公司规模的日益扩张、所有权和经营权分离程度的日益提高，其监督功能也在发挥越来越大的作用。”[5]下面，笔者以一则案例[6]来简要说明公司章程在构建公司治理结构中的作用。

2001年2月，李某与祁某共同投资设立一家公司，注册资本金人民币50万元，祁某出资20万元，李某出资30万。李某为公司法定代表人，任执行董事并兼经理之职，祁某任公司监事。公司自开业以来，一直处于盈利状态，在此期间，祁某曾多次提议召开股东会并分配利润，但李某拒绝。同时，李某又另设了一家经营范围与原公司完全相同的新公司，并转移了公司一些业务、资产。2005年2月，祁某以李某和公司为共同被告提起诉讼，要求退出公司并对公司财务状况进行司法审计。法院在立案之前要求祁某首先用尽内部救济措施。祁某遂遵法院指示，在报纸上发布拟进行股权转让的公告并继续与李某协商，然均未果。在上述内部救济措施用尽的情况下，上海市奉贤区人民法院受理此案，并根据原《公司法》规定，判决驳回祁某的所有诉讼请求。祁某不服提起上诉，二审法院维持原判。

本案为因公司陷入僵局[7]而引发的股东权益纠纷案件。在本案中，李某作为执行董事兼经理，其作为管理者，与股东祁某发生了利益冲突且已激化，李某的行为损害了公司的利益，也损害了小股东祁某的利益，而祁某无法依据原

---

〔1〕参见《公司法》第75条。

〔2〕参见《公司法》第153条。

〔3〕参见《公司法》第183条。

〔4〕股东派生诉讼是指当公司合法权益受到侵犯并造成公司损失时，公司有关机关或人员无视股东的请求怠于或拒绝提起诉讼，具备法定资格的股东为了公司的利益可以以自己的名义直接向法院提起诉讼。参见周友苏：《新公司法论》，法律出版社2006年版，第242页。

〔5〕刘桂清：《公司治理视角中的股东诉讼研究》，中国方正出版社2005年版，第138~139页。

〔6〕李征连、高婷亭：“上海一中院审结一起公司僵局案”，载《法制日报》2006年1月3日，第004版。

〔7〕公司僵局一般是指公司在运行过程中因股东之间、股东与公司管理人员之间及管理人员之间的利益冲突激化，致使公司运行机制失灵，公司各机构无法正常履行职责，公司处于瘫痪状态的一种称谓。有学者指出：公司僵局根源于公司内部存在的尖锐矛盾损害了公司的人合性。“人合性”丧失是公司僵局形成的根源。一般而言，股东人数少且兼具人合性与资合性的有限责任公司更容易出现僵局。

公司章程保护自己的权利，又不能依据法律获得救济，公司已然陷入僵局。从公司的内部治理来看，如果本案股东在公司章程中对公司治理有具体可行的治理措施约定，那么也就不需要股东事后耗费更多的成本去保护自己的权利或者维权。所以，如何预防公司僵局才是最有实践意义的。因此，结合公司实际情况，充分发挥公司章程的构建公司治理结构的功能，事先在章程中约定具有防止公司僵局的条款就显得尤为重要。具体到本案而言，公司章程可以就如下条款预先约定：一是约定在公司连续盈利但不向股东分配利润的情况下，异议股东有强制股份回购请求权。二是在查阅权方面，约定股东有查阅会计账簿的权利。三是在监事会的职权方面，约定监事有罢免、起诉公司高级管理人员的权利。四是约定在公司僵局的情况下，股东可以请求法院解散公司，以化解僵局，维护自身权益。

二、公示功能

前文已述及，公司章程作为契约，并不具有外部效力，而商事登记制度要求公司章程公开，其目的是为了保护债权人，维护交易安全。[1]

所谓公示功能，是指公司章程作为公司法人组织与活动的基本规则的载体和表现形式，具有揭示公司基本情况的法律功能。[2] 现代各国《公司法》基本要求公司向社会公开章程内容，尤其是对公众公司来说要求更为严格。章程内容向社会公开，一方面，有利于公司的股东及公司潜在的股东了解公司经营情况，对其进行商业投资提供判断指引；另一方面，有利于公司现实的债权人及潜在的债权人了解公司的基本情况，使其明确自己将要承担的风险，从而做出正确的判断。另外，作为管理上的一种强制公开，其有利于国家对公司进行监督管理，而这种一定程度上的监督管理对于公司的发展和社会经济的安全有效运行来说是必要的。

三、本章小结

基于公司章程的契约性质，在契约自由、股东自治的理念下，股东按照自己的意愿对公司事务作出合理的安排，构建权利分配体系，平衡各方利益，从而构建具有高度适应性的公司治理结构。董慧凝博士认为，“公司股东通过公司章程进行的安排要比法律作出的公司治理安排高明得多，原因在于当事人的智慧是足够的，公司章程能够实现公司治理结构的个别最优。”[3] 但是，是不是

---

〔1〕 参见本文第一章关于公司章程是否具有涉外性问题的回应。

〔2〕 石小娟、曹新卓：“公司章程的性质与功能论”，载《天津市政法管理干部学院学报》2007年第3期，第35页。

〔3〕 董慧凝：《公司章程自由及其法律限制》，法律出版社2007年版，第50页。

因此就不需要法律规定介入公司的事务？我们从上述公司章程的公示功能来看，显然这个问题的答案是否定的。由此，从公司章程的契约性角度来看，股东的契约自由是有限度的，而这个度该如何判定，这就需要我们来把握公司章程和公司法之间的关系，甚至要把握其与公司法规范的每一具体条文的关系。

第四章　公司章程契约性的自由与限度

公司章程作为契约，其自治权利十分广泛，股东可以充分发挥其聪明才智，为自己创设最合理的条款，但公司章程的自由并不是没有限度的，法律中同样使用了很多强制性规范对其加以约束。所以，公司章程的契约自由，实际上涉及公司章程到底享有多大的自由选择权利，这直接关系到公司法到底是任意法为主还是强行法为主，公司法规范当中，如何区分强制性规范和任意性规范的问题。[1]

一、关于公司章程契约性自由与限度的理论解说

公司合同论者认为，“公司是许多自愿缔结合约的当事人——股东、债权人、董事、经理、供应商、客户——之间的协议，而公司法本质上看则是一套示范合同文本，出于成本与效率的考量，又由于公司规则的公共产品性质，由国家来提供具有绝对的优势。既然公司是当事各方自愿缔结的合约结构，如果这种合约没有造成消极的外部成本，那么法律就应该对之采取尊重和宽容的态度，即公司法原则上应当是任意法。”[2] 但是毋庸置疑，公司法中存在着大量的强制性规范，亦如合同法在宣扬契约自由的同时，越来越强烈地隐含着国家力量的潜在强制一样，即便是作为一种示范合同文本存在，公司法中的强制性规范亦不得被限制或排除适用。[3] 原因即在于公司合同当事人虽然是自身利益的最佳判断者，其协商虽有利于其自身利益的最大化，但人的理性是有限的，信息是不对称的，而且“允许其完全自由地按照其设想构建公司关系有可能对合同以外的第三人或社会造成其他不利的成本，在这种情况下，就需要制订一些强制性规范来保护社会或第三人的利益以及那些因为信息不充分而草率行动的投

---

〔1〕 朱慈蕴：“公司章程两分法论——公司章程自治与他治理念的融合”，载《当代法学》2006年第5期，第10页。

〔2〕［美］理查德·A. 波斯纳，蒋兆康译：《法律的经济分析》（下册），中国大百科全书出版社1997年版，第519页。转引自汤欣：“论公司法的性格——强行法抑或任意法？”，载《中国法学》2001年第1期，第109页。

〔3〕 宋从文：“公司章程的合同解读”，载《法律适用》2007年第2期，第58页。

资者”。[1] 简单断言公司章程作为自治合约，不得违反国家强行法和社会公序良俗固然非常容易，但最困难的问题在于，在公司法领域，哪些是“不得违反”的强制性规范？[2] 公司章程自治与公司法强制的界限应如何界定？这是我们区分公司章程契约性自由与限度界限的基本问题。

对强制性规范和任意性规范进行划分，需要了解不同的公司法规则，因为公司法规则类型不同，其强制性与任意性属性亦各不相同。[3]

美国法学教授爱森伯格以规范对象为标准，将公司法规范分为结构性规则、分配性规则和信义规则[4]。就表现形式而言，他又将公司法规范分为赋权性规则、补充性规则和强制性规则[5]。罗培新教授界定公司法强制性与任意性边界时，采纳了爱森伯格的分类方法，并结合闭锁公司和公众公司[6]的区分作了以下总结[7]：“调整闭锁公司的分配性规则和结构性规则，应以赋权性和补充性为主，即为任意性规范，而信义义务规则，则应以强制性规范为主。调整公众公司的分配性规则和一般的结构性规则，应以赋权性和补充性为主，即为任意性规范，而核心的结构性规则和信义规则，则应以强制性规范为主。”汤欣博士将公司法中的规则分为普通规则和基本规则[8]，其认为“有限公司中的普通规则以任意性规范为原则、以强制性规范为例外，而其基本规则正好相反，应

---

〔1〕 赵旭东：《新公司法制度设计》，法律出版社2006年版，第349页。

〔2〕 罗培新：《公司法的合同解释》，北京大学出版社2004年版，第143页。

〔3〕 罗培新：“公司法强制性与任意性边界之厘定：一个法理分析框架”，载《中国法学》2007年第4期，第78页。

〔4〕 结构性规则，主要规范权力在不同公司机关的分配以及各机关行使这些权力的要件，以形成运作有序的公司治理架构，如我国《公司法》第112条关于董事会表决规则的规定。分配性规则，规定了公司财产在股东间的分配方式。如我国《公司法》第35条关于有限公司利润分配的规定。信义规则，规范了董事和控股股东的义务。如我国《公司法》第148、149条规定公司高管人员须承担的勤勉义务和忠实义务等。参见罗培新：《公司法的合同解释》，北京大学出版社2004年版，第113页。

〔5〕 赋权性规则，这种规则授权公司参与各方通过章程约定而自由设定规则，这些规则当然地具有法律效力。补充性规则，即除非公司参与各方另有约定，这些规则当然地具有效力，又称为“缺省的”或“推定适用”的规范。强制性规则，这些规则不允许公司参与各方以任何方式加以修正。参见罗培新：《公司法的合同解释》，北京大学出版社2004年版，第113～114页。

〔6〕 这是美国法关于公司的分类。闭锁公司是指股东人数较少，股权相对集中，所有权与控制权主体同一的公司。相当于我国的有限责任公司。公众公司是指拥有大量股东，而且绝大多数股东不参与经营管理，也不参与公司日常监督的公司。相当于我国的股份有限公司。

〔7〕 罗培新：“公司法强制性与任意性边界之厘定：一个法理分析框架”，载《中国法学》2007年第4期，第83页。

〔8〕 普通规则是指有关公司的组织、权力分配和运作及公司资产和利润分配等普通制度的规则，基本规则是指有关公司内部关系，主要包括管理层和股东、大股东和小股东之间的关系等基本制度的规则。参见汤欣：“论公司法的性格——强行法抑或任意法？”，载《中国法学》2001年第1期，第110页。

以强制性为原则、任意性为例外。股份公司中的基本规则和有关权力分配的普通规则适用于管理层与股东之间利益冲突最激烈的领域，原则上它们应该是强制性的；有关利润分配的普通规则则允许有一定的灵活性”。[1]

以上关于公司法规则的分类框架，对于公司章程契约性自由与限度的启示意义在于[2]：“对于赋权性规则和补充性规则，因为其本身不具有强制性，公司章程可以自由约定，而一些公司法规则，如我国有限责任公司股东会有效决议的表决权数，依持股比例分配利润等规定，尽管以强制性规范形式出现，但却允许公司章程另外约定，因为它是闭锁公司的结构性和分配性规范，相反，一些同样以强制性规范形式出现的信义义务规则，却不能由公司章程自由约定。”由此，公司法规则的分类为我们判断公司章程契约性的自由与限度提供了一个宏观的标准。但这个标准放到具体个案当中是否都有其合理性呢？我们清楚，不同的公司形式，对于规则的适用是不同的，而且强行法规则又因所处的不同情况导致其表现不同，另外，作为法律先天存在的一个问题，即立法机构对法律规则的设置未必完全合理，即使在设置当时有充分的依据和合理性，但随着情势变化，这一设置也同样需要作出调整。因此，对于公司章程和公司法强制性规范的关系，除了要遵循以上标准之外，我们更要做关涉每一具体法律条文的个案思考。

二、关于公司章程契约性自由与限度的实践判定

上述内容从总体上、宏观上厘清了公司章程契约性自由与限度的边界，下面，笔者将从个案的角度对公司章程契约性自由与限度做详细说明，虽然不能概括全貌，但对我们认识这一问题具有深刻的实践意义。

（一）在有限责任公司中，公司章程关于公司治理结构和利润分配条款的自由与限度

在引言部分，笔者已对此案例作了说明，下面简要复述之。案情如下[3]：

甲、乙、丙、丁4人共同设立某注册资本为100万元的有限责任公司。公司成立后，甲、乙、丙3人与出资最少的丁订立承包合同，约定公司由丁承包经营，丁每年向三人支付承包金，公司经营利润由丁享有，经营期满时，丁必须保持该公司的股权资本，若出现亏损则由其弥补损失。该承包合同的主要条款载入了公司章程。该公司经营1年后，获得未分配利润120万元。丁认为，根据

〔1〕 汤欣：“论公司法的性格——强行法抑或任意法?”，载《中国法学》2001年第1期，第122页。
〔2〕 罗培新：《公司法的合同解释》，北京大学出版社2004年版，第164~165页。
〔3〕 罗培新：《公司法的合同解释》，北京大学出版社2004年版，第168~169页。

承包合同的规定，在其将25万元交付给三人后，余下利润应由其享有。甲乙丙三人则坚持认为，该承包合同违反了公司法关于按出资比例分类利润的规定，应属无效，应按各方当初的出资比例分配利润。后引发诉讼。

对于此案，有关专家、学者和实务工作者提出了不同的看法[1]："无效说认为，公司章程改变了公司法规定的公司权力分配结构，而且要求承包的股东承担填补责任，实际上使其承担了无限责任，有违股东有限责任原则。有效说认为，承包合同体现了当事人的意思自治，公司承包实际上是一种合理的变相年薪制。承包人承包经营行为可视为股东会、董事会对承包人的概括性授权。公司法规定的按出资比例分配利润是股东的权利，其分配方式完全可以通过合同重新安排。"

本文认为，针对此案，需要思考两个问题：一是公司章程能否改变公司法规定的有限公司治理结构，即本案公司承包经营条款的合法性问题；二是公司章程能否自由约定利润分配条款。罗培新教授从合同的视角对此案进行了分析，[2] 笔者认为从合同角度解读公司章程关于上述内容的约定条款具有合理性。

首先，对于本案承包经营条款合法性问题。笔者认为，其一，承包制可视为股东之间的一项合同，股东借此合同排除了有关公司治理的结构性规范。就本案而言，本案四位股东在公司成立之时，就订立了承包合同，并将主要条款写入了公司章程，章程约定公司经营由丁一人负责，从而排除适用公司法中关于有限责任公司三机构分权制衡的结构性规范。从上述规则分类的分析得知，有限责任公司的结构性规范主要为赋权性和补充性，为任意性规范，对此规范公司章程可以自由约定从而排除公司法的适用。其二，本案中所有的经营事项由丁负责，所有的盈亏都由丁一人享有和承担的约定，实际上说明了这是一个风险经营的合约，由于该合约不损及第三人利益，没有外部效应，因而没有任何违法性。

其次，对于本案公司章程能否约定利润分配条款问题。笔者认为，有限责任公司人数较少，信息相对周全，他们有能力就公司利润分配事宜，事先达成充分合意。对于有限责任公司而言，公司法中的分配性规则应主要为补充性，也就是说，在股东未在章程中约定利润分配比例时，该公司法分配性规则才能适用。在本案中，甲乙丙丁四个股东正是经过了充分的协商，作出了利润分配的真实意思表示，采取了各方都自愿认可的利润分配方式，而且这种分配方式

---

〔1〕 罗培新：《公司法的合同解释》，北京大学出版社2004年版，第169页。

〔2〕 详细分析请见罗培新：《公司法的合同解释》，北京大学出版社2004年版，第169～177页。

并没有与股东加入公司之时的合理预期相悖，因此此种约定也是合法有效的。公司章程可以就此事项自由约定。

（二）在股份有限公司中，公司章程关于公司治理结构条款的自由与限度

在这里，我们以申华章程案来进行说明。案情如下[1]：

上海申华实业股份有限公司（以下简称申华公司）公司章程第18条规定："股东大会闭会期间，董事会人选有必要变动时，由董事会决定，但所增补的董事人数不得超过董事总数的三分之一"。1995年，申华公司召开第三届二次董事会，根据公司章程的规定，通过了第5号、第6号决议，增补马俊、莫全富为公司董事。同年8月，申华公司召开了第三届三次董事会，会议通过第7号决议，增补李伟荣为董事。原告为申华公司股东，其认为公司章程第18条违反了公司法，侵害股东合法权益，诉请法院确认以上增补决议无效。一审法院判决支持原告的诉讼请求，被告不服，提起上诉，二审法院维持原判。

对此案例，蒋大兴教授认为，股东的董事选任权可以授予他人行使，董事会具有选任经营方面人才的能力，而且《上市公司章程指引》第94条第1款第16项规定，董事会行使股东大会授予的其他职权。[2] 而罗培新认为，股东选举董事的权利，既不可被剥夺，也不能授予董事会行使。[3] 对于此案观点，姑且不论谁对谁错，值得我们思考的是为什么对于同一案件，同一《公司法》条文却能产生不同的解释呢？下面，笔者将从合同视角，结合上述关于公司法规则的分类来予以说明。

笔者认为，本案需要解决的问题是，股东选举董事的权利能否由公司章程约定授予董事会行使？即公司章程可否自由创设公司治理结构？

本案实际上涉及公司治理结构问题。众所周知，股份有限公司中股东众多且分散，股东在出资后往往不参加公司的管理而成为理性的冷漠者，而公司的日常经营都由管理层来操作。但管理层和所有权人利益取向并不总是统一，管理层为了自己的利益会使得股东利益日益受到威胁。由此，股东作为所有权人，为了维护自己的利益，其采取的监督管理层、参与公司治理的一条重要通道就是享有选择管理者的权利，对董事的选任权是股东选择管理者权利的内容之一。从这一角度来看，股东选任董事的权利应是其固有的权利，其作为公司剩余利

---

〔1〕 案例引自罗培新：《公司法的合同解释》，北京大学出版社2004年版，第191～192页。

〔2〕 蒋大兴：《公司法的展开和评判》，法律出版社2001年版，第297～303页。

〔3〕 罗培新：《公司法的合同解释》，北京大学出版社2004年版，第192～196页。

益索取者和风险最终承担者，选任管理者的权利不应被限制或剥夺。另外，我们从上述关于公司规则分类的角度出发，来看一下公司章程对股东选举董事的权利能否做另外规定。股份有限公司属于公众公司，而在公众公司中，核心的结构性规则和信义规则以强制性规范为主，公司章程不得自由约定排除其适用。[1] 本案中，股东选任董事的权利属于公司机关之间权力分配的结构性规则，其是维护股东尤其是中小股东利益的关键，因此，公司章程对此不能排除适用。基于上述原因，对于“公司法关于股东选任董事的规定，从合同的视角可以解释为，该规定应当属于股东各方在信息充分而且具有足够远见的情况下，必然会做出的选择，不允许公司章程将其排除适用，这是符合股东合理预期的”。[2]

三、本章小结

接受公司章程的契约性，并不意味着承认公司章程完全的合同自由，亦如合同法在宣扬契约自由的同时，也接受了来自国家强制力量的介入一样，因此，公司章程也要受到公司法中强制性规则的限制。而判断哪些规则属于任意性规范哪些属于强制性规范，就成了划分公司章程自由与限度的基本问题。对于此，笔者结合学者已有的分类规则，为这个界限的划定提供了一个宏观的标准。但由于现实世界的情势变化、人类的有限理性以及法律的滞后性，这个宏观的标准不可能永远具有合理性。由此，对于公司章程契约性的自由与限度的判定，还需要我们结合个案在实践中考察。

结 论

本文通过借鉴公司契约理论，从公司章程的产生历史分析，通过比较各个主流学说以及对质疑契约说者的回应，确定公司章程的性质为契约性。公司章程作为契约，此契约的当事方一方面要遵守该契约的约定，另一方面，又可以充分发挥其自主性，建立谋求自身利益最大化的适合公司发展的个别最优的公司治理结构。因此，在预防公司僵局方面，作为契约的公司章程能够发挥其独特的外部力量不能代替的功能。公司章程作为契约，并不是完全不受限制，其在充分体现契约自由的同时同样要受公司法强制性规范的约束。本文借鉴中外学者们已有的观点，为公司章程契约性的自由与限度的判定提供了一个宏观标准，但具体运用到个案当中，还需我们个案区别审慎对待。

---

〔1〕 参见上文罗培新对规则分类的总结。

〔2〕 罗培新：《公司法的合同解释》，北京大学出版社2004年版，第195页。

对于本文的写作，笔者借鉴罗培新教授的一句话，“既是对别人‘理论’的消费，同时又是自己见解的‘生产’过程”，[1] 只不过，此见解还处于初级产品阶段，还有诸多的不足和缺陷，需要时间和实践来不断地完善，同时，也欢迎各位同仁多提批评建议，以利于加快该初级产品成为成品的过程。

参考文献

一、专著类

1. 梁慧星:《民法总论》，法律出版社 2001 年版。

2. ［美］E. 博登海默著，邓正来译:《法理学——法律哲学与法律方法》，中国政法大学出版社 2004 年版。

3. ［韩］李哲松著，吴日焕译:《韩国公司法》，中国政法大学出版社 2000 年版。

4. 范建、王建文:《公司法》，法律出版社 2006 年版。

5. 柯芳枝:《公司法论》，中国政法大学出版社 2004 年版。

6. 周友苏:《新公司法论》，法律出版社 2006 年版。

7. 赵旭东:《公司法学》（第 2 版），高等教育出版社 2006 年版。

8. 范健:《商法》，高等教育出版社 2002 年版。

9. 罗培新:《公司法的合同解释》，北京大学出版社 2004 年版。

10. 蒋大兴:《公司法的展开和评判》，法律出版社 2001 年版。

11. 徐燕:《公司法原理》，法律出版社 1997 年版。

12. ［美］弗兰克·伊斯特布鲁克、丹尼尔·费希尔著，张建伟、罗培新译:《公司法的经济结构》，北京大学出版社 2005 年版。

13. 汤欣:《公司治理与上市公司收购》，中国人民大学出版社 2001 年版。

14. 施天涛:《公司法》（第 2 版），法律出版社 2006 年版。

15. 刘俊海:《公司法》，北京大学出版社 2008 年版。

16. 董慧凝:《公司章程自由及其法律限制》，法律出版社 2007 年版。

17. 周友苏:《新公司法论》，法律出版社 2006 年版。

18. 吴春岐、郝志刚、王维嘉:《公司章程》，知识产权出版社 2008 年版。

19. 刘俊海:《新公司法的制度创新：立法争点与解释难点》，法律出版社 2006 年版。

20. 蔡立东:《公司自治论》，北京大学出版社 2006 年版。

21. 李永军:《合同法》（第 2 版），法律出版社 2005 年版。

22. 曹兴权:《公司法的现代化：方法与制度》，法律出版社 2007 年版。

23. ［美］杰弗里·N. 戈登、马克·J. 罗著，赵玲、刘凯译:《公司治理：趋同与存续》，

［1］ 罗培新:《公司法的合同解释》，北京大学出版社 2004 年版，第 15 页。

北京大学出版社 2006 年版。

24. 刘桂清：《公司治理视角中的股东诉讼研究》，中国方正出版社 2005 年版。

25. 张民安：《公司法上的利益平衡》，北京大学出版社 2003 年版。

26. 赵旭东：《新公司法制度设计》，法律出版社 2006 年版。

27. 赵旭东：《新公司法实务解答》，人民法院出版社 2005 年版。

28. 钱卫清：《公司司法救济方式新论》，人民法院出版社 2004 年版。

二、期刊类

1. 朱慈蕴："公司章程两分法论——公司章程自治与他治理念的融合"，载《当代法学》2006 年第 20 卷第 5 期。

2. 张民安："公司契约理论研究"，载《现代法学》2003 年第 2 期。

3. 何忠："公司章程的契约性"，载《经营与管理》2003 年第 6 期。

4. 宋从文："公司章程的合同解读"，载《法律适用》2007 年第 2 期。

5. 姚彦吉："公司章程的契约性与自治性"，载《宁波大学学报（人文科学版）》2006 年第 1 期。

6. 王海平："公司章程性质与股东权益保护的法理分析" 载《当代法学》2002 年第 3 期。

7. 崔勤之："对我国公司治理结构的法理分析"，载《法制与社会发展》1999 年第 2 期。

8. 黄建文："公司章程解释方法的若干思考"，载《求索》2009 年第 12 期。

9. 李征连、高婷亭："上海一中院审结一起公司僵局案"，载《法制日报》2006 年 1 月 3 日，第 004 版。

10. 石小娟、曹新卓："公司章程的性质与功能论"，载《天津市政法管理干部学院学报》2007 年第 3 期。

11. 汤欣："论公司法的性格——强行法抑或任意法?" 载《中国法学》2001 年第 1 期。

12. 石纪虎："公司法·公司章程·股东大会决议——三者效力关系的'契约性'解读"，载《法学杂志》2010 年第 2 期。

13. 罗培新："公司法强制性与任意性边界之厘定：一个法理分析框架"，载《中国法学》2007 年第 4 期。

14. 董慧凝："论公司法强制性规范与公司章程自由"，载《中国社会科学院研究生院学报》2007 年第 6 期。

15. 罗培新："公司法的合同路径与公司法规则的正当性"，载《法学研究》2004 年第 2 期。

16. 王军："对公司章程性质的思考"，载《河北青年管理干部学院学报》2007 年第 2 期。

17. 侯东德：《股东权的契约解释》，西南政法大学 2008 年博士学位论文。

18. 伍坚：《章程排除公司法适用：理论与制度分析》，华东政法学院 2007 年博士学位论文。

19. 温世扬、廖焕国："公司章程与意思自治"，王保树主编：《商事法论文集》（第 6 卷），法律出版社 2002 年版。

刑事扣押中财产权保障研究

蔡苏华

摘 要

刑事诉讼活动可能会涉及个人的人身权、财产权等多项权利。我国刑事诉讼理论已经注意到了刑事被追诉人的人身权保障问题，但是对于同样与人的生存密切相关的财产权保护却往往缺乏应有的关注。无论是犯罪嫌疑人，还是被害人，抑或是与犯罪事实无关的其他主体，其个人财物时常面临被任意扣押的窘境，个人财产权似乎处于习惯性被忽略的地位。尤其是刑事诉讼活动中原本与案件无关的第三人，其本身与犯罪事实无涉，然而其财物却常常面临被刑事扣押的威胁，财产权时刻存在遭受侵害之虞，这与现代法治社会公民私权保障的要求严重背离。因此，完善刑事扣押措施，保障公民合法的财产权益已不容懈怠。

本文以相关案例为引导，指出我国当前刑事诉讼中忽视对公民个人财产权保护的现象，结合人权保障的时代性要求，进而提出刑事扣押程序中需要保障私人财产权利的观点。同时，笔者在此特意突出强调对案外第三人财产权利保障的完善。文章首先分析了刑事诉讼中公民私人财产权保障的必要性，在此基础上对我国刑事扣押措施的相关立法和执法现状进行分析，指出当前扣押过程中私人财产权保护存在的诸多问题，由此进一步提出完善和改进的建议和措施。

本文的正文内容主要分为以下几个部分：

首先，对我国刑事扣押中公民私人财产权的保障问题作出概述。我国的刑事扣押对所谓的“赃款赃物”惯性地秉持“能追则追，一追到底”的原则，而不问扣押该物是否会侵犯到无辜者的财产权利，也不考虑扣押行为可能对公民生存和生活造成的消极影响。因此笔者主张对刑事扣押应进行严格的法律规制，以期使私人财产权免受不法侵害。

其次，对刑事扣押中私人财产权保护的必要性加以分析。认为扣押并不仅仅是一项刑事侦查措施，其还具有宪政层面的内涵。在当今讲求法治的时代背景下，公民的权利保障意识增强，政府也在积极地寻求国家公权力和公民私权利的平衡。

再次，对我国刑事扣押中公民私人财产权保障的现状加以阐述。指出我国现行的“自批自侦”的内部审查规则极不利于扣押行为的规范化，同时刑事扣押的启动缺乏客观的证明标准，且扣押行为合理性和比例原则的缺失都使得对公民财产权的保护步履维艰。另外，财物扣押后的保管、返还和相关救济等环节皆存在诸多弊病和漏洞。

最后，笔者对私人财产扣押制度的完善提出了浅薄的建议。主张扣押程序的启动应借鉴法治成熟国家的令状主义模式，规定启动证明标准，明确扣押行为的合理性和比例原则。尽快完善刑事扣押的法定化要求，建立健全对个人财产的扣押执行与保管的分离制度，完善相关救济措施。

引　言

为保全证据、保障当事人和国家的财产利益以及保证刑事判决的有效执行，扣押程序成为刑事诉讼不可或缺的组成部分。但是扣押并不仅仅关涉到相关主体的人身权利，同时也密切关系到被追诉人、被害人和案外第三人〔1〕的财产权利。就我国的刑事诉讼而言，扣押缺乏正当程序的规制，从而导致国家权力被

〔1〕这里的案外第三人是指刑事诉讼当事人及其他诉讼参与人以外的，本身与所涉犯罪案件无关，却与涉案财物存在某种直接或间接联系的人。如善意取得赃款赃物的人，没收财产前对被告人享有合法债权的人、对犯罪不知情的犯罪工具的合法所有人或共有权人等。

滥用，损害私人财产权的现象时有发生。

本文的焦点在于刑事诉讼扣押程序中公民私人财产权的保障问题。本文认为刑事扣押绝不可肆意为之。我国的扣押从程序的启动、监督到扣押的具体实施到扣押后财产的保管与处理以及到最后的扣押物返还和救济均存在不少的弊病和漏洞。现有的制度与有效保障刑事诉讼中私人财产权的要求相去甚远，因而笔者认为刑事扣押程序的完善应当作为我国刑事诉讼改革一个不可忽视的方面。

当前我国刑事诉讼实践中，侦查机关扣押活动侵犯公民财产权的情况比较严重。搜查、扣押中任意破坏处置公民财产，扣押物品保管不当致使毁损灭失，扣押物品返还不规范等现象也是屡见不鲜。所以，扣押程序中，明确国家公权与公民私人财产权的关系，规范扣押的启动程序，即应由谁在满足何种证明标准的前提下方可批准决定对私人财物进行扣押，必须予以严格的程序化，同时配有合理有效的监督机制。同样，法律对于扣押的对象和范围应有明确的界定，同时对公民个人财物的强制处分也必须严格纳入法律规制，以防止国家公权力的滥用导致对私人财产权的过度侵害。即使出于保证刑事诉讼正常进行的目的，对第三人的财产确有必要进行扣押，那么扣押该如何实施以及此后的扣押物保管、返还和损害救济等一系列的问题，都是立法者与司法者不可忽视的。因为该扣押行为的实施直接涉及公民个人对于财产的占有、使用、收益和处分。换句话说，侦查人员对于个人财物的扣押直接关系到权利人所有权或使用权的享有和行使，而保障公民财产权是现代刑事诉讼法发展演进的必然要求。“在所有承认理性的政治道德的社会里，权利使法律成为法律的东西。”〔1〕所以，完善刑事诉讼扣押制度，保护扣押程序中公民个人合法的财产权利是现代刑事诉讼法的重要使命，也是一国法治要求的题中之义。

一、概　述

随着人权保护理念的不断普及和深化，各国将人权保护作为国家立法的一项重要原则。同时，对人权的保护业已成为衡量一国法治与民主进程的重要标尺。就刑事诉讼领域而言，被追诉者的人身权及各项诉讼权利的保护一直为学界和国家法律所关注。20 世纪中期开始，被害人的权利保护问题成为刑事诉讼理论与实践关注的又一热点，被害人诉讼地位由普通的诉讼参与人转变成为具有自身特殊性的诉讼当事人，这一转变标志着被害人人权保护不可言喻的重要性。然而，刑事诉讼并不仅仅涉及被追诉人和被害人的人身权，同时也涉及同

〔1〕［美］罗纳德·德沃金著，信春鹰、吴玉章译：《认真对待权利》，中国大百科全书出版社 1998 年版，第 21 页。

样作为人的生存和发展基础的财产权，但是法律对于刑事诉讼活动中公民个人财产权的保护似乎还没有足够的重视。例如刑事侦查中对私人财产的查封、扣押和冻结，刑事审判过程中对涉案财产的保全，刑事执行中对与案件有关的财产的执行活动，这些都有可能发生对相关诉讼主体，甚至是案外第三人财产权利的侵害。"由于人权是普遍的并且在道德上永远不可剥夺的，所以，否认某些人类成员享有人权就必然是错误的。依循并且凭靠这种否认的制度和管理在实际上永远是对人权的侵犯。"〔1〕当代人权观念无可争议地包含对公民个人财产权的确认和保护。而在刑事诉讼中，扣押作为以个人财物为主要对象的刑事侦查措施，一旦行使不善便极易造成对私人财产权的侵害。"财产是政治社会的真正基础，是公民订约的真正保障。"〔2〕任何时候，财产都是作为主体的人生存和发展的基本物质保证，所以公民对于自身的财产权利具有较强的维护意识，但许多时候畏于国家公权力的强大及缺乏健全的权利保护机制，所以不能通过有效的途径达到保护财产权的理想效果。

刑事诉讼扣押程序不可避免地伴随对物的强制处分行为。此类强制处分的对象不但包括刑事被追诉人和被害人〔3〕，而且时常指向与案件无关的其他主体。例如不当扣押虽为刑事被追诉人占有且用于充当犯罪工具，但事实上是第三人的合法财产；不当追缴、扣押善意取得的赃款赃物以及被追诉人和他人共有的财产等。即使这些财物确与刑事诉讼相关，是否就能以保证刑事诉讼的进行为由，而忽视对私人财产权的保护呢？答案自然是否定的。"一个权利要求的核心……意味着一个个人，有权保护自己免受多数人的侵犯，即使是以普遍利益为代价时也是如此。"〔4〕理论界有观点认为善意取得的赃款赃物不可予以扣押，刑事执行时亦不可损及第三人与被追诉人共有财产部分的共有权利，但事实却不然。1992 年最高人民法院研究室《关于对诈骗后抵债的赃款能否判决追缴的问题的电话回复》规定："赃款赃物的追缴并不限于犯罪分子本人，对犯罪分子转移、隐匿、抵债的，均应顺着赃款赃物的流向，一追到底，即使是享有债权的人善意取得的赃款，也应追缴。"实践中也确实如此。对于所谓的赃款赃物，

---

〔1〕［英］A. J. M. 米尔恩著，夏勇、张志铭译：《人的权利与人的多样性——人权哲学》，中国大百科全书出版社 1995 年版，第 179 页。

〔2〕［法］卢梭著，何兆武译：《社会契约论》，商务印书馆 1980 年版，第 31 页。

〔3〕刑事侦查中的对被追诉人财物的强制处分主要表现为无证扣押，违法扣押其与案件无关的合法财产以及对多扣押的财产无正当理由拒不返还等；对被害人财物的强制处分则主要表现为不当扣押被害人财产，在存在多数被害人的情形下，侦查机关追缴的赃款赃物不能全部足额返还被害人等。

〔4〕［美］罗纳德·德沃金著，信春鹰、吴玉章译：《认真对待权利》，中国大百科全书出版社 1998 年版，第 197 页。

侦查机关向来秉持“能追则追，一追到底”的原则，而不问该款物是否已有了新的所有权人。虽然之后的法律文件对诸如第三人善意取得、第三人与被追诉人的共有权等有一定程度的认可，如1996年最高人民法院发布的《关于审理诈骗案件具体应用法律的若干问题的解释》第11条规定：“行为人将诈骗的财物已用于归还个人欠款、贷款或者其他经济活动的，如果对方明知是诈骗财物而收取，属恶意取得，应当一律予以追缴；如确属善意取得，则不再追缴。”但侦查实践中案外第三人的财物被扣押的现象仍然大量存在，第三人的财产权利岌岌可危。因而规范侦查机关的扣押权，保障公民个人的财产权便显得尤为必要。

在当今讲求民主法治的时代背景下，私人权利不再附属于国家公权力，绝不可肆意以牺牲公民合法权利为代价来成全国家公权力的实现。“财产制度根植于与国家无关的、直接从纯粹的自然法中引申出来的法之中，根植于国家还没有出现之前就已存在的法之中。由此可以得出这样的结论，凭借这种制度而获得的各项具体权利，绝不是仅仅依赖于国家才存在。”〔1〕 对于涉嫌犯罪的被追诉人，国家法律确已明文作出规定来保障其合法权利免遭不必要的侵害，但是对于诉讼活动中相关主体的财产权保障力度却明显式微。特别是与刑事诉讼无涉的第三人，未违法更未犯罪，法律有什么理由可以忽视对其财产权利的保护呢？因而，对刑事诉讼中私人财产权的保护是当代刑事诉讼走向健全的关键环节，亦是国家宪政法治的必然要求。

本文主要着眼于刑事侦查程序中对私人财产的扣押措施。首先将对目前刑事扣押的启动程序进行分析。然后再对扣押的具体实施、扣押物的保管和返还以及救济现状加以论述，并最终提出相关的完善建议，以期规范扣押程序，保障公民个人财产权利。

二、刑事扣押中财产权保护的必要性

（一）相关案例

黑龙江省阿城市电信局下岗职工吕阿娣借款在哈尔滨市工商行政管理局汽车交易市场买了一辆二手夏利轿车，准备做出租车营运工作以维持生活，买车时吕阿娣取得了卖车人向她提供的车辆合格证、发票等手续，而后却被当地警方以该车涉嫌盗窃为由扣押7年之久。7年间警方一直无法确定该车是否为盗窃车辆，也不肯出具任何扣车凭证。吕阿娣无法从事出租车营运工作，生活愈加窘迫。而且，据吕阿娣本人及当地群众反映他们曾亲眼看到阿城市公安局的办

〔1〕［美］爱德华·S. 考文著，强世功译：《美国宪法的“高级法”背景》，三联书店1996年版，第14页。

案人员驾驶过吕阿娣的被扣押车辆。[1]

扣车7年却不给说法，公安机关的行为已经严重侵犯到公民的私人财产权。案例中吕阿娣作为与警方所指称的盗窃案无关的第三人，是该被扣押车辆事实上的合法所有人。警方在无法证明该车确为盗窃赃物的情况下，迟迟不予归还，扣车长达7年之久，致使依靠该车维持生计的吕阿娣生活陷入窘迫境地。况且，吕阿娣是依照合法的途径购买的该车，至于该车是否为盗窃所得，其全不知晓，对于本案中该公民的财产权应当如何保障，目前《刑事诉讼法》及其他相关法律均未作出明确的规定。退一步讲，即使车辆确因涉嫌盗窃而被扣押，根据相关的法律规定，扣押人员应当妥善保管，而无权任意使用所扣押的车辆，案中扣押人员违反法律的禁止性规定，侵犯了公民的私人财产权。财产权时刻关涉到公民的生存和发展，其作为公民最基本、最重要的人权内容，理所应当成为法律重点保障的对象。

（二）扣押制度的宪政内涵

1. 国外立法

“宪法对当今政府的主要限制，就是政府必须尊重个人权利。”[2] 强调宪政的法治国家几乎都无一例外地将公民私权的保障作为法律的首要职责，以在最大限度上防止国家权力滥用损害公民的合法权利。宪政制度的国家大多都将公民的基本权利通过宪法条文的形式规定下来，非因法定的理由不得限制和干涉公民基本权利的行使和实现。在英国，早在1215年的《自由大宪章》中就涉及财产权的问题。其39条如此规定：“除非经由其同伴的判断和国家法律，任何自由人不得受到监禁、剥夺财产、被判违法、放逐或任何形式的摧毁……”美国宪法修正案第5条如是规定：“任何人民非经正当法律程序，不被剥夺生命、自由及财产权；不给予公平赔偿，私有财产不得充作公用。”第14条亦规定：“任何州不得未经法律正当程序，就剥夺任何人的生命、自由和财产。”“在某种程度上甚至可以认为，对美国联邦最高法院来说，往昔之所谓人权其实只不过是个人财产权的化名而已。”[3] 此外，法国1789年《人权宣言》及1949年联邦德国《基本法》均对公民的财产权作了相关规定。由此可见，财产权是公民最基本的人权内容，对于公民财产权的保障是各国宪法和法律价值的集中体现。

---

〔1〕 http：//news. sina. com. cn/c/2005－08－18/07246721191s. shtml，《黑龙江日报》2005年8月18日。

〔2〕［美］路易斯·亨金著，邓正来译：《宪政·民主·对外事务》，三联书店1996年版，第26页。

〔3〕陈新民：“财产权的限制与公益征收之概念——美国法上的探讨”，载《宪法基本权利之基本理论》（上册），元照出版公司1999年版，第462页。

而刑事诉讼扣押程序往往针对公民的个人财产进行，所以对于刑事扣押的认识不应当仅仅局限于一种既定的侦查措施，更应当认识到扣押是一项与公民的基本财产权利密切相关的制度存在。

2. 我国立法

现代公法以国家与公民之间的义务——权利关系取代了原来的权力——权利关系的主导地位，从而明确了国家与公民之间的服务与被服务关系，突出了公民真正的国家主人地位，国家以其承担的义务为手段去实现公民享有的权利目的，而且该义务的唯一目的是权利。[1] 我国《宪法》以专章的形式规定了公民的基本权利和义务，公民的人身自由和住宅非经法定机关人员依法定程序进行不受侵犯，禁止非法拘禁、搜查公民的身体，禁止非法搜查和侵入公民的住宅。同时我国2004年《宪法修正案》第22条正式将对公民私有财产的保护纳入其中，规定："公民的合法的私有财产不受侵犯。国家依照法律的规定保护公民的私有财产权和继承权。"这标志着《宪法》对公民私人财产权保护的实质性提升。虽然这样的规定还仅仅只是作为一种保障性的条款而存在，缺乏必要的、具体的损害补偿规定，对于诸如扣押等此类关涉个人财产的措施的实施也没有相关的宪法性规制，但是私有财产保护的入宪具有不可言喻的重要意义，这是我国私有财产宪法化的良好开端。当然也应当同时认识到宪政制度的配套和整体性发展，单有私人财产权的保障条款还远不够实现对公民财产权的保护。在牵涉公民财产权时，国家权力应当如何实施以及由此造成的对公民财产权侵害的救济等相关制度都应当得到完善。

（三）公民自身对财产权保护的要求

"为权利而斗争是权利人对自己的义务，主张自己的生存是一切生物的最高法则。它在任何生物都以自我保护的本能形式表现出来。"[2] 在当今中国，不可否认的事实是，经济发展已经取得了令人瞩目的成果，人民的生活水平普遍得以改善和提高，私营经济成为国民经济发展的重要组成部分，大锅饭的时代一去不复返。公民在不同程度上拥有了私人的生活资料和生产资料，自然会对国家法律寄以强烈的期许，希望私人财产可以得到国家法律的保护。就刑事诉讼来说，侦查机关在扣押公民私人财产的时候，必须严格依照法定的程序进行。未经法定授权和正当程序，任何人不得以任何理由扣押、强制处分公民的私人财产。无论是善意取得赃款赃物者，还是对犯罪不知情而被被追诉人用作犯罪

---

〔1〕 龚向和："国家义务是公民权利的根本保障——国家与公民关系新视角"，载《法律科学》（西北政法大学学报）2010年第4期，第6页。

〔2〕［德］鲁道夫·冯·耶林著，胡宝海译：《为权利而斗争》，中国法制出版社2004年版，第23页。

工具的物品的所有权人或共有权人，该公民对物的所有权或占有均不应当被否认。《物权法》第4条明确规定，“国家、集体、私人的物权和其他权利人的物权受法律保护，任何单位和个人不得侵犯”。公民的物权作为一种对世性的权利，具有当然的排他性，所有权人对物享有绝对的支配权。即使是国家公权力，在没有公益的目的或其他足够合理的理由时，也不得无端地限制或干涉公民对物的合法权利。

（四）平衡国家公权与公民私权的需要

宪政的基本内涵即为有限政府和人权保障的统一，没有制约的权力必将导致滥用，“一切有权力的人都容易滥用权力，这是一条千古不变的经验，有权力的人直到把权力用到极限方可止休。”〔1〕然而一味地强调人权而忽视国家的作用又会陷入无政府主义，“如果人都是天使，就不需要政府了。如果是天使统治人，就不需要对政府有任何外来的或内在的控制了。”〔2〕因而，在刑事扣押程序中，一方面，为实现惩罚犯罪，保证刑事诉讼正常进行的目的，不可否定国家权力在追诉犯罪和诉讼过程中的行使。扣押作为刑事侦查一项必不可少的措施，代表了国家权力，也是国家追诉犯罪和保证社会稳定所必须履行的职责。另一方面，侦查机关在行使扣押权的时候必须限定在法律授权的范围内，扣押的主体、对象、范围以及具体实施都应当遵照法律的规定。在国家公权力面前，公民的私权利一般处于弱势地位。因而，侦查机关的扣押行为随时可能侵犯到公民个人的财产权利。应当意识到的是，财物本身不仅仅承载着追诉和证明犯罪的证据价值，还应当明确它首先是作为个人的“私有财产”而存在。所以有必要对国家权力的行使建立法律制约权力、权利制约权力以及权力之间相互制约的多重制约机制，以使国家权力不至逾越既定的边界，进而损及公民的私人权利。在扣押公民个人财产的过程中，不可避免对私人财产权保障与国家打击惩罚犯罪这两种价值进行权衡与判断，权力的行使者应当在结合具体案情、社会影响及个人权利保障的前提下作出平衡与选择，切不可为了追诉犯罪而完全忽视私人财产权利。

---

〔1〕［法］孟德斯鸠著，孙立坚、孙丕强、樊瑞庆译：《论法的精神》（上册），陕西人民出版社2001年版，第183页。

〔2〕［美］汉密尔顿、杰伊、麦迪逊著，程逢如、在汉、舒逊译：《联邦党人文集》，商务印书馆1980年版，第264页。

三、刑事扣押中财产权保障现状分析

（一）扣押程序的启动

1. 自行审批启动扣押程序

我国《刑事诉讼法》第114~118条对刑事扣押作了规定，但未涉及如何启动扣押权，即由谁在满足何种条件的情形下可以决定行使扣押权。《人民检察院扣押、冻结款物管理规定》第7条规定："扣押、冻结涉案款物，应当报经检察长批准，由两名以上办案人员进行。"《公安机关办理刑事案件程序规定》第211条这样规定："在现场勘查或者搜查中需要扣押物品、文件的，由现场指挥人员决定。"当前刑事诉讼中"侦查任意主义"倾向严重，即对公民权利有直接影响的强制性侦查措施，无须司法审查，由侦查机关直接决定并实施。[1] 刑事扣押权一般由侦查机关内部自行审查批准来启动，而且在行使扣押的过程中侦查人员拥有较大的自由裁量权，可以自行决定需要扣押的物品、文件。由于这种自行审批启动扣押程序的内部约束机制缺乏有效的外部监督，致使扣押中侵犯公民财产权的现象屡屡发生。"政府的每一项强制行为都必须得到某项普遍的正当行为规则的授权"[2]，刑事扣押的内部自行审批制度赋予了侦查机关过度的自由裁量权，加之法律对扣押私人财产的证明标准无明确规定，导致实践中任意扣押因缺乏约束和规制而肆行。

2. 扣押启动缺乏证明标准

在我国的刑事诉讼制度中，扣押并不是一项独立的强制措施，而仅仅只是作为一种侦查措施存在。现行《刑事诉讼法》第114条规定："在勘验、搜查中发现的可用以证明犯罪嫌疑人有罪或者无罪的各种物品和文件，应当扣押；与案件无关的物品、文件，不得扣押。"可见，刑事扣押启动的必要条件是"物品或文件与案件有关"。但是具体扣押实践中，物品或文件是否与案件有关的判断却存在着较大的恣意性，往往是取决于侦查人员的主观认定。且《人民检察院刑事诉讼规则》第189条第2款规定："不能立即查明是否与案件有关的可疑的文件、资料和其他物品，也可以扣押，但是应当及时审查。经查明确实与案件无关的，应当在3日以内退还。"此般规定似乎又为侦查机关的恣意提供了更加有力的依据。由于扣押的启动缺乏客观证明标准的约束，由此导致的后果常常是任意扣押现象时有发生，私人财产权难逃遭遇侵害的厄运。《日本刑事诉讼法》第102条规定："当身体、物品、住所为犯罪嫌疑人占有或者所有时，可以

---

〔1〕龙宗智：《相对合理主义》，中国政法大学出版社1999年版，第134页。

〔2〕［英］弗里德利希·冯·哈耶克著，邓正来、张守东、李静冰译：《法律、立法与自由》，中国大百科全书出版社2000年版，第305页。

无条件的成为搜查的对象。但是，当身体、物品、住所等非为犯罪嫌疑人所有或占有时，必须具有一定的客观状况足以怀疑扣押之物存在其中，才可成为搜查对象。”可见，日本针对不同扣押对象规定了不同的扣押启动标准。如果财物为当事人以外的第三人所有或占有时，该财物不可无条件地被搜查或扣押，侦查人员必须在具备足够合理的理由时才可启动搜查或扣押。因而，笔者认为，刑事诉讼中对个人财产的扣押必须规定有明确的证明标准，即满足提起扣押程序的客观要件。而且相较于对犯罪嫌疑人财产的扣押，对案外第三人财产扣押的证明标准应当更为严格。因为毕竟第三人是守法公民，其与刑事案件本身无涉，其财产权作为一项基本权利理应也必须得到国家的尊重和保障。

（二）对私人财产扣押的实施

1. 扣押程序中合理性的缺失

刑事扣押程序应当在符合既定的证明标准的前提下才能启动。不仅如此，在具体实施扣押的过程中，还必须遵循合理性的相关原则，即与案件有关并具备合理的理由认为应当扣押时才可扣押。我国《刑事诉讼法》第 114 条规定，“在勘验、搜查中发现的可用以证明犯罪嫌疑人有罪或者无罪的各种物品和文件，应当扣押；与案件无关的物品、文件，不得扣押。”《人民检察院扣押、冻结款物管理规定》第 5 条也规定：“严禁扣押、冻结与案件无关的合法财产。”在案件涉及公民个人财产的情形下，何为有关，何为无关，裁量的权力仍在于侦查机关，只要侦查机关认为需要扣押时即可扣押，而这种主观地认为是否合理也就不得而知了。加之，法律并未明确规定侦查机关对拟扣押的物品、文件为何可用以证明犯罪，也即扣押的依据向相对人作出说明。因而，现有法律这种粗略的、概括的规定在实践中根本无法满足公民对于自身财产权保障的要求。刑事诉讼中，被追诉人享有“不被强迫作不利于自己的证言或强迫承认犯罪”的权利。同样，笔者认为，作为扣押执行相对方的权利人，其不负有证明自己的财产与案件无关的义务。如果侦查机关无充分的证据证明公民个人所有或占有的财物确与需追究的犯罪有关的话，则该公民的财产不受扣押及其他强制处分。追究惩罚犯罪是国家的责任，保障人权更是国家不可推卸的职责，怎可以追诉犯罪为由而对公民的个人财产权置若罔闻呢？

2. 扣押缺乏比例原则的观念

刑事扣押作为一项侦查措施，是国家行使公权力的表现，而刑事诉讼中公民私人的财产权在强大的公权力面前显得尤为单薄，因而私人的财产权在扣押中极易受到公权力的干涉。为避免公民个人权利遭受国家权力的过度侵害，各国将比例原则确立为刑事诉讼的基本原则，以防止国家权力滥用，保障公民合法权利。所谓比例原则，其基本内涵是要求国家在保护公民个人权利与保护国家和社会公益之间应保持合理的比例和平衡关系。[1] 而比例原则在刑事扣押中主要体现为适合性和必要性两项原则。

所谓适合性原则是指“国家机关所采取的每一措施都必须以实现宪法或法律所规定的职能为目标，并且每一措施都有利于其法定职能和目标的实现。”[2] 刑事扣押的目的是保全证据，查获犯罪嫌疑人。根据适合性原则，只有在有合理理由相信某物品能够证明犯罪嫌疑人有罪或无罪的情况下才能实施扣押。[3] 我国刑事诉讼法对扣押措施的规定仅是寥寥的几个条文，并没有关于适合性原则的规定。侦查机关在行使扣押权时规范操作、保障公民权利的意识淡薄，往往只为达到侦查的目的，而忽略对公民权利的保护。侦查过程中也常常是仅凭主观认定即采取扣押措施，导致无“合理理由”扣押的现象大量存在，严重侵犯了公民的私人财产权利。

所谓必要性原则是指“国家机关在实现某一项职能目标时如果必须对公民的权利加以限制的话，应当尽可能选择对公民权利损害最小的手段”。[4] 必要性原则要求国家机关在采取强制性措施时要尽可能降低对公民基本权利的侵害，主要用于对公权力机关自由裁量权的限制。《刑事诉讼法》第 109 条规定：“为了收集犯罪证据、查获犯罪人，侦查人员可以对犯罪嫌疑人以及可能隐藏罪犯或者犯罪证据的人的身体、物品、住处和其他有关的地方进行搜查。”可见，我国的扣押制度缺乏必要性原则的规制，只要满足“为了收集犯罪证据、查获犯罪人”的目的就可以执行扣押措施，而该扣押行为究竟会给相对人造成怎样的损害并未加以考虑。更未硬性要求扣押时应采取对公民权利损害最小的方式。另外，法律对于扣押没有独立的适用条件和证明标准的规定，这样便无形中放任了侦查机关执行扣押时自由裁量的权力，更加重了侵犯公民私权之虞。“权力意志根植于支配他人并使他人受其影响和控制的欲望之中。”[5] 具体到私人财产的扣押，任意扣押、任意处置的现象层出不穷，侦查机关过度的自由裁量权使得公民个人的财产权利时刻面临被强制处分的威胁。

3. 扣押的相关规定过于粗疏笼统

刑事诉讼中对个人财产的强制扣押是国家公权力对公民私人财产强行直接干涉的行为，私人财产权因此而遭受侵害的可能性极高。“权力必须是合法的或

---

〔1〕 陈永生：《侦查程序原理论》，中国人民公安大学出版社 2003 年版，第 132 页。

〔2〕 陈永生：《侦查程序原理论》，中国人民公安大学出版社 2003 年版，第 140 ~ 141 页。

〔3〕 邱兴华：《刑事扣押制度研究》，西南政法大学 2007 年硕士学位论文，第 22 ~ 23 页。

〔4〕 陈永生：《侦查程序原理论》，中国人民公安大学出版社 2003 年版，第 142 ~ 143 页。

〔5〕 [美] E. 博登海默著，邓正来译：《法理学、法律哲学与法律方法》，中国政法大学出版社 1999 年版，第 363 页。

后来变成合法的。"〔1〕 然而，我国刑事诉讼法对强制扣押的相关规定过于简单粗陋，具体体现为：其一，强制扣押缺乏正当程序的约束，任意扣押现象严重。由于刑事诉讼法对扣押无独立的启动程序，加上侦查机关对扣押的执行享有较高的自由裁量权，使得任意扣押私人财产司空见惯。其二，强制扣押范围不明确。我国的刑事诉讼法对扣押未规定采单独的扣押证作为执行依据，扣押通常依附于搜查程序进行。而实际的情况是，搜查文书中对可予以扣押的对象和范围也没有明确的限定。侦查人员在搜查、扣押过程中如果自认为可以扣押，即可临时起义对公民个人财产作出强制处分，私人财产权时刻如履薄冰。其三，扣押后无清单或清单记载混乱，严重妨碍事后扣押物的返还，由此引起的纠纷不断。侦查人员扣押个人财物后，疏于职务，未列清单，或者对该记载的事项未予记载，实际记载事项无序繁乱，导致后来侦查机关与被扣押人就被扣押财物不能达成一致，从而侵害公民的财产权，同时也损及国家公权力的威信。

（三）对扣押财产的保管与处理

公民私人财产被扣押后，原则上该公民仍为该被扣押物的所有权人，其并不因扣押行为而丧失对物的财产性利益。民法上物的"所有权谓以全面的物之支配权能为内容之权利。所有权以永久存续为其本质，然无碍于所有权处分时之法律行为。"〔2〕 侦查机关的扣押仅是对个人财产的临时性限制，其负有在扣押后妥善保管的义务和职责。然而实践中扣押机关任意使用、处置被扣押的财物致毁损，疏于职守、保管不善致财物灭失等现象屡见不鲜。导致被扣押的公民个人财产事后根本无法返还的后果，由此引发与侦查机关之间的赔偿纠纷。加之，我国尚未建立统一的扣押执行与扣押保管相分离制度，虽然最高人民检察院在《人民检察院扣押、冻结款物管理规定》第8条中规定："实行扣押、冻结款物与保管款物相分离的原则，账册与款物必须相符。"但该规定的适用范围仅限于检察机关办案，公安机关侦查办案并不受其约束，而国家的刑事案件大多以公安机关立案侦查为主。由此造成的实际情况就是扣押机关即为保管机关，无法形成有效的监督制约机制，即使扣押机关未认真履行妥善保管的义务也无人问津、无人追责。况且，我国现行刑事诉讼法对扣押机关任意使用、破坏、处置被扣押物致其毁损、灭失并没有规定相应的责任，这样便更加放纵了扣押机关对权利人财物妥善保管职责的懈怠。

（四）扣押财产的返还

我国法律对于刑事诉讼中被扣押的款物的返还规定较为混乱。《刑事诉讼

〔1〕［法］阿奎那著，马清槐译：《阿奎那政治著作选》，商务印书馆1982年版，第34页。

〔2〕史尚宽：《物权法论》，中国政法大学出版社2000年版，第60页。

法》第198条第3款规定："人民法院作出的判决生效以后，对被扣押、冻结的赃款赃物及其孳息，除依法返还被害人的以外，一律没收，上缴国库。"《六机关规定》第19条也规定："人民检察院、公安机关不能扣划存款、汇款，对于在侦查、审查起诉中犯罪嫌疑人死亡，对犯罪嫌疑人的存款、汇款应当依法予以没收或者返还被害人的，可以申请人民法院裁定通知冻结犯罪嫌疑人存款、汇款的金融机构上缴国库或者返还被害人。"从条文的规定看，法院享有对被扣押后款物的最终处理权。但《刑事诉讼法》第198条第1款又规定："对被害人的合法财产，应当及时返还。"《六机关规定》48条同样规定："对于赃款赃物，除依法返还被害人的财物以及依法销毁的违禁品外，必须一律上缴国库。"如此规定又貌似不用必须经过法院审查，被扣押款物即可直接返还被害人。实际生活中，侦查机关认为公民个人财物与案件有关即行扣押后，常常怠于审查，久拖不还。正如前文所举案例中，权利人吕阿娣的车辆一扣就是七年之久，其间竟无任何说法。侦查机关如此的行为严重侵犯了公民对自己财物享有的占有、使用和收益的权利，使公民的财产权长期处于不确定的状态。

（五）因扣押致私人财产的毁损、灭失缺乏有效的救济手段

我国《最高人民法院关于执行〈中华人民共和国行政诉讼法〉若干问题的解释》第1条第2款规定，"公安、国家安全等机关依照刑事诉讼法的明确授权实施的行为"不属于人民法院行政诉讼的受案范围。"对于刑事侦查行为的众多对象来说，侦查机关为破获案件而进行的合乎秩序的对公民权利的干涉甚至侵犯，大都被作为刑事侦查程序的'秩序价值'的牺牲品，合法地消解在刑事侦查程序之中了。"[1] 刑事扣押是刑事侦查措施的一项，性质上通常被认定为是一种刑事司法行为，因而不属于行政诉讼受案范围。因此，当第三人财产遭遇侦查机关的非法扣押时，其无法通过提起行政诉讼的方式寻求救济，要求国家赔偿，而只能向侦查机关申请复议。然而刑事扣押程序从启动至扣押执行完毕，都是在侦查机关"自行审批"下实施的。第三人向侦查机关申请复议要求纠正不法扣押行为，实际上也就是要侦查机关自己承认自己的行为是错误的，这无异于让侦查机关自己充当自己的法官，给自己判罪处刑，由此可以想象复议成功的概率是多么的微乎其微。"无救济，则无权利"，国家未为权利主体提供扣押后财产毁损、灭失合理的救济程序，又何谈公民财产权保障，何谈宪法性权利保障，何谈人权保障呢？

---

〔1〕 刘广三：《犯罪控制视野下的刑事诉讼》，中国人民公安大学出版社2007年版，第111页。

四、对私人财产扣押制度的完善

（一）扣押程序启动

1. 确立令状主义

所谓令状主义，是指“在进行强制处分时，关于该强制处分是否合法，必须由法院或法官予以判断并签署令状；当执行强制处分时，原则上必须向被处分人出示该令状”。[1] 纵观发达国家的立法，刑事扣押几乎都无一例外地采取令状主义。扣押在事先由侦查机关向法院提出申请，由法院进行审查批准并最终决定是否准许，事后侦查机关应当将扣押执行情况向法官报告并向法官提交扣押清单以供法官审查。即使是紧急情况下的无证扣押，也必须接受法官的事后审查，以确定扣押行为是否合法。“司法审查的确立取决于接受这样一种观点，即制约平衡是防止权力不当行使所不可缺少的。”[2] 对于我国，如果可以借鉴他国建立扣押启动的令状主义模式自然是最为理想的。在对公民个人财产扣押之前，由侦查机关向法院提出扣押申请书，法院对申请书进行审查，最终决定是否批准扣押。如果该私人财物确与案件有关且确有扣押必要，法官才可批准扣押，而且扣押完毕以后还应当接受法官对扣押合法与否的审查。当遭遇紧急情况而需采取无证扣押时，可以赋予侦查机关临时决定先行扣押的权力，但事后需要将扣押执行情况和扣押理由向法院汇报，由法院审查确定该无证扣押行为的合法性。如果经法院审查确定扣押违法或错误的，则应当由法院责令侦查机关立即将扣押物退还权利人。司法权本质的超然中立性使其作为社会正义的最后一道防线，担负起维护公平正义的神圣职责，对社会纠纷和争议享有最终的裁决权。而且，由司法权来对侦查主体的强制扣押行为予以规制合乎权力分工和制约理论。

然而鉴于我国的具体国情和法治发展的现状，想要在短时间内直接过渡到令状主义的模式，想必是阻力较大，困难重重。从比较法的角度分析，在德、法等大陆法系国家，检察官素有“法律的守护者”的称誉，发挥着“国家权力之双重控制”[3] 功能，这也符合我国检察机关法定的法律监督地位。[4] 因而，笔者认为，对扣押程序的启动可以借鉴逮捕的相关规定。如果是公安机关侦查的案件，则可由检察机关审查批准决定。检察机关作为我国法定的法律监督机

---

〔1〕 马晶晶：《论刑事扣押》，山西大学2009年硕士学位论文，第3页。

〔2〕［英］M. J. C维尔著，苏力译：《宪政与分权》，三联书店1997年版，第147页。

〔3〕 国家权力之双重控制，是指作为法律之守护人，检察官既要保护被告免于法官之擅断，亦要保护其免于警察之恣意。

〔4〕 万毅：“论检察监督模式之转型”，载《法学论坛》2010年第1期，第25～26页。

关，由其对扣押进行审查并作出决定顺理成章。如果是检察机关自侦案件，则可由负责侦查的检察院的上一级检察机关审查批准扣押与否。为防止“自批自侦”现象，如果由负责侦查的检察院自行决定扣押的启动，仍逃不出自己作为自己法官的弊病，所以可以借鉴逮捕的相关制度设计，由上一级检察机关担负审批的职责。如果是紧急情况下的无证扣押自然也要接受事后的监督，公安机关无证扣押后须向检察院报告执行情况和扣押依据，检察院无证扣押后应向上一级检察机关说明执行情况和扣押理由。

当然，由检察院来负责审批以决定扣押权的启动并不是最为理想的制度设计，因为公安机关与检察机关的职能性质具有某种程度上的重合，检察机关负有审查起诉和提起公诉的职能，就其本质而言也是在行使对犯罪嫌疑人的追诉职能。而且实践中“公检一家”的理念似乎已经在多数人的脑海中形成印象。所以对扣押程序的启动最终仍然需要过渡到法院司法审查的令状主义模式，由中立的法院作为启动扣押权的决定者，才能更好地起到外部监督的效果，进而保证侦查机关扣押行为的合法性，以最大限度地保障公民的财产权。

2. 明确实施扣押的证明标准

我国《刑事诉讼法》第114条规定：“在勘验、搜查中发现的可用以证明犯罪嫌疑人有罪或者无罪的各种物品和文件，应当扣押；与案件无关的物品、文件，不得扣押。”由此可知，我国的刑事扣押的启动标准是“物品或文件与案件有关”，但是对于此关联性的判断却没有客观的证明标准，导致实践中常常是侦查机关认为应当扣押就可扣押。如此低的证明标准极不利于对公民财产权的保障。英国《1984年警察与刑事证据法》第8~23条〔1〕涉及的搜查以及扣押的相关规定中，可以看出令状的签发必须具备合理的理由。〔2〕美国联邦宪法第四修正案也规定，没有相当理由不得签发搜查、扣押、逮捕令状，相当理由还必须以宣誓书的方式支持。〔3〕可见，英美法系国家对于刑事扣押必须具有足够合理的理由才可启动。

因此，笔者认为，应合理借鉴刑事扣押启动的“合理理由”标准，即侦查机关提供的证据和事实应达到足以使一般人相信该个人的物品或文件确与犯罪有关，具有证据价值或其他诉讼价值时，才可启动扣押程序。《日本刑事诉讼

---

〔1〕 http：//www. statutelaw. gov. uk/legResults. aspx? LegType = All + Legislation&searchEnacted = 0&extentMatchOnly = 0&confersPower = 0&blanketAmendment = 0&sortAlpha = 0&PageNumber = 0&NavFrom = 0&activeTextDocId = 1871554 （The UK Statute Law Database），访问日期：2010年12月1日。

〔2〕 ［英］迈克·麦康维尔、岳礼玲选编，程味秋、陈瑞华等译：《英国刑事诉讼法》，中国政法大学出版社2001年版，第239页。

〔3〕 王兆鹏：《美国刑事诉讼法》，北京大学出版社2005年版，第102页。

法》第102条规定："当身体、物品、住所为犯罪嫌疑人占有或所有时，可以无条件地成为搜查对象。但是，当身体、物品、住所非为犯罪嫌疑人占有或所有时，必须具备一定的客观状况足以怀疑扣押之物存在其中，才可以成为搜查的对象。"《德国刑事诉讼法》第103条对搜查的启动条件规定了双重标准，即对于犯罪嫌疑人，可以为了发现其人或收集证据而搜查他的人身、住所、办公场所及物品，但是对于犯罪嫌疑人以外的人，也就是本身与犯罪事实无关的第三人，对其住所的搜查必须以已有事实可以推测所寻找的人员、线索或物品就在该嫌疑人以外的人的房间内为前提，但嫌疑人被发现的房间或者被追捕时进入的房间除外。这说明，对案外第三人财产的扣押标准较对犯罪嫌疑人的扣押应有所区别。笔者认为，针对案外第三人财产的扣押，应在"合理理由"的基础上设立更为严格、客观的启动证明标准，即对第三人的扣押应当在侦查机关已经查清的案件事实并已经取得的案件证据足以推测该第三人所有的物品或文件与犯罪有关且确有扣押必要的前提下才可启动，否则第三人的财产权利将遭非法侵害。如此的制度设计与第三人的角色定位相匹配，毕竟他是被无辜牵涉到刑事诉讼中的善良人，而法律不应该再次加深他的痛苦和无助。

（二）扣押具体实施

1. 完善扣押程序中的合理性

行使扣押必须遵循合理性的相关原则，即与案件有关并具备合理的理由认为应当扣押时才可扣押，这已经成为各国立法的共识。我国《刑事诉讼法》第114条规定："在勘验、搜查中发现的可用以证明犯罪嫌疑人有罪或者无罪的各种物品和文件，应当扣押；与案件无关的物品、文件，不得扣押。"《人民检察院扣押、冻结款物管理规定》第5条也规定："严禁扣押、冻结与案件无关的合法财产。"可知，我国侦查程序中扣押对象是与案件有关的各类物品与文件。然而司法实践中如何认定第三人的财产确与犯罪案件有关，又由谁来对该相关性加以证明，都是一国法律所要顾及的问题。私人财产权的对世性使其从存在之初便享有了排他的、不受他人非法干涉的权利属性。侦查机关于扣押之前必须就扣押的"合理理由"，即为何扣押、扣押物品与案件事实间的关系、扣押的必要性等向相对人为阐明的义务。例如美国刑事诉讼中，警察即负有"陈述相当理由"的责任，同时应具备宣誓或代誓宣言来加以证实。同时，扣押必须在法律规定的范围内严格依据正当程序进行。一旦相对人认为扣押理由不够充分确实或扣押违反法定程序，则应赋予其相应的异议权，以确保合法财产权免遭不法侵害。

2. 扣押应当遵循比例原则

国家公权力的行使要求遵循比例原则，要求行为的手段和目的的关系必须适当。刑事扣押作为国家公权力行使的一项具体体现，应当符合比例原则，遵循适合性原则和必要性原则。

适合性原则要求国家机关所采取的每一措施都必须以实现宪法或法律所规定的职能为目标，并且每一措施都有利于其法定职能和目标的实现。“权力服从法律的支配，乃是政治管理上最重要的事情。”〔1〕具体到对公民私人财产的扣押，笔者认为，应该严格限制强制扣押的使用。没有任何物品从一开始就注定成为犯罪证据，即使公民个人持有的财物确系刑事诉讼的重要证据，对国家追诉犯罪、破获案件、维护社会稳定具有关键的作用和意义，也应当在尽量不损及公民财产权的前提下，由侦查机关征得权利人同意后才可以拿来使用。但不一定非要采取强制扣押的措施，如果可以用其他的方式加以替代，则不应当对私人财产进行扣押，例如实物拍照、要求权利人积极配合侦查，必要时自行携带物品出庭作证等。因为不管怎么样，强制扣押总会在不同程度上损及公民对物的占有、使用、收益等财产性权利。

必要性原则要求国家机关在行使职权时应当尽可能选择对公民权利损害最小的手段来进行。“警察功能仅止于维持公共秩序必要的最低限度。其条件与状态，与秩序违反行为产生的障碍应成比例。”〔2〕在对私人的财产进行扣押时，笔者认为，应当对国家行使权力所要实现的目的与达成此目的可能损及的公民财产利益加以权衡，如果确有必要对私人财产予以扣押时才可以实行扣押。而且对公民个人的财产，特别是案外第三人的财产，应当秉持能不扣押就不扣押的原则，扣押应作为证据保全的最后保障手段得以运用。“为了维护整个社会的利益，警察必须在道义允许的范围内实施法律，并要设法赢得公众的支持。”〔3〕如果仅是处于存疑的状态，那么不应该实行扣押，仍应由权利人占有财产，公民可对物继续使用、收益，侦查机关最多只是可以在一定限度内限制个人对物的处分权而已，以此来最大程度上保障公民的实质性财产权利。

3. 完善扣押的具体规则

刑事强制扣押是国家机关对公民财产最为直接的、强行的干预和控制手段之一，扣押权同其他所有的公权力一样具有天然的自我膨胀性和攻击性，因而法律必须对其设有严格的程序要求，以此保障公民的财产权利免受公权力的肆意侵害。笔者认为，我国的刑事诉讼法对强制扣押的法定化需要考虑以下几个

---

〔1〕［法］阿奎那著，马清槐译：《阿奎那政治著作选》，商务印书馆 1982 年版，第 123 页。

〔2〕［日］田口守一著，刘迪等译：《刑事诉讼法》，法律出版社 2000 年版，第 37 页。

〔3〕［美］哈罗德·K. 贝克尔、唐娜·L. 贝克尔著，刘植荣译：《世界警察概览》，陕西人民出版社 1991 年版，第 5 页。

方面：其一，强制扣押正当程序化。现代法治国家要求“除在紧急情况下外，只有经过法院的审查和批准，且依照法定程序，公安机关才有权对公民的人身、财产、隐私等权利进行限制或剥夺。警察机关作为国家行政机关是无权自行剥夺或限制公民的人身、财产、隐私等基本权利的”。〔1〕对私人财产而言，侦查机关在采取扣押之前，应当尽到一定的告知义务，向相对人表明扣押的目的。同样，公民也享有要求侦查人员说明扣押原因的权利。扣押时须严格遵循“合理理由”原则，对于确与案件有关的、确有扣押必要的物品予以扣押。对扣押后的私人财物，应加贴封条进行封存，封条上应由执行人员、见证人和该公民个人签名或盖章。其二，明确强制扣押的范围。我国可以借鉴他国有益经验，在扣押时采取扣押证的方式。扣押证上应当列明可以扣押的私人财物的名称、种类和范围，以防止任意扣押行为的泛滥。另外，法律应当就不得扣押的私人财物的范围作出规定，例如关乎公民基本生活的财产和物品不得扣押。其三，扣押清单明细化。我国《刑事诉讼法》第115条虽然规定了对于扣押的物品和文件应当出具清单，但对如何开具清单、清单的必备内容与要求并没有相关规定，从而导致了实践中扣押清单过于笼统和随意，公民实际被扣押的财物与侦查机关所出具的清单不能一一对号入座。因而，笔者认为，必须强化侦查人员对扣押清单重要性的认识，建立清单开列不当的相应的责任追究制度，以此来督促侦查人员开列清单时尽量明细化，减少权利人与侦查机关之间因清单开具不明而引起的纠纷。

（三）建立对扣押财产执行与保管分离的制度

刑事扣押体现为国家公权力直接对公民私权利的干涉，应当予以严格规制。针对司法实践中出现的如前文案例中任意使用被扣押的公民个人财物以及其他任意破坏、处置被扣押物致其毁损、灭失的现象，有必要完善对被扣押的私人财产的保管与处理措施。其中一项重要的措施即为建立统一的扣押执行与扣押保管相分离的制度〔2〕，即要求执行扣押的侦查人员不得充任所扣押物品的保管人员，无论是公安机关侦查的案件还是检察机关自侦案件，在扣押后都应遵循扣押执行与扣押保管相分离的原则。建立对扣押财产的专门管理制度，如设立专门人员或专门机关来管理所扣押的私人财物。扣押执行与扣押保管相分离旨在于执行机关和保管机关之间形成有效的监督制约机制。执行机关与保管机关应当拥有同等的权力地位，相互间不存在隶属关系。执行机关一方掌握扣押清

〔1〕孙凯、孙琳：“法治视野下我国警察权的规制与警政革新”，载《政法学刊》2010年第27卷第1期，第110页。

〔2〕匡青松：“试述形式扣押物品保管规则的完善”，载《湖湘论坛》2008年第2期，第91页。

单，保管机关一方掌握被扣押的实物，两者对照应当相互一致。采取“执行者不保管，保管者不执行”的方式，在执行者与保管者之间形成相互的监督制约，避免任何一方随意处分被扣押的私人财产。而且，权利人享有随时向保管机关查询自己被扣押财产的保管状态的权利，发现存在毁损、灭失现象或有毁损、灭失之虞时，可以向执行机关反映，由执行机关要求保管机关改正。当然，建立相应的“谁出错谁负责”的责任追究制度也是必需的，以求最大限度上实现妥善保管。

（四）规范扣押物返还程序

我国《刑事诉讼法》第198条第1款规定：“对被害人的合法财产，应当及时返还。”笔者认为，对被扣押的私人财产应当参照使用这样的规定。无论是犯罪嫌疑人依法应予扣押的财物，还是第三人善意取得的赃款赃物，还是被追诉人用作犯罪工具的他人之物，抑或第三人与被追诉人的共有物，经审查只要没有扣押或其他强制处分必要的，都应当及时返还给权利人。如果法律规定的侦查期限结束之后，侦查机关仍没有足够的证据证明犯罪事实的存在，而没有移送被扣押物时，侦查机关应在规定期限内及时将扣押物返还给公民个人。如果确有必要扣押私人财物，而且该被扣押物已经移送审判时，在该私人财物实现了必要的证据价值，配合司法机关完成追诉犯罪的职责之后，法院理应对该被扣押的财物依法作出处理，及时返还给权利人。“在中国，权力始终伴随着责任，即负责在权力行使的范围之内确保自然和谐。”〔1〕无论如何，公民对被扣押的财产享有宪法规定的财产权利，国家不能为保证追诉犯罪职能的实现，就置公民私人的财产权利于不顾，这不符合法治国家要求的人权保障的理念。“警察责任原则要求只能对那些影响公共秩序责任者，才能对其行使警察权，对于非责任者不能行使警察权。”〔2〕无辜者不应当成为被追诉人违法犯罪的替罪羔羊，因犯罪人之错而对善良他人科以责任，这对其是极不公平的，也是法律的正义所不能容忍的。

（五）完善扣押后的救济

“有救济，才有权利。”脆弱的私人的财产权极易受到国家公权力侵害。对于刑事被害人，学界主张国家负有救助的法律责任。同样，当刑事扣押中公民的财产遭受侦查机关非法扣押时，国家有义务为其提供必要的救济措施以弥补其所受到的损失。所谓国家责任“一般是指国家在法律层面上对其国民所赖以

---

〔1〕［英］S. 斯普林克尔著，张守东译：《清代法制导论：从社会学角度加以分析》，中国政法大学出版社2000年版，第35页。

〔2〕陈卫东：《程序正义之路》（第一卷），法律出版社2005年版，第287页。

生存的社会所应承担的责任。这是一种客观责任，具有确定性、可预见性和可期待性。国家的客观责任源于法律、组织机构、社会对行政人员的角色期待”。[1] 针对我国法律对刑事扣押刑事司法行为的性质认定，被扣押财物的所有权人无法提起行政诉讼而只能通过向侦查机关本身复议的方式来企及救济。笔者认为，这是远远不够的，“任何人均不能作为其本人或与其本人有任何干系或其本人有所偏私一类案件的裁判者。”[2] 为此，应当赋予权利人就侦查机关的扣押行为的合法性向人民法院申请复查的权利。也就是说，如果权利人对侦查机关的强制扣押行为不服时，可以先向作出扣押决定的机关申请复议一次，若权利人对复议决定仍然不服的，可以在法定期限内，依法定程序，向法院申请复查。[3]

公民财产权作为一项宪法性权利，应当被纳入国家赔偿的范围。但即使真的归入到国家赔偿的范畴，随之而来的又一个难题是，由于我国的国家赔偿以国家机关行为违法性作为认定标准，即因扣押而招致财产权益损失的权利人必须先证明侦查机关的扣押行为违法，才有可能获得国家赔偿。前文已论及我国的扣押启动标准非常低，只要是“为了收集犯罪证据、查获犯罪人”，“在勘验、搜查中发现的可用以证明犯罪嫌疑人有罪或者无罪的各种物品和文件”就可以扣押。所以，事实上往往是只要侦查机关主观认为应当扣押，那么就可以扣押，扣押行为即为合法。鉴于如此主观随意的扣押启动标准，确有必要尽快明确界定侵犯财产权的扣押行为的合法与非法的界限，才能保障公民财产权不受非法侵犯与干涉。

结　论

“财产权划定了受保护的个人自由与政府权力的合法范围之界线。”[4] 没有任何一种权力可以超出法律的限制而肆意行为。刑事扣押程序中，作为权力行使者的国家必须尊重和保障公民的私人财产权。扣押权的行使须接受正当程序的规制，考虑行为的适合性和必要性。财产权作为现代人权的核心内容，其保

---

〔1〕秦颖慧：“刑事被害人国家救助制度研究”，载《西部法学评论》2010年第3期，第77～78页。

〔2〕［美］汉密尔顿、杰伊、麦迪逊著，程逢如、在汉、舒逊译：《联邦党人文集》，商务印书馆1980年版，第401页。

〔3〕王凯：《我国刑事扣押制度法制化研究》，山东大学2009年硕士学位论文，第35页。

〔4〕［美］埃尔斯特、［挪］斯莱格斯塔德编，潘勤、谢鹏程译：《宪政与民主：理性与社会变迁研究》，三联书店1997年版，第279页。

障与实现严重关乎人的生存和发展。扣押行为的相对人作为被扣押财产的合法权利人，享有要求自我财产权处于不被侵犯的安全状态的权利。同时，国家法律也有义务为其提供必要的、切实可行的权利保障机制。无过错的财产权利人实在没有义务为他人的过错行为埋单，同时，保护善良人的权利也是成就法律之正义的必然要求。

参考文献

一、专著类

1. 叶巍:《刑事诉讼中的私有财产权保障》，法律出版社 2009 年版。

2. 朱拥政:《刑事诉讼中的财产权保障》，中国人民公安大学出版社 2009 年版。

3. 王彬:《刑事搜查制度研究》，中国人民公安大学出版社 2008 年版。

4. 樊崇义、史立梅、张中等:《正当法律程序研究——以刑事诉讼程序为视角》，中国人民公安大学出版社 2005 年版。

5. 田心则:《刑事诉讼中的国家权力与程序》，中国人民公安大学出版社 2008 年版。

6. 谢佑平:《形式救济程序研究》，中国人民大学出版社 2007 年版。

7. 汤啸天主编:《刑事诉讼研究的新视角》，上海人民出版社 2008 年版。

8. 陈卫东:《程序正义之路》（第一卷），法律出版社 2005 年版。

9. 刘广三:《犯罪控制视野下的刑事诉讼》，中国人民公安大学出版社 2007 年版。

10. 龙宗智:《相对合理主义》，中国政法大学出版社 1999 年版。

11. 王金沙:《刑事诉讼与人权保障》，广东人民出版社 2006 年版。

12. 宋英辉、李忠诚编:《刑事程序法功能研究》，中国人民公安大学出版社 2004 年版。

13. 傅宽芝:《刑事诉讼主体公权与私权》，社会科学文献出版社 2010 年版。

14. 万毅:《程序正义的重心——底线正义视野下的侦查程序》（第 5 版），中国检察出版社 2006 年版。

15. 陈永生:《侦查程序原理论》，中国人民公安大学出版社 2003 年版。

16. 史尚宽:《物权法论》，中国政法大学出版社 2000 年版。

17. 韩德明:《侦查原理论》，中国人民公安大学 2005 年版。

18. 王兆鹏:《美国刑事诉讼法》，北京大学出版社 2005 年版。

19. ［英］迈克·麦康维尔、岳礼玲选编，程味秋、陈瑞华等译:《英国刑事诉讼法》，中国政法大学出版社 2001 年版。

20. ［意］贝卡利亚著，黄风译:《犯罪与刑罚》，中国大百科全书出版社 1993 年版。

21. ［美］E. 博登海默著，邓正来译:《法理学、法律哲学与法律方法》，中国政法大学出版社 1999 年版。

22. ［日］田口守一著，刘迪等译:《刑事诉讼法》，法律出版社 2000 年版。

23. ［美］哈罗德·K. 贝克尔、唐娜·L. 贝克尔著，刘植荣译：《世界警察概览》，陕西人民出版社 1991 年版。

24. ［日］松尾浩也著，张凌译：《日本刑事诉讼法》（上卷），中国人民大学出版社 2005 年版。

25. ［德］鲁道夫·冯·耶林著，胡宝海译：《为权利而斗争》，中国法制出版社 2004 年版。

26. ［法］阿奎那著，马清槐译：《阿奎那政治著作选》，商务印书馆 1982 年版。

27. ［英］M. J. C 维尔著，苏力译：《宪政与分权》，三联书店 1997 年版。

28. ［英］弗里德利希·冯·哈耶克著，邓正来、张守东、李静冰译：《法律、立法与自由》，中国大百科全书出版社 2000 年版。

29. ［法］孟德斯鸠著，孙立坚、孙丕强、樊瑞庆译：《论法的精神》（上册），陕西人民出版社 2001 年版。

30. ［美］汉密尔顿、杰伊、麦迪逊著，程逢如、在汉、舒逊译：《联邦党人文集》，商务印书馆 1980 年版。

31. ［美］路易斯·亨金著，邓正来译：《宪政·民主·对外事务》，三联书店 1996 年版。

32. ［美］爱德华·S. 考文著，强世功译：《美国宪法的"高级法"背景》，三联书店 1996 年版。

33. ［英］A. J. M. 米尔恩著，夏勇、张志铭译：《人的权利与人的多样性——人权哲学》，中国大百科全书出版社 1995 年版。

34. ［法］卢梭著，何兆武译：《社会契约论》，商务印书馆 1980 年版。

35. ［法］卢梭著，何兆武译：《社会契约论》，商务印书馆 1980 年版。

36. ［美］罗纳德·德沃金著，信春鹰、吴玉章译：《认真对待权利》，中国大百科全书出版社 1998 年版。

二、期刊类

1. 吴宏耀："刑事搜查扣押与私有财产权利保障——美国博伊德案的启示"，载《东方法学》2010 年第 3 期。

2. 周继业："刑事诉讼中第三人财产权利保障"，载《法律适用》2009 年第 3 期。

3. 王贞会："刑事扣押中的法律问题研究"，载《石家庄学院学报》2010 年第 12 卷第 4 期。

4. 龚向和："国家义务是公民权利的根本保障——国家与公民关系新视角"，载《法律科学》（西北政法大学学报）2010 年第 4 期。

5. 林喜分："刑事侦查扣押程序的缺陷与制度重塑"，载《法治论丛》2008 年第 23 卷第 3 期。

6. 瓮怡洁："我国刑事搜查、扣押制度的改革与完善"，载《国家检察官学院学报》2004 年第 12 卷第 5 期。

7. 万毅："论检察监督模式之转型"，载《法学论坛》2010 年第 1 期。

8. 匡青松："试述形式扣押物品保管规则的完善"，载《湖湘论坛》2008 年第 2 期。

9. 龚举文:“论扣押、冻结款物强制性措施的司法控制”，载《中国刑事法杂志》2009 年第 8 期。

10. 孙凯、孙琳:“法治视野下我国警察权的规制与警政革新”，载《政法学刊》2010 年第 27 卷第 1 期。

11. 秦颖慧:“刑事被害人国家救助制度研究”，载《西部法学评论》2010 年第 3 期。

12. 邱兴华:《刑事扣押制度研究》，西南政法大学 2007 年硕士学位论文。

13. 马晶晶:《论刑事扣押》，山西大学 2009 年硕士学位论文。

14. 王凯:《我国刑事扣押制度法制化研究》，山东大学 2009 年硕士学位论文。

视频分享网站的版权侵权责任研究

郑欣媛

摘　要

我国视频分享网站自 2006 年迅速兴起，经历了起步阶段、飞速发展时期、行业低潮的洗牌期后，如今已进入上市准备阶段。然而，围绕视频分享网站的版权侵权纠纷却自 2008 年以来从未中断过。国内视频分享行业的巨头优酷网、土豆网等被诉版权侵权的赔偿金额已高至上千万。从诉讼结果来看，视频分享网站大多以败诉告终。在面临巨额版权侵权诉讼的同时，国内视频分享网站尚未真正实现盈利。于是，视频分享网站的盈利模式和版权侵权责任成为研究热点。从版权方角度看，视频分享网站上大量充斥的盗版视频严重损害了其权益，而视频分享网站运营商则认为传统版权法框架下分配给网络服务商的版权责任过重。本文试图从视频分享网站性质、自身运营模式入手，探讨视频分享网站的版权侵权责任。

本文共分为正文和结论两部分，其中正文分三章。

第一章，视频分享网站概述。从视频分享网站的性质、运营模式入手解析其版权问题的由来。同时，为视频分享网站版权制度设计提供现实的参考依据。

第二章，法律对视频分享网站侵权问题的规制。探讨法律对视频分享网站版权问题的规制。重点分析了视频分享网站的法律地位及其不同侵权责任形态，并且从国内外网络版权侵权责任立法实践与理论的对比中，分析我国版权法对视频分享网站版权侵权责任判定标准和归责原则相关规定所存在的缺陷。提出相关判定标准应客观化，对视频分享网站侵权责任认定中的几个关键要件进行重点分析。其目的在于进一步完善我国版权法对网络服务提供商的版权侵权责任的相关规定。

第三章，视频分享网站的版权侵权责任限制分析。从版权人权利和利益的扩张、网络空间中言论自由的表达、公共利益的保护三个角度考量与视频分享网站的版权侵权责任的关系，提出了对视频分享网站的版权侵权责任限制的合理性。

最后部分是结论。在总结全文的同时，对视频分享网站的版权侵权问题的解决提出了几点建议。

第一章　视频分享网站概述

在切入对视频分享网站版权问题的分析之前，有必要对视频分享网站的性质、运营模式及其版权问题的由来做一个概述，以廓清本文研究对象“视频分享网站”有别于普通门户网站的视频功能以及网络视频点播服务。同时，通过对视频分享网站运营模式的分析，有助于我们在产业背景下了解视频分享网站版权问题的根源，从而从产业发展角度探讨相关法律制度的设置。

第一节　视频分享网站的性质

“未来每个人都会成为15分钟的名人”，波普艺术家安迪·沃霍尔曾有这样的一个著名预言，如今越来越多的草根明星印证了沃霍尔的这句话，这归功于日益兴起的互联网视频分享网站。广义上的网络视频，就是以网络为载体，通过视频形式来进行个人、公共或商业行为的一种信息交流方式〔1〕。从技术上分析网络视频，是指内容格式以WMV、RM、RMVB、FLV以及MOV等类型为主，可以在线通过RealPlayer、Windows Media Player、Flash、QuickTime及DivX等主

---

〔1〕 马成鸣：“再论流媒体的发展对传统电视生存空间的影响”，载《今传媒》2007年第7期，第54页。

流播放器播放的文件内容[1]。当前国内的网络视频行业主流分为视频分享、门户视频、网络电视和网络视频下载四个大类，内容则分别来自专业内容制作机构（电视媒体、影视制作、音乐制作、体育组织等）和草根网民原创、转载、二次加工两大来源[2]。本文研究的主要对象则是视频分享网站。此类网站运营特色强调的是内容的分享性和交互性。一般将基于Web2.0技术基础上的主要提供视频交互式服务的网站称为视频分享网站。在视频分享网站上，经过注册的网友可以自由上传视频文件，网站可以通过一定的选择设置，对视频内容进行不同形式的分类和推荐，使得用户能够简便地搜索并观看自己需要的视频文件。

视频分享网站国内外的代表，如YouTube、优酷网、我乐网、酷6网等，它们以提供网络视频服务为主，并给用户分享的自由和空间。从技术层面上看，这些网站也可称之为视频主机服务网站，即网站通过提供视频主机服务，使用户得以将视频片段上传至因特网，再由视频主机将这些视频片段存储在服务器上，以便其他用户可以观看。[3] 王迁教授在其著述中给出了视频分享网站的定义，“最初是指那些提供信息内容存储空间和发布平台，供用户上传、在线观赏或下载视频文件的网站”。[4]根据王迁教授的解释，这些网站设立的初衷很可能只是为了鼓励普通用户利用手头的家用摄影、摄像设备录制生活中的片段，或者自制短剧与其他用户分享。譬如，2005年2月成立的YouTube是目前世界上最大的互联网视频分享网站，“其创办原意是为了方便朋友之间分享录影片段，后来逐渐成为网民的回忆储存库和作品发布场所”。YouTube成立之初用来吸引用户的口号就是“Broadcast yourself”（由你来播放），这反映了YouTube成立之初对于网站内容来源定位的主旨是原创性，而目前中国国内网络视频市场上几大综合性视频分享网站提出的宣传广告语无一不是鼓励原创性。例如，国内最早的视频分享网站——土豆网在其首页赫然打出“做自己生活的导演”广告语；优酷网也以“世界都在看”、“我是拍客”等广告语和文化理念彰显其极力倡导的互联网视频体验的新世界，及创作、交流、推荐与分享的平台，其创始人古

---

〔1〕 艾瑞市场研究，《中国网络视频研究报告2006年简版》，http：//report. iresearch. cn/Reports/Free/582. html#，2011年3月30日。

〔2〕 中国科学研究院：CNNIC发布《2008年中国网络视频市场及视频消费行为研究报告》，http：//www. cas. cn/xw/yxdt/200806/t20080623_ 986358. shtml，2011年3月30日。

〔3〕 曾烨：《对视频分享网站版权侵权问题的研究与思考》，中国政法大学2010年硕士学位论文，第2页。

〔4〕 王迁：“视频分享网站著作权侵权问题研究”，载《法商研究》2008年第4期，第42页。

永锵更是将优酷网的竞争核心定位在“微视频”[1]；网络视频短片分享娱乐网站——我乐网在创办之初也秉持着“分享视频、分享快乐”的理念，不断提高用户体验。

由此可见，目前互联网市场上的视频分享网站多以用户自主上传为基础，即 UGC（User Generate Content）用户贡献内容模式。这有别于仅由网站直接提供内容，用户来点播的视频点播服务网站，也不同于门户网站的视频业务，和采用 P2P 技术的点播类产品也不一样。虽然从 2005 年国内第一家独立视频分享网站建立至今，各大标榜原创性和分享性的视频分享网站都已悄然发生了转型，优酷网、土豆网、酷 6 网等国内几大视频分享网站逐渐开始朝着视频门户网站的方向迈进。酷 6 网甚至直接将网站定位成门户分享网站，由资讯、体育、娱乐、影视、广告、游戏、动漫等十几个频道组成，但互联网视频分享网站建立的基础以及运营理念依然是建立在用户原创、自主分享的基础上，即 UGC（User Generate Content）用户贡献内容模式。艾瑞咨询（IUserTracker）2008 年通过对视频分享领域核心企业的深入访谈发现，虽然绝大多数视频分享网站的 UGC 含金量还不高，但增长趋势日趋明显，用户个性化需求的增加以及视频分享网站在内容方面的适当引导使得用户产生原创视频的积极性提高，并且各家视频分享网站用户个性化差异也日趋明显，不同的视频分享平台已经分别形成关于社会热点、影音娱乐等不同的个性化情感诉求的聚焦地。艾瑞咨询预测未来这种内容的差异化将更加明显，所体现的商业价值也会因其内容和人群的不同发生根本转变，视频分享平台的核心价值（UGC）也将由此凸显。[2]

因此，视频分享网站用户创造内容的 UGC 核心价值决定了其特殊的法律地位及其承担法律责任的方式。其法律地位及承担法律责任的方式不能简单混同于其他视频类网站如门户视频、网络电视和网络视频。

第二节 视频分享网站的运营模式

与传统媒体、一般文字网站相比，视频分享网站是一个高风险、高成本、低产出的行业。根据艾瑞咨询研究，视频分享网站的运行模式主要以投资商、内容提供商、网络平台运营商、技术提供商分销渠道、广告主和用户为主要构

---

〔1〕 微视频是指短则 30 秒，长则不超过 20 分钟，内容广泛，视频形态多样，涵盖小电影、纪录短片、DV 短片、视频剪辑、广告片段等，可通过 PC、手机、摄像头、DV、DC、MP4 等多种视频终端摄录或播放的视频短片的统称。“短、快、精”、大众参与性、随时随地随意性是微视频的最大特点。

〔2〕《艾瑞咨询：未来三年中国视频分享市场将呈现三大趋势》，http://www.iresearch.com.cn/Report/View.aspx?Newsid=75385，2011 年 3 月 30 日。

成。总结起来视频分享网站的运营模式具有三大特点。

一、依赖高风险的资金投入

尽管2006年来视频分享网站市场上新生了一大批创业者，但其从起步阶段开始，资金来源主要依靠风险投资，几年来一直处于“烧钱”阶段，每年都需要巨额的风险投资来支撑。从某种程度上讲，视频分享网站的生死很大程度上依赖VC（Venture Capital），即风险投资商的支持力度。下表为三大中国视频分享网站2006年到2010年来的融资情况。从中可以看出，动辄上千万美元的投资成为影响视频分享网站发展的关键因素。

表1　国内几大视频分享网站资本融资情况
（表中数据均来自于媒体报道）

数字单位：万美元

融资轮次／网站名称	第一轮	第二轮	第三轮	第四轮	第五轮	总计
土豆网	80	850	2000	5700	5000	13 000
优酷网	300	1200	2500	4000	4000	12 000
酷6网	1000	3000				4000

二、高运营成本、版权成本

虽然有每年一轮又一轮巨额风险投资的进入，但在视频分享行业高额的运营成本面前仍显得微不足道。据业内人士分析，“在中国如果想做视频分享网站的第一梯队，目前要求达到一亿次的点播，即需要100Gb的带宽。按照现在中国最好的价格，一个月至少要花费2000万元人民币。按照一个月2000万元来计算的话，一年就需要2.4亿元，这还只是单纯的带宽费用。”[1]

视频分享网站除了在带宽、存储和服务器等硬件设施上投入大笔资金外，购买版权又成为视频分享网站新一轮角逐中的不堪之重。据资料显示，2009年国内电视剧网络版权单集最贵不过四五千元。2010年，正版影视剧版权的购买水涨船高，一年中上涨了10倍，动辄四五万一集，热门剧单集达到10～20万元左右，以土豆网为例，在近三年花费超亿元占有市场上90%流通版权的影视剧。酷6网则拿出数亿元购买正版影视剧，56网也把每月收入的1/3都投在了购买

---

［1］曾烨：《对视频分享网站版权侵权问题的研究与思考》，中国政法大学2010年硕士学位论文，第5页。

版权上。[1]

三、盈利模式依赖点击率吸引广告

虽然2010年后，优酷和土豆网分别在美国纳斯达克市场上放出IPO的风声，但这两家国内视频分享网站的巨头到目前为止并没有实现真正的盈利。即便目前国内视频分享行业中规模、收入、融资额等多项指标均占领先地位的优酷网，其2010年前9个月亏损高达1亿6000多万人民币[2]。排名第二的土豆网的IPO文件显示其2010年前9个月的亏损为8300多万。目前，视频网站的收入主要还是依赖于在线广告，如优酷94.9%的营业收入来自于在线广告[3]。众所周知，广告收益和视频点击息息相关，在以广告为盈利模式的视频网站行业，流量决定了广告主的选择。这对视频分享网站的视频质量和数量均提出了很高的要求，一般原创性的UGC视频内容虽然风格独特，能吸引部分视频用户的点击率，但其具有小众性，除了有个别原创视频经过用户大量分享之后一夜爆红赢得惊人点击率外，大多数原创视频在数量和质量上始终处于不稳定的状态，无法满足视频分享网站盈利所需要的点击量。相反，热播的电视节目、电视剧、电影则拥有专业的制作团队，内容精良，具有稳定的大规模的收视群体。因此，当大量视频用户争先恐后地在视频分享网站上分享热播盗版视频为视频分享网站赢得庞大用户数量和高点击率时，视频分享网站对于打击盗版视频则抱以消极应付的态度，这就为其深陷版权侵权问题埋下了祸根。

第三节 视频分享网站版权问题的由来

一、盈利模式不稳定是滋生版权侵权的温床

从上文对视频分享网站运营方式的分析可以看出，“高投入低盈利”的运营状态决定了视频分享网站不堪承受高额版权成本之痛。2007年底上海市高级人民法院在“新传在线诉土豆网案”中，首次在权利人未发出侵权通知的情况下，认定视频分享网站对用户上传的侵权视频文件承担侵权责任，被称为“国内视频网站版权侵权第一案”，并被索赔15万元。此后，国内几家著名的视频分享网站多次被提起版权侵权诉讼。2009年，中国网络视频反盗版联盟对优酷网、迅雷及土豆网发起诉讼，并向优酷网索赔5000万到1亿元人民币。国内视频分

---

〔1〕 李晴：“视频网站由巨额版权战升级为播放技术战”，载《凤凰网科技》2011年1月25日。

〔2〕 王奇华：“优酷IPO获追捧 迄今未能实现盈利”，http：//www.cnstock.com/index/gdbb/201012/1037674.htm，2011年3月30日。

〔3〕 王奇华、胡雯：“优酷资本狂欢过山车，何时盈利仍并不明朗”，载新浪财经，http：//finance.sina.com.cn/chanjing/gsnews/20101221/09379138437.shtml.

享网站在2006年才起步，2008年之前在较为宽松的版权环境下，我国国内视频分享网站行业曾经历一度飞速发展时期，然而此后几年被诉侵犯版权的案件迅猛增长。单看北京市海淀区人民法院处理视频侵权诉讼案件的数量，2007年该院受理此类案件约20~30件，到了2008年成了百余件，而2009年仅1至9月就已受理了400件。"视频网络被诉侵犯著作权作为新类型案件，数量越来越多，增长越来越快，年均增幅约为500%。"[1] 由此可见，目前视频分享网站下阶段的持续发展正面临极其严峻的版权诉讼风险。

二、视频分享网站用户使用习惯是导致版权侵权问题的直接原因

从第一章第一节对互联网视频分享网站性质的论述可知，从视频分享网站最初发展的形式和目的来看，是为用户提供信息内容存储的空间和发布平台，因此视频分享网站在对UGC提供服务时的属性为"信息存储空间"[2]。然而，随着互联网传播技术和视频压缩技术的新发展，各种电影、电视剧、电视综艺节目录像、体育比赛视频都能被轻而易举地压缩成体积更小更方便互联网传输的视频格式，并且依然保持较高的清晰度，这直接导致了大量用户在自由上传自制视频的同时，也将许多热门版权作品上传至各大视频分享网站。根据中国互联网信息中心（CNNIC）发布的《2008年中国网络视频市场及网民视频消费行为研究报告》显示，中国网民对网络视频的娱乐性消费倾向较重，电影和电视剧是最受关注的内容，以高达86.3%的比例远远超过其他内容。调查还发现，分享成为视频用户中普遍的一种自发内容传播方式，约四分之三的用户表示会将自己消费过的网络视频内容分享给其他网友。[3] 用户使用视频分享网站的习惯直接导致了视频分享网站上盗版视频泛滥。

三、模糊角色、购买版权仍不能从根本上解决版权问题

视频分享网站大量购进正版视频模糊其视频分享角色，仍然无法逃避其作为视频分享网站对于用户上传大量盗版视频所应承担的责任。进入2010年，版权政策对视频分享网站缩紧，优酷、土豆网纷纷开始寻求与版权方各种途径的合作以获得正版视频，侵权的国内外热播电视剧也都在两大视频网站上一度找不见踪影，譬如先前网络热播的美剧《实习医生格蕾》、《绝望主妇》等一度被两大网站删除，直至与版权方华特迪士尼公司达成协议后重新以正版内容身份登录两大视频网站。甚至优酷、土豆两大国内视频分享行业最大的竞争对手不

---

〔1〕 袁定波："视频分享网站频被诉：经营模式存法律风险"，载《法制日报》2009年10月26日。

〔2〕 王迁："视频分享网站著作权侵权问题研究"，载《法商研究》2008年第4期，第42页。

〔3〕 中国科学院网站，http：//www.cas.cn/xw/yxdt/200806/t20080623_986358.shtml，2011年3月30日。

惜结盟共享版权资源以节省成本共同应对版权诉讼危机，如最近热播的国内电视剧《宫》、《夏家三千金》等，两大视频分享网站均采取网络与电视同步首播的方式播出。然而，仔细观察优酷网、土豆网的内容结构和设置不难发现，视频分享网站早已颠覆了单纯的视频分享角色，打开土豆网的首页设置就会发现网站将内容分为原创、电视剧、综艺、排行几个板块，除了原创板块是以用户分享为主，电视剧和综艺板块的视频是以网站编辑分类的形式发布。譬如，在原创视频板块点击单个视频可以显示上传用户的播客信息，而在热播影视剧板块点击单个视频却并不显示单个上传用户的播客信息，所以可以理解为上传者为网站本身。然而，在综艺节目板块，笔者发现，虽然视频分享网站都对热门的综艺节目进行了分类，还按时间专门制作集数列表，但每个视频依然可以显示上传用户的播客信息，即表明来源还是普通的上传用户。这类通过普通用户播客上传的综艺节目视频大多是用户从港台以及海外翻录的综艺节目，并没有获得版权。

第二章　法律对视频分享网站侵权问题的规制

随着近几年视频分享网站规模的日益扩大、资本投入日益增加，围绕视频分享网站的版权纠纷也呈现出不断上升的趋势。一方面，版权方加紧维权诉讼，视频分享网站不得不通过高额购买版权或者与版权方合作的方式来获得生机；另一方面，监管部门对视频分享网站内容审核要求增强，如2007年末出台《互联网视听节目服务管理规定》后各大网络媒体签订《中国互联网视听节目服务自律公约》，土豆网对上传视频的审核的时间越来越长（普通用户新上传的视频至少要经过12~24小时的审核才会被搜索到）。用户们不断抱怨视频分享网站没有了即时性就等于放弃了分享功能，甚至有用户认为“分享已经被SNS、微博和BBS等彻底瓜分，网络视频分享网站已经沦为互联网的免费视频托管基地”。此外，从版权法角度看，更严格的事前审查机制是否也意味着视频分享网站对于版权的控制力也在增强？视频分享网站是否要承担更加严格的版权责任？笔者试图在本章对视频分享网站的法律地位、承担版权责任的条件及相关法律规制进行探讨。

第一节　视频分享网站的法律地位

法律地位即法律主体在法律所规范的社会关系中所处的位置，一般由社会规范、习俗先行限定，由法律最终确认生效。它常用来表示权利和义务的相应程度。正确界定视频分享网站的法律主体身份是法律适用的有效前提。视频分享网站在网络著作权侵权中应该承担什么样的责任、在多大范围内承担责任，这取决于法律赋予视频分享网站的法律地位。然而，关于视频分享网站的法律定位，司法实践中却存在着不同的观点。

从目前国内外相关法律及案例来看，对于视频分享网站是否应和上传用户一起承担直接侵权责任，基本形成两种观点：

1. 视频分享网站运营的基础建立在其仅为用户上传的视频提供存储空间的服务之上，而由用户主导自主上传视频文件，在此过程中视频分享网站对上传视频没有审查的义务，也没有任何控制能力。因此，视频分享网站对视频文件的上传和发布没有任何干涉或选择的操作，故此种情况下网站对上传的视频不可能实施“直接侵权”的行为，因此也不可能承担直接侵权责任。

2. 有的视频网站会对上传视频进行事前的审查筛选，再决定是否发布，此时“视频分享网站的法律地位与传统的报刊杂志没有实质区别。将视频上传至视频分享网站的用户，就像向传统报刊杂志投稿的作者一样，其提供的信息内容只有在经过审核之后才会向公众发布。信息内容的最终发布者实际上是视频分享网站……某些‘视频分享网站’设置了‘审片组’，其主要工作就是‘审核用户上传的视频’并进行‘节目推荐’。如果用户上传的视频是经过‘审片组’的选择、编辑才得以发布的，则该视频分享网站可被视为这些视频的发布者。如果这些视频是侵权的，则视频分享网站的行为构成‘直接侵权’”。[1]

从上述两种观点的分析中可以看出，对于视频分享网站法律地位的定位，直接影响其侵权责任性质的判断。而这两种观点对视频分享网站侵权责任性质的不同判断主要基于视频网站是否对用户上传的内容进行了“事先审查”。如果网站没有进行任何有关内容的事先审查就视为网站对侵权内容没有控制能力，则网站对侵权内容不承担直接侵权的责任。学者王迁所持的第二种观点，将具备事先审查机制的视频分享网站对侵权视频的控制能力和控制权力等同于“传统报刊杂志的编辑”，这无疑分配给视频分享网站更加严格的责任。最高人民法院2002年发布的《关于审理著作权民事纠纷案件适用法律若干问题的解释》第20条规定：“出版物侵犯他人著作权的，出版者应当根据其过错、侵权程度及损害后果等承担民事赔偿责任……出版者尽了合理注意义务，著作权人也无证据证明出版者应当知道其出版涉及侵权的……出版者承担停止侵权、返还其侵权所得利润的民事责任。”可见，由于传统报刊杂志对于投稿内容的选择和控制必

---

〔1〕 王迁：“视频分享网站著作权侵权问题研究”，载《法商研究》2008年第4期，第43页。

须经过相当严格的审核和控制过程，即传统报刊杂志的投稿者在投稿时不仅要满足投稿作品内容的原创性和质量，还要满足当期出版物发行者对于内容主题的控制，法律才赋予传统报刊杂志内容发行人的地位，对投稿人的侵权作品承担直接侵权责任，即相当于直接侵犯了著作权所有人的“专有权利”。由于著作权人的“专有权利”具有绝对权性质，因此侵权人的主观过错并非“直接侵权”的构成要件，它只影响法律责任的承担方式。

笔者并不认同第二种观点，认为视频分享网站的法律地位不能等同于传统报刊杂志的投稿作者，视频分享网站的性质属于网络存储空间，除了自己制作的内容外，对于普通用户上传的UGC内容毕竟不能和传统报刊杂志发行者一样去进行严格审查。原因有三：

第一，视频分享网站基于用户分享的性质决定了视频分享网站不能对用户上传作品的质量和内容进行主观判断。除了根据法律规定必须对具有暴力、色情内容的视频进行事先过滤外，并不负有对用户上传的视频内容进行严格审查的义务。试想，如果视频分享网站和传统报刊杂志一样对UGC内容进行严格审查，视频分享网站就会替代视频上传者而直接成为内容发行者，用户分享的价值和意义将不复存在。视频分享网站的传播地位和传统媒体一样，在内容传播中掌握了内容编辑权就等同于掌握了话语权和内容控制权。

第二，互联网信息技术的发展客观上延伸了人们自由表达权利的方式和途径，同时也应该相应扩大版权合理使用的范围。版权中网络信息传播权的设立就是适应信息技术的发展，保护版权人在网络空间内的自由表达权利。然而，权利的行使总有其相应的限制，网络信息传播权的设立伴随而来的也应是版权合理使用在网络空间内的扩大。法律固然应积极保护正版视频版权人的网络信息传播权，但根据技术中立性原则，也应相信视频分享网站中绝大多数UGC内容创作者正是利用视频分享网站这个新兴的自由表达和分享的空间，来创作、欣赏、分享优秀作品。因此，版权制度设计应该明确赋予视频分享网站技术的中立性，而不是在法律上将其等同于传统报刊杂志出版者内容发行人的法律地位。

第三，无论技术发展到何种程度，视频分享网站对于版权视频作品的识别始终应使用客观的标准去衡量，而非主观标准。如果客观技术条件无法做到技术过滤，版权制度就不应将本该由法官来进行的版权识别工作交给视频分享网站。从各国针对网络服务商版权责任的立法中看，网络服务商并没有被要求承担对网络系统中的信息内容进行审查的义务[1]，有学者认为原因在于当时没有发达的辨别、过滤技术。笔者认为，无论辨别过滤技术的手段达到何种标准，法律对于视频分享网站技术中立性的原则应始终保持不变。法律可以规定视频分享网站必须采用达到行业规定最低要求的辨别过滤技术来识别侵权视频，但这种对于侵权视频的识别和过滤程度必须是技术可以达到的客观程度。视频分享网站承担侵权责任必须至少同时符合两个前提条件：一是版权方对于自己的版权作品已经进行了充分的保护，即在版权作品中植入了符合行业最低标准的版权识别码或特征码；二是视频分享网站没有使用，或者所使用的辨别过滤技术没有达到行业最低标准。

综上，笔者认为视频分享网站承担版权责任的法律地位不能等同于传统媒体出版者的法律地位。

第二节 视频分享网站"直接侵权"责任分析

一、"直接侵权"责任的概念

在我国版权法框架下，"直接侵权"责任指的是侵犯版权人的专有权。即在版权法保护下作品的"复制权"、"发行权"、"表演权"等一系列只有版权人才能享有的权利就是权利人的专有权。传统版权法理论下，版权人专有权是法律赋予版权人以有效的方式积极行使的权利，这种有效方式既包含版权人自己行使，也包含版权人授权他人行使甚至依法转让。简而言之，版权专有权的法律效力在于权利人能够控制他人实施这种行为，除非他人依据特别的法律条款，如"合理使用"、"法定许可"来对抗这种专有权控制使用作品，否则擅自实施这种特定行为就会构成"直接侵权"。

在网络环境中，版权人的专有权利主要表现为"信息网络传播权"，即"以有线或者无线方式向公众提供作品，使公众可以在其个人选定的时间和地点获得作品的权利"[2]。视频分享网站上，用户"上传"、"分享"作品的行为就属于受"信息网络传播权"控制的"网络传播行为"。所以，如果普通注册用户未经许可，在视频分享网站上实施了受"信息网络传播权"控制的"网络传播行为"，即未经许可上传受版权保护的作品，根据《著作权法》第10条规定，该上传用户的行为就对著作权构成了"直接侵权"。对于视频分享网站而言是否承

---

〔1〕 如美国数字千年版权法案（DMCA）明确规定，网络服务提供商没有监视网络、寻找侵权活动的义务。《欧盟电子商务指令》第15条也规定，成员国不得规定网络服务商负有监视其传输或存储信息和积极发现相关侵权事实的义务。

〔2〕 参见《中华人民共和国著作权法》第10条。

担直接侵权责任，就在于视频分享网站是否直接参与了受“信息网络传播权”控制的上传行为。在视频分享网站发展之初网站本身并不上传视频，只是给用户提供一个视频上传的存储空间和发布平台。但随着视频分享网站依赖在线广告盈利的模式逐渐清晰，国内几大视频分享网站纷纷开始与其他媒体的著作权合作自主上传影视剧内容。对于这部分由视频分享网站自主上传的视频内容如涉及版权问题，毫无疑问视频分享网站应承担直接侵权责任。

二、“事先审查”与“直接侵权”责任的关系

视频分享网站中用户上传的侵权视频，网站对此是否要承担“直接侵权”责任？对此，学者和司法实践中都有不同界定，主要分歧在于对视频分享网站的“事先审查”行为的不同理解。有的学者认为，这要根据视频分享网站是否对上传视频进行事先审查和编辑来判定视频分享网站对视频内容的控制程度。[1]这实际上又回到了本章第一节关于视频分享网站法律地位的论述。即如果将视频分享网站对用户上传视频的事先审查和编辑的行为等同于传统报刊杂志的出版行为，认为视频分享网站对用户上传的视频具有严格的控制能力，那么视频分享网站理应和传统报刊杂志一样对侵权作品承担“直接侵权”责任，无论视频分享网站是否尽了合理审查义务，只要未经许可实施了受“信息网络传播权”控制的行为即构成“直接侵权”。但笔者认为，将视频分享网站的事前审查责任严格等同于传统报刊杂志，即赋予视频分享网站严格的主观审查义务将不利于视频分享网站信息传播技术的进步，阻碍视频传播技术朝着更有利于公共信息传播的即时性、分享性方向发展。

回归版权法的目的，版权法的法律机制设立之初并不是为了打击盗版，而是旨在保护著作权权利人利益的同时，从公共利益角度出发鼓励知识文化、文学艺术的创新与传播，并在二者之间达到平衡。既然版权法是利益平衡的产物，版权法在保护权利人专有权利的同时至少应该体现新技术创造出的最基本的价值。试想，互联网技术最大的贡献就是突破传统媒介的技术限制，在信息传播速度上大大提高传播和利用的效率。如果人为设置主观审查机制这个障碍无异于人为地降低技术的利用效率，将视频分享网站对于上传视频的事前审查责任等同于传统出版者的严格注意义务，那互联网视频分享的即时性、分享性就丧失了意义，人为的障碍消弭了技术的进步。版权法天平明显地倒向了著作权权利人一方，与版权制度设计之初的目的背道而驰。

---

〔1〕 参见王迁：“视频分享网站著作权侵权问题研究”，载《法商研究》2008年第4期，第43页。

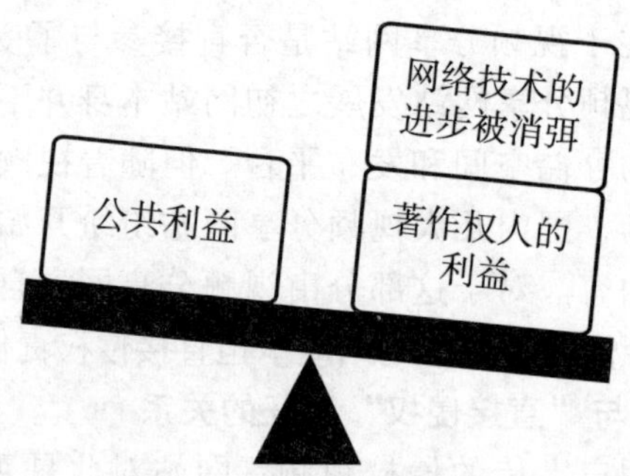

图1　分配给视频分享网站过重的主观审查责任导致利益天平失衡
（本文笔者绘制）

三、视频分享网站“事先审查”应从主观版权审查过渡到客观的技术过滤

从国内外对视频分享网站这类网络服务商侵权责任的立法来看，也大多没有要求视频分享网站承担对网络系统中的信息内容进行审查的义务。甚至美国数字千年版权法案（DMCA）明确规定网络服务提供商没有监视网络、寻求侵权活动的义务。《欧盟电子商务指令》第15条也规定，成员国不得规定网络服务商负有监视其传输或存储的信息和积极发现相关侵权事实的义务。同样，我国相关法律规制中除了要求视频分享网站必须过滤违反法律特别规定的黄色、暴力等内容，也没有特别规定网络服务商的版权审查义务。有观点认为，DMCA、《欧盟电子商务指令》等现有版权法对网络服务商审查义务有意无意地轻视，是为了促进互联网服务业发展的需要，同时也是在版权过滤技术、版权审核技术不发达的时代背景下，出于避免网络服务商耗费过多人力成本在版权审核上的考虑。这不无道理，但除此以外，笔者更认为这是法律制度设计为了解决技术进步失衡的权宜之计。从公平角度出发，技术进步使得著作权人的专有权利在数字领域得到扩展，同时也应当对著作权人的作品在数字领域传播时避免遭遇侵权有相对应的技术防范措施。（如下图2所示）事实上，目前技术的发展已达到了这一水平。例如，数字水印、指纹技术等视频嵌入技术已经可以使“权利人在数字化作品中嵌入无法用肉眼识别的标识，以说明作品的状况、权利归属、授权状态，并追踪作品的使用和传播情况”。[1]

---

〔1〕王迁：“视频分享网站著作权侵权问题研究”，载《法商研究》2008年第4期，第49页。

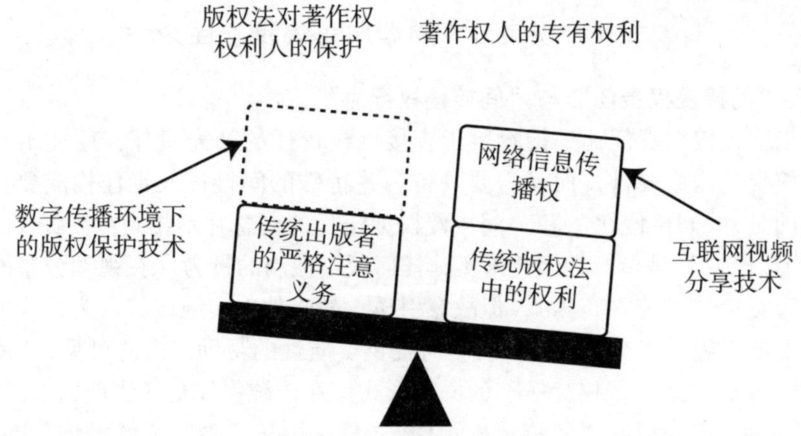

图2 版权方和使用方针对版权保护的技术责任相对应
（本文笔者绘制）

对著作权人应用数字技术保护措施的要求，是否意味着网络视频分享网站可以采取“鸵鸟政策”对于用户上传的侵权视频始终“视而不见”，无需承担侵权责任？答案是否定的。如上图所示，虚线标出的空白方格中所空缺的就是版权法在数字传播环境下要求数字出版人所承担的版权注意义务。相比于传统环境下出版人严格的注意义务，视频分享网站这类注重在网络空间中为用户提供信息存储和发布平台的网络服务商所应该承担的注意义务显然更应从技术角度出发。例如，将视频识别技术、过滤技术的强制应用作为网络服务商所应承担的注意义务。据了解，目前较为先进的内容识别软件已经可以做到将用户上传的音乐和视频与数据库中权利人存储的音乐和影视作品加以比对，并识别出那些未经许可而被上传的音乐和视频。世界最大的视频分享网站 YouTube，以及美国几大著名的视频分享网站 Guba. com，Grouper，Breaker. com 及 P2P 系统 iMesh 等均已采用类似过滤系统阻止侵权视频上传。[1]

综上，视频分享网站对于网站上的侵权视频，是否承担直接侵权责任仅取决于视频分享网站是否有直接“上传”的行为，即只单纯考虑网站是否是侵权视频的直接上传用户，视频分享网站根据法律特别规定对于用户“上传”视频的事先审查再予以上传的行为并不属于直接受“信息传播权”控制的“上传”行为。

---

〔1〕 曾烨：《对视频分享网站版权侵权问题的研究与思考》，中国政法大学 2010 年硕士学位论文，第 24～25 页。

第三节　视频分享网站间接侵权责任分析

一、“间接侵权责任”与“间接侵权行为”

所谓间接侵权责任，是指附属于直接侵权责任的补充责任，往往不具备完整的侵权责任构成要件，而又需要具备一些特殊的间接侵权责任构成要件。需要指出的是，“间接侵权”和“间接侵权责任”的概念并不相同。在版权法框架下，“间接侵权”是指行为人并未实施任何版权控制的行为（在视频分享网站环境下即为直接“上传”行为），但故意引诱、教唆他人实施侵权行为，或者在知晓他人意欲实施或正在实施侵权行为时提供实质性的帮助。由此可见，“间接侵权”只是导致“间接侵权责任”的一种形式。在传统侵权责任法理论中，“替代责任”是另一种典型的“间接侵权责任”，是法律从风险防范的经济角度出发，让最有能力制止侵权损害的一方承担侵权责任，有助于最有效率地防范损害的发生。然而，替代责任的责任人只是替代侵权行为实施者承担间接侵权责任，并没有在事实上替代侵权行为人去实施侵权行为。因此，承担“间接侵权责任”并不意味着侵权人在主观上有过错。而与此不同的是，“间接侵权”行为则意味着行为人在主观上存在过错，即故意引诱、教唆，或者是在明知或应知的情况下提供帮助。

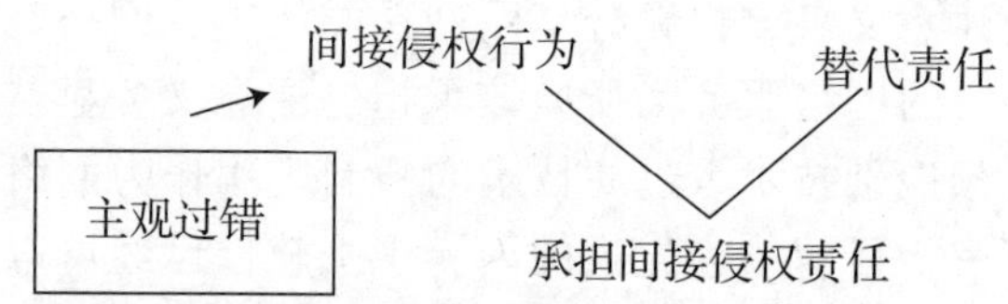

图3　间接侵权行为与间接侵权责任的关系图示
（本文笔者绘制）

二、我国法律中视频分享网站承担间接侵权责任的相关法律条文分析

我国《著作权法》（2001 年修订）除了第 10 条第 12 项中对于直接侵犯“信息网络传播权”所应承担的直接侵权责任有明确规定外，并没有针对视频分享网站这类网络服务提供商间接侵权责任的规定。国务院 2006 年通过的《信息网络传播权保护条例》（以下简称《条例》）第 22 条对保护视频分享网站在内的网络服务提供者承担责任的条件作出了明确的规定：“网络服务提供者为服务对象提供信息存储空间，供服务对象通过信息网络向公众提供作品、表演、录音录像制品，并具备下列条件的，不承担赔偿责任：（一）明确标示该信息存储空间是为服务对象所提供，并公开网络服务提供者的名称、联系人、网络地址；

（二）未改变服务对象所提供的作品、表演、录音录像制品；（三）不知道也没有合理的理由应当知道服务对象提供的作品、表演、录音录像制品侵权；（四）未从服务对象提供作品、表演、录音录像制品中直接获得经济利益；（五）在接到权利人的通知书后，根据本条例规定删除权利人认为侵权的作品、表演、录音录像制品。”

该条文颁布之初是为了解决网络传播技术快速发展而不断在数字领域出现的版权纠纷问题，借鉴了美国数字千年版权法案（DMCA）第512条的相关规定而制定的。然而，由于DMCA第512条是基于英美法系长期以来通过案例所确立的英美法系侵权理论，而《条例》第22条只是通过简单列举的形式规定了网络服务提供商不承担赔偿责任的五种情况，仔细分析条文内容，就能发现《条例》第22条的表述和DMCA第512条有很大的不同。DMCA相关表述如下：DMCA第512条（c）规定了依照用户指令而将资料存储于服务器的网络服务提供商的有关免责事由：①网络服务商主观上不知或没有意识到侵权行为的发生，或者在知道侵权行为的情况下立即删除了侵权资料；②网络服务提供商在有权利和能力控制侵权行为的情况下未从侵权行为中直接获利；③网络服务提供商在收到版权人的侵权通知后立即删除了侵权资料或断开对该信息的访问。[1]

对照DMCA第512条（c）①和《条例》第22条，可以发现：

1.《条例》第22条（一）、（二）项的表述是为了进一步明确网络服务商的法律地位，即DMCA第512条（c）款免责事由发生的条件是网络服务提供商依照用户指令而将资料存储于服务器。这在实践中，我国视频分享网站优酷网、土豆网中都有相关申明。2009年北京慈文影视公司诉我乐信息科技公司侵犯其网络传播权纠纷一案中，北京二中院也是依据此条规定判决被告不承担侵权责任。[2]

2.《条例》第22条（三）的规定对应了DMCA第512条（c）①规定，即网络服务商对侵权行为不知的情况下的免责，这实际上是对网络服务商主观心理状态的判断。《条例》的表述意味着只要能证明网络服务提供商对侵权行为的实施无主观过错就可以免责。然而，DMCA还对于网络视频服务商知道侵权行为后立即删除侵权资料的行为进行了免责，而这种“知道”也不仅限于第512条（c）项下的“通知知道”，相比于《条例》仅规定“通知——删除”的免责更为全面。

3.《条例》第22条（四）的规定和DMCA第512条（c）②的规定有很大

---

〔1〕 Digital Millennium Copyright Act, sec 512（i）（1）。

〔2〕 参见北京市第二中级人民法院（2009）二中民终字第9号民事判决书。

不同。《条例》的表述为“未从服务对象提供作品、表演、录音录像制品中直接获得经济利益”则网络服务提供商可以免除赔偿责任，这意味着只要视频分享网站从用户上传的侵权视频中直接获得了经济利益，视频分享网站就要对侵权视频承担间接侵权责任。这个规定对于网络服务商来讲近乎严格，因为就目前国内网络视频分享网站的运营模式来看（详见上文视频分享网站运营模式章节），对用户上传的视频进行自动植入在线贴片广告是其主要的盈利模式，是维持网络视频分享网站持续运营的主要手段。而且从视频分享网站对用户上传视频通过软件自动植入贴片广告这一行为来看，视频分享网站对侵权视频的上传并没有主观过错。如果仅从获取经济利益这一点判定视频分享网站承担侵权责任明显有失公平，和前文分析的事先审查义务一样都是给视频分享网站在线上传和分享的技术特征设置人为障碍，除非对于上传视频的审查可以通过客观的视频过滤技术来完成。[1]

再看 DMCA 第 512 条（c）②的表述，“网络服务提供商在有权利和能力控制侵权行为的情况下未从侵权行为中直接获利”，显然 DMCA 判定网络服务商从侵权行为中直接获利而承担侵权责任的前提是，网络服务商对侵权行为有控制的权利和能力。是否增加这一前提对于网络服务商的侵权责任范围的界定大不相同。事实上，由于法律规定的这一缺陷，司法实践中往往仅根据视频分享网站从用户上传视频中获得了广告利益，不考虑视频分享网站对侵权行为是否有主观过错而判定视频分享网站承担侵权责任。如 2008 年，北京佳韵社文化传播公司诉北京我乐信息科技公司与广州千韵网络科技公司侵犯著作财产纠纷一案中，原告发现网络用户未经许可将其具有版权权利的电视剧《天使在线》上传至被告经营的 56 视频分享网站，被告在播放此视频的页面中加载了广告。法院依据此加载广告的行为判决被告对原告著作权人承担侵权赔偿。[2]

除了 2006 年的《信息网络传播权保护条例》，2010 年颁布的《侵权责任法》针对视频分享网站等网络服务提供商的侵权责任也有了明确的条文规定，如后者第 36 条规定：“网络用户、网络服务提供者利用网络侵害他人民事权益的，应当承担侵权责任。网络用户利用网络服务实施侵权行为的，被侵权人有权通知网络服务提供者采取删除、屏蔽、断开链接等必要措施。网络服务提供者接到通知后未及时采取必要措施的，对损害的扩大部分与该网络用户承担连带责任。网络服务提供者知道网络用户利用其网络服务侵害他人民事权益，未采取必要措施的，与该网络用户承担连带责任。”

---

〔1〕 详见上文“视频分享网站对于事先审查责任应从主观审查过渡到客观技术过滤”章节的论述。

〔2〕 参见北京朝阳区人民法院（2008）朝民初字第 21731 号民事判决书。

可以看出，《侵权责任法》第36条的规定并没有突破《条例》的相关规定，只是从侵权责任法角度做出了一般性的规定。目前，司法解释对于《条例》第22条（三）中“应当知道”以及《侵权责任法》第36条中的中的“知道”都还没有给出明确的解释。事实上《条例》第22条（三）借鉴的就是DMCA第512条（c）①，此款被称为“红旗标准”。美国国会在关于DMCA的报告中，将这一判断网络服务提供者“主观过错”的标准，称之为“红旗标准”，即：“当网络服务提供者意识到了从中能够明显发现侵权行为的‘红旗’之后，如果其不采取措施，就会丧失享受责任限制的资格。……在判断相关实施或情况是否构成‘红旗’时，即侵权行为是否对一个相同或类似情况下的理性人（reasonable person）已然明显时，应当采用客观标准。”[1] 简而言之，“红旗”就是指一个理性的人可以据此判断侵权的信息。

分析《条例》第22条和DMCA的条款，《条例》在相关条款上的制定缺陷源自于立法者在立法时对于间接侵权责任行为状态界定的模糊，在借鉴DMCA时，没有将“替代责任”从“间接侵权”行为中抽离出来，混同了“间接侵权责任”和“间接侵权”行为，因此扩大了网络服务商承担侵权责任的范围。此外，虽然我国法律也给出了类似“红旗标准”的条款，但并没有同时给出类似美国国会白皮书中对于“红旗”标准的具体解释。因此在司法实践中出现了不同的判断标准，如有些法院在判决视频分享网站侵权案件时，将“红旗标准”提高到高于一般理性人的标准[2]。不过法律这一空白也给司法实践留下了弹性，相较于英美法系判例法渊源，我国的成文法在法律制定上有一定的迟滞性，对网络服务提供者注意义务判断标准的认定本来就和技术发展息息相关，因此这一法律规定上的空白，客观上有利于鼓励司法实践中勇于探索更加公平的判断标准。

三、间接侵权责任判定从协助侵权理论过渡到替代责任理论

如上文所述，版权法中的替代责任实际上是间接侵权责任的一种。但与由侵权人引诱、促使、协助侵权引起的间接侵权责任不同，替代责任并不是由侵权人本身的行为所引起的。传统侵权法理论中，运用协助侵权责任理论来判定侵权人承担间接侵权责任时需要对侵权人的主观心理状态进行判定，即侵权人主观上是否有过错。在数字环境下去证明网络服务商的主观过错往往有难度。

---

〔1〕 曹志亭：《视频分享服务提供者著作权侵权责任探析》，华东政法大学2009年硕士学位论文，第12页。

〔2〕 见“广电伟业影视文化中心诉酷6网”一案中法院的判决理由（北京市海淀区人民法院［2008］海民初字第14025号民事判决书）。

譬如运用《条例》第22条（三）去判定视频分享网站是否免责时要证明其是否“不明知”或“不应知”。一般情况下运用最多的去证明视频分享网站“明知”或“应知”的证据就是被侵权人的“通知”。但这又对被侵权人维权提出了很高的要求，被侵权人必须积极维权，不仅要时刻关注自己的作品是否被侵权，还要发出符合法律规定的“通知”，这大大增加了被侵权人的维权成本。实践中，除了被侵权人举证其“通知行为”证明视频分享网站“明知”外，法院多从特定的事实或特定的情形来推定侵权人主观上是否“应知”。也就是说，法院需要从行为人的外部表现来判断其内心真实意图，这种外部表现为当事人是否尽了注意义务。

“注意义务是指行为人在社会交往中客观必要之谨慎，并采取合理措施避免危险发生的义务。”[1] 在数字环境中，就是视频分享网站采取客观必要之谨慎，并采取合理措施避免版权人专有权利被侵犯的义务。现代侵权法理论中越来越倾向于这样一个指导原则，即导致赔偿责任的不是“过错”，而是对具体情况下必须施加的注意义务标准的偏离[2]。因此版权侵权理论中的传统协助侵权理论过于强调从“主观”角度去判断视频分享网站的“主观过错”不仅增加了法官对“主观过错”掌握标准的模糊性，也不符合现代侵权理论的发展方向。实际上，“协助侵权理论”中所强调的通过行为人外部表现是否尽了注意义务来判断其内心真实意图，也是通过客观判定标准来判定注意义务。在英美法侵权理论中，注意义务有两个不同视角，即为注意义务的“法律要素”和“事实要素”。注意义务的“法律要素”是指法官要在特定情形下，判断被告对特定原告和特定损害是否具有注意义务；注意义务的“事实要素”是指依据具体环境和个案情形被告是否违反该等义务[3]。一般而言注意义务的法律要素是大前提，且较为稳定，英美法中由先前判例形成，在成文法国家则是由成文法规定。

在讨论视频分享网站的间接侵权责任时，应注意视频分享网站作为互联网背景下发展起来的网络服务，其盈利模式和运营背景已经越来越朝着一个稳定清晰的模式发展，虽然其在盈利性方面尚有困境，但稳定的版权政策显然对于视频分享网站去寻求稳定的盈利模式更为有利，而版权政策的不稳定性所带来的成本反而会造成视频分享网站发展的恶性循环，促使其目光短浅，进一步损害版权人的利益。因此，视频分享网站对用户在其网站上传的视频所应承担的版权注意义务也越来越固定，趋向于一个统一的标准。在技术中立性理论下，

---

〔1〕 廖焕国:《侵权法上注意义务比较研究》（第2版），法律出版社2008年版，序言1。

〔2〕 廖焕国:《侵权法上注意义务比较研究》（第2版），法律出版社2008年版，序言1。

〔3〕 廖焕国:《侵权法上注意义务比较研究》（第2版），法律出版社2008年版，序言1。

强调技术运营商注意义务的客观性而非其主观过错性更有利于视频分享技术的长远发展。

另一方面，“协助侵权理论”下侵权责任认定由于“应知”的判断标准不易掌握，权利人只能通过“通知”达到明知的要求，网站后台如果在接到通知后删除了作品，权利人就不能要求其承担赔偿责任。这种处理方式无疑会助长视频分享网站消极适用防范措施和过滤软件的应用。而替代责任理论下，视频分享网站替代责任理论在认定视频分享网站的注意义务时是客观的，且不需要考虑其主观意图，而是看网站对侵权行为是否具有控制权利和能力，以及是否从侵权行为中获得了直接利益。因此，替代责任理论的适用在很大程度上解决了协助侵权责任理论的缺陷。

从法经济学原理出发，替代责任理论的适用更有利于预防和控制版权侵权行为的发生，且预防成本的分担也更为合理。在利益平衡的前提下，使用最小的成本制止侵权，获得最有效率的资源配置，使得义务的承担更有效率。正如本章第二节第三部分所述，一方面，视频分享网站对用户上传视频的审查义务趋向于通过应用视频过滤软件来完成；另一方面，版权人一方通过应用版权保护技术，配合视频分享网站的过滤软件，嵌入特有的版权标识，并且积极寻求版权方的联盟以降低技术运用、信息采集的成本。

第三章　视频分享网站的版权侵权责任限制分析

第一节　网络版权中版权人权利和利益的扩张

当我们仅将目光放在视频分享网站中的盗版视频数量上时，看到的只是权利人的损失。然而，数字时代视频分享技术本应受到瞩目的不仅是用户可以“免费观看”视频。对版权人来说，其专有权数字化之后，权利也得到了扩大，虽然面临了更高的版权风险，但也享受到了比以前更多的实惠。版权人的作品进入到了一个前所未有的“长尾市场”。所谓“长尾市场”来源于克里斯·安德森[1]的长尾理论。简而言之，在网络世界中版权作品进入了一个前所未有的“丰饶”市场，由于版权作品的流通成本大大降低（上网所需的成本），获取渠

---

〔1〕 克里斯·安德森，美国《连线》杂志主编，喜欢从数字中发现趋势。他是经济学中长尾理论的发明者和阐述者，著有《长尾理论》（The Long Tail）、《免费：商业的未来》（Free：The Future of a Radical Price）等作品。

道足够宽广，此时只要作品在网络平台中流通，必然有人愿意获取作品，而且当作品获取的成本越低甚至接近于零的时候，其潜在的受众或者消费群体就会越多。这在传统版权领域是很难想象的，如一本20世纪80年代出版的书在传统出版领域中很有可能早就绝迹，即使有零星的读者需要这本书，但因为传统出版社从出版成本的考虑不可能再版，实际上就等于版权人不可能获得这几个零星读者构成的消费市场。但是，作品数字化之后在网络领域却截然不同：这本绝版的书有可能在持续很长一段时间里不断地被读者搜索到，即使短期内图书的销量不可能与热门畅销书媲美，但在很长一段时间内这本书的众多读者加起来甚至有可能超过短期热门畅销书的消费群体，尤其是当这本书是一部内容质量经得起时间考量的作品时更可能如此。影视剧作品可能更有代表性，因为在传统电子媒介领域，它们都只是一次性消费，电视节目、电影都只能即时观看。因此，网络技术造成的长尾市场中，版权人的利益明显得到了扩张，不仅其作品的传播市场扩大，更有可能为权利人带来版权利益之外的额外收益。如近几年网络视频红人现象，不仅使权利人名声大作，也获得了更多商业演出、访谈等一系列额外利益的机会。

此外，版权法也为版权人增加了信息网络传播权，在技术保护措施和权利信息管理等方面增加了保护版权人专有权利的规定。

第二节　网络空间中的言论自由与视频分享网站的版权责任限制

版权法也是对公众表达自由的一种确认。但公众表达自由的实现与版权利益的保护却存在着一定的冲突，版权滥用可能导致对表达自由的限制。[1] 近年来博客、微博、SNS社交网络在网络空间成了公众言论自由的重要场所。尤其是随着手机通信技术的发展，人们可以通过携带方便的手机实时上传图片、信息至自己的网络空间（微博），这使得微博成为近几年人们记录心情、表达言论和思想交流最热烈的网络空间。随着移动摄像设备的发展，网民们可能会越来越习惯上传视频到自己的微博。就目前网络通信技术的发展速度，答案当然是显而易见的。当大家越来越习惯用iphone摄像功能随时拍摄照片上传到自己的微博，一旦网络宽带传输速度允许，拍摄“视频博客”也是早晚的事情。那个时候视频分享网站分享更多的就是大家随拍的日记体视频。优酷网创始人古永锵创立之初就将优酷网的竞争核心定位在“微视频”，虽然这和微博互动的概念还有些差别，但也足见其在创业之初就有了将视频分享网站朝着实时、互动的

---

〔1〕 陈瑶瑶：《网络中介服务提供商版权侵权责任研究》，复旦大学2009年硕士学位论文，第24页。

方向发展的雄心。但是，如果版权法制度设计分配给视频分享网站严格的审查义务，而且这种审查无法通过技术手段实现客观化，必须通过人力主观判断时，“视频博客”的传输就丧失了实时性和互动性，客观上会限制公民的表达自由。如前所述（本文第二章），现在土豆网用户上传一个视频，直至通过审查被搜索到需要约 12 ~ 24 个小时。

事实上，影像表达将越来越成为公民自由表达的重要形式。南加州大学安娜伯格传播中心（Annenberg Center for Communication）的执行总监和影视学院的院长伊莉莎白·戴利（Elizabeth Daley）即指出：当只有胶片存在的时候，“媒体的范式包括物体的摆放、色彩……旋律、节奏和质感”。当网络出现后，互动的空间是用户可以在体验故事的同时进行自我的演绎。“在我看来，数字化的分野可能并不在于你是否能够使用电脑，重要的是你是否能够使用电脑的工作语言。否则，将只有极少的一部分人能够运用这种语言进行书写和创造。而其他的人只能算做‘读者’，这些读者们往往被动地接受别处产生出来的文化沦为电视迷、电影迷、消费者。”[1] 如此，视频何尝不是网络时代公民言论自由的一种重要方式。不约而同，冯晓青教授也在其《知识产权法利益平衡理论》一书中提到：“为了保障表达自由，著作权法领域应设置社会公众的进入权，即社会公众在一定的条件和环境下自由使用作品、自由获取与传播知识、信息、交流思想的权利与自由，著作权法中的合理使用制度很大程度即是为了保障表达自由而设计。”[2]

第三节　公共利益保护与视频分享网站版权责任限制

法律规范和制度性安排不是孤立存在的，是立法者对社会各种现存利益加以综合平衡的结果。当技术进步为社会生活创造了一种新的模式时，原有的利益平衡必然会被打破。新的法律规范和制度必须要重新建立起来以维持一种新的平衡，既要保证原有利益平衡状态下权利利益各方原本的利益不会受到损害，更要保证制度设计为新的技术进步保留活力的空间。网络技术的进步，使得网络版权的诉讼成了热门话题，一时间盗版成了人人喊打的过街老鼠。从近几年围绕网络视频分享网站侵权责任诉讼的判决结果来看，视频分享网站诉讼结果不利的比例相当高，即视频分享网站大多以败诉告终。以优酷为例，截止到 2009 年，共被起诉 42 起，其中胜诉 2 起，败诉 29 起，其余和解。而土豆被起诉 80 余起，其中胜诉 3 起，败诉 70 起，其余和解。酷 6 网被起诉 27 起，其中

---

〔1〕［美］劳伦斯·莱斯格著，王帅译：《免费文化》，中信出版社 2009 年版，第 10 页。

〔2〕冯晓青：《知识产权法利益平衡理论》，中国政法大学出版社 2006 年版，第 326 ~ 328 页。

胜诉1起，败诉23起，其余和解。[1]

当一部分学者致力于维护网络环境下版权人利益的时候，另一部分学者却开始反思网络环境下盗版是否具有正当性和合法性。斯坦福法学院教授劳伦斯·莱斯格在畅销书《免费文化》中说："传统版权理论中，将知识产权视为一种手段，它在为创造性社会的繁荣打下根基的同时，致力于创造力价值的发展。然而，现在的争论却颠倒了主次。人们过于关注对手段的保护，却忽略了价值本身。这种本末倒置源自于法律对再版和再创造行为（盗版）不加区分的管制[2]。"他认为，法律对于互联网所作出的回应，加之互联网技术本身所带来的变化，使得法律对于美国创造力的管制效力大大加强，想要批判或借鉴身边的文化变得异常困难。劳伦斯·莱斯格教授甚至在其书中"口出狂言"认为整个美国的文化史都是"盗版"而来的以证明"盗版"的正当性。虽然他这种说法未免有些夸大，但不可否认社会文明的进步在很大程度取决于借鉴前人所创造的价值，这也就是版权法理论在保护权利人利益的同时也注重公共利益保护的原因。

劳伦斯·莱斯格教授还在书中列举日本漫画中同人志现象[3]，以说明日本法律制度设计默许漫画同人志"盗版"现象的存在，这反而在一定程度上推动了日本漫画创意产业的发展。这不经让笔者联想起国内炒作得沸沸扬扬的"胡戈馒头"案。业余视频爱好者胡戈对著名影视剧作品《无极》的改编引发版权侵权诉讼危机，虽然最终该案以和解告终，但胡戈的改编行为显然并没有得到法律的支持。同时该案结果也引起我们对视频分享网站侵权责任的几点思考：一是如果视频分享网站允许《馒头》这样的改编作品上传，是否需要承担侵权责任；二是假设如某些学者建议的要求视频分享网站承担主观审查义务的话，视频分享网站从自身利益出发，是否还会允许《馒头》这样的作品上传至视频分享平台。

纽约大学法学教授罗切里·德赖费斯在批判知识产权过度产权化时提出"有价值便有权利"——如果价值存在，则一定有人具有支配这些价值的权利。[4] 在网络版权领域，版权人作品之所以受版权法保护正是因为其创造的价

---

〔1〕牛静："视频分享网站著作权困境及其解决途径"，载《新闻界》2009年第6期，第11页。

〔2〕［美］劳伦斯·莱斯格著，王帅译：《免费文化》，中信出版社2009年版，第4页。

〔3〕同人志是一种翻拍他人作品所形成的漫画，它的创作富有极高的道德色彩。进行翻版的作家可能会对原作品进行或多或少地修改，发展出新的情节。美国天普大学（Temple University）法学教授萨里尔·梅赫拉（Salil Mehra）曾有过一个假定：同人志现象促进了漫画市场的繁荣兴旺，漫画市场因此接受了同人志理论上的侵犯。如果同人志被禁，二者都会遭受打击，所以法律没有作此规定。

〔4〕［美］劳伦斯·莱斯格著，王帅译：《免费文化》，中信出版社2009年版，第4页。

值，但是这个价值也必定需要有人去使用和支配，不然花费法律资源去保护这些价值也失去了意义，这就是对版权权利人的限制。当然使用者也应当在一定范围内，即版权法框架内使用这些价值，这就是版权法利益平衡理论。冯晓青教授则在其专著《知识产权法利益平衡理论》中建议："我国著作权法在进一步完善时需要重视对网络消费者利益的维护。因此增加对信息网络传播权和技术措施等的限制是当务之急。这是著作权法的平衡精神从模拟空间自然延伸到虚拟空间的必由之路。"[1]

综上，维护版权人与传播者和社会公共利益之间的平衡是版权法律法制度安排的基本出发点，这一精神也同样延续到互联网领域。版权法律制度设计在保护版权人利益的同时也要限制其权利的过度扩张。版权法试图达到在公共自由中促进更广泛的公众参与，最终促进社会整体利益的最优化。

结 论

社会的进步发展离不开社会体系内一个民主、开放的信息传播系统的建立。信息的自由流动和传播，既依托于先进的信息技术传播平台，又能反过来鼓励和推动技术的创新与发展。视频分享网站的出现就是社会信息传播技术发展到即时互动阶段的典型代表，反映了当今社会人们对信息即时分享、多元化自由表达的渴望。

同时，互联网的诞生也使得法律管辖范围的自然界限消失了，当法律触角延伸到数字领域时，其管辖权的扩张所带来的影响也不容小觑。对于版权人来说，一方面其所属的专有权利比以往任何时候都更加脆弱，网络复制传播技术"明目张胆"地"盗取"版权人的劳动果实；另一方面现行法律对于版权人的偏袒使得版权人受法律保护的专有权利比传统版权时代更为丰富，而法律赋予公众接触版权作品的权利和机会却和传统版权法时代没有差别。

与其在这个技术飞扬的时代刻意延伸法律的触角，不如平心静气回归技术中立的本质。当法律人静下心来体会技术创新者究竟会在多大程度上利用视频分享技术改变我们的生活时，不难发现，当立法者给视频分享技术营造一个宽松动态平衡的制度环境时，技术本身是可以不断突破自身局限来寻求权利人和公众利益的最佳平衡点的。事实证明，利益不平衡一方终究会"揭竿而起"，而

[1] 冯晓青：《知识产权法利益平衡理论》，中国政法大学出版社 2006 年版，第 650 ~ 652 页。

人类生存的经济本性终会得到一个最优化的结果。既然技术进步的进化速度永远会出乎法律制定者们的想象，“只有你不敢想的，没有你想不到的”，不如在立法与司法实践中将各项判定标准尽量客观化。视频分享网站对用户上传视频的“事先审查”应从主观版权审查过渡到客观的技术过滤，而用来帮助法官判定视频分享网站间接侵权责任的“协助侵权理论”也应朝着替代责任理论迈进，将注意义务的标准客观化、法定化、技术化。

任何社会，法律规范和制度性安排不能是孤立存在的，是立法者对社会各种现存利益加以综合平衡的结果。同样，任何解决问题的好方法也从来都不是孤单的，应从利益最大化着眼，从合作着手。对于视频分享网站版权侵权责任的解决，笔者在此给出几点建议：一是版权方应建立网络著作权集体管理制度，推进数字环境下版权保护技术的应用和实施；二是视频分享网站之间应积极寻求合作共同应对版权诉讼危机，探索出可持续的盈利模式；三是在应对版权侵权问题上，版权方集体应积极与视频分享网站合作；四是法律制度设计应积极督促视频分享网站应用客观的视频过滤技术、监控措施；五是版权立法应进一步完善，在版权侵权认定标准、侵权赔偿数额等问题上作出更客观、明确的标准；六是版权立法只有更加注重保护数字时代社会公众接触版权作品的权利和机会才能避免因网络著作权滥用而使得版权保护陷入恶性循环——“网络著作权的扩张和滥用压缩了计算机用户的利益空间，直到计算机用户因为尊重作者的著作权所获得利益比他因此而损失的利益还要少时，选择不再尊重作者的著作权，这样，反过来又对本来就相对脆弱的网络著作权保护形成危害”[1]；七是视频分享网站只有坚持用户原创这个根基才能在互联网即时分享的时代中走得更远。

参考文献

一、专著类

1. 冯晓青：《知识产权法利益平衡理论》，中国政法大学出版社 2006 年版。
2. 冯晓青：《知识产权法理论研究与实践》，北京知识产权出版社 2002 年版。
3. 冯晓青：《著作权侵权专题判解与学理研究第 2 分册·网络空间著作权》，2010 年版。
4. 廖焕国：《侵权法上注意义务比较研究》（第 2 版），法律出版社 2008 年版。
5. 王迁、王凌红：《知识产权间接侵权研究》，中国人民大学出版社 2008 年版。

[1] 王汇杰：“论网络环境下著作权的扩张及滥用”，http：//www.lawtime.cn/info/zzq/zhuzuoquan-lunwen/2010121146242.html，2011 年 3 月 30 日。

6. 王迁、[荷] Lucie Guibault:《中欧网络版权保护比较研究》，法律出版社2008年版。

7. 黄文平、王则柯:《侵权行为的经济分析》，中国政法大学出版社2005年版。

8. [美] 约纳森·罗森诺著，张皋彤译:《网络法——关于因特网的法律》，中国政法大学出版社2003年版。

9. [美] 劳伦斯·莱斯格著，王帅译:《免费文化》，中信出版社2009年版。

10. [美] 克里斯·安德森著，蒋旭峰等译:《免费》，中信出版社2009年版。

二、期刊类

1. 王迁:“视频分享网站著作权侵权问题再研究”，载《法商研究》2010年第1期。

2. 王迁:“视频分享网站著作权侵权问题研究”，载《法商研究》2008年第4期。

3. 马成鸣:“再论流媒体的发展对传统电视生存空间的影响”，载《今传媒》2007年第7期。

4. 牛静:“视频分享网站著作权困境及其解决途径”，载《新闻界》2009年第6期。

5. 袁定波:“视频分享网站频被诉，经营模式存法律风险”，载《法制日报》2009年10月26日。

6. 胡忠开:“‘避风港规则’在视频分享网站版权侵权认定中的适用”，载《法学》2009年第12期。

7. 陈瑶瑶:《网络中介服务提供商版权侵权责任研究》，复旦大学2009年硕士学位论文。

8. 曾烨:《对视频分享网站版权侵权问题的研究与思考》，中国政法大学2010年硕士学位论文。

9. 高蕾:《视频分享网站的发展与管理对策初探》，浙江大学2009年硕士学位论文。

10. 曹志亭:《视频分享服务提供者著作权侵权责任探析》，华东政法大学2009年硕士学位论文。

三、其他类

1. 北京市海淀区人民法院（2008）海民初字第14025号民事判决书。

2. 北京市第二中级人民法院（2009）二中民终字第9号民事判决书。

3. 北京朝阳区人民法院（2008）朝民初字第21731号民事判决书。

4. 北京市海淀区人民法院（2008）海民初字第14025号民事判决书。

5. 李晴:“视频网站由巨额版权战升级为播放技术战”，http://www.techweb.com.cn/internet/2011-01-05/734563.shtml，2011年3月30日。

6. 艾瑞市场研究，《中国网络视频研究报告2006年简版》，http://report.iresearch.cn/Reports/Free/582.html#，2011年3月30日。

7. 中国科学研究院: CNNIC发布《2008年中国网络视频市场及视频消费行为研究报告》，http://www.cas.cn/xw/yxdt/200806/t20080623_986358.shtml，2011年3月30日。

8. 《艾瑞咨询: 未来三年中国视频分享市场将呈现三大趋势》，http://www.iresearch.com.cn/Report/View.aspx?Newsid=75385，2011年3月30日。

9. 王奇华: “优酷IPO获追捧 迄今未能实现盈利”，http://www.cnstock.com/index/gdbb/201012/1037674.htm，2011年3月30日。

10. 奇华、胡雯："优酷资本狂欢过山车，何时盈利仍并不明朗"，新浪财经，http：//finance. sina. com. cn/chanjing/gsnews/20101221/09379138437. shtml，2011 年 3 月 30 日。

11. 中国科学院网站，http：//www. cas. cn/xw/yxdt/200806/t20080623_986358. shtml，2011 年 3 月 30 日。

12. 王汇杰："论网络环境下著作权的扩张及滥用"，http：//www. lawtime. cn/info/zzq/zhuzuoquanlunwen/2010121146242. html，2011 年 3 月 30 日。

服刑人员养老保险权利保障现状调查和问题研究

冯 蕾

摘 要

养老保险制度作为社会保险制度中最重要的组成部分，是国家为保障劳动者步入老年时的生活而建立的制度，能确保劳动者老有所养，保证劳动者在因年老被依法解除劳动义务之后能够获得一定的生活保障，从而使劳动者在就业期间能安心工作，没有养老的后顾之忧，激发起劳动者的工作积极性，并促使劳动生产率得到提高。由于年老的普遍性以及中国社会老龄化日趋严重，它对保障人们的生活举足轻重。

但是我国养老保险制度依然存在一些诸如社会弱势群体养老保障方式缺失等亟待解决的问题，在国家基本养老保险覆盖范围进一步扩大的今天，养老保险权利作为与公民生存权利息息相关的一项重要社会保障和全民性福利措施，每个社会成员都应该平等享有，但是作为社会成员中的特殊弱势群体——服刑人员，目前还被排斥于养老保险范围之外。他们在服刑期间养老保险权利得不到保障，相关养老保险法律严重缺失，笔者作为一名在监狱系统工作的基层干警，拟从监狱实践角度，通过对我监狱服刑人员养老保险权利现状进行问卷调查，分析其现状和存在的若干问题，并就服刑人员享有养老保险的可能性进行理论上的初步探讨，从服刑人员权利的内容和范围入手，对服刑人员应享有的权利界限进行区分，强调要辩证分析，不枉不过，并进而确认养老保险权利是服刑人员的基本权利，不属于受限制范围，阐述了服刑人员享有养老保险权利的重要意义，并就服刑人员养老保险权利的保障从完善立法、建立公务员养老保险制度等角度提出自己的几点初步建议。

引　言

人都是会老的，每一个人都会进入老年，这是任何人都不能违反的客观规律，变老可以说是威胁人们正常收入和生活的一种风险。虽然家庭养老可以减少这种风险对老年人生活的影响，但是随着社会的发展和变迁，家庭养老的自身局限性已不足以应对这种风险。养老保险〔1〕正是应这一趋势而诞生，养老保险制度作为社会保险制度中最重要的组成部分，是国家为保障劳动者步入老年时的生活而建立的制度，能确保劳动者老有所养，保证劳动者在因年老被依法解除劳动义务之后能够获得一定的生活保障，从而使劳动者在就业期间能安心工作，没有养老的后顾之忧，激发起劳动者的工作积极性，促进劳动生产率的提高。由于年老的普遍性以及中国社会的老龄化日趋严重，它对保障人们的生活举足轻重。

为了保障社会成员老年期的基本生活需要，世界上大多数国家都建立起了养老金制度。在当前全球人口老龄化〔2〕的趋势下，中国人口年龄结构也开始进入老龄化阶段，人口老龄化的压力越来越大，庞大老年群体的养老、医疗、社会服务等方面的需求，也演化成为严重的社会问题，养老保险的重要性日益凸显。

---

〔1〕 根据我国劳动和社会保障部的定义：养老保险（或养老保险制度）是国家和社会根据一定的法律和法规，为解决劳动者在达到国家规定的解除劳动义务的劳动年龄界限，或因年老丧失劳动能力退出劳动岗位后的基本生活而建立的一种社会保险制度。见中华人民共和国劳动和社会保障部网站（WWW. MOLSS. GOV. CN）

〔2〕 人口老龄化，是指老龄人口（60或65岁以上）比重不断攀升，并达到一定水平时的人口结构状态。联合国国际人口学会对人口老龄化的定义是：国际上通常看法是，当一个国家或地区60岁以上老年人占人口总数的10%，或65岁以上老年人占人口总数的7%，即意味着这个国家或地区的人口处于老龄化社会。

从1951年中华人民共和国政务院颁布的我国历史上第一部全国性社会保障法规《劳动保险条例》算起，中国的养老社会保障制度已经走过了50多年的历史。多年来，我国一直探索建立多层次城镇养老社会保障体系，目前，我国养老保障制度主要包括城镇企业职工基本养老保险与企业年金、机关事业单位退休保障和农村社会养老保险三个部分。逐步建立覆盖全民的、多支柱的养老社会保障体系是我国政府追求的政策目标。在党的十七大报告中就明确提出，"加快建立覆盖城乡居民的社会保障体系，保障人民基本生活。要以社会保险、社会救助、社会福利为基础，以基本养老、基本医疗、最低生活保障制度为重点，加快完善社会保障体系。""覆盖城乡居民的社会保障体系基本建立，人人享有基本生活保障。"随着2008年12月备受瞩目的《社会保险法》二审草案浮出水面，提出逐步实现基本养老保险全国统筹的目标，实现包括农民工和农业户口居民在内的全民覆盖。

近年来，政府一直采取积极措施努力扩大基本养老保险覆盖范围，基本养老保险实现全国统筹是刻不容缓的既定目标，《社会保险法》二审草案规定：基本养老保险基金实行省级统筹，逐步实行全国统筹。国务院已提出2012年实行全国统筹的目标。目前已实现了除国有企业职工等正规就业人员为主要保障对象外，养老保险已逐渐覆盖至多数个体工商户、灵活就业人员和进城农民工等非正规就业人员的目标，体现了社会保障的普遍性和公平性原则。养老保险与公民生存权利息息相关，它影响的人数广，涉及的领域宽，它贴近社会，紧系民众，覆盖全民，广泛惠及，理应作为一项全民性福利措施全民参保。全民皆民，每个社会成员都应平等享有，但是笔者作为一名在监狱系统工作的基层干警，在工作实践中发现，作为社会成员中的特殊群体——服刑人员[1]，目前还

---

〔1〕 法学理论中罪犯一般有广义和狭义之分。广义的罪犯概念是指实施了危害社会的行为，触犯刑法，被人民法院发生法律效力的判决判处刑罚的人。狭义的罪犯概念是指被人民法院生效判决判处刑罚并送交监狱执行的人，即服刑犯或在押犯。本文所指罪犯是狭义的罪犯，即只限于在监狱或其他劳动改造场所服刑的在押罪犯，也有学者称之为受刑人。自从司法部在2004年3月19日发布的《监狱服刑人员行为规范》中使用了"服刑人员"的名称后，在监狱实践中为有利于教育改造，多采取中性化的称呼，称之为服刑人员，本文沿用这一习惯性称法。但基于论述方便，本文有时也使用"罪犯"的称谓。

被排斥于养老保险范围之外[1]。他们在服刑期间养老保险权利得不到保障，相关养老保险法律严重缺失。笔者拟从监狱实践角度，对我监狱服刑人员养老保险权利现状进行调查，就其存在的问题和服刑人员享有养老保险的可能性进行理论上的初步探讨和辩证分析，以期引起广泛重视，并就如何从法律层面及实际操作层面加强对他们的权利保障提出自己的几点初步建议，以期有助于监狱服刑人员养老保险权利保障在未来的改革与完善。

一、狱内服刑人员养老保险现状

当前社会已跨入老龄化社会，而社会老龄化所带来的养老问题已成为摆在人们面前不容忽视的社会问题。养老保险作为社会保险的重要组成部分，正是为了弥补家庭养老的不足，化解由于年老而带来的各种风险而设立的，为人们提供晚年时期基本的生活保障，其重要作用不容置疑，但是在现有的养老保险制度中却把服刑人员排斥在外。罪犯被判入狱服刑，受到国家法律的公正惩处，他本人已为其罪行付出代价，而将来刑满出监后由于社会保障乏力，生活的窘迫及与现代社会生活的不相容，特别是出狱后年老且无一技之长的服刑人员，找工作困难，实际上已经失去了任何生活来源和保障，极易形成“在监狱有政府管，回家没人要”的不良心理，造成心理障碍和沉重的心理负担，甚至铤而走险，重新犯罪，再度步入监狱。养老保险金制度是一种全民社会保障制度，覆盖全民更是设立全民社会保障的执政理念，作为服刑人员为什么不能参加和享受社会养老保险，对因犯罪而取消的养老保险的规定是否公正合理，都是值得探讨的课题。

（一）狱内服刑人员养老保险基本情况

2010年1月至4月，笔者曾对所实习监狱临出监的180名女性服刑人员养老保险现状做过问卷调查。问卷调查内容包括服刑人员基本情况和对养老保险相关问题的测试。（表1～7是参与调查服刑人员的基本情况，表8～10是对服刑人员的相关问题测试。）

---

[1] “排斥于养老保险范围之外”指服刑人员在服刑期间停止缴纳养老保险、停发养老保险待遇。如北京市劳动和社会保障局《关于贯彻实施〈北京市基本养老保险规定〉有关问题的通知》（京劳社养发［2007］29号）第5项规定：被保险人在被判刑、劳动教养期间停止缴纳基本养老保险费；北京市劳动和社会保障局《北京市城乡居民养老保险办法实施细则》（京劳社农发［2009］13号）第12项第1款规定：已按月享受城乡居民养老保险待遇的人员，被判处拘役及其以上刑罚或劳动教养的，停发城乡居民养老保险待遇。拘役、服刑或劳动教养期满后，由本人提出申请，按照规定程序从拘役、服刑或劳动教养期满的次月核发城乡居民养老保险待遇。

表 1　参与调查服刑人员的年龄结构

年龄	18 ~ 30	31 ~ 40	41 ~ 55	56 岁以上
人数	33	61	77	9

表 2　参与调查服刑人员的捕前职业

捕前身份	无业	务农	企事业单位职工	国家公职人员	其他
人数	63	32	29	42	14

表 3　参与调查服刑人员的原判刑期情况

刑期	5 年以下	5 ~ 10 年	10 ~ 20 年	无期
人数	9	23	34	2

表 4　参与调查服刑人员养老保险缴纳情况

缴纳情况	曾经缴纳过养老保险	未缴纳过养老保险
人数	85	95

表 5　未缴纳过养老保险的 95 名服刑人员未缴纳原因

未缴纳原因	人数	比例（%）
（1）认为没有必要	16	17%
（2）无业，没钱没能力缴纳	29	31%
（3）公务员身份没有养老保险	42	44%
（4）不知道养老保险	5	5%
（5）其他	3	3%

表 6　曾缴纳过养老保险的 85 名服刑人员对自身养老保险现状的认知情况

认知情况	确知养老保险已暂停	认知不明的
人数	30	55

表7　曾缴纳过养老保险的85名服刑人员入狱前缴纳期限情况

缴纳期限	5年以下	5～10年	10～15年
人数	38	42	5

通过对服刑人员基本情况的调查，笔者发现，服刑前曾经缴纳过养老保险的有85人，捕前身份多为企事业单位职工或有正式工作的人，入狱后对养老保险情况认知不明的有55人，只有30人明确得知自己的人事档案因犯罪转入人才服务中心而养老保险已处于暂停状态；没有缴纳养老保险的95名服刑人员，捕前身份多为无业人员、农业户口人员和国家机关工作人员。其中原为国家机关工作人员身份的服刑人员有42人，年龄大多在45～60岁之间。由于我国公务员的养老保障还没有进入社会保障范畴内，而国家公务员工资实行特殊的财政拨款制度，一般都是到年纪退休后财政直接拨款的，所以这些服刑人员在出监后既没有退休工资，也没有相应的养老保险。

此外，在对服刑人员基本情况调查的基础上，还对服刑人员进行了如下相关问题测试。

表8　你在出监后最大的顾虑是什么？

内容选项	人数	比例（%）
（1）无家可归，无住处	4	2%
（2）无生活来源，找不到工作	93	52%
（3）缺少养老保险等社会保险	77	43%
（4）面对社会，茫然无所适从	3	2%
（5）担心社会歧视	2	1%
（6）担心重新走上犯罪道路	0	0

表9　你在服刑期间最希望得到救济的权利？

内容选项	人数	比例（%）
（1）养老保险等社会保险权利	107	59%
（2）同居权	19	11%

续表

内容选项	人数	比例（%）
（3）婚姻家庭权利	21	12%
（4）隐私权	7	4%
（5）其他权利	26	14%

表 10　你认为应如何保障服刑人员养老保险等社保权利？

内容选项	人数	比例（%）
（1）希望在服刑期间能够继续缴纳养老保险	142	79%
（2）不清楚	10	5%
（3）其他	28	16%

在对参与调查的临出监人员进行“出监后最大顾虑”这一测试题中，选择“出监后最大顾虑是缺少养老保险等社会保险”一项的有 77 人，占参与调查人员总数的 43%；在“你在服刑期间最希望得到救济的权利”这一测试题中，选择“养老保险等社会保险权利”一项的 107 人，占 59%；在“你认为应如何保障服刑人员养老保险等社保权利”这一测试题中，选择“希望在服刑期间能够继续缴纳养老保险”的有 142 人，占参与调查人数的 79%。以上调查分析的结果表明：目前，由于服刑人员出监后面临严峻的社会形势和生存挑战，以及法律意识的普及和维权意识的日益高涨，养老保险的剥夺和养老保险权益保障的缺乏已成为他们仅次于社会就业之外考虑的重大问题，关注度的比例高达 43%，或者可以说是服刑人员除就业外最希望得到救济的权利，对原为公务员身份的服刑人员和老年服刑人员更是如此。

（二）当前关于养老保险法律法规有关规定

目前我国尚未有社会保险立法，关于公民养老保险权利的规定多见于国家和地方的社会保障法律法规，比较零散，而关于服刑人员养老保险等社会保险的相关具体规定更是乏善可陈，零星散落。涉及服刑人员养老保险规定的法律法规主要有：如我国劳动和社会保障部的规章规定[1]：“退休人员被判处拘役、有期徒刑及以上刑罚或被劳动教养的，服刑或劳动教养期间停发基本养老金，

〔1〕《关于退休人员被判刑后有关养老保险待遇问题的复函》（劳社厅函［2001］44 号）。

服刑或劳动教养期满后可以按服刑或劳动教养前的标准继续发给基本养老金，并参加以后的基本养老金调整。退休人员被判处管制、有期徒刑宣告缓刑和监外执行的，可以继续发给基本养老金，但不参与基本养老金调整。退休人员因涉嫌犯罪被通缉或在押未定罪期间，其基本养老金暂停发放。”此外，还有一些比较零散的涉及服刑人员养老保险权益的其他相关规定〔1〕。地方上还有一些关于服刑人员养老保险的相关规定，以北京市为例，北京市劳动和社会保障局规定，企业职工受刑事处罚（拘役、有期徒刑及以上刑罚）或劳动教养期间，不再缴纳基本养老保险费。受刑事处罚和劳动教养期间，如果达到法定退休年龄，待服刑期满后，可按规定办理退休手续。如已达到缴费年限，可享受基本养老保险待遇，但服刑和劳动教养期间的基本养老金不予补发〔2〕。

总之，根据上述相关规章制度的规定可以看出，监禁方式执行的服刑人员的养老金个人账户被封存，无论是已退休的服刑人员还是在服刑期间达到法定退休年龄的服刑人员，在服刑期间的养老保险停发，服刑人员在服刑期间不允许再缴纳养老金，即养老保险权利完全被剥夺。

二、目前服刑人员养老保险权益保障存在的问题

通过对我监狱服刑人员养老保险现状的问卷调查和走访结果，笔者认为，目前服刑人员养老保险权益保障存在的问题主要有：

（一）社会保障制度的立法不健全，较少涉及服刑人员养老权益保障规定

我国至今未制定社会保障法，现有的社会保障制度多为部门规章或内部规章，立法层次低，使社会保障工作在许多方面只能靠政策规定和行政手段推行，导致社会保障的覆盖面小、权威性差、保障程度低，且缺乏必要的公布与宣传，很多具体规定公众不清楚或知晓较少，而远离社会的服刑人员更是知之甚少。

---

〔1〕包括《关于规范企业职工基本养老保险个人账户管理有关问题的通知》（劳动和社会保障部办公厅发［2001］5号）；《关于进一步规范基本养老金社会化发放工作的通知》（办公厅发［2001］8号）；《关于对劳社厅函［2001］44号补充说明的函》（劳动和社会保障部办公厅函［2003］315号）；中央社会治安综合治理委员会、司法部、公安部、劳动和社会保障部、民政部、国家税务总局、国家工商行政管理总局于2004年2月6日联合下发《关于进一步做好刑满释放、解除劳教人员促进就业和社会保障工作的意见》。

〔2〕《关于退休人员被判刑后有关养老保险待遇问题的复函》（劳社厅函［20001］44号）中提到：退休人员被判处拘役、有期徒刑及以上刑罚或被劳动教养的，服刑或劳动教养期间停发基本养老金，服刑或劳动教养期满后可以按服刑或劳动教养前的标准继续发给基本养老金，并参加以后的基本养老金调整。退休人员在服刑或劳动教养期间死亡的，其个人账户储存额中的个人缴费部分本息可以继承，但遗属不享受相应待遇。退休人员被判处管制、有期徒刑宣告缓刑和监外执行的，可以继续发给基本养老金，但不参与基本养老金调整。退休人员因涉嫌犯罪被通缉或在押未定罪期间，其基本养老金暂停发放。如果法院判其无罪，被通缉或羁押期间的基木养老金予以补发。

而且目前社会保障规章制度关于服刑人员养老保险等社会保险权利的规定，以北京市为例[1]，出台的养老保险规章制度比较零散、不系统，加之更新较快，导致在实践中适用困难。

（二）服刑人员在服刑期间不能行使养老保险权利

根据前面列举的社会保险有关规定，服刑人员在服刑期间是停止缴纳社会保险的，被中断的养老保险只能在出狱后到当地社保管理机关去依法衔接。已缴纳过养老保险的服刑人员在服刑期间达到法定退休年龄的，不发给基本养老金，其服刑前个人缴费账户储存额一次性支付给本人，同时终止基本养老保险关系。

而且根据我国养老保险制度关于养老金计发的有关标准，即个人缴费年限累计满 15 年的，才能在退休后按月发给基本养老金[2]。如果罪犯刑期较长的话，那么在出监后至退休年龄前将很难实现累计 15 年的缴费期限，缴费期限不够，缴费金额不足，使服刑人员在出监后也实际丧失了养老保险权利。总之，由于服刑人员在服刑期间不能缴纳养老保险，入狱前原本缴纳过养老保险的不能续保，同样，入狱前未上保险的入狱后也无权申请。即在服刑期间，服刑人员被完全或部分剥夺了养老保险权利。

（三）现行规章对在职人员犯法后的养老保险待遇规定存在制度空白

目前立法上对服刑人员养老保险待遇未做规定，只有部分部门规章制度做了简单规定，而且从劳动和社会保障部的规章制度来看，只规定了退休人员触犯刑法在缓刑、假释期间的养老保险待遇，未规定在职人员触犯刑法后在缓刑、假释期、监禁期间的养老保险的缴费权利。目前只有北京市劳动和社会保障局对此进行了相应规范，但也较为简单，不具体。

（四）国家机关工作人员养老保险存在的问题

如上文所述，无论是部级规章还是北京市劳动和社会保障局的规定，都只

---

〔1〕 如《北京市基本养老保险规定》（北京市人民政府令第 183 号，2006 年 12 月 24 日颁布）；关于印发《关于贯彻实施〈北京市基本养老保险规定〉有关问题的具体办法》的通知（京劳社养发［2007］21 号，2007 年 2 月 8 日颁布）；关于贯彻实施《北京市基本养老保险规定》有关问题的通知（京劳社养发［2007］29 号，2007 年 2 月 25 日颁布）；关于《北京市基本养老保险规定》实施过程中有关问题处理办法的通知（京劳社养发［2007］130 号，2007 年 8 月 3 日颁布）；关于印发《北京市城乡居民养老保险办法实施细则》的通知（京劳社农发［2009］13 号，2009 年 2 月 1 日颁布）；关于发布 2010 年北京市城乡居民养老保险缴费标准的通知（京人社居发［2010］93 号，2010 年 3 月 30 日颁布）

〔2〕《国务院关于建立统一的企业职工基本养老保险制度的决定》（国发［1997］26 号）规定了基本养老金计发标准：个人缴费年限累计满 15 年的，退休后按月发给基本养老金。

涉及企事业单位职工，未规定国家机关工作人员[1]犯罪后养老保险权益问题，个别规章也只规定了退休的国家公务员在获刑后的养老保险待遇[2]。根据我国相关法律规定，不同于城镇企业职工基本养老保险，公务员有自己的保险制度[3]，这在国际上也是通行做法，而且依照目前法律法规的规定，国家机关和按照行政管理的事业单位尚未纳入养老保险强制征收范畴，其工作人员还是按照政府财政发放退休金的方式进行事实上的养老保险，因此国家机关工作人员一旦犯罪，不同于其他企事业单位的犯罪人员在刑满释放后可以继续领取养老保险金，即其除受法律制裁外，由于因犯罪已开除公职，其退休金也被实际取消。这对那些已经犯了罪的离退休人员来说，就意味着其刑满出狱后将失去任何生活来源。以我监狱女犯为例，如捕前系国家机关工作人员身份，多数为财产型或职务犯罪的长期刑罪犯，其财产多在判决时被司法机关没收或者作为非法所得予以收缴殆尽了，其在漫漫刑期结束，早已接近或远远超过退休年龄，基本丧失了劳动能力，而退休金的剥夺实际上已使其失去了任何生活来源和保障。

三、对服刑人员在服刑期间参与养老保险和继续享有养老保险权益的理论分析

（一）服刑人员基本权利及其范围

1. 服刑人员基本权利

服刑人员基本权利，一般来说是指服刑人员在监狱服刑期间因其特殊身份而依法所享有和应当享有的权利。

监狱服刑人员的基本权利问题，是整个人权领域中一个重要的组成部分。

---

〔1〕 我国的国家机关包括：各级人大常委会、各级人民政府、各级人民法院和专门人民法院、各级人民检察院和专门人民检察院、代表国家的驻外机构或者驻外工作机构。事业单位是指国家为了社会公益目的，由国家机关举办或者其他组织利用国有资产举办的，从事教育、科技、文化、卫生等活动的社会服务组织。（见《事业单位登记管理暂行条例》，1998 年 9 月，国务院令第 252 号）

〔2〕《监察部关于对犯错误的已退休国家公务员追究行政纪律责任若干问题的通知》（监察部 监发［2001］3 号，2001 年 9 月 13 日颁布）第 2 条：国家公务员退休后，因违法需要追究责任的行政处理及待遇问题（一）对于被劳动教养、治安拘留、取保候审、监视居住、强制收容教育、强制戒毒、羁押、管制、拘役、有期徒刑缓刑的，停发基本退休金，其受行政、刑事处罚期间的生活费按照《关于国家机关、事业单位工作人员受行政刑事处罚工资处理意见的复函》（人函［1999］177 号）办理。（二）退休的国家公务员在任职期间或者退休后触犯刑律，被依法判处有期徒刑以上刑罚的，自判决生效之日的下月起取消起退休金和其他退休待遇。

〔3〕 2006 年 1 月 1 日正式实施的《中华人民共和国公务员法》第 77 条规定："国家建立公务员保险制度，保障公务员在退休、患病、工伤、生育、失业等情况下获得帮助和补偿。"这是作为公务员保险制度核心组成部分的公务员养老保险制度的法律依据。公务员养老保险制度也是社会保障体系的重要组成部分。

从我国监狱法律法规和规章的发展沿革和历史轨迹来看，从1954年政务院颁布的《劳动改造条例》算起，到1962年公安部通过的《劳动改造管教队工作细则》和1982年公安部颁行的《监狱、劳改队管教工作细则》，再到1994年《监狱法》，都对监狱服刑人员基本权利有所规定，并且逐渐规范与明确。如我国《监狱法》第7条规定："罪犯的人格不受侮辱，其人身安全、合法财产和辩护、申诉、控告、检举以及其他未被依法剥夺或者限制的权利不受侵犯。"该法同时还规定未被剥夺政治权利的罪犯有选举的权利，有维护身体健康、有病得到诊治的权利，有按规定通信、会见的权利，有依法获取奖励的权利，有刑满依法获取按期释放的权利以及法律未剥夺或限制的其他权利等。

此外，我国《宪法》、《刑事诉讼法》、《人民警察法》、《国家赔偿法》等一系列法律，还有若干涉及监狱服刑人员权利的行政法规、部门规章都从不同角度规定了监狱服刑人员的权利。1992年我国政府发表了《中国改造罪犯的状况》白皮书，也明确规定了"依法保障罪犯的权利"，并以事实系统地宣传、介绍了中国改造罪犯的基本原则、发展成果以及罪犯在服刑过程上应享有的权利，并将监狱服刑人员的权利归纳为十多项。1999年7月司法部下发了《监狱系统在执行刑罚过程中实行"两公开、一监督"的规定（试行）》〔1〕，2001年10月12日司法部发布了《关于在监狱系统推行狱务公开的实施意见》，在监狱狱务公开内容中归纳了监狱服刑人员的基本权利和义务，其中包括了罪犯有人格不受侮辱等八项基本权利〔2〕。2004年我国《宪法修正案》又把"国家尊重和保障人权"正式载入国家的根本大法。服刑人员作为社会成员中的一部分特殊群体，其权利保障也必然应当涵盖其中。此外我国加入的《囚犯待遇最低限度标准规则》、《公民权利和政治权利国际公约》、《囚犯待遇基本原则》等一系列国际人权公约也包括了对服刑人员的权利保障义务。

随着《监狱法》的颁布实施，监狱服刑人员的基本权利在法律层面、实际操作层面及物质生活上都得到了进一步的保障。我国监狱对服刑人员的权利保障，从总体上讲，符合《世界人权宣言》的基本精神，也符合联合国《囚犯待遇最低限度标准规则》的基本要求〔3〕。但在罪犯权利保障方面，还有一些不尽如人意之处，相关法律的规定不够具体、系统，如罪犯的哪些权利应当依法享有，哪些权利是依法被剥夺或限制的均不够明确，导致在罪犯改造的实践中

---

〔1〕 所谓"两公开，一监督"，是指在严格遵守各项法律法规、规章制度的同时，公开执法依据、程序，公开结果；主动接受有关部门及社会各界的广泛监督。

〔2〕 见冯建仓主编：《中国监狱服刑人员基本权利研究》，中国检察出版社2008年版，第13页。

〔3〕 见冯建仓主编：《中国监狱服刑人员基本权利研究》，中国检察出版社2008年版，序言。

出现多种争议，而且各部门的做法也大相径庭，差别较大。这些问题的存在一定程度上影响了我国法律的严肃性、统一性，因此必须认真加以对待和研究解决。

2. 服刑人员基本权利范围

不同的学者对服刑人员基本权利（法定权利）的种类及范围有不同的观点。张秀夫将服刑人员权利总结为20类[1]，戴艳玲将服刑人员的权利分为11类[2]，冯建仓、陈文彬将服刑人员的权利分为7个方面[3]，而根据我国《宪法》、《监狱法》等法律规定，笔者认为，正如司法部预防犯罪研究所冯建仓研究员在《中国监狱服刑人员基本权利研究》一书中所总结的，概括来讲，服刑人员依法享有的权利主要包括[4]：①选举权；②人格权；③申诉、控告、检举权以及请求国家赔偿的权利；④辩护权；⑤人身安全权；⑥合法财产权；⑦休息权和获得劳动保护、劳动报酬权；⑧受教育权；⑨宗教信仰自由权；⑩通信权；⑪婚姻家庭权；⑫娱乐权；⑬减刑假释等特有权利。必须明确指出的是，以上一一罗列的权利，只是服刑人员权利的一小部分，并不意味着服刑人员享有的权利仅限于以上几条。监狱法之所以将以上权利单列出来加以重点保护，是因为上述权利对于服刑人员来说是极为重要的基本权利，因而有必要加以强调。实际上，除此之外，服刑人员还享有监狱法律制度所规定的其他权利，以及众多没有被法律剥夺的其他权利，如实体方面的、程序方面的权利，政治、社会、经济、文化方面的权利，在此不一一赘述。

3. 服刑人员基本权利限制

服刑人员由于因其违法犯罪和特殊的身份，部分权利或被剥夺或被限制，我国法律关于罪犯（服刑人员）权利的限制性规定很多，包括政治权利、人身权利的限制。纵观世界上各个国家对罪犯（服刑人员）权利的法律规定和罪犯改造实践，尚未有哪一个国家允许罪犯（服刑人员）不受约束地自由行使权利。对罪犯（服刑人员）权利进行合理的限制十分必要，是维护社会公共利益，有效保障权利，加强对罪犯的教育改造所必需的。也就是说，凡是被法律剥夺的权利、被法律停止行使的权利、损害公共利益的权利、与刑罚的法律精神相冲突的危害监狱安全的权利，罪犯（服刑人员）均不准行使。对罪犯（服刑人员）

---

〔1〕 张秀夫主编：《（中华人民共和国监狱法）讲话》，法律出版社1996年版，第100～105页。

〔2〕 戴艳玲：《中国监狱制度的改革与发展》，中国人民公安大学出版社2004年版，第82～86页。

〔3〕 冯建仓、陈文彬：《国际人权公约与中国监狱罪犯人权保障》，中国监察出版社2006年版，第17页。

〔4〕 冯建仓主编：《中国监狱服刑人员基本权利研究》，中国检察出版社2008年版，第16～24页。

某些权利给予一定的限制，既是权利相对化、社会化的必然趋势，也是社会公正原则的本义所在。

罪犯权利受限制也决定了罪犯权利具有区别于普通公民权利的一些特点。参照赵运恒在《罪犯权利保障论》一书中所表述的，笔者总结可大致表现为以下三种情况[1]：

(1) 部分权利被完全剥夺。罪犯不能像普通公民一样完整地享有宪法和法律规定的权利，他们的一部分权利已被依法剥夺，如人身自由权和被附加剥夺政治权利罪犯的政治权利。当然这一类罪犯权利被剥夺的依据只能是国家法律（狭义上的法律）的明文规定，而不能是其他的法律位阶以下的法规规章。

(2) 部分权利只能限制行使，体现为权利的不完整性。罪犯的某些权利虽然没有被剥夺，但基于监管和改造的需要，这些权利已被标记上刑罚的痕迹，在内容上表现出不完整性。一是部分权利只能限制行使。如通信权、会见权，这是为保证狱内安全、维持正常监管改造秩序所做出的必要的、合理的法律限制；二是部分实有权利暂停行使。罪犯虽然某些权利并未被法律剥夺或限制，但由于其人身自由被剥夺或限制，因而实际上无法像普通公民那样通过自己的行为，将其许多未被剥夺或限制的权利转化为实有权利，即虽然罪犯享有一些权利资格，但由于权利行使能力被中止或冻结，这些权利实际上暂时无法行使。如婚姻家庭权、生育权。

(3) 部分特定权利不能主张。如被选举权。还有就是法律上未明确剥夺但被部门规章或地方政府明文限制导致不能主张的权利，如养老保险等社会保险权利。

（二）养老保险权利与服刑人员基本权利的关系

1. 养老保险权利是服刑人员基本权利之一

我国《宪法》第33~50条规定了公民的基本权利。《宪法》第45条规定："中华人民共和国公民在年老、疾病或者丧失劳动能力的情况下，有从国家和社会获得物质帮助的权利。国家发展为公民享受这些权利所需要的社会保险、社会救济和医疗卫生事业。"明确了公民依法享有社会保险权利[2]，社会保险权利是社会经济权利，社会保险主要包括"五险一金[3]"，养老保险权利就是社会保险权利的一种。也就是说，养老保险权利—社会保险权利—公民基本权利

---

[1] 赵运恒：《罪犯权利保障论》，北京法律出版社2008年版，第61~64页。

[2] 社会保险权利是保障职工在遭受年老、失业、疾病、生育、职业伤害等社会经济风险的情况下，有从社会获得物质帮助的权利。

[3] "五险一金"指养老保险、医疗保险、失业保险、工伤保险、生育保险、住房公积金。

是一组依次包容具有属种关系的概念。总之，养老保险权利也是公民的基本权利之一。

《宪法》第33条规定："凡具有中华人民共和国国籍的人都是中华人民共和国公民，中华人民共和国公民在法律面前一律平等。任何公民享有宪法和法律规定的权利，同时必须履行宪法和法律规定的义务。"即凡是中华人民共和国公民，都享有宪法赋予的基本权利，都应履行宪法规定的基本义务，而且没有附带其他任何条件。公民概念与政治国家紧密相连，公民权也必然是公民基于政治国家而享有的权利，服刑人员（不包括外国人、无国籍人）也是公民，虽然受到法律惩罚，但刑罚权的行使只改变了作为公民的罪犯的权利状况，其国籍和公民资格并没有被剥夺，只要他尚未死亡就依然是中华人民共和国公民，依法享有公民权，就应该享有权利和履行义务，并有权受到国家法律的保护。因此，国家在有权惩罚罪犯的同时，也负有保障罪犯权利的义务，也必须保障罪犯作为人所共有的基本平等权利。

《宪法》赋予罪犯公民权利和法律地位，也是罪犯享有人权的根本法律依据。罪犯作为公民，除了被依法剥夺的权利外，可以平等地享有宪法赋予的权利，平等地受到宪法和法律的保护，也就是说，作为公民应当享有的权利都应享有。既然养老保险权利是公民的基本权利之一，由此推之，也可以说是服刑人员的基本权利之一。

2. 养老保险权利不属于法律规定中的被剥夺或限制范围

笔者认为，惩罚就是对合法权利的剥夺，必须依法进行。但是查询剥夺服刑人员养老保险权利的法律依据，可以看到，我国刑罚体系中并没有取消养老保险金的规定，在其他社会保障法律中也没有明确规定剥夺罪犯的养老保险权利，虽然有的地方政府规章中规定了罪犯在服刑期间的养老保险权利暂停行使，但是这只是一种限制性规定，而不是法律意义上的剥夺。但是这种现实的体制使服刑人员的社会保险权事实上被剥夺了，究其原因，是人们对刑罚和监狱的观念并没有改变，对服刑人员的法律地位存在误解，认为一个人一旦成为罪犯就会失去法律人格和权利主体地位，作为服刑人员理应失去社会保险权利、政治权利，特别是政治权利。但事实上，从法理上来说，服刑人员除了人身自由和其他依法被剥夺了的权利以外，其他权利不受侵犯。罪犯被国家司法机关裁判有罪后，国家只对罪犯处以人身权利、政治权利和财产权利的处罚，被判处有期徒刑的罪犯只是其公民权利受到国家有期限的部分剥夺。与其他公民相比，罪犯不能完整地享有宪法和法律所规定的公民权利，他们的一部分原有权利已依法被剥夺。正义是现代法治的重要价值，服刑人员触犯了刑法，危害了社会秩序，侵犯了他人、社会的利益，违背了正义的要求，对服刑人员实施惩罚剥夺其权益就是为了恢复正义，但是笔者认为，惩罚必须与其所犯罪行相适应，不能过度惩罚，应该剥夺和限制的必须予以剥夺和限制，对罪犯部分公民权利的一定限制和禁止，体现的是社会公正，其未被剥夺和限制的权利应当予以保证，理应得到法律的保护，这也是普遍正义观的基本要求。

3. 服刑人员有权享有养老保险权利

"法不禁止即自由"，随着法制观念的日渐深入人心，这句法律谚语被越来越多的人所接受，徐显明提出关于罪犯权利保护的权利推定原则〔1〕："只要是国家法律没有明文对罪犯的权利做出限制和剥夺，那么罪犯就应当享有这些权利。""法不禁止即自由"或者说"法无明文规定即自由"理论也被理论界和实务界奉为扩大服刑人员权利的金科玉律，如理论界学者认为，"对于这些权利，即使法律没有明确规定，只要不损害国家、社会公共利益和管理秩序，罪犯当然可以享有并行使〔2〕。"而实务界人士认为，只要是法律没有禁止的，服刑人员就享有相应的自由，监狱就应当把相应的权利还给服刑人员，并给予充分的保障。但是在这个论证过程中，笔者发现，会出现一个问题，即容易把自由等同于法定权利。即虽然"法不禁止即自由"，但是能否从这一前提必然推导出"法无明文规定即权利"这一必然结论？"法律没有禁止的，是公民享有的自由而不是权利，更不是法利。既然是自由，那么能否实现，实现的程度如何，则是由社会的条件尤其是本人的条件和能力决定的，就不应要求国家提供必要的条件，更不能要求保障其实现。不能把自由当成权利，特别是打着法律保障的旗号肆意扩大用，法律必须在防止自由被侵犯的同时，防止自由被滥用。"〔3〕自由不是权利，法律不禁止的自由不必然等同于权利，从"法不禁止即自由"这个前提到"法不禁止即法定权利"的推论其准确性值得质疑。

因此，对服刑人员享有权利要慎重对待，也要辩证地分析，推定也要有一定的限制。近年来，"随着社会程度的不断提高和我国政治、经济、文化的不断发展，在罪犯自我权利意识的提高和国家监管机关认可的互动作用下，使得一些法律虽没有规定但也未被剥夺的权利也从社会渗透到监狱，渗透到罪犯的意识之中。"〔4〕在实践中笔者也发现，在当前各阶层法律意识和人权意识整体提高的社会背景下，在押服刑人员思想较之以前空前活跃，法律观念和权利意识增强，维权意识日益高涨，个别服刑人员甚至已经开始提出自己的权利诉求。

---

〔1〕徐显明："从犯罪权利到受刑人人权"，载《学习与探索》2005年第3期，第30页。

〔2〕赵运恒：《罪犯权利保障论》，北京法律出版社2008年版，第64页。

〔3〕葛洪义主编：《法理学》，中国政法大学出版社2002年版，第51页。

〔4〕赵运恒：《罪犯权利保障论》，北京法律出版社2008年版，第90页。

当前服刑人员权利观的变化，对传统的监狱行刑理念和管理模式提出了巨大挑战，也进而引发和促使我们监狱工作者对新时期监狱工作发展的进一步思考。在此还有一点需要强调，服刑人员的权利无疑是应该得到尊重和保障的，但是其内容和实现必须有一个合理的限度，就是不能过度地扩张，否则就会削弱监狱的惩罚和威慑功能，进而冲击社会的公平正义观，引发社会问题，影响社会和谐。保障服刑人员合法权利是必要的，但矫枉过正，赋予服刑人员本不应该享有的权利其危害性也是非常严重的。对于这些服刑人员的诉求和要求维护的权利，即使是在当前高调宣传加强罪犯权利保障的理念下，也要加以辩证地分析，做到不枉不过，正确认识和解决处理。我国历来坚持“惩罚与改造相结合，以改造人为宗旨”，惩罚与改造两大手段，缺一不可，不可偏废，总之，既不能忽视对合法权利的保障，也不能为了单纯追求“权利保障”而超出法律公平正义的价值范围。

实施了严重危害社会行为的罪犯，被判刑入狱，是罪有应得，也是社会公正的体现。但是罪犯由于特殊身份总处于社会边缘地位，不为社会主流思想所认同，易受到社会歧视，属于社会弱势群体。“弱势群体”这个词首次出现在九届全国人大五次会议上朱镕基总理的《政府工作报告》中，指的是由于生理、经济、社会和文化方面的原因，在经济收入、社会地位、竞争力等方面处于困难和不利境地的人群。弱势群体是社会中的脆弱群体，是需要社会给予特殊援助和关怀的人群。当然，所谓的弱势群体也要有一定的参照物，是相对于一定的参照物来说的。罪犯是弱势群体，是相对于一般公民来说的，罪犯因为失去了人身自由、权利被剥夺、受限制和被监禁这一事实，使他们更处于一种弱势的地位，成为特殊的弱势群体。其人身自由受到剥夺，能靠自己的行为行使的权利很少，在漫长的服刑期间里，其依法享有的权利更容易受到漠视和侵犯。作为受到社会道义谴责的弱势群体，不能像其他弱势群体一样得到人们更多的同情和关注，他们的权利也很难被人们认同。如与罪犯相比，贫困人口和失业人员相对来说就更容易获得人们的同情，就一般社会认知来说，人们往往能够接受改善和提高后两者的待遇，而很难接受国家将财力用于提高曾危害过社会的罪犯的待遇。虽然罪犯群体不容易被人们同情，但是罪犯也是人，依然具有人生存和发展的权利，罪犯作为人，也有作为一般人的物质生活、精神生活和社会公共生活的愿望和需要。而罪犯权利保障，归根到底就是要满足罪犯的这种需要。对罪犯这种基本需要的满足，也是推动罪犯权利保障向前发展的永不枯竭的动力。

有学者指出：“受刑人权利包括法定权利和非法定权利。法定权利是指以我国《宪法》为基础，以《监狱法》为核心，由与刑事和民事相关的实体法和程序法等其他法律规范构成的关于受刑人权利的内容。受刑人的法定权利就是以法律规范的形式确定受刑人应有的权利……受刑人的非法定权利，是指法律规范规定的权利以外的其他形式的社会规范（如社会道德规范、社会传统习惯、行政性的监规纪律等）所承认和保护的罪犯的权利，表现为道德权利、习惯权利、宗教权利和非法律的纪律权利等形式。"[1]"而社会规范作为调整社会关系的行为准则，却不可能涵盖社会关系的方方面面，受刑人的法定权利是罪犯权利的核心内容，但不是受刑人权利的全部内容。受刑人作为人所应当享有的权利永远不可能全部被法律规范确认和保护，而那些尚未被法律确认的权利，必然受到其他社会规范不同形式和不同程度的承认和保护，即在受刑人的法定权利之外，必然会存在各种形式的非法定权利，这既是客观存在，也是客观需要。从理论上讲，受刑人的法定权利和非法定权利构成了受刑人权利的整体内容，涉及与受刑人有关的所有社会关系。从实践来看，既然受刑人的法定权利不可能体现全方位的受刑人权利，只要受刑人非法定权利的内容不与现行法律相抵触，并且现实环境又具备实现的客观条件，就应当允许受刑人实际享有和行使，这也是人道主义的要求。"[2] 总之，尊重并帮助服刑人员享有某些非法定权利，如对服刑人员养老保险权利进行保障，既符合社会主义法治理念的公平正义要求，也在社会公众承受能力范围内，对于改造罪犯是有利的，确有保障必要。权利的无穷尽性决定了在法律条文上无法一一陈列，而且限于当时的立法条件和立法技术也不能完全罗列，因此，笔者认为，对服刑人员养老保险权利的保障在考虑社会普遍情理的反映和人们的宽容度的前提下，只要不与刑罚执行相冲突，只要不损害国家、社会、集体的利益和他人的权利和自由、公共秩序和善良风俗，就应该予以保护和尊重。

目前，虽然有些地方政府规章中明确规定了罪犯在服刑期间的养老保险权利暂停行使，而且这一规定虽然在某一时期或阶段的适用存在一定的合理性，但是这一存在的合理性在人权意识普及人权观念大大提升的今天再加以细细解读，其存在的合理性受到质疑。笔者认为，罪犯并未丧失公民资格，仍然是权利主体，法律剥夺罪犯自由，但不应剥夺其作为社会公民应享有的社会福利保障，公民的社会保障权具有不可剥夺性，为服刑人员保留社会保险权是符合社会保障和刑罚目的的。罪犯在服刑期间应该继续享有养老保险等社会保险权利，平等地享受养老保险的缴费权利和待遇权利，这是合法权利，我们应该予以尊重。同时，笔者坚信，对于养老保险这一非法定权利，在经过一段时间的实践

---

〔1〕 欧阳梦春：《受刑人权利保护研究》，中国公安大学出版社 2007 年版，第 11～12 页。

〔2〕 欧阳梦春：《受刑人权利保护研究》，中国公安大学出版社 2007 年版，第 12 页。

检验和论证后，其所具备的合理性、普遍性优势，使其具有较高的立法价值，一定会被法律规范确认和保护，就如同“离监探亲”曾从监狱纪律规范的一种奖励措施，通过实践中反复总结，积累经验，上升为法律制度内容并被写进《监狱法》一样，养老保险权利最终一定会转化为服刑人员的法定权利得以制度化、法律化，并进一步完善和发展。

总之，推行服刑人员参与全民性社会养老保险，符合社会保障和现代刑罚精神，既是建立与“首要标准”相适应的罪犯教育改造工作新机制的客观需要，更是遏制罪犯出监后再犯罪的有效手段，对构建和谐社会具有积极的实践意义和推动作用。主要体现在：

（1）有利于服刑人员的教育改造，减少再犯罪率，保障社会安全。社会保障和现代刑罚的目的的共同之处，就是其价值追求都是促进社会安定和社会和谐，社会保障通过对劳动者提供保障以解决后顾之忧的方式维护社会安定，而刑罚则通过对服刑人员的惩罚和改造、教育进而达到预防的目的来维护社会安定，二者殊途同归。服刑人员由于脱离社会太久，刑满释放后面临回归社会的困难，极易成为再犯罪的潜在性群体。允许服刑人员参与养老保险，可以大大调动其改造积极性，使其在希望中改造，特别是服刑期间实现缴费权利，还关系到服刑人员出监后养老金的积累和达到法定退休年龄以后享有的养老金待遇水平的高低，可以解决服刑人员出监后的生活困难问题，保证其基本生存需求，提高生活质量，在一定程度上可以缓解社会矛盾，减少和预防犯罪，有利于社会稳定。

（2）有利于服刑人员回归社会，加快社会适应化进程。在尊重宪法、尊重公民权利的前提下，服刑人员的社会保障也应是全民社会保障体系不可缺失的一环。推行服刑人员参与全民性社会养老保险，把服刑人员应享有的权利转化为完全真实的权利，有利于他们认同社会主流文化，促进人格矫正，重塑生活信心，增强回归后的社会认同感，促进服刑人员的矫正回归，既是在他们刑释之后融入社会的过程中，争取社会认同的环节中必要的物质保障，也是尊重他们人格完整，重塑生活信心的有效措施。

（3）有利于减轻国家行刑成本，减少国家和社会负担。我国《监狱法》第8条规定：“国家保障监狱改造罪犯所需经费。监狱的人民警察经费、罪犯改造经费、罪犯生活费、狱政设施经费及其他专项经费，列入国家预算。”也就是说，罪犯一旦进了监狱，生活费、医疗费等费用都由国家供应和负担，温饱有保证，老有所养，病有所医，而且还是公费医疗，这一系列与社会相脱轨的供养使国家背上了沉重的负担，长期如此，监狱将成为一些人的养老院，以至于社会上出现农村老汉为“入狱养老”而故意持刀抢劫的荒唐事件。推行服刑人员参与全民性社会养老保险，使服刑人员养老权益与社会接轨，使服刑人员不再成为国家沉重负担的同时，更有利于其回归后成为自食其力、自力更生的劳动者。

四、对维护服刑人员养老保险权利保障的对策和建议

（一）完善《监狱法》有关条文，明确规定服刑人员合法享有养老保险等社会保险权利

虽然《监狱法》等法律规定了涉及罪犯（服刑人员）权益保护的个别条款，但仅是就其享有的权利作了原则性规定，至于其他合法权利，只是以“其他未被依法剥夺或者限制的权利”来简单涵盖。在今后监狱法修订的过程中，有必要添加制定保障服刑人员社会保险权益内容的法律条款，肯定服刑人员社保权利的合法性，使服刑人员社保权益保护工作全面纳入法制轨道，以立法形式推进服刑人员社会保障机制的完善。在监狱推行服刑人员参与全民性社会养老保险不仅是监狱行刑公正性的体现，也是维护罪犯合法权益的监狱法制化建设的客观需要，只有顺应社会发展趋势，打破部门之间的制度障碍，为罪犯解决社会保障问题，才是符合现代监狱法制化建设精神内涵的。

（二）建立完善社会保障相关立法

立法不完善是罪犯权利受到侵犯和得不到相应保护的重要因素之一，在监狱管理实践中出现诸多有争议的做法也多与此有关。

1. 立法先行是社会保险制度稳定的客观标志。从立法角度来看，尽快出台以《社会保险法》为代表的适合我国国情的社会保障相关法律，并结合我国实际，不断吸收和借鉴联合国制定的有关公约和规则以及其他国家的法律规定，实现社会保障法律制度的科学化、合理化，以保证社会保险工作有法可依，进一步完善社会保障体系。在整个社会对公平正义的诉求不断攀升的当下，只有通过相应的社会保障制度安排使全体国民能够合理分享到经济社会发展的成果，树立共享的价值理念，才能缓解社会矛盾，实现社会的公平和正义。

2. 为克服我国罪犯权利保护的法律规定过于原则化、抽象化、不统一等问题，在《社会保险法》中，应设专章强化服刑人员社会保险权益保障工作，对罪犯社会保险等基本权利、基本待遇的规定尽量具体、明确、详细，增强可操作性，制定充实服刑人员社会保险权益保护的具体内容，明确社会相关部门的职权与职责，完善服刑人员社会保险权益的制度性保障。在规定服刑人员社会权益保障的专门条款中，一方面要明确规定罪犯在服刑期间的养老保险缴费权利，允许服刑人员在服刑期间申请和缴纳养老保险等社会保险，保障服刑人员的社保纪录连续性。另一方面要建立服刑人员养老保险的个人储蓄账户，与社会养老保险体制接轨，养老保险金缴纳比例可适当调整，将服刑人员养老保险

纳入社会养老体系统一管理，刑释之后个人账户随个人异动而转移。至于养老保险资金的来源，根据实践经验总结，可以包括三个方面：一是罪犯劳动报酬和就业准备金，二是个人账户储蓄和家庭支援，三是政府最低生活保障。此外，对于那些出狱后确实没有经济来源、生活极度困难的服刑人员，可以考虑将其纳入到最低生活保障范围，使其具备基本的生存条件。

（三）为国家机关工作人员建立养老保险制度，实现与社会养老保险接轨

养老保险金制度是一种全民社会保障制度，当然应该涵括国家机关工作人员。因此，应为国家机关工作人员建立养老保险制度，将国家机关工作人员退休金制度纳入全民养老保险体系，实现体制接轨，为每个成员建立个人缴费档案，进一步完善全民社保体系，使原在国家机关、团体、企事业单位工作的犯罪服刑人员能够保留社保个人账户和缴费金额，使之将来出监后生活有保障。

同时，笔者认为，还可以借鉴新加坡〔1〕、香港特别行政区等发达国家和地区的做法，在为政府公职人员设立征收基本养老保险金制度的同时，为其设立高额的退休金制度，并同时规定，如果他们犯罪就取消其退休金，只给予其基本的养老保险——这也是部分国家和地区高薪养廉的一种具体措施。在这种制度下，公职人员被判有罪后，政府就可以开除其公职，取消其退休金，但其已经由单位或者个人缴纳的养老保险金还可以照常发放。

（四）整合法律的效力，避免同一法律体系的部门法冲突

我国法律对服刑人员社会保险权的规定存在不完整、不规范和不合理的地方。而且服刑人员的社保权利保护涉及方方面面，非《监狱法》一个部门法能够胜任。对服刑人员的养老保险等社保权益的法律保障，可由《监狱法》做出原则性规定，再由相应的社会保障立法进一步明确具体的法律规范。各部门法相互配合、协调，为了维护法律的严肃性，部门法律之间在内容和表述上应做到内容严谨一致，避免出现法律之间的矛盾与碰撞，促进依法行刑。对服刑人员社会保险权利的规范分别明确自己的调整范围，科学合理分工，清晰法律条文，克服冲突，尽可能及时吸收我国加入或将要加入的有关国际人权公约及监狱或罪犯权利方面的规则和内容，尽可能地减少遗漏，为服刑人员的社保权利制定出公平、合理、具可操作性的法律规定，更好地发挥我国法律体系对服刑

---

〔1〕 新加坡模式（强制储蓄型养老保险模式）：新加坡的中央公积金制度（CPF）是以强制储蓄为特征的养老保险供给模式，其主要特征是为符合条件的社会成员每人建立一个个人账户，工作期间必须按法律规定缴费，逐年积累，将来退休时退休金支付根据个人自己的储蓄积累，加上个人账户的投资所得领取退休金。参见孟庆平：《我国城镇养老保险制度改革：市场化的比较借鉴与政策选择》，上海三联书店2009年版，第103页。

人员社保权利调整的整合性效力。

结 语

虽然女性服刑人员仅仅属于刑罚执行对象的一个群体，目前女性服刑人数在我国仅占整个男性服刑人员人数的5%，尽管只有5%的比例，却同样能够折射出所有服刑人员中存在的问题，而且女性服刑人员由于精神和生理状况方面以及在家庭婚姻方面的原因，在养老保险方面突出的问题还要显著于男性服刑人员。本文虽然是针对女性服刑人员养老保险现状进行的调查及分析，但结论同样具有代表性意义。

罪犯因实施犯罪行为，侵犯了国家利益、社会利益或公民的合法权益而受到刑事制裁和人身自由的剥夺和限制，但罪犯也是人，是公民，因此其权利也应当受到法律的保护。只是对服刑人员的权利保护要有一个合理的限度，既不能束之过严，淡化漠视，过度剥夺和限制，亦不能放之过宽，片面强调夸大泛化，造成监狱实际工作的妥协和迷失。对于一项服刑人员权利是属于限制还是保护范围的疑问，在避免服刑人员权利过分扩张误区的前提下，还需要对服刑人员权利的限制与保护进行辩证地深入研究和探讨。

从权利意识到权利诉求再到权利实践的不断递进，是权利发展的基本规律。权利是动态的、发展的，而服刑人员的权利也会随着社会的进步和发展而不断变化，或从不存在到形势客观需要，或从客观权利在时机成熟时上升为主观权利，总之，社会的进步使越来越多的应有权利有了实现可能。因此对于服刑人员权利的确定，在严格依据法律的前提下，也要根据现实的社会经济结构的变化，经济文化生活的需要，用发展的眼光来看待，用灵活的态度去处理。“罪犯权利范围的扩张是一个动态调整的过程，随着社会、政治、经济文化的不断发展，罪犯权利范围必定随之增加而不断扩张，这是自然规律和发展趋势。”〔1〕在这一个动态调整的过程中，服刑人员养老保险权利的保护首当其冲，是一个需要正视且亟待解决的重大问题。养老保险权利是服刑人员依法享有的一项民事权利，作为基本性权利不应属于法律限制的范围，应与其他公民平等享有并受到平等保护。目前受立法的滞后性和局限性所制约，在立法上还不能将罪犯权利以清单方式逐一罗列，但是实践中养老保险权利保障的重要性和现实意义

---

〔1〕 赵运恒:《罪犯权利保障论》，北京法律出版社 2008 年版，第 90 页。

已足以使之摆上立法议程，引起有识之士足够的重视。只有使服刑人员与其他普通公民一样平等地享有宪法和法律赋予的最基本权利，对服刑人员养老保险权利进行法律上的规范和保障，才能切实推动服刑人员权利保障朝着合理化的方向更进一步，真正实现刑罚将罪犯改造好的根本目的。

参考文献

一、图书类

1. 冯建仓：《监狱法的充实与完善》，中国检察出版社2004年版。

2. 孟庆平：《我国城镇养老保险制度改革：市场化的比较借鉴与政策选择》，上海三联书店2009年版。

3. 刘昌平：《可持续发展的中国城镇基本养老保险制度研究》，中国社会科学出版社2008年版。

4. 金川主编：《罪犯权利缺损与救济研究》，清华大学出版社2008年版。

5. 赵运恒：《罪犯权利保障论》，北京法律出版社2008年版。

6. 冯建仓主编：《中国监狱服刑人员基本权利研究》，中国检察出版社2008年版。

7. 欧阳梦春：《受刑人权利保护研究》，中国公安大学出版社2007年版。

8. 孟庆平：《我国城镇养老保险制度改革：市场化的比较借鉴与政策选择》，上海三联书店2009年版。

9. 张秀夫主编：《〈中华人民共和国监狱法〉讲话》，法律出版社1996年版。

10. 戴艳玲：《中国监狱制度的改革与发展》，中国人民公安大学出版社2004年版。

11. 冯建仓、陈文彬：《国际人权公约与中国监狱罪犯人权保障》，中国监察出版社2006年版。

二、期刊类

1. 李常青、冯小琴："少数人权利及其保护的平等性"，载《现代法学》2001年第23期。

2. 徐显明："从罪犯权利到受刑人人权"，载《学习与探索》2005年第3期。

3. 欧阳梦春、曹兴华："受刑人社会保险权利保障初探"，载《现代企业教育》2007年第7期。

图书在版编目（CIP）数据

中国政法大学法律硕士优秀学位论文集. 2009～2011/中国政法大学法律硕士学院编. —北京:中国政法大学出版社，2014. 11
ISBN 978-7-5620-5555-6

Ⅰ. ①中… Ⅱ. ①中… Ⅲ. ①法学—文集 Ⅳ. ①D90-53

中国版本图书馆CIP数据核字(2014)第269692号

出版者　中国政法大学出版社
地　址　北京市海淀区西土城路25号
邮寄地址　北京100088信箱8034分箱　邮编100088
网　址　http://www.cuplpress.com（网络实名：中国政法大学出版社）
电　话　010-58908524(编辑部)　58908334(邮购部)
承　印　固安华明印业有限公司
开　本　720mm×960mm　1/16
印　张　24.5
字　数　450千字
版　次　2014年11月第1版
印　次　2014年11月第1次印刷
定　价　56.00元